高职城市轨道交通工程技术专业规划教材

城市轨道交通工程测量

CHENGSHI GUIDAO JIAOTONG GONGCHENG CELIANG

主　编／钱治国
副主编／赵效祖　马光花
主　审／江　斗　李奇峰

人民交通出版社股份有限公司
China Communications Press Co.,Ltd.

内 容 提 要

本书介绍了城市轨道交通工程中包括建筑施工、运营维护在内的各阶段测量工作。全书将测量内容整合为十三章,系统地介绍了测量理论和实操方法,并附以相关实例,供读者参考。

本书适于高职高专城市轨道交通工程技术专业学生用作教材使用,也可供相关专业工程技术人员参考使用。

图书在版编目(CIP)数据

城市轨道交通工程测量/钱治国主编. —北京:
人民交通出版社股份有限公司,2014.8
ISBN 978-7-114-11452-6

Ⅰ.①城… Ⅱ.①钱… Ⅲ.①城市铁路—铁路工程—施工测量 Ⅳ.①U239.5

中国版本图书馆 CIP 数据核字(2014)第 114859 号

书　　名:	城市轨道交通工程测量
著 作 者:	钱治国
责任编辑:	杜　琛
出版发行:	人民交通出版社股份有限公司
地　　址:	(100011)北京市朝阳区安定门外外馆斜街 3 号
网　　址:	http://www.ccpress.com.cn
销售电话:	(010)59757973
总 经 销:	人民交通出版社股份有限公司发行部
经　　销:	各地新华书店
印　　刷:	北京盈盛恒通印刷有限公司
开　　本:	787×1092　1/16
印　　张:	19.25
字　　数:	485 千
版　　次:	2014 年 8 月　第 1 版
印　　次:	2014 年 8 月　第 1 次印刷
书　　号:	ISBN 978-7-114-11452-6
定　　价:	39.00 元

(有印刷、装订质量问题的图书由本公司负责调换)

前言 Preface

近年来,随着我国城市轨道交通工程建设的蓬勃开展,为其服务的工程测量领域也取得了长足的进步与发展。为了满足城市轨道交通工程专业人才培养的需要,编者结合《城市轨道交通工程测量规范》(GB 50308—2008),总结参与的城市轨道交通工程项目经验,并参考相关城市轨道交通工程测量书籍,编写本书。编者通过学习、了解当前国内外城市轨道交通工程测量技术的发展状况,系统总结了我国北京、上海、广州、重庆、无锡等城市轨道交通工程在测量领域的成功经验和技术成果;在编写过程中做到理论与实践相结合、专业知识与工程实例相结合;图文并茂,内容深浅得当,具有很强的操作性,可以作为教学、科研和生产单位的工程技术人员参考用书。

本书从城市轨道交通工程的建设、施工、运营管理等各个阶段所进行的主要测量工作入手,将相关知识整合为十三章。具体包括:城市轨道交通工程概述、贯通误差与测量精度设计、地面平面控制测量、地面高程控制测量、专项调查与测绘、地下控制测量、隧道施工测量、结构断面测量、铺轨基标测量、跨座式单轨交通工程测量、变形监测、城市轨道交通工程相关测量实例和项目管理与质量控制。

本书由钱治国统稿并任主编,赵效祖、马光花担任副主编;中铁建工集团中国铁工建设有限公司王正旺高级工程师、中铁四局王德荣高级工程师、中铁航空港集团第一工程有限公司杨浩宇高级工程师也参与了本书编写工作,并为本书提供了部分工程实例。具体编写分工如下:第一章、第五章部分内容及第十三章由王正旺撰写;第二章由杨浩宇撰写;第三章、第四章、第五章部分内容由赵效祖撰写;第七章、第八章由马光花撰写;第六章、第十章、第十一章以及第十二章由钱治国撰写;第九章由王德荣撰写。同时,本书在编写过程中也得到了甘肃交通职业技术学院公路与桥梁工程系领导、老师的大力支持和帮助,他们对本书的编写提出了丰富的、良好的意见和建议。乌鲁木齐城市轨道交通集团有限公司江斗高级工程师、中铁五局集团机械化有限责任公司李奇峰高级工程师承担了本书的主审工作;兰州交通大学韩峰副教授对本书做了审阅和定稿工作,他们提出的宝贵修改意见和建议完善了本书,在此表示由衷的感谢。

由于编者水平有限,书中难免存在一些不尽如人意的地方,谬误和不妥之处也在所难免,恳请读者对书中存在的问题予以批评指正。

编　者

2014 年 7 月

目录 Contents

第一章　城市轨道交通工程概述 ·········· 1
第一节　城市轨道交通工程发展及其建设概况 ·········· 1
第二节　城市轨道交通工程规划设计与施工简介 ·········· 10
第三节　城市轨道交通工程测量的任务和内容 ·········· 16
思考题 ·········· 19

第二章　贯通误差与测量精度设计 ·········· 20
第一节　概述 ·········· 20
第二节　贯通误差限值及误差分配 ·········· 20
第三节　平面控制网布设方案与精度设计 ·········· 22
第四节　高程控制网布设方案与精度设计 ·········· 23
第五节　横向贯通误差影响值的精度估算 ·········· 24
思考题 ·········· 26

第三章　地面平面控制测量 ·········· 27
第一节　概述 ·········· 27
第二节　一等卫星定位控制网测量 ·········· 28
第三节　二等精密导线测量 ·········· 35
第四节　地面平面控制网的检测与处理 ·········· 38
思考题 ·········· 40

第四章　地面高程控制测量 ·········· 41
第一节　概述 ·········· 41
第二节　地面高程控制测量 ·········· 42
第三节　水准网数据处理与水准网检测 ·········· 46
思考题 ·········· 49

第五章　专项调查与测绘 ·· 50

第一节　地下管线调查与测绘 ······································ 50
第二节　水域地形测量 ·· 63
第三节　房屋拆迁测量 ·· 72
思考题 ·· 89

第六章　地下控制测量 ·· 90

第一节　地下平面控制测量 ·· 90
第二节　高程控制测量 ·· 92
思考题 ·· 93

第七章　隧道施工测量 ·· 94

第一节　地面定线及明挖隧道施工测量 ······························ 94
第二节　联系测量 ··· 103
第三节　暗挖隧道施工测量 ······································· 122
思考题 ··· 133

第八章　结构断面测量 ··· 134

第一节　线路纵断面测量 ··· 134
第二节　结构横断面形式和断面测量特点 ··························· 135
第三节　横断面测量 ··· 138
思考题 ··· 142

第九章　铺轨基标测量 ··· 143

第一节　铺轨基标简介 ··· 143
第二节　铺轨基标测量方法 ······································· 148
思考题 ··· 154

第十章　跨座式单轨交通工程测量 ································· 155

第一节　单轨交通简介 ··· 155

第二节　高架结构施工测量 ·········· 157
　　第三节　轨道梁制作与验收测量 ·········· 160
　　第四节　轨道梁架设调整测量 ·········· 164
　　思考题 ·········· 165

第十一章　变形监测 ·········· 166
　　第一节　变形监测目的及基本要求 ·········· 166
　　第二节　变形监测基本内容和使用的仪器 ·········· 169
　　第三节　变形监测控制网测量 ·········· 171
　　第四节　变形监测基本方法 ·········· 174
　　第五节　变形监测的精度要求和频率 ·········· 184
　　第六节　变形监测数据处理与信息反馈 ·········· 192
　　思考题 ·········· 198

第十二章　城市轨道交通工程相关测量实例 ·········· 199
　　第一节　城市轨道交通工程隧道贯通测量实例 ·········· 199
　　第二节　城市轨道交通工程控制测量实例 ·········· 202
　　第三节　城市轨道交通工程专项调查实例 ·········· 230
　　第四节　城市轨道交通工程联系测量实例 ·········· 236
　　第五节　城市轨道交通工程控制测量实例 ·········· 252
　　第六节　城市轨道交通工程隧道施工测量实例 ·········· 254
　　第七节　城市轨道交通工程铺轨基标测量实例 ·········· 260
　　第八节　城市轨道交通工程变形监测实例 ·········· 268
　　思考题 ·········· 287

第十三章　城市轨道交通工程测量项目管理与质量控制 ·········· 288

参考文献 ·········· 298

第一章 城市轨道交通工程概述

第一节 城市轨道交通工程发展及其建设概况

一、城市轨道交通工程发展概况

城市是人类文明的标志,是经济、政治和社会生活最活跃的地区。城市化的程度是衡量一个国家和地区经济、社会、文化、科技水平的重要指标,也是体现国家和地区社会组织程度和管理水平的重要标志。城市化是人类进步必然要经历的过程,也是人类社会结构变革中的一个重要线索,只有经过城市化的洗礼,人类才能迈向更为辉煌的时代。

城市交通服务于城市道路系统间的公众出行和客货输送。因城市的规模、性质、地理位置和政治经济地位的差异而各有特点,但都是以客运为重点,并在早晚上下班出现客运高峰。

当前,我国常住人口超过100万的城市有40多个,超过200万的特大城市有14个。随着我国城镇人口比例的逐渐提高,大城市的交通问题将进一步凸显,车与路的矛盾将越来越突出。要解决大城市交通严重拥堵的问题、解决制约城市社会经济发展的障碍,就需要大力发展城市轨道交通。

本书介绍的城市轨道交通工程测量,主要是指城市交通轨道系统的建设、施工、运营管理过程中的测量。城市交通的轨道系统包括了大量运输能力(城市铁路、地铁)和中量运输能力(线性电机地铁、单轨交通、轻轨交通等)。

(一)城市轨道交通的分类定义

随着城市化进程的加快,城市和轨道交通的高速发展相互促进、相互作用。一方面,城市的进一步发展以轨道交通的快速发展为基础。随着经济发展、城市人口增加、城市范围扩大、卫星城镇的发展以及在中心城市发展到城镇群、城市发展到高级阶段城市带过程中,城市轨道交通因其速度快、容量大、安全、准时等优点,在城市地域结构变化中可起到巨大作用。中心城市对周围的辐射作用得到强化、中心城区活力的维持、单中心城市向多中心城市的发展,都得益于轨道交通的发展。另一方面,城市的发展,尤其是城市交通的发展,促进了轨道交通在城市客运交通体系中发挥更大的作用。世界大城市经济的发展和城市地域结构的变化,对城市交通发展提出了更高的要求:大城市迫切需要建立多层次、立体化的综合公共交通体系。单一的常规公共交通,由于受机动车过度发展的影响,车速下降,服务质量下降,已不能完成长距离、大客流量的运输任务,不能适应城市的发展。因此,需要建立以公共交通为主体、轨道交通为主导的城市综合交通体系。

参考国外各种轨道交通方式的特点,根据城市轨道交通的界定范围,可将技术成熟、已经作为城市公共交通正式运营的轨道交通划分为7种类型,并定义如下。

1. 城市市郊快速铁道

城市市郊快速铁道是由电气或内燃牵引、轮轨导向、车辆编组运行在城市中心到市郊、市郊到市郊、市郊到新建城镇间,以地面专用线路为主的大运量快速轨道交通系统。图1-1为我国第一条城市市郊快速铁路——上海金山城市市郊快速铁路(上海南至金山铁路),也称为金山铁路、金山铁路支线、上海轨道交通22号线。铁路始于上海南站,终点为金山站,全长56.4公里,总投资48亿,2009年8月12日开工,建设工期2年,2012年9月建成通车,单次运行时间0.5h。

图1-1　我国第一条城市市郊快速铁路——上海金山城市市郊快速铁路

2. 地下铁道

地下铁道是由电气牵引、轮轨导向、车辆编组运行在全封闭的地下隧道内,或根据所在城市的具体条件,运行在地面或高架线路上的大容量快速轨道交通系统。

根据国内外建设情况,为了降低工程费用,地铁系统中地面和高架线路所占的比重越来越大。在世界范围内,地下铁道地下部分约占70%,地面和高架部分约占30%,而有的城市地铁系统全部采用高架形式,只有部分城市地下铁道系统是完全在地下的。地下铁道已经是历史保留下来的一个专有名词。图1-2为广州地铁。

图1-2　广州地铁

3. 轻轨交通

轻轨交通是在有轨电车基础上发展起来的电气牵引、轮轨导向、车辆编组运行在专用行车道上的中运量城市轨道交通系统。轻轨交通的运量在公共汽车和地铁之间,它可以根据城市的特点和具体情况,采用地下、地面及高架相结合的形式进行建设,可以降低建设费用,具有很大的灵活性和适应性。轻轨交通还可以根据客流的需要采用不同车型,如单车和铰接车组成不同的编组方式。图1-3为天津滨海新区轻轨。

图1-3　天津滨海新区轻轨

4. 单轨交通

单轨交通是由电气牵引、具有特殊导向和转折装置、列车编组运行在专用轨道梁上的中运量轨道交通系统。通常分为跨座式和悬垂式两种形式,车辆重心在运行轨面之上的称为跨座式单轨(图1-4),在运行轨面之下的称为悬吊式单轨(图1-5)。

图1-4　跨座式单轨交通

图1-5　悬吊式单轨交通

5. 新交通系统

所谓的新交通系统,目前还没有统一和严密的定义。从广义来讲,可以认为凡是适应地区多样化的交通需求,使线路和车辆能提供较高的运输效率和良好的服务质量的公共运输系统和设备都是新交通系统,是那些与现有运输模式不同的各种新交通方式的总称。狭义的新交通系统则定义为:由电气牵引,具有特殊导向、操纵和转折方式的胶轮车辆,单车或数辆编组运行在专用轨道上的中运量轨道运输系统。这种轨道运输系统多数设置在道路及公共建筑物的上部空间,具有中等运量,能自动行驶。新交通系统从系统运行特征上分析,也可以称为导轨式交通系统。图1-6为自动化导向列车,图1-7为磁悬浮列车。

图1-6　自动化导向列车

图1-7　磁悬浮列车

6. 线性电机牵引的轨道交通系统

线性电机牵引的轨道交通系统是由线性电机牵引、轮轨导向、车辆编组运行在小断面隧道、地面和高架专用线路上的中运量轨道交通系统。

之所以将线性电机牵引的轨道交通系统列为独立的系统,是因为该系统与地下铁道、市郊快速铁道、轻轨等有明显的区别。它是利用线性电机在磁场相互作用下,直接产生牵引力,属于非黏着驱动,车轮只起到支撑和导向作用。从运输能力上,因该系统采用小型车辆,属于中运量系统,使用在地铁中可以称为小断面地铁,也可以用在高架铁路线路上。

7. 有轨电车

有轨电车是由电气牵引、轮轨导向、单车或两辆编组运行在城市路面线路上的低运量轨道交通系统。

现代有轨电车,由于采用整体道床,轨面和路面保持同一水平,因此机动车辆和行人可以进入,是一种混合交通。有轨电车车辆运行速度较低,行车安全和准时性较差,运量较小,单向高峰小时运量通常在1万人左右。图1-8为国外的有轨电车。

图1-8 国外的有轨电车

(二)我国现代城市轨道交通的发展

我国现代城市轨道交通是以1965年7月1日开工建设的北京地铁为开端,发展至今,大致经历了以下五个阶段。

1. 起始阶段

该阶段以1965年开始建设,1969年10月1日建成通车的北京地铁(北京站——苹果园站,全长23.6km)和1970年开始兴建,1976年建成通车的天津地铁(新华路站——西南角站,全长5.2km)为代表。这一阶段地铁的规划与建设,除了实现城市的客运功能之外,更重要的是考虑满足人防战备的需要。

2. 建设开始阶段

这一阶段以北京地铁1号线完全建成(复八线建设和1号线改造)、上海地铁1号线(上海火车站——莘庄)、广州地铁1号线(西朗站——广州东站)的建成为标志。在这一阶段,随着改革开放和经济体制改革的逐步深入,城市交通需求剧增,导致道路交通供给能力严重不足,交通供需矛盾成为城市社会经济发展的一个重要制约因素。为适应城市发展的需要、缓解城市交通的紧张状况,从20世纪90年代开始,我国政府加大了对城市交通基础设施的投入,强调轨道交通对于解决城市交通问题和引导城市发展的作用。从此,发展大容量轨道交通方式的理念开始显现,我国开始了城市轨道交通的建设阶段。在这一阶段,除地铁建设外,以上海明珠线一期工程为代表的轻轨交通也开始建设。

3. 建设高潮阶段

随着经济的发展和城市化进程的加快,我国城市的规模和人口在不断扩大,城市交通问题更加突出。城市交通问题的解决必须依赖于公共交通的发展,大城市及特大城市必须建设一个以城市轨道交通系统为骨干、公共交通为主体,多种交通方式相互协调的综合交通系统,这已成为共识。同时,经济的快速发展也为发展城市轨道交通奠定了雄厚的物质基础。自20世纪末至21世纪初,我国城市轨道交通进入快速发展的建设高潮阶段。

4. 建设调整阶段

在我国城市轨道交通的发展过程中,需要特别指出的是,从1995年到1998年,由于地铁建设发展迅猛,部分城市不顾地方经济实力,盲目上马轨道交通项目,速度过快、过猛。还有的城市一味追求高标准,忽视了是否与本城市的实际情况相符等问题,使城市轨道交通建设带有很大的盲目性。针对工程造价高(当时每公里地铁造价接近7亿元人民币)、车辆全部引进、大部分设备大量引进等问题,1995年国务院办公厅下发《关于暂停审批城市地下快速轨道交通项目的通知》(国办发[1995]60号),除上海地铁2号线项目外,所有地铁建设项目一律暂停审批,并要求做好发展规划和国产化工作。2002年10月中旬,国务院冻结了近20个城市的地铁立项,并委托中国国际工程咨询公司对国内的地铁项目做全面的调查分析,准备出台一系列有关地铁项目审批的新政策,加大地铁项目的宏观调控力度。从1995年到1998年,近3年时间国家没有审批城市轨道交通项目,轨道交通的建设与发展进入调整期。

5. 蓬勃发展阶段

我国的城市轨道交通建设在经历了早期建设、高速发展、建设调整等曲折过程后,正步入稳步、持续、有序的蓬勃发展阶段。

《国家中长期科学和技术发展纲要》明确提出,构建以城市轨道交通为骨架的城市公共综合交通体系,我国城市轨道交通建设在"十一五"期间迎来真正的建设高潮。国家"十一五"规划提出,轨道交通"超前规划、适时建设"。有条件的大城市和城市群地区要把轨道交通作为优先发展领域。在国家政策的指导下,今后一段时间是我国城市轨道交通的快速发展时期,各地规划建设轨道交通约500~600km,总投资约1700亿元;目前在建的有20多个项目,线路里程420多公里,投资规模1200亿元。"十一五"期间轨道交通的建设速度远远超过过去的十年建设历程。

至2020年,北上广三地的城市轨道交通运营里程都将超过500km,其中上海将以877km的总长度"领跑"全国。

如何让企业在"十二五"期间在城市轨道交通市场上发挥自己的自然优势和社会优势,确定自己的市场竞争能力,在强手如林的中国城市轨道交通市场立于不败之地,是广大的城市轨道交通企业发展的方向和努力的目标所在。也是社会主义市场经济有效运行的必要前提和客观基础,城市轨道交通企业参与市场活动,在市场竞争中要取得主动权,必须依据市场营销环境的现状、发展趋势和企业自身的主客观条件,科学而合理地制订企业的发展策略和努力目标。

城市轨道交通发展是社会发展和城市发展的需求,城市人口的增加和城市规模的扩大需要轨道交通这种大运量的交通方式,来解决人们的交通出行要求;轨道交通的发展,又可以反作用于城市发展,更进一步促进城市的发展,并引导城市向大规模、高人口密度、低能耗、占地少的方向发展。需要强调的是,决定人类社会进步的基本因素是社会生产力,而科学技术是社会生产力中最重要的因素。在当今世界,科学技术进步对经济增长、社会变迁和城市发展的作用越来越显著,越来越重要。因此,城市轨道交通发展固然是城市交通发展的重要方面,但归根结底,这种发展需要相应的科学技术与之适应。城市轨道交通发展,应当同科学技术的发展保持一致,可以说,科学技术就是城市交通与轨道交通发展的原动力。

二 中国城市轨道交通建设概况

(一) 中国城市轨道交通状况

随着我国城市化进程的加快,城市轨道交通建设的内在需求日益增强。城市轨道交通对于改善交通堵塞、交通事故以及节能减排、环境保护都具有重要的意义和作用。

2010~2015年间,我国规划建设的城市轨道交通项目总里程达1700km,总投资在5000亿元以上,超过了两个三峡工程等的收入。其中,北京、广州、上海投资均在500亿元以上,上海更是超过1400亿元。建设资金的主要来源是政府投资和政府担保的银行贷款。

公开资料显示,我国城市轨道交通投资已达1.23多万亿元,2012年完成1896亿元,建成337km地铁。

截至2013年年底,我国北京、上海、广州、深圳、武汉、天津、南京、重庆、长春、大连等19个城市已经开通运行了城市轨道交通系统。建成投运城轨线路87条,运营里程2539km。2013年实际新增2个运营城市、16条运营线路、395km运营里程。在2539km运营里程中,地铁2074km,占总里程的81.7%;轻轨192km,占总里程的7.6%;单轨75km,占总里程的3.0%;现代有轨电车100km,占总里程的3.9%;磁浮交通30km,占总里程的1.2%;市域快轨67km,占总里程的2.6%。

截至2014年1月,中国获批轨道交通建设规划的城市已达36个,2014我国城市轨道交通投资将达到2200亿元,比去年增加400亿元。将新建线路600多公里,年底预计建设总规模达到2800km。预计2014年将有13个城市新开通运营轨道交通线路,新增运营里程403.5km、新增车站270座。预计到2014年底,我国轨道交通运营线路累计将达到88条,运营总里程将达到2942km,稳居世界第一位。

预计到2020年,全国拥有轨道交通的城市将达到50个,届时我国轨道交通要达到近6000km的规模,在轨道交通方面的投资将达4万亿元,也就是说未来几年城市轨道交通的投资将保持大幅增长。

根据公布的城际轨道规划,仅珠三角城际轨道交通网的总投资规模就高达3700亿元,其中2012~2020年期间计划完成1180亿元。江苏省计划在2015年完成860亿元投资后,2015~2020年再投资2100亿元修建城际轨道。

除城轨市场的潜力外,随着铁路投融资体制改革的深入,支线铁路和城际铁路的经营权和所有权将逐渐下放到地方政府,将有望带动支线铁路和城际铁路的发展。其中,铁路装备制造将成为最大的受益者。

由此可见,我国城市轨道交通建设已经进入了快速发展时期,处于跨越式发展的新阶段。

(二) 主要城市轨道交通建设情况

1. 北京

北京地铁是主要服务于北京市及其周边地区的城市轨道交通系统。它始建于1965年7月1日,1969年10月1日第一条地铁线路建成通车,北京成为中国第一个拥有地铁的城市。经过四十余年的发展,截至2013年末,拥有运营线路17条,总长465km,在国内拥有轨道交通运营里程数仅次于上海,是世界上规模第二大的城市地铁系统。北京地铁工作日的日均客运量在1000万人次左右,峰值运量达到1155.92万人次。

2. 天津

天津地铁始建于1970年4月7日,天津是继北京后,中国第二个建设城市轨道交通系统的城市。由于中国当时实行的停缓建政策,再加上资金限制,地铁工程被迫停建。1981年重新启动,于1984年12月28日建成通车(最初一段于1976年开通),2001年10月9日停止运营,进行既有线改造。改造工程于2002年11月21日正式开工,并于2005年12月28日建成通车。截至2013年底,天津地铁运营线路5条,总里程139km,天津地铁日客流量突破百万,达102万人次,其中1、2、3号线88.5万人次,津滨轻轨9号线13.5万人次。

图1-9为天津滨海新区正在运营的胶轮有轨电车。

图1-9 天津滨海新区胶轮有轨电车

3. 上海

1990年,上海地铁1号线破土动工,1995年建成投入运营,实现了上海轨道交通零的突破。是继北京地铁、天津地铁建成通车后中国大陆投入运营的第三个城市轨道交通系统。从此,上海的城市轨道交通步入了飞速发展的时期。到2000年,上海建成通车的3条线路总长65km,构成上海城市轨道交通的初始网络。"十五"期间,上海市建成9条轨道交通线路,总长250km,城市轨道交通骨架网络形成。截至2013年底,上海轨道交通全网运营线路总长首超500km、增至577km,日客流到达911.4万人次(不含磁悬浮,3、4号线共线段不重复计算,金山铁路不计)、车站共计331座(均含磁浮在内),运营规模列世界第一。近期规划路达到660km,远期规划线路则达到970km。其中:2015年底总计里程575.9km,2017年底总计里程687.98km,2020年底总计里程808.78km。图1-10为上海磁悬浮运营线。

4. 广州

广州地铁是中国第三大城市广州市的城市轨道交通系统,于1997年6月28日开通。截至2013年12月28日,广州地铁共有9条营运路线(1号线、2号线、3号线、4号线、5号线、6号线、8号线、广佛线及APM线),总长为260.5km,共164座车站。广州地铁已经成为广州市民最主要的交通工具之一。截至2014年3月,日均客流已达623.4万人次,并在亚运会免费期以784.4万人次的峰值打破全国纪录。为更好地解决地面交通堵塞的问题,广州地铁仍在进行大规模的扩建工程,正在建设的路线包括4号线南延段、6号线二期、7号线一期、8号线北延段、9号线、广佛线后通段、13号线一期、14号线一期和支线、21号线。经过数次修订,广州地铁的远期规划长度将达到751km。

图1-10　上海磁悬浮运营线

5. 深圳

深圳地铁是广东省深圳市的城市轨道交通系统,是中国大陆地区继北京、天津、上海、广州后第5个拥有地铁系统的城市。深圳地铁的建设设想始于20世纪80年代,一期工程则于1999年开工,并于2004年12月28日正式通车。2007年申办大运会以来,深圳地铁网络快速扩展。以客运量或运营里程计算,深圳地铁是中国第四大城市轨道交通系统。深圳地铁三期工程的多条线路正在建设,预计于2016年底开通。深圳地铁线路将达到10条,通车里程达348km,路网的远期规划则超过700km。

现今的深圳地铁共有5条线路、131座车站、总长177km的运营线路,构成覆盖深圳市罗湖、福田、南山、宝安、龙岗五个市辖行政区的地铁网络。

深圳地铁日均客流量达约250万人次,约占深圳市公共交通客流量的1/4,构成深圳市公共交通的骨干。同时,地铁也推动了深圳市关内外一体化进程。

(三) 我国城市轨道交通的主要特点

1. 兴建城市轨道交通的城市持续增多

自2008年下半年全球爆发金融经济危机以来,我国政府加大基础设施建设力度,各地方政府也纷纷开始筹建轨道交通,在中国各大城市掀起了一股"地铁热"。当前多个城市掀起轨道交通建设投资热潮。据国家发改委统计,目前中国获批轨道交通建设规划的城市已达36个,2014年我国城市轨道交通投资将达到2200亿元,比去年增加400亿元。

截止2013年底,我国已有19个城市拥有地铁,运营总里程达到2539km,预计到2020年,全国拥有轨道交通的城市将达到50个。我国轨道交通运营里程也将达到近6000km的规模,在轨道交通方面的投资将达4万亿元,也就是说未来几年,城市轨道交通的投资将保持大幅增长。

2. 城市轨道交通的区域化

目前,我国部分城市的轨道交通建设呈现网络化的发展,无论是北京、上海还是天津、广州等城市均在建和筹建多条城市轨道交通线路,形成纵横交错、相互沟通连接的网络交通体系。不仅仅是网络化,现在更倾向于区域经济一体化的轨道交通网络也有所布局,如长三角、呼包鄂轨道交通网络。

3. 城市轨道交通类型的多元化

目前,我国的城市轨道交通已不再是单一的地铁交通,北京建成了市郊城市铁路交通;天津建成了滨海快速轨道交通、胶轮导轨电车;大连、长春、武汉建成了轻轨交通;重庆建设了跨座式单轨道交通;上海开通了常导高速磁悬浮交通;广州出现了直线电机驱动的列车。城市供电系统不仅有第三轨供电,而且还有架空线接触网供电形式,轨道交通类型向多元化发展。

4. 城市轨道交通的现代化

随着城市轨道交通建设的发展,以车辆为代表的技术体系也实现了现代化。通过国际技术交流合作,引进先进技术,实现了设计制造技术的现代化。而且在提升技术水平的同时,也促进了国产化的进程。

如,青岛地铁车辆采用世界先进的 VVVF 交流电传动技术,牵引功率大,制动系统在国内首次采用"无油空压机",具有无须润滑油、免维护的特性。青岛地铁车辆突出的特点,是安全防火标准达到世界最高级别、最严格的 BS6853 标准;另一大特色就是突出的节能环保优势。车辆大量采用绿色环保材料和节能产品。其中,两项技术在国内地铁车辆中实现使用:车体外表面和内装设备外表面首次采用水性油漆,车头、客室座椅首次采用酚醛玻璃钢材料。新下线的青岛地铁车辆最高运营速度为 80km/h,采用 6 辆编组形式,最大载客量为 1896 人。首列青岛地铁车辆将经过一系列型试验和线路试验后,于 2015 年 3 号线地铁开通时正式上线运营。

再如,中国北车自主设计开发的高压大功率 50A/3300V IGBT 芯片和使用这种芯片封装的大功率 1200A/3300V IGBT 模块,是第一个在国内设计生产、国内第一个真正具有完全自主知识产权的高压大功率电力电子核心器件。这一新设备将主要应用于地铁、铁路机车和风力发电变流装置中,未来高铁、地铁等设备将采用这一强劲节能"中国芯"。

第二节　城市轨道交通工程规划设计与施工简介

 一　城市轨道交通线路设计

城市轨道交通线路的空间位置,由线路平面和线路纵断面所决定。其中,线路平面是线路中心线在水平面上的投影;线路纵断面是沿线路中心线展直后的轨面高程在铅垂面上的投影线。

城市轨道交通线路设计的任务,是在规划路网和预可行性研究的基础上,对拟建的城市轨道交通线路走向及其平面和纵断面位置,通过不同的设计阶段,逐步由浅入深进行研究与设计,达到确定城市轨道交通线路在城市三维空间的准确位置。线路设计的基本要求是保证行车安全、平顺,并且使整个工程在技术上可行、经济上合理。

城市轨道交通线路设计,一般分四个阶段进行,即可行性研究阶段、总体设计阶段、初步设计阶段、施工图设计阶段。

(1) 可行性研究阶段:主要是通过线路多方案比选,完善线路走向、路由、敷设方式,基本确定车站、辅助线等的分布,提出设计指导思想、主要技术标准、线路平纵断面及车站的大致位置等。

(2) 总体设计阶段:是根据可行性研究报告及审批意见,通过方案比选,初步确定线路平面、车站的大体位置、辅助线的基本形式、不同敷设方式的过渡段位置,提出线路纵断面的初步高程位置等。

(3)初步设计阶段:是根据总体设计文件及审查意见,完成对线路设计原则、技术标准等的确定,基本上确定线路平面位置、车站位置及进行纵断面设计。

(4)施工图设计阶段:则是根据有关设计规范、具体工程的设计原则、技术标准等设计文件完成工程施工图设计。

由于城市轨道交通具载重量小、车速不高、列车编组短、行车密度大、停站频繁等特点,其设计标准与城际铁路有所不同,差异程度与城市轨道交通类型及形式有关。

 城市轨道交通线网规划

(一)线网规划目的

迅速有效地运送客流,是轨道交通建设的直接且主要的目的,要保证轨道交通能够顺利建成并正常投入运营,其线路位置必须满足城市地形、地质、历史文物等自然条件及人文地理条件的限制要求;城市轨道交通线路投资巨大,建成后不易改建,单线建设基本上是"建设一条线、研究一条线",应强调本线的合理性及线网整体的科学性。

人们的交通行为,实际上是交通需求和交通供给的动态平衡。轨道交通规划意义在于科学回答"需求"和"供给"之间的关系。

从"需求"角度来看,轨道交通线网规划需要考虑:新城区建设、旧城区改造等土地发展要求、人口及就业变化情况、交通发展目标和城市重要建设项目的衔接等;从"供给"角度来看,轨道交通线网规划需要考虑:线网合理的规模、合理的构架、各条线路合理的运输方式、正线、联络线、车站和车场的位置等。

线网规划,即是在一定线路数量规模条件下,确定路网的形态及各条线路走向的决策过程。线网规划具有非可逆性,线路一经建成便不可更改。

(二)线网规划的概念

线网规划是指在一个确定的目标下选择的解决手段。城市轨道交通线网(以下简称"线网")是城市总体规划的重要支持系统;是稳定城市骨架,扩展城市空间和提升城市功能,充分发挥土地效益,引导城市发展的重要支持条件;是合理配置资源,发挥多种客运方式综合效应,避免交通阻塞和迂回或引发大拆大建,建立节约型、环境友好型社会的重要环节。线网规划的期限应超过单条线的设计年限,至少是50年,城市总体规划一般为20年,规划时间跨度的不同步,将导致线网规划的变数加大。因此,线网规划应是控制性规划,而不是实施性规划。编制线网规划的目的,就是要实行规划控制,以确保轨道交通建设按规划实施,确保土地开发和城市建设有序进行,确保引导和改造城市发展规划目标的实现。

(三)城市轨道交通线网规划

轨道交通线网规划是城市总体规划的一项专项(专业)规划,是指在城市的总体规划和城市综合交通规划的基础上,确定城市轨道交通系统的整体合理性和科学性的系统体系(手段)。

(四)线网规划的意义

交通需求和交通供给是一对矛盾。线网规划的意义在于保持"轨道交通需求"和"轨道交通供给"的动态平衡。具体表现在：支持城市总体规划的实施和发展；有利于城市科学制订经济发展规划；线网规划有利于城市各项设施的建设；为控制快轨建设用地提供基础；为快速轨道工程立项建设提供依据。

(五)城市轨道交通总体规划原则

城市轨道交通规划是城市交通规划的一个分支，是在城市交通规划的基础上，科学分析客流发展趋势和不同交通方式在未来城市中的发展比例，同时结合城市的自然地理条件，合理规划线网，确定轨道交通发展规模，并制订相应的实施对策以及交通政策，为城市轨道交通的发展设计蓝图。

对一个现代化大城市来说，没有城市轨道交通是不可想象的，城市轨道交通规划已成为新的城市交通规划中的重要环节。一个科学、合理、完善的轨道交通网是城市客运交通的发展方向，轨道交通网不仅是城市交通网中的骨干线路网，还是对城市发展起到决定性引导激发作用的机构网。

城市轨道交通是一种投资高、技术要求高、施工难度高的"三高"系统，建设已属不易，建成后的改造调整更是近乎不可能。因此，城市轨道交通规划又是一项既须顾及多种相关因素，又须顾及城市发展趋势，带有极强的空间相关性和时间延缓性的高难度规划。

因此，城市轨道交通规划是一项既有整体性，又有独立性的相对独立体系，它既有超前性，又有调整性。城市轨道交通规划，既要科学，又要大胆，更要谨慎。其规划必须遵守以下几个方面的原则。

1. 可持续发展原则

城市可持续发展应重视公共交通，公共交通首选轨道交通。城市轨道交通规划作为未来城市轨道交通发展方向的指南针，必须符合可持续发展的原则，用最小的自然资源作代价来换取最大的社会效益。

2. 协同性原则

城市轨道交通规划，应与社会经济协同发展。与此同时，城市轨道交通规划，还应与国家的路线、方针、政策，尤其是城市发展方针、目标相一致；与城市总体规划、土地利用规划、产业布局规划相一致；并且应该结合地方特色、统筹兼顾，注重保护历史文物、城市传统风貌和自然景观等。

3. 整体性原则

城市交通系统最优化要求各种运输方式合理配置，协调发展，最终达到满足城市居民出行的需求。因此，应将城市交通系统作为一个整体，在城市总体交通规划的基础上，结合各种交通运输方式的发展规划，制订城市轨道交通的发展规划。

4. 动态性原则

城市的发展是动态的，城市交通的发展也是动态的。动态的发展需要动态的规划来适应，一成不变的静态交通规划是不符合科学发展观的，也不能适应现代化城市发展的需要。

5. 客观性原则

规划必须客观，要采用科学的理论和方法来指导规划工作。城市轨道交通规划，应反映客观事实，提出未来城市交通模式和方向，从而为城市决策者提供真实可靠的决策依据。

6. 可操作性原则

规划的目的是为了实施。轨道交通规划,既要满足社会经济发展的需要,又要受建设能力的制约,应在两者之间寻求一个平衡点,以保证规划是在最大可能实现前提下的对需求的适应。

7. 经济性原则

城市轨道交通规划,应本着经济节约的原则,最大限度地挖掘交通潜力,有步骤、有目的地在财力允许的基础上逐步建设轨道交通网络,而不能不顾经济实力盲目发展。

(六)线网规划的目标

符合城市的总体规划目标;城市土地发展方向和结构形态;城市功能的改进(新城开发);符合城市公共交通整体发展战略。

(七)线网规划主要内容

城市背景的研究;线网构架的研究;实施规划的研究。

(八)规划轨道交通路网应考虑的问题

与客流有关的因素;轨道交通规划和建设的各种制约条件;与运营有关的影响因素。

三 城市轨道交通线网规划的要点

(1)路网,应在城市总体规划的基础上,根据远景客流预测分析,正确把握土地的利用,特别是地下空间利用与交通之间的相互作用关系,合理选择路网布局,以能适应城市的可持续发展。

(2)轨道交通线路,应考虑与城市地面公共交通、城市对外客运交通枢纽(火车站码头、长途汽车站、航空港)的联系,以适应城市总体规划的交通结构。

(3)快速轨道交通线路要沿主要客流方向布设,尽可能地经过大型客流集散点。

(4)为了加强中心城对周围区域的辐射力和吸引力,线路应贯通市中心。

(5)线路尽量沿城市道路干线走向,一方面便于吸引沿线地面交通量,另一方面便于施工。

(6)力争多设换乘点,尽量使得城市内任意起止点间的乘客出行最多换乘一次目的地。

(7)选择线路走向,要考虑城市的自然、人文、地理等制约条件,选择较好的地形状况,并注意历史文物保护。

(8)线路经过中心城区时,宜以地下隧道为主,以减少拆迁、噪声、振动及与城市交通的相互干扰。

(9)规划线路时,要考虑车辆段、停车场的位置和连接两线路之间的联络线。

(10)在现阶段规划我国城市轨道交通时,规划线路应涉及城市开发区及新的规划区域。

四 城市轨道交通线网规划的因素

(一)线路走向选择

城市轨道交通的主要服务对象是城市居民的出行,所以沿客流方向布置是城市轨道交通选线的基本原则。从线路运营后能方便旅客、有效地利用土地、缩短建设工期、节约建设投资等方面考虑,市区线路绝大多数应铺设在城市街道地区的主要道路下面。

线路基本走向应沿主客流方向并通过大客流集散点(如工业区、大型住宅中心、公交枢纽、火车站、码头、长途汽车站等),以便最大限度地吸引客流。例如:上海城市轨道交通线路规划确定包括上海南站、上海火车站、上海火车西站、徐家汇、静安寺、人民广场等16处大客流集散点作为其必经的控制点。

选择线路走向要考虑地质条件、历史文物保护、地面建筑和地下建筑物等情况,为确保城市的环境质量,城区内线路宜选择地下线路。在郊区及次中心区有条件地段,可以选择地面线或高架线,以节省建设投资,降低运营费用。

车站应与城市综合交通规划网相协调,使轨道交通成为城市公共交通骨干,轨道交通车站成为城市交通换乘中心。当线路预定与远期规划线联络时,先期建设的线路应考虑与远期规划线路交叉点处的衔接,为未来路网中乘客的换乘创造方便条件。

选择线路走向时要考虑车辆段、停车场的位置和地铁线路间的联络线。

(二)车站站距

我国轨道交通在吸收世界轨道交通建设经验的基础上,在《地铁设计规范》(GB 50157—2013)中规定:"车站间的距离应根据现状及规划的城市道路布局和客流实际需要确定,一般在城市中心区和居民稠密地区宜为1km左右,在城市外围区应根据具体情况适当加大车站间的距离。"我国已建地铁平均站间距离见表1-1。

我国已建地铁平均站间距　　　　　　　　　　　　　　　　表1-1

城　市	线　别	线路运营长度(m)	车站数(个)	平均站间距(m)
北京市	1号线西段	1687	12	1534
北京市	环线	2301	18	1354
天津市	一期工程	740	8	1057
上海市	1号线	2161	16	1441
上海市	2号线	1915	13	1596
上海市	明珠线一期	2497	19	1387
广州市	1号线	1848	16	1232

对于平均站间距离,世界上有两种趋向,一种是小站间距,平均为1km左右;一种是大站间距,平均1.6km左右。香港地铁平均站间距为1050m,其中港岛线仅947m;莫斯科地铁平均站间距为1.7km左右。香港和莫斯科都是以公共交通为主要运输工具,地铁都有很好的运营业绩。

车站分布,应经过科学的综合分析、详细的方案比选后确定。尤其是轨道交通车站分布数目对建设费用、运营成本、施工等都有很大影响。但是客流吸引量及乘客出行时间需要进行具体分析计算。在市场经济条件下,车站分布一定要进行经济效益的比较。

车站是一种昂贵的建筑物,其建造费及设备费在初始投资中占很大比重。根据上海地铁2号线的概算资料,一般车站长度为284m,其土建工程造价约为6000万~7000万元,拆迁工程和车站设备是车站土建造价的2.1~2.2倍;而区间每公里土建工程造价9000万~10000万元。单从土建工程造价比较,车站每延米的造价约是区间的2.4倍。

站间距越小,车站数量越多,轨道交通的造价就越高。站间距增大,车站数量可以减少,车站造价可以节省，但是乘客步行距离及时间加长，轨道交通在综合交通中的客流吸引能力会降低，同时单个车站的负荷将有所增加，车站设计规模也须相应加大。

在站距缩短、车站数量增加的同时，列车运营费用也会上升。根据国内外地铁运营统计资料，地铁运营速度约与站间距离的平方根成正比。站间距离缩短会降低运营速度，进而增加线路上运营的列车对数，还会因频繁地起停车而增加电能消耗、轮轨磨耗等，从而增加运营费用。

从车站在城市中的作用看，如果车站之间的间距足够大，则各车站会发展成为公共活动中心及交通枢纽，并逐渐集中社会、生产、行政、商业及文化生活职能于一体，成为吸引居民居住和工作的核心。

综上所述，车站的间距大小会对乘客出行时间、运营费、工程费以及车站作用等多方面产生错综复杂的影响，应综合考虑，合理确定。

五 城市轨道交通建筑与结构形式

(一)城市轨道交通建筑

城市轨道交通是规模庞大的交通公共建筑，按照其功能、使用要求和设置位置划分成车站、区间和车辆段三部分。

(二)城市轨道交通隧道结构形式

城市轨道交通隧道衬砌结构与构造，取决于隧道的用途、沿线地形地物、水文地质、工程地质条件、施工方法、环境要求、维修管理、工期要求和投资高低等因素。一般结构形式有矩形、圆形、马蹄形或上顶拱形断面等。

六 城市轨道交通主要施工方法

城市轨道交通施工测量方法取决于施工方法，了解和掌握城市轨道交通施工方法对于做好施工测量工作非常重要。

施工方法的确定，一方面受沿线工程地质和水文地质条件、环境条件(地面和地下地物的现状、交通状况等)、轨道交通的功能要求、线路平面位置、隧道埋深及开挖宽度等多种因素的制约；另一方面也会对施工期间的地面交通和城市居民的正常生活、工期、工程的难易程度、城市规划的实施、地下空间的开发利用和运营效果等产生直接影响。

因此，城市轨道交通施工方法的确定，必须因地制宜、统筹兼顾，考虑诸多因素的影响。同时，施工方法一旦确定，对结构形式、工程造价和施工测量方案有决定性影响。纵观我国城市轨道交通建设情况，主要有以下几种施工方法。

(一)明挖法

明挖法是指由地面挖开的基坑中修筑隧道的方法，包括敞口明挖法、基坑设置支护结构的明挖法和盖挖法。

1. 敞口明挖法

在地面建筑物稀少、交通不繁忙、施工场地较大、结构物埋深较浅的地段及城市轨道交通干线出入地面的区段可采用敞口明挖法。

2. 基坑设置支护结构的明挖法

在施工场地较小、土质自立性差、地下水丰富、建筑物密集、埋深大时可采用明挖法,需注意基坑要加设支护结构。

3. 盖挖法

城市轨道交通线路在城市道路下面通过,当允许短期封闭地面交通时,可采用盖挖法施工。

(二) 盾构法

在城市轨道交通线路穿越古河道地段,围岩结构松散、饱水、呈流塑或软塑状态,工程地质条件较差的地段,采用盾构机施工。盾构机的全名叫盾构隧道掘进机,是一种隧道掘进机的专用工程施工机械。现代盾构掘进机集光、机、电、液、传感、信息技术于一体,具有挖切削土体、输送土渣、拼装隧道衬砌、测量导向纠偏等功能,涉及地质、土木、机械、力学、液压、电气、控制和测量等多门学科技术,而且要针对不同的地质条件进行设计制造,可靠性要求极高。

(三) 新奥法及浅埋暗挖法

城市轨道交通线路穿越基岩地段时,围岩具有一定的自稳能力,一般采用新奥法施工,即以喷射混凝土和锚杆作为主要支护手段,同时发挥围岩的自身承载作用,使其和支护结构成为一个完整的隧道支护体系。

浅埋暗挖法是在新奥法基础上发展起来的施工方法。例如:北京地铁区间隧道埋置在第四纪土层中,用小导管注浆加固土层,分部开挖,架钢筋格栅拱、喷混凝土法施工初次衬砌,然后做防水层,最后用模注混凝土做二次衬砌。

(四) 其他特殊施工方法

由于技术水平不断提高,设备不断完善,在一些特殊地段可采用冻结法、化学注浆等方法加固围岩。当隧道穿过建筑物时可采用基底托换等方法;为处理好地下水可采用降水深层回灌等施工技术。这些在全国很多地方的地铁施工中都得到应用,并取得了一定的效果。

对于大跨度车站及折返线隧道工程,一般采用分部开挖法施工。分部开挖法,包括双侧壁导坑法、中洞法、中隔壁法等,这些方法也都取得了良好的施工效果。

第三节 城市轨道交通工程测量的任务和内容

城市轨道交通工程测量是工程测量的一个分支,是研究城市轨道交通工程和工程环境在建设及运营期间基础测绘、施工测量、变形监测等数据的采集、测设、处理、分析、预报以及测绘工作管理的理论和技术,是一门应用性学科。它主要以建筑工程、工程环境、施工机器设备和施工测量管理为研究服务对象,主要满足建设工程空间定位和测设、工程及其周边环境安全监测以及工程管理和监理等对测绘工作的要求。

一 城市轨道交通工程测量的特点

1. 全程测量监测

城市轨道交通是城市公共交通的一种形式,是包括地下、地面和高架三种空间方式的轨道工程体系。由于其在建筑物密集、地下管网繁多的城市环境中建设，且多为隧道、桥梁及深基础工程，在工程建设中易遇到工程能否准确按设计要求就位、施工中的自身结构安全、受施工影响的工程环境的安全等问题。又因为城市轨道交通项目与公众生活息息相关，对社会影响很大，社会公众和政府相关部门关注程度较高，再加上为节约工程造价而预留的工程结构等限界余量小，因此，造成城市轨道交通项目在进行结构施工、铺轨、设备安装等工作时需要高精度施工测量技术的配合与保障，需要监控量测等技术手段进行实时安全监测。工程交付后的运营期间，出于线路维护和改造的要求，沿线新建工程项目的影响，以及对不良地质条件地区和结构变形未稳定所必须延续进行的测量和监测等工作的需要，仍需长期进行高精度测量工作。也即是，城市轨道交通工程测量有其特殊要求和方法。

2. 精度要求高

城市轨道交通为线形工程，为确保线路圆顺，施工中各环节工艺间施工容许偏差要求严，相邻点相对精度要求高。例如：《城市轨道交通工程测量规范》(GB 50308—2008)要求卫星定位控制网相邻点的相对点位中误差在 ±10mm 以内，精密导线相邻点的相对点位中误差在 ±8mm 以内，铺轨精度要求小于 2mm；为保证工程和施工环境安全而进行的安全监测变形点的高程中误差精度在 ±1mm 以内，变形中误差精度在 ±6mm 以内等。

3. 不断引进现代工程测量高新技术

测量精度要求高加上作业环境条件差等因素，不仅增加了施工测量的难度，而且有些还超出了传统工程测量范畴。测量中引入了大量的物理传感器，如应力计、应变片、压力盒、位移计、测斜仪、测力计等进行应力、应变和变形监测，这些对传统工程测量的方法、精度和实施都是新的课题。因此，在城市轨道交通工程测量中，除按照传统精密工程测量技术进行高精度施工测量外，还需结合工程特点引进现代工程测量高新技术，并注重相关学科技术在施工测量中的渗透与融合，使城市轨道交通工程测量结合自身工程特点不断创新、完善和发展。

二 城市轨道交通工程测量的主要任务和内容

城市轨道交通工程测量，应满足工程建设中的设计、施工和运营阶段对测量工作的需要。在设计阶段，为设计工作的各个阶段提供所需的地形图等基础或专项测绘资料；在施工阶段，为实现设计意图进行施工放样和设备安装、为施工安全进行监控量测、为完工的工程进行竣工测量等；在运营阶段，线路维护和改造、结构变形监测等需要进行的测量工作。各个阶段测量内容主要包括：地面测量、地面和地下联系测量、地下测量三方面的工作。

(一) 设计阶段测量工作主要内容

设计阶段分为可行性研究阶段、初步设计阶段、施工图设计阶段。在可行性研究阶段，测绘工作者需要提供的主要测绘产品有：中、小比例尺地形图和其他设计要求的测量工作及成果。在初步设计阶段，测绘工作者应进行地面控制测量(首级卫星定位控制测量、精密导线测量、高程控制测量)、1:500 地形图测量、管线测量和调查、地下建(构)筑物测量、跨越线路的建(构)筑物测量、水域地形测量、定线测量等，并提供相应测量成果。施工图设计阶段，应进行线路纵、横断面测量、线路中线测量、线路红线、拆迁红线测量、设计委托的零星测量(毗邻或横跨线路的高压线测量，对线路有制约作用的特殊建、构筑物测量等)，同时提供相应测量成果。

(二)施工阶段测量工作主要内容

施工阶段分为土建结构施工阶段、轨道和设备安装阶段、竣工阶段。土建结构施工阶段,应进行加密施工控制测量、定线测量[建(构)筑物、线路施工定线等]、竖井联系测量、施工放线测量、限界测量、监控量测[包括线路、建筑结构自身和沿线重要建(构)筑物变形测量]和其他测量工作。轨道和设备安装阶段,应进行铺轨基标测量、线路标志测量、延续和新增加的监控量测。竣工阶段,应进行全线线路轨道竣工测量,区间、车站和附属建筑结构竣工测量,线路沿线设备竣工测量,地下管线竣工测量以及测量成果的资料验收等工作。竣工测量时,应收集已有的测量资料并进行实地检测,对符合要求的测量资料应充分利用;对不符合要求的测量资料应重新测量,并按实测的资料编绘竣工测量成果。因为各个城市对竣工测量成果资料要求不完全统一,因此,该成果资料除应满足城市轨道交通工程竣工测量与验收要求外,还应满足地方建设工程规划监督测量与验收的要求。

(三)运营阶段测量工作主要内容

运营阶段指城市轨道交通建成交付运营以后的时段。在该时段中测量工作者应长期对线路维护和改造提供测量保障并对线路构成安全隐患的结构和线路环境进行变形监测工作,确保安全运营。

三 城市轨道交通工程测量的发展

尽管我国城市轨道交通事业和发达国家比较起步较晚,但发展迅猛。十几年来,几十座城市已经步入建设行列。随着我国城市轨道交通事业建设高潮的来临,同时伴随测绘科学技术的迅速发展,城市轨道交通工程测量技术也在不断地完善、发展和进步。

近年来,在城市轨道交通工程建设中,卫星导航定位控制测量和数字测量技术,已经普遍应用;高精度陀螺定向,在地下工程的联系测量中效果显著,在一些超长隧道掘进中贯通精度优良;测量机器人,在现代隧道盾构施工技术的导向作用不仅提高了导向精度,而且大大减轻了测绘工作者的劳动强度;GPS 技术紧密结合工程实际,在勘测、设计、施工管理信息化方面发挥巨大作用;城市轨道交通工程建设中以及运营期间的安全监测、灾害防治和环境保护的各种问题,在大地测量、地球物理、工程地质与水文地质以及土木建筑等多学科技术不断地相互渗透与融合中得到良好的解决,许多工程实现了数据采集和数据处理自动化、实时化。

我国城市轨道交通工程测量技术发展空间还很广阔,今后将随工程内容的不断丰富,就如何利用卫星定位系统、全站仪及数字水准仪等先进仪器和设备,快速建立高精度三维工程控制网,提高工程控制测量成果的质量与作业效率;如何开发和应用基于智能化全站仪、激光、遥测、遥控和通信等集成式精密空间放样测设技术,实现工程设施快速、准确的空间放样测设;如何应用数字近景摄影测量和激光扫描等技术对工程设施的空间形态进行实时或准实时的精确检测和完整记录,并实施动态与静态变形监测的自动化技术和方法;如何利用地理信息系统等技术,收集工程建设与运营过程的空间及属性信息,建立工程数据库和工程档案信息管理系统,为工程维护、维修及管理提供信息支持和辅助决策支持;如何健全城市轨道交通工程测量项目的质量安全保障体系,确保工程测量成果的可靠性与完整性等方面有待开发和完善。相信我国城市轨道交通工程测量技术,将在很短的时间内有一个很大的发展,并将步入世界先进行列。

 **思考题**

1. 根据城市轨道交通的界定范围,将那些技术成熟、已经作为城市公共交通正式运营的轨道交通划分为哪几种类型,并如何定义?
2. 城市轨道交通线路设计,一般分哪几个设计阶段进行?分别是什么?
3. 城市轨道交通进行线网规划目的和意义是什么?
4. 城市轨道交通工程测量,应满足工程建设中的设计、施工和运营阶段对测量工作的需要,阐述各个阶段测量的主要内容。

第二章 贯通误差与测量精度设计

第一节 概 述

城市轨道交通工程是一个结构复杂、设备众多,包含地下、地面和高架于一体的快速轨道交通系统工程。通常位于城市中心区地下,到了近郊逐步延伸到地面或高架桥。这样复杂的城市轨道交通工程建设与一般的铁路工程建设有共同之处,但也有特殊性,对测量工作的要求也更为严格,其主要的特点表现在以下几个方面。

(1)线路及构筑物设计和定线,全部采用解析法,施工放样是根据设计资料采用三维坐标,不像一般铁路建设中通常采用转角量边。

(2)工程分多段施工,必须保证邻接工程衔接和隧道贯通。

(3)工程有严格的限界规定,设计给予建筑物结构轮廓一定的施工误差裕量,但在施工中,为了降低工程成本,预留的限界裕量却很小,这对施工测量的精度提出了较高要求。

(4)工程多采用整体道床,铺轨时轨道的平面和高程可调量仅是毫米级的,因此对铺轨基标测量的精度要求很高。

(5)地下及地面工程施工,对工程本身及邻近范围内的地下管线、地表、建(构)筑物造成沉陷、倾斜或位移,因而必须及时开展自身结构和环境安全监测。

综上所述,为了保证地下隧道在任何贯通面上正确贯通,隧道衬砌不侵入建筑限界,各种建(构)筑物、设备、管线的竣工形体尺寸和位置准确就位,就必须进行大量的严密测量工作。城市轨道交通测量的工作中最重要的就是地面控制测量、联系测量和地下控制测量,这三项测量工作的质量,关系着地上、地下工程的整体控制和全线各段分别施工的工程首尾的平顺衔接,也是在实地正确复现设计方案的唯一依据。

本章将论述城市轨道交通测量贯通误差的限值及地面控制测量、联系测量和地下控制测量这三项测量的误差分配、贯通误差的精度估算、地面测量(平面控制测量与高程控制测量)的测量精度设计等内容。

第二节 贯通误差限值及误差分配

一 贯通误差的概念

城市轨道交通工程的车站和区间(两相邻车站之间的地段)是分别施工的,在区间中,有时为了加快施工进度会在中间开挖一些竖井以增加掘进面。这样一来就会出现对向掘进在中间相通或从车站一端向相邻车站一端掘进,在车站端头相通的情况。不论哪种情况,我们把隧道开挖相通之处的横截面称为贯通面。相向开挖施工中线在贯通面处不能按设计位置相衔接而产生的偏差称为贯通误差。贯通误差从几何上说是一个空间线段,其长短取决于地面控制测量、联系测量和地下控制测量误差影响值的大小。贯通误差在垂直于中线方向上的投影水平长度称为横向贯通误差,沿中线方向上的投影水平长度称为纵向贯通误差,在高程方向的投影垂直长度为竖向贯通误差(即高程贯通误差)。纵向贯通误差 ΔL、横向贯通误差 ΔQ 在贯通面处的平面投影如图 2-1 所示。对隧道工程而言,横向贯通误差的影响最为重要,因为其数值超过一定范围,就会引起隧道中线几何形状的改变,并会产生洞内两端已衬砌部分衔接不上,甚至洞内建筑物侵入规定的限界,造成重大事故。纵向贯通误差影响隧道中线的长度,高程贯通误差影响隧道的坡度,由于距离测量与水准测量的精度较高,故这两种误差较横向贯通误差更容易控制。

所以说,为了确保地下隧道按设计的要求贯通,应首先确定出各项贯通误差的限值,尤其是横向贯通误差的限值,才能进一步设计出各项测量的精度。贯通误差的限值应以满足城市轨道交通隧道各种限界裕量及进行隧道测量的实践经验等诸方面分析确定。

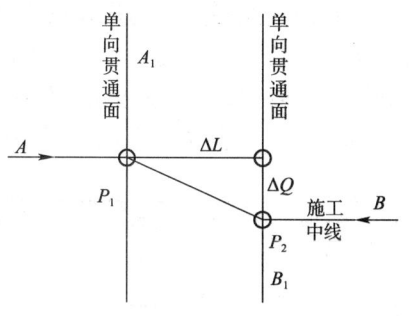

图 2-1　隧道纵、横向贯通误差在贯通面处的平面投影示意图

二　贯通误差限值的确定

1. 根据城市轨道交通隧道限界裕盈分析确定

科学合理地确定贯通误差的限值(极限误差)是一个至关重要的问题,原则上说应根据地下铁道限界预留的安全裕量和测量技术的发展情况(当前及今后若干年测量所能达到的精度)来决定。地下铁道限界,包括建筑限界、设备限界和车辆限界三种。设计给出的限界值及相应的安全裕量,与车辆轮廓线、受电方式、施工方法、断面形状、设备位置诸因素有关,因而各城市的城市轨道交通限界也不完全相同。例如,采用交流传动车辆和链形悬挂架接触网时,设计部门给出的横向预留安全裕量分别为:建筑限界中,矩形和马蹄形断面每侧 50mm,圆形断面每侧 100mm;设备限界中,矩形和马蹄形断面每侧 56mm,圆形断面每侧 16mm;车辆限界至设备限界之间每侧 150mm;竖向安全裕量为,向上加高 100mm,向下降低 70mm。

由此可知,设计给出每侧横向安全裕量总和:矩形和马蹄形断面为 256mm(全断面为 512mm);圆形断面为 266mm(全断面为 532mm)。这是一个综合因素影响量,若能满足要求将保证行车安全。设计考虑的综合因素影响包括:施工误差、测量误差、变形误差、线路缺陷、车辆磨耗振动和偏载影响等六项。其中,每项因素的影响值应有多少,尤其是测量误差应占横向安全裕量的多少,设计未作出明确规定。在这种情况下,采用等影响原则分配误差较为合理。同时,应考虑到测量技术进步和实际经验,即规定的精度指标既要先进又要在实际工作中能够实现。

综上考虑,横向贯通误差取全断面横向安全裕量总和(512mm)的 1/6 ~ 1/5 较为合适,即横向贯通误差的限差为 85.3 ~ 102.4mm,取整后为 100mm。高程误差取竖向安全裕量总和(170mm)的 1/4 ~ 1/3 较为合适,即高程贯通误差的限差为 42.5 ~ 56.7mm,取整后为 50mm。

2. 根据铁路隧道贯通误差限值分析确定

我国铁路和公路建设发展很快,在铁路建设中修建了大量隧道,新中国成立后至 20 世纪 80 年代末共修建隧道 4423 座,总长度达 2248km。近年来又修建了一些长大隧道,如衡(阳)广(州)复线上的大瑶山双线隧道,长度为 14.295km,西(安)康(安康)线秦岭隧道,长达

18.5km。由于隧道施工机械(大型隧道掘进机)和施工方法的进步,要求测量技术与之相适应,全球定位系统(GPS)、光电测距仪、全站仪、自动陀螺经纬仪、自动导向仪、自动断面仪等先进仪器和技术的应用,保证了隧道的正确贯通和建成。

我国铁路隧道贯通误差的限值(极限误差)是根据隧道长度不同而变化的,即隧道越长限值越大。长度区间划分相应限差的大小也是总结多年的实践经验制定的,既能满足隧道贯通和限界的要求,又可以达到测量精度,所以是科学的、可行的。我国铁路隧道贯通误差限值的规定见表2-1,测量误差以中误差衡量,贯通误差限值规定为2倍贯通中误差。

铁路隧道贯通误差限值　　　　表2-1

两相向开挖口间的长度(km)	<4	4~8	8~10	10~13	13~17	17~20
横向贯通误差限值(mm)	100	150	200	300	400	500
高程贯通误差限值(mm)	50	50	50	50	50	50

从表2-1可知,铁路隧道长度小于4km时横向贯通误差的限值为100mm,而城市轨道交通暗挖隧道长度都小于4km,因此城市轨道交通隧道横向贯通误差的限值为100mm是可行的。

3. 城市轨道交通隧道贯通测量及误差分配

根据城市轨道交通隧道限界裕盈分析确定隧道纵、横向贯通误差和根据铁路隧道贯通误差限值分析确定隧道纵、横向贯通误差可知,横向和高程贯通误差极限可以分别设定为100mm和50mm。由极限误差(限值)等于2倍中误差,则得到横向贯通中误差为±50mm,高程贯通误差为±25mm。我们知道,隧道贯通测量,包括地面控制测量、联系测量和地下控制测量。因此,横向贯通误差,主要受上述三项测量误差影响,假设各项测量误差对贯通的影响互相独立,则有:

$$m_Q^2 = m_{q1}^2 + m_{q2}^2 + m_{q3}^2 \tag{2-1}$$

式中:m_{q1}——地面控制测量引起的横向中误差(mm);

m_{q2}——联系测量引起的横向中误差(mm);

m_{q3}——地下控制测量引起的横向中误差(mm);

m_Q——城市轨道交通隧道横向贯通中误差(mm)。

由于地面测量的条件较地下好,在分配测量误差时可在等影响原则的基础上作适当的调整,即对地面测量的精度适当提高一些,而地下控制测量的精度降低一些。

同理,高程测量误差的计算公式为:

$$m_H^2 = m_{h1}^2 + m_{h2}^2 + m_{h3}^2 \tag{2-2}$$

式中:m_{h1}——地面高程控制测量的中误差(mm);

m_{h2}——向地下传递高程测量引起的中误差(mm);

m_{h3}——地下高程控制测量的中误差(mm);

m_H——城市轨道交通隧道高程贯通中误差(mm)。

第三节　平面控制网布设方案与精度设计

一　平面控制网的布设方案

城市轨道交通,一般分期建设,属线状工程,且相邻点相对精度要求高,现有城市控制点无论数量和精度上都难于满足城市轨道交通建设需要,因此必须独立布设平面控制网。考虑到全球定位系统 GPS、电子全站仪已被广泛应用,有较高的精度,完全可以用于城市轨道交通控制测量。因此,将城市轨道交通工程地面控制网分为两个等级布设,一等为卫星定位控制网(以下简称 GPS 网),二等为精密导线(锁、网)。

GPS 控制网和导线的精度设计

城市轨道交通测量的重要任务是保证暗挖隧道的正确贯通,因此 GPS 网与导线网的测量精度应根据表 2-1 中的贯通中误差进行设计。鉴于横向误差对隧道贯通起决定性的作用,因此表中分配给地面控制测量横向误差的影响值(横向贯通中误差)不大于 25mm 应作为精度设计的依据。

当地面控制测量分二级布设时,则对二级网点位的中误差影响为:

$$M_P^2 = M_G^2 + M_T^2 \tag{2-3}$$

式中:M_P——点位中误差(mm);

M_G——GPS 网中最弱点的点位中误差(mm);

M_T——导线网中最弱点的点位中误差(mm)。

GPS 网中及附合导线锁中相邻点的相对中误差与其点位中误差的关系可表示为:

$$(M_G)_{ij} = \pm \frac{M_G}{\sqrt{2}} \tag{2-4}$$

$$(M_T)_{ij} = \pm \frac{M_T}{\sqrt{\frac{n}{2}}} \tag{2-5}$$

式中:$(M_G)_{ij}$——GPS 网中相邻点的相对中误差(mm);

$(M_T)_{ij}$——导线网中相邻点的相对中误差(mm);

n——附合导线的边数。

由式(2-3)可知,该式计算的点位中误差总是较相应的横向误差大,作为测量精度设计偏丁安全,为此我们假定用横向误差 M_Q 代替式(2-3)左边的点位中误差 M_P,则通过设计获得的 M_G 和 M_T 将会留有一定的精度储备。

故式(2-3)可以写成:

$$M_Q^2 = M_G^2 + M_T^2 \tag{2-6}$$

第四节 高程控制网布设方案与精度设计

高程控制网的布设方案

根据相关理论推导可知,地面高程控制测量的中误差为 ±16mm,这是讨论地面高程控制网方案与精度设计的依据。考虑到城市二等水准点位分布在整个城市之中,点间距较远,其点数及分布均满足不了城市轨道交通施工测量和贯通测量的需要,因此应沿城市轨道交通线路独立布设高程控制网。

《城市轨道交通工程测量规范》(GB 50308—2008)规定,城市轨道交通地面高程控制网应沿城市轨道交通线路分二级布设,一等为二等水准点网,二等为加密的水准点网。

二 高程控制网的精度设计

按上述高程控制网的分级布设方案,各等级高程中误差的关系为:

$$M_H = \sqrt{(M_h)_H^2 + (M_h)_J^2} \tag{2-7}$$

为使估算结果偏于安全,在此假定一等水准测量的中误差等于城市二等水准测量附合路线或环线的闭合差($4\sqrt{L}$mm),二等水准测量的高程中误差等于其附合路线或环线的闭合差($8\sqrt{L}$mm),即:

$$(M_h)_H = \pm 4\sqrt{L} \tag{2-8}$$

$$(M_h)_J = \pm 8\sqrt{L} \tag{2-9}$$

式中:L——该等级水准点间的距离(km);

$(M_h)_H$——一等水准测量的高程中误差(mm);

$(M_h)_J$——二等水准测量的高程中误差(mm);

M_H——城市轨道交通工程地面高程控制测量的中误差(mm)。

根据城市轨道交通建设的实际,取一等水准点间的最大距离为3km,二等水准点间的最大距离为1km,将其代入式(2-8)、式(2-9)得:

$$(M_h)_H = \pm 4\sqrt{3} = \pm 6.93\text{mm}, (M_h)_J = \pm 8\sqrt{1.5} = \pm 9.80\text{mm}$$

代入式(2-7)得:

$$M_H = \sqrt{(6.93)^2 + (9.80)^2} = \pm 12.0\text{mm}$$

表明M_H在规定的地面高程中误差在±16mm之内,设计方案可行。

根据以上论证,可以得出城市轨道交通地面高程测量的等级和测量精度见表2-2。

表2-2 地面高程测量等级与精度(mm)

水准测量等级	每千米高差中数偶然中误差M_Δ	每千米高差中数全中误差M_w	往返测较差,附合路线或环线闭合差
一等	±1	±2	$\pm 4\sqrt{L}$
二等	±2	±4	$\pm 8\sqrt{L}$

注:L为往返测段、附合或环线的长度(km)。

第五节 横向贯通误差影响值的精度估算

以上论述了控制测量精度的整体优化设计方法,通过优化设计得出的各级控制测量精度指标可以作为城市轨道交通控制测量的技术要求。城市轨道交通建设中,有时也会有较长的隧道,在这种情况下亦可对其单独进行贯通误差的精度估算,能更好地确定观测精度,保证隧道的正确贯通。为了便于计算,把控制测量误差所引起的隧道横向贯通中误差定义为贯通误差影响值,影响值的估算方法分为近似估算法和严密估算法两种。

一 近似估算法

若地面控制网仍分为二级布设,两隧道洞口之间为附合在 GPS 点上的附合单导线,横向贯通误差影响值的精度估算如图 2-2 所示。

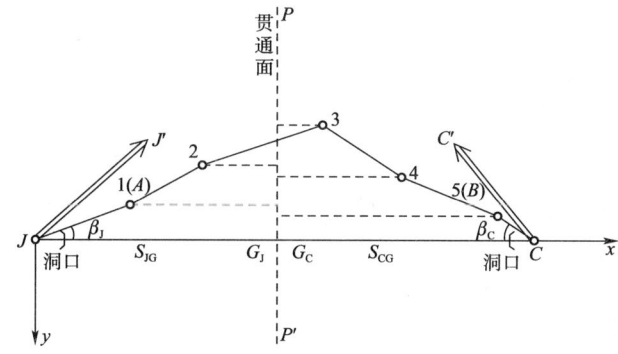

图 2-2 横向贯通误差影响值的精度估算示意图

估算前先按实地选点在 1:10000 图上绘制控制点图,绘出线路中线,两端洞口控制点 J、C,贯通点 G_J、G_C 和贯通面方向 PP'。为计算方便假设 J 为起算点,JA 为起算方向,JC 连线方向为 x 轴方向(与隧道中线重合),贯通面 PP' 与隧道坐标系的 y 轴平行。

横向贯通误差影响值的估算公式为:

$$m_Q = \pm \sqrt{(m_g)_q^2 + (m_t)_q^2} \tag{2-10}$$

式中:$(m_g)_q$——GPS 控制测量误差引起的横向贯通中误差(mm);

$(m_t)_q$——导线测量误差引起的横向贯通中误差(mm);

m_Q——地面控制测量误差引起的横向贯通中误差(影响值)(mm)。

导线测量误差引起的横向贯通中误差估算公式为:

$$(m_t)_q = \pm \sqrt{m_{y\beta}^2 + m_{yl}^2}$$

或

$$(m_t)_q = \pm \sqrt{\left(\frac{m_\beta}{\rho}\right)^2 \sum R_x^2 + \left(\frac{m_l}{l}\right)^2 \sum d_y^2} \tag{2-11}$$

式中:$\sum R_x^2$——两洞口之间导线点至贯通面垂直距离的平方和;

$\sum d_y^2$——两洞口之间导线点至贯通面投影长度的平方和;

m_β、$\dfrac{m_l}{l}$——分别表示导线测角中误差和测边平均相对中误差;

$m_{y\beta}$、m_{yl}——分别表示导线测角、测边误差引起的横向贯通中误差;

ρ——取 206265″。

考虑到 GPS 网为非测角网且精度均匀,其点位误差和相对误差可视为附合导线的起始误差值,因此估算时,$(m_g)_q$ 可用 GPS 网中相邻点的相对点位中误差代替。R_x、d_y 取 10m 整即可。m_l/l 和 m_β 为设计值,m_Q 为地面控制测量的横向贯通中误差分配值(±25mm),通过改变 m_β、m_l/l 来调整方案,确定最佳测量方案。

式(2-11)是按支导线导出来的,故是近似的,实际控制网总是有多余观测,平差后精度会有增益,所以用该公式估算实际上很安全。因此,试算出 m_Q 不宜太小,当 m_Q 接近于影响值的分配值时,即可停止调整。虽然该公式为近似估算公式,但它同时考虑了测角误差与测边误差对横向贯通的影响,比较全面,这对曲线隧道估算尤为重要。

式(2-11)同样适用于地下导线的精度估算,当隧道为直伸形时,洞内一般布设直伸等边导线,这时测边误差对横向贯通不会产生影响,则该公式简化为:

$$(m_t)_q = \pm \sqrt{\left(\frac{m_\beta}{\rho}\right)^2 (nl)^2 \times \frac{n+1.5}{3}} \tag{2-12}$$

式中:n——洞内导线边数;
$\quad l$——平均边长;
其余符号含义同式(2-11)。

从式(2-12)可以看出,可以根据隧道长度、导线边长、边数和分配的影响值中误差反求出测角精度。

三 严密估算法

地面控制网测量误差,对横向贯通误差影响的严密估算公式,是按方向的间接平差法导出的,根据两端出入口推算出贯通点横坐标差的权函数表达式来计算贯通误差影响值。这种方法称为坐标差权函数法,适用于任意地面网,也适合于 GPS 网,在通用平差程序中加一段子程序即可。

如图 2-2 所示,求横向贯通误差影响值实际就是计算贯通方向上两点 G_J、G_C 的横坐标差 ΔY_G 的中误差,因此需要写出 ΔY_G 的权函数式,而 G_J、G_C 为由隧道两端洞口点通过联系角 β_J、β_C 和边长 S_{JG}、S_{CG} 计算出的贯通点。在计算贯通误差影响值时,应将 β_J、β_C、S_{JG}、S_{CG} 视为不含误差的量。对 ΔY_G 全微分,可得权函数式:

$$\begin{aligned}d(\Delta Y_G) = &a_{JA}\Delta Y_{JG}d_{xJ} + (1 + b_{JA}\Delta X_{JG})d_{yJ} - a_{JA}\Delta X_{JG}d_{xA} - b_{JA}\Delta X_{JG}d_{yA} - \\ &a_{CB}\Delta X_{CG}d_{xC} - (1 + b_{CB}\Delta X_{CG})d_{yC} + a_{CB}\Delta X_{CG}d_{xB} + b_{CB}\Delta X_{CG}d_{yB}\end{aligned} \tag{2-13}$$

式中:a、b——相应边的方向系数;
$\quad \Delta X$、ΔY——相应点的坐标差。

由公式表明,权函数与隧道两端点 J、C,定向点 A、B 的精度和贯通点 G 的位置有关。也就是说,横向贯通误差影响值与贯通点的位置有关,一般 G 应位于两端点的中间;同时与定向点的位置和精度也有关,选取不同的定向点,则影响值也不同。因此,只要由通用平差程序计算出两端点及定向点的协方差阵,即可按广义误差传播律计算出 ΔY_G 的方差 m_q^2。设计方案时,通过改变定向点并给定观测精度可计算出相应的 m_q,从多个方案比较中选择满足贯通要求的优化方案和观测精度。

 **思考题**

1. 城市轨道交通工程的贯通误差限值如何确定?

2. 为了便于计算,把控制测量误差所引起的隧道横向贯通中误差定义为贯通误差影响值,影响值的估算方法分哪几种?

第三章 地面平面控制测量

第一节 概　　述

地面平面控制测量,是城市轨道交通工程所有测量的基础和依据,是城市轨道交通工程全线线路与结构贯通的保障,它在上建施工开挖前测量完毕。地面平面控制网,具有精度高、边长较短、使用频繁等特点。本章主要介绍城市轨道交通平面控制网的布设、控制点选埋、控制网的优化设计、外业观测、数据处理以及控制网检测。

 地面平面控制网的基本特点

城市轨道交通工程应结合拟建线路情况,进行专项平面控制网布设,且与城市原有坐标系统一致,并在工程开始前完成,其基本特点如下。

(1)平面控制网的大小、形状、点位分布,应满足轨道交通工程施工的需要,可以根据城市轨道交通总体规划布设全面网,也可以为某条线路布设单独的线状控制网。

(2)城市轨道交通工程地面平面控制网,在城市一、二等控制网的基础上建立,通常分两个等级布设,即一等卫星定位控制网(以下简称GPS网)和二等精密导线(锁、网)两个等级。GPS网点数较少,起到整体骨架的作用,是后续测量的基础,而导线(锁、网)则在GPS网的基础上布设成附合导线、闭合导线或多个结点的导线网。导线(锁、网)边长较短,可直接为地面施工测量服务,对地下施工起到向地下传递坐标、方向的作用。

(3)地面平面控制网,不但是隧道横向贯通的基础,还是安装测量控制网、变形监测网的基础。可为工程设计提供大比例尺地形图测绘、施工放样、轨道铺设、断面测量、建设期间变形监测以及运营后的结构变形监测服务。

(4)由于城市轨道交通工程建设周期较长,工程建设期间平面控制点难免发生变化;因此,需要在一定的周期内对地面平面控制网进行检测,评价原网稳定状况和可靠程度,确保地面平面控制网满足工程建设需要。

地面平面控制网的测量步骤

地面平面控制网的测量步骤与城市建设的平面控制网一样,通常需要经过以下工作步骤:

(1)收集资料。根据拟建线路的设计资料(尤其是车站位置、竖井位置和线路走向、不同线路交叉情况等),收集和了解沿线现有城市首级控制网、轨道交通控制网以及岩土工程条件等资料。

(2)现场踏勘。在拟建线路附近普查现有首级平面控制点的保存情况与车站、车辆段以及沿线周围建(构)筑物情况和拟埋设控制点的位置条件情况等。

(3)选点。根据控制网布设原则以及观测条件进行选点,值得注意的是GPS点和精密导线点的选点可以同时进行。

（4）埋石。根据控制点的位置条件,选择埋设不同类型的标石。

（5）控制网观测。按照平面控制网等级和技术要求进行 GPS 测量和精密导线测量。

（6）数据平差等。

第二节　一等卫星定位控制网测量

 全球卫星定位系统

（一）全球卫星定位系统简介

具有全球导航定位能力的卫星定位导航系统称为全球卫星导航系统,英文全称为 Global Navigation satellite System,简称为 GNSS。目前正在运行的全球定位系统有美国的全球卫星定位系统(GPS)和俄罗斯的全球卫星导航系统(GLONASS),但 GLONASS 系统暂时不能连续实时定位。此外,正在建设中的系统有欧盟的 GALILEO 系统和我国的北斗卫星导航广域增强系统。

GPS 测量系统,相关组成、技术特点、原理等相关资料,在客运专线无砟轨道的铁路工程 GPS 测量书籍中已有详细介绍,在本章只对城市轨道交通工程测量的全球卫星定位系统的应用作出说明。

（二）卫星定位方法

卫星定位方法有伪距定位法和载波相位定位法。在 GPS 伪距定位法中所使用的测距码长度(29.3m,293m)较长,而 GPS 卫星发射的载波波长比测距码要短得多(λ_{L1} = 19cm,λ_{L2} = 24cm),如果将载波作为测距信号,测定 GPS 载波信号在传播路程上的相位变化值,以精密确定信号传播的距离,就可以达到较高的测距精度。由于城市轨道交通地面首级控制网的精度要求高,应采用静态载波相位定位法施测。

（三）卫星定位测量误差来源和影响

GPS 测量中将会产生各种误差,本节对 GPS 测量的误差来源及如何减少或防止误差影响做出分析。

GPS 测量的误差来源可分为三类:与卫星有关的误差、与信号传播有关的误差和与接收机有关的误差。

1. 与卫星有关的误差

与卫星有关的误差,主要包括卫星星历误差和卫星钟误差等。

某一瞬间的卫星位置是由卫星星历提供的,所以卫星星历误差实际上就是由星历给出的卫星位置与卫星的实际位置之差。卫星星历包括广播星历和精密星历。广播星历是美国 GPS 控制中心跟踪站的观测数据进行外推,通过 GPS 卫星发播的一种预报星历,是卫星电文中所携带的主要信息。精密星历是根据地面跟踪站(如:IGS)实测资料而得,但滞后于观测时刻 1~2 周才能得到,在一般工程实践中不采用。尽管美国采取 SA 政策,使得卫星的星历误差较大,但当利用两站的同步观测资料进行相对定位时,由于星历误差对两站的影响具有很强的相关性,即此项影响对于相距不太远的两个(多个)测站的定位影响大致相同,因此在多个测站上对同一卫星信号进行同步观测求差,就可减弱卫星轨道误差的影响,从而获得高精度的相对坐标。

卫星钟误差是指卫星上使用的高精度原子钟存在的误差。GPS 星座中不同卫星的钟误差是相互独立的,但不同测站对同一颗卫星进行同步观测时,卫星钟的误差对各站观测值的影响是相同的,故在相对定位中可通过求差得以消除。

2. 与信号传播有关的误差

(1)对流层折射误差

从地面向上 40km 为对流层,大气层中质量 99% 都集中在此层,电磁波在其中的传播速度与大气折射率、传播方向有关,在天顶方向延迟可达 2~3m,在高度角为 10°时可达 20m。对流层对电磁波延迟的影响可实测地区的气象数据,利用模型进行改正,当基线较短、气象较稳定时,测站间的气象条件基本一致,同步观测求差能更好地减弱大气折射的影响。

(2)电离层折射误差

从地面向上 70km 处直到大气层顶部为电离层。在这一层中,由于太阳作用使大气中分子发生电离,导致电磁波传播产生延迟,天顶方向延迟可达 50m,水平方向延迟可达 150m。对电离层延迟的影响,一是利用电离层模型进行改正,其影响可减少 75%;二是利用双频接收机减少电离层延迟,可以很好地消除其影响;三是利用两个观测站同步观测求差,可以削弱其影响,当两点间距为 10km 时,求差后基线长度残差为 1/1000000。

(3)多路径效应影响

卫星信号从高空向地面发射,若接收机天线周围有高大建筑物或水面时,建筑物和水面对电磁波具有强反射作用。这样天线接收的信号不但有直接从卫星发射的信号,还有从反射体反射的电磁波,这两种信号叠加的观测量一定会产生误差,这种误差称为多路径效应。因此,为减少该项误差的影响,通常在控制点点位选择时尽量避开强反射物,同时最好选用抗多路径效应天线。

3. 与接收机有关的误差

(1)接收机钟的影响

由于 GPS 接收机内的时标采用的石英晶体振荡器稳定度问题,会使卫星钟与地面接收机钟不同步,将引起等效距离误差。解决接收机钟误差影响的办法是:在单点定位时是将钟差作为未知数在方程中求解,在载波相位相对定位中采用观测值求差的方法,进行有效消除。

(2)天线相位中心的位置偏差

GPS 测量值是测量卫星到接收机天线相位中心的距离,而天线对中是以天线几何中心为准的,二者不一致产生的偏差将造成定位误差。自动观测时,天线应严格对中,整平之后还要将天线盘上方向标指向北方。

(四)GPS 测量的 PDOP 值和网的可靠性

1. 观测卫星的图形强度因子 DOP 和点位几何图形强度因子 PDOP

GPS 定位的实质就是将高速运动的卫星作为动态已知点,采取空间距离的后方交会方法,确定待测点的空间位置,因此利用 GPS 技术进行定位,其精度除取决于观测值的精度外,还与所测卫星的空间几何分布有关。

我们知道在卫星定位解算过程中,可求得未知参数的权逆阵 Q_{xx} 和协方差阵 D_{xx}：

$$\left.\begin{aligned} D_{xx} &= \sigma_0^2 Q_{xx} \\ \sigma_x^2 &= \sigma_0^2 Q_{11} \\ \sigma_y^2 &= \sigma_0^2 Q_{22} \\ \sigma_z^2 &= \sigma_0^2 Q_{33} \end{aligned}\right\} \quad (3\text{-}1)$$

由式(3-1)可以看出,定位精度与观测值的精度(它是由观测中各项误差决定的)和观测卫星的几何图形有关。由于权逆阵的各元素 Q_{11}、Q_{22}、Q_{33} 由法方程的系数阵 A 所决定,而阵 A 是由观测向量的方向余弦所决定的。因此,它取决于观测卫星的几何图形结构,所以说 Q_{11}、Q_{22}、Q_{33} 是由观测卫星几何图形结构所决定的。通常用图形强度因子 DOP(Dilution or Precision)来表示几何图形强度,它直接影响定位精度,但与观测值误差不同,其值恒大于1,大小随时间和测站位置而变化。

现将空间点位几何图形强度因子用符号 PDOP 表示,则 GPS 点三维定位精度为：

$$\begin{aligned} \sigma_p &= \text{PDOP} \cdot \sigma_0 \\ \text{PDOP} &= (Q_{11} + Q_{22} + Q_{33})^{1/2} \end{aligned} \quad (3\text{-}2)$$

这就清楚地表明,三维位置的定位精度取决于几何精度衰减因子和观测值的精度,PDOP 值越小,定位精度越高,在《城市轨道交通工程测量规范》(GB 50308—2008)中,要求点位几何图形强度因子 PDOP 值不大于6。

2. GPS 网的可靠性

与常规的地面控制测量相同,GPS 网也应有一定的多余观测值,确保网形可靠。GPS 网的可靠性主要根据平均重复设站数和多余观测数等因素决定,通常根据控制网的必要观测数和多余观测基线数进行计算,表示如下：

$$\begin{aligned} r &= \frac{n_r}{n} \\ n_p &= n - n_r \\ n_p &= p - 1 \end{aligned} \quad (3\text{-}3)$$

式中：r——控制网总体可靠性;
$\quad n_r$——多余观测基线数;
$\quad n$——独立基线观测数;
$\quad n_p$——必要观测基线数;
$\quad p$——GPS 网中的总点数。

一般来说,在进行城市轨道交通 GPS 网网形设计时,若保证平均重复设站数达到或超过 2.0、总体可靠性不小于 0.3,则 GPS 网的可靠性便能满足要求。

卫星定位控制网相邻点间基线精度可表示如下：

$$\sigma = \pm \sqrt{a^2 + (b \cdot d)^2} \quad (3\text{-}4)$$

式中：σ——标准差,即基线向量的弦长中误差(mm);
$\quad a$——固定误差(mm);
$\quad b$——比例误差系数(1×10^{-6});
$\quad d$——GPS 控制网中相邻点间的距离(km)。

由式(3-4)看出,基线测量的误差源亦可划分成固定误差和比例误差两个独立部分。前者主要来自于天线相位中心的不稳定性、多路径效应、观测噪声及固定测站位置误差;后者主要是星历误差、时钟误差、电离层及对流层影响的残余误差。其中天线相位中心变化、多路径效应和对流层延迟影响,是小于5km短基线测量的主要误差源,在5~10km基线上,对流层延迟误差上升为主要因素。随着基线的增长,电离层延迟误差和轨道误差也将成为主要的误差源。因此,在城市轨道交通地面控制网卫星定位测量时,一定要认真选择测站位置,避开周围有反射作用的物体,从几个不同方向量取天线高并取中数,尽量采用双频接收机观测,并保证卫星星座质量和不丢失卫星信号。

二 卫星定位控制测量网的布设

(一)控制网的选点和埋石

1. GPS 控制网点位的选择

首先,收集城市轨道交通线路沿线附近标石。将稳定、完好的城市原有控制点纳入 GPS 控制网中,以便于确定 GPS 网的基准。同时通过原有控制点在 GPS 网中坐标的较差,衡量 GPS 控制网的精度。

控制点应选在利于长久保存、施测方便的地方,离开线路中心线或车站等构筑物外缘的距离不宜小于50m。控制点上应视野开阔,避开多路径效应影响,被测卫星的地平高度角应大于15°。控制点应远离无线电发射装置和高压输电线,其间距分别不小于200m和50m。建筑物上的控制点,应选在便于联测的楼顶承重墙上面。

GPS 控制点的位置要便于进行下一级二等精密导线点的扩层,由于城市轨道交通线路贯穿城市繁华地段,交通运输极其繁忙,地面点位不易保存,二等精密导线点大都选在楼顶上。因此,GPS 点应尽量与相邻二等精密导线点通视,且尽量选在车站或施工竖井附近,以便利用。每个 GPS 点至少要有两个通视方向,相邻 GPS 点间距离不低于500m。

2. GPS 控制点的标志与埋设

为使点位长期保存,以便利用 GPS 测量成果进行二等精密导线测量以及复测,GPS 点均应埋设具有中心标志的永久性标石。标石分为基本标石、岩石标石和楼顶标石三种。建筑物楼顶标石可现场浇筑,标石下层钢筋插入楼顶平面混凝土中,标石应固结在楼顶板平台上,标石规格和形式见图3-1。为了减少多次观测对房屋顶部防水层的影响,同时减少每次观测的对中误差,在埋设 GPS 控制点时大都同时埋设具有强制对中标志的墩标。若控制点埋于地下,可以根据工程建设区域的地质状况选择埋设适宜的基本标石或岩石标石,标石规格和形式分别见图3-2 和图3-3。

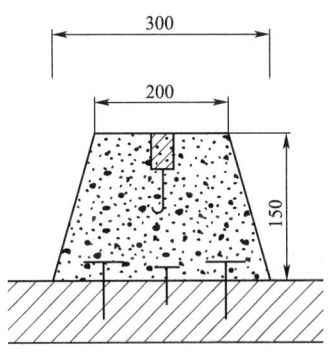

图 3-1 楼顶控制点标石埋设示意图
(尺寸单位:mm)

(二)GPS 控制网布设方案及优化

1. GPS 控制网的布设原则

GPS 控制网内应重合3~5个原有城市二等控制点或在城市里的国家一、二等控制点,并尽量保证分布均匀。同时考虑到城市轨道交通总体规划建设,多线路分期建设情况,在城市轨道交通线路交会处和前后期衔接处,应布设2个以上的重合点。

在隧道口、竖井、车站和车辆段附近,应布设1~2个控制点,相邻控制点应有两个以上方向通视,其他位置的控制点间应至少有一个方向通视。

控制网中应有一定数量的GPS点与水准点重合,同时应考虑在少量相邻点间进行电磁波测距用以检查GPS测量成果。

对于所有选定的点位,均以边连接方式按照静态相对定位原理布网,由于相邻点的相对点位中误差要求精度高,所以在控制网的布设时,相邻的短边控制点间保证同步观测。即GPS控制网必须由非同步独立观测构成闭合环或附合路线,每个闭合环或附合路线中的边数应符合规范规定。

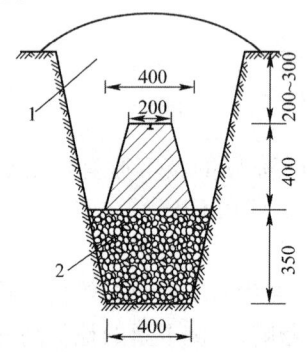
图3-2 土中基本标石埋设示意图
(尺寸单位:mm)
1-土;2-捣固之后的土石层

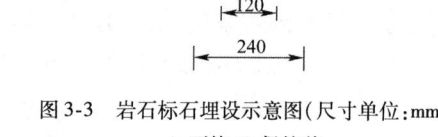
图3-3 岩石标石埋设示意图(尺寸单位:mm)
1-石块;2-保护盖

2. GPS控制网的优化设计

为了确保GPS控制网的精度满足规范要求,在GPS控制网布设时,有必要进行优化设计。主要内容为以下几种:

(1)零类设计。即控制网的基准设计,是对一个已知图形结构和观测方案的GPS向量网确定最优坐标系统的优化设计。包括网的位置基准、方向基准和尺度基准,均是由网的整体平差实现的。对于城市轨道交通GPS控制网,涉及多线路的衔接,应首先进行已知点可靠性检验,选择多控制点约束平差方案,最终确定控制网的起算点。

(2)一类设计。即控制网图形设计,是在确定网的精度和观测方案情况下,得到最佳点位的优化设计。虽然GPS对图形设计要求不十分严格,但网形仍然影响着最后成果的精度。控制网图形设计主要考虑同步观测接收机数量、时段间的连接方式、重复上站率、独立基线向量的选择、由独立基线构成闭合图形等内容。

(3)二类设计。即观测方案的最佳选择,主要包括:时段设计、交通路线、观测时间等。

进行控制网的优化设计,通常综合考虑以上几点来确定观测方案、基线选择、平差方案等。

三 GPS控制网数据处理

(一)GPS控制网观测数据的处理与检核

1. 基线向量解算

基线向量解算,采用接收机随机配备的商用软件进行。基线解算时,通常采用广播星历,以同步观测时段为单位进行。定位的基准是由卫星星历或基准站原有坐标给出。对于小于8km 的短基线必须采用双差相位观测值和双差固定解;对 8～30km 长基线可在双差固定解和双差浮点解中选择最优结果。基线向量解算,首先进行自动处理,若周跳较多或数据质量欠佳以致处理结果不理想,须进行基线的精化处理。

2. 观测数据检核

对外业观测数据即基线进行检核是确保 GPS 成果的重要环节,通常进行同步环闭合差、异步环闭合差、复测基线较差三种检核。

(1)同步环闭合差检核

同步环闭合差反映的是一个同步环数据质量的好坏,因多台接收机同步观测时各边是不独立的,在理论上其闭合差应恒为零,但通常不为零,其大小可反映 GPS 外业观测质量和基线解算质量的可靠性。

假设 W_x、W_y、W_z 分别为同步环坐标分量的闭合差,则同步环各坐标分量及全长闭合差应按规定满足式(3-5)～式(3-7)以及式(3-4)的要求:

$$\left. \begin{array}{l} W_x \leq \dfrac{\sqrt{N}}{5} \cdot \sigma \\ W_y \leq \dfrac{\sqrt{N}}{5} \cdot \sigma \\ W_z \leq \dfrac{\sqrt{N}}{5} \cdot \sigma \end{array} \right\} \quad (3\text{-}5)$$

$$W = \sqrt{W_x^2 + W_y^2 + W_z^2} \quad (3\text{-}6)$$

$$W \leq \dfrac{\sqrt{3N}}{3} \cdot \sigma \quad (3\text{-}7)$$

式中:N——同步环中基线边的个数;

W——环闭合差(mm);

σ——标准差,即基线向量的弦长中误差(mm)。

进行各项限差检查计算 σ 时,取 $a=2$,$b=10$。

(2)异步环闭合差检核

异步环闭合差反映的是整个 GPS 网的外业观测质量和基线解算质量的可靠性。当独立观测的基线向量构成闭合图形时,其闭合差在理论上应为零。同样,由于各种观测误差和数据处理的模型误差等因素的影响,导致该闭合差通常不为零。相对于同步环闭合差,异步环闭合差对 GPS 成果质量更为重要。

独立基线构成的独立环各坐标分量及全长闭合差,应满足下列各式要求:

$$\left. \begin{array}{l} W_x \leq 2\sqrt{n} \cdot \sigma \\ W_y \leq 2\sqrt{n} \cdot \sigma \\ W_z \leq 2\sqrt{n} \cdot \sigma \end{array} \right\} \quad (3\text{-}8)$$

$$W \leq 2\sqrt{3n} \cdot \sigma \quad (3\text{-}9)$$

式中:n——独立环中基线边的个数。

(3)复测基线较差检核

一条基线,若观测多个时段,则有多个向量结果。各时段解向量的重复性反映了基线解的内部精度,是衡量基线解质量的一个重要指标。复测基线长度较差(mm)应满足下式的要求：

$$d_s \leq 2\sqrt{n}\sigma \tag{3-10}$$

式中：n——同一边复测的次数,通常等于2。

(二)GPS 控制网平差

1. 三维无约束平差

三维无约束平差的目的,主要有以下两个方面：一是进行粗差分析,以发现观测量中的粗差并消除其影响；二是对整体网的内部精度进行检验和评估。

(1)平差的软件与基准

三维无约束平差通常采用接收机随机配备的商用软件进行,其基准可采用网中已有城市二等控制点的高精度 WGS—84 坐标或网中某点长时间观测获得的 WGS—84 坐标。

(2)平差采用的观测量

GPS 网采用随机软件进行同步观测网的基线解算,平差时采用各同步观测网的独立基线向量及其全协方差矩阵作为观测量,独立基线的选取由程序自动完成,其选取原则为通过独立基线构成最简基本回路。

(3)平差结果精度分析

GPS 三维无约束平差的结果,客观地反映了整个 GPS 网的内部符合精度。平差后基线向量改正数的绝对值应满足下列各式的要求：

$$\left.\begin{array}{l} V_{\Delta X} \leq 3\sigma \\ V_{\Delta Y} \leq 3\sigma \\ V_{\Delta Z} \leq 3\sigma \end{array}\right\} \tag{3-11}$$

2. 二维约束平差

二维约束平差是指 GPS 基线向量网与地面控制网的整体平差。城市轨道交通首级 GPS 网应在1954 年北京坐标系或城市坐标系中进行约束平差及精度评定,并应输出相应坐标系中的坐标,基线向量改正数,基线边长、方位角以及坐标,边长、方位、点位的中误差、相对点位中误差的精度信息、转换参数及其精度信息等。

(1)起算控制点兼容性分析

城市轨道交通首级 GPS 控制网中,包含一定数量的原城市二等控制点,通常两网不同,在选取不同的原有控制点作为起算数据时,容易产生 GPS 网变形,而达不到精度要求,所以在进行二维约束平差时,要得到可靠的测量成果,必须对起算点进行兼容性分析。

根据《城市轨道交通工程测量规范》(GB 50308—2008)规定,在约束平差时不同基线向量的改正数与同名基线无约束平差相应改正数的较差,应满足下列各式要求：

$$dV_{\Delta X} \leq 2\sigma \tag{3-12}$$
$$dV_{\Delta Y} \leq 2\sigma \tag{3-13}$$
$$dV_{\Delta Z} \leq 2\sigma \tag{3-14}$$

式中：σ——相应等级 GPS 网的边长精度。

由于基线向量的改正数与同名基线无约束平差相应改正数的较差较大的基线分量与容性不好的起算点相关,当超限时则认为约束的起算数据与 GPS 网不兼容,需要进行起控制点的取舍,剔出误差较大的起算点。

(2) 起算控制点的选取

在满足兼容性要求后的起算点及平差结果,若 GPS 点与城市原有控制点的重合点的坐标较差在 ±5cm 以内,即可把该次成果作为约束平差成果。当然,在进行分析选取过程中,存在多种兼容方案,当平差结果精度满足要求且相差不大时,根据基准设计的通常选取分布合理的已知点进行约束平差。

(3) 约束平差成果

约束平差后得到与城市原有坐标系中控制点对面的各 GPS 点坐标,基线向量改正数基线边长、方位角以及坐标,边长、方位、点位的中误差、相对点位中误差的转换参数及其精度信息。

平差后应根据《城市轨道交通工程测量规范》(GB 50308—2008)规定,衡量城市交通首级 GPS 控制网的实际精度是否满足规范要求,以便采取相应措施。

第三节　二等精密导线测量

 二等精密导线网的精度要求和布设方案

(一) 二等精密导线的精度要求

根据高程控制网布设方案与精度设计和横向贯通误差影响值的精度估算、精度分析及误差配赋理论,在一等卫星定位网精度满足要求条件下,点位中误差在 ±20mm 以内,能够保证地面控制测量对横向误差的影响值在 ±25mm 以内的要求。二等精密导线测量的主要技术要求见表 3-1。

二等精密导线测量的主要技术要求　　　　　表 3-1

平均边长(m)	闭合环或附合导线总长度(km)	每边测距中误差(mm)	测距相对中误差	测角中误差(″)	测回数		方位角闭合差(″)	全长相对闭合差	相邻点的相对点位中误差(mm)
					Ⅰ级全站仪	Ⅱ级全站仪			
350	3~5	±6	1/60000	±2.5	4	6	±5$\sqrt{n}$	1/35000	±8

注:1. n 为导线的角度个数。
　　2. 高架线路地段平均边长宜为 400m。
　　3. 全站仪的分级按《城市轨道交通工程测量规范》(GB 50308—2008)附录中有关规定执行。

(二) 二等精密导线的布设方法

二等精密导线沿城市轨道交通线路方向布设,根据导线点与首级 GPS 点的空间分布,通常布设成多条附合导线、闭合导线或多个结点的导线网。

 导线点的选择与埋设

(一) 二等精密导线点的选点要求

无论采用何种施工方法,在城市轨道交通施工测量时,使用最多的还是二等精密导线点,所以二等精密导线点的选点一定要保证易于观测、便于施工使用、易于保存而且稳定。具体而

言,选点时要注意以下几点:

(1)为了施测方便,在车站、洞口附近,宜多布设导线点,且保证能够至少两个方向通视。为了减少地面导线测量的误差影响,最好确保二等精密导线点能够与洞口通视。

(2)相邻导线边长不宜相差过大,个别短边的边长不应短于100m。位置应选在因城市轨道交通工程施工产生变形区域以外的地方,距城市轨道交通路线和车站构筑物的距离应大于30m。

(3)导线点最好选在楼顶,也可埋于地面,但地面上的导线点位应避开地下构筑物如地下管线等,楼顶上的导线点宜选在靠近并能俯视城市轨道交通线路、车站、车辆段的一侧。

(4)相邻导线点间以及导线点与其附合的GPS点之间的垂直角不应大于30°,视线离障碍物的距离应不受旁折光的影响。

(5)综合考虑城市轨道交通线路总体规划,在城市轨道交通线路相交叉的地方及前、后两期工程衔接的地方应布设适量的共用导线点。

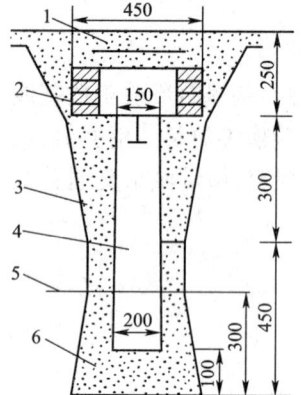

图3-4 二等精密导线标石埋设示意图(尺寸单位:mm)
1-盖;2-砖;3-素土;4-标石;5-冻土线;6-混凝土

(二)导线点的埋设

地面的二等精密导线点的规格、形式和埋设见图3-4,楼顶上的二等精密导线点也可按图3-4所示规格、形式埋设。

精密导线观测

导线测量通常利用全站仪观测,分为水平角测量和边长测量。

全站仪本身的误差主要有以下几种:测距的加常数、乘常数误差;测距的周期误差;相幅误差;相位不均匀误差;竖轴倾斜误差;横轴倾斜误差;视准轴误差;补偿器误差;度盘偏心误差;度盘刻划误差;竖盘指标差;望远镜调焦误差等。所以最好要使用具有"电子补偿"功能的全站仪,并保证在观测时应处于检定周期之内,在观测前进行相关项目的检验。

(一)水平角观测

1.GPS点上或导线结点上观测

由于二等精密导线附合在GPS点上,在附合导线两端的GPS点上观测时,应联测其他可通视的GPS点,采用方向观测法,方向数不多于3个时可不归零,夹角的平均观测值与GPS坐标反算夹角之差应小于6″,在导线结点上观测时采用方向观测法,测回间需要变换度盘。

2.导线点上观测

当观测仅有两个方向时,导线点上水平角观测,按左、右角观测,左右角平均值之和与360°的较差应小于4″。当水平角遇到长短边需要调焦时,应采用盘左长边(短边)调焦,盘右长边(短边)不调焦,盘右短边(长边)调焦,盘左短边(长边)不调焦的观测顺序进行观测。

(二)边长测量

每条导线边均进行往返测量:Ⅰ级全站仪应在往返观测各两个测回,Ⅱ级全站仪应在往返观测各三个测回。每测回间应当重置照准目标,每测回间应四次读数,各项技术要求见

表 3-2。

测距的各项较差的限差(mm)　　　　表 3-2

全站仪等级	一测回中读数间较差	单程各测回间较差	往返测或不同时段结果较差
Ⅰ	3	3	$2[a+(b \cdot d)]$
Ⅱ	5	7	

注:1.一测回指照准目标一次读数 4 次。
　　2.$a+bd$ 为测距仪器标称精度。

测距时,应读取温度和气压,以便进行边长的气象改正。测前、测后各读取一次,取平均值作为测站的气象数据。温度读至 0.2℃,气压读至 50Pa 或 0.5mmHg。

四　二等精密导线网平差

(一)边长改正

(1)斜距须经加常数、乘常数和气象改正;
(2)斜距改为平距须加地球曲率、大气折光改正。

(二)测距边水平距离的高程归化和(或)投影改化

根据城市原有控制网的基准面进行相应的高程归化和(或)投影改化。具体进行何种归化或投影,以城市轨道交通建设的施工图设计所采用的坐标基准面而定。

(1)归化到城市轨道交通工程线路测区平均高程面上的测距边长度,按下式计算:

$$D = D_0'\left(1 + \frac{H_P - H_m}{R_a}\right) \qquad (3\text{-}15)$$

式中:D_0'——测距两端点的平均高程面的水平距离(m);
　　　R_a——参考椭球体在测距边方向法截弧的曲率半径(m);
　　　H_P——测区的平均高程(m);
　　　H_m——测距边两端点的平均高程(m)。

(2)归化到参考椭球面上的测距边长,按下式计算:

$$D_z = D\left(1 - \frac{H_m + h_m}{R_a + H_m + h_m}\right) \qquad (3\text{-}16)$$

式中:D——归算到参考椭球面上的测距边长(m);
　　　h_m——测区大地水准面高出参考椭球面的高差(m)。

(3)测距边在高斯投影面上的长度,按下式计算:

$$D_z = D\left(1 + \frac{Y_m^2}{2R_m^2} + \frac{\Delta Y^2}{24R_m^2}\right) \qquad (3\text{-}17)$$

式中:Y_m——测距边两端点横坐标的平均值(m);
　　　R_m——测距边中点的平均曲率半径(m);
　　　ΔY——测距边两端点近似横坐标的增量(m)。

(三) 导线网平差

1. 测角中误差先验值的计算

(1) 附合二等精密导线或二等精密导线环的角度闭合差,按下式计算:

$$W_\beta = \pm 2 m_\beta \sqrt{n} \tag{3-18}$$

式中:m_β——《城市轨道交通工程测量规范》(GB 50308—2008)中的测角中误差(″);

n——附合导线或导线环的角度个数。

(2) 用二等精密导线网方位角闭合差计算的测角中误差按下式计算:

$$M_0 = \pm \sqrt{\frac{1}{N}\left[\frac{f_\beta f_\beta}{n}\right]} \tag{3-19}$$

式中:f_β——附合导线或闭合导线环的方位角闭合差;

n——计算 f_β 时的角度个数;

N——附合导线或闭合导线环的个数。

2. 导线网平差

按照严密平差方法进行,使用的软件必须经行业有关部门鉴定,平差后的成果包括单位权中误差、相对点位中误差、最弱边的边长中误差或最弱相邻点位中误差等内容。

第四节 地面平面控制网的检测与处理

一、地面控制网检测的必要性

城市轨道交通工程,通常在建筑物密集和地下管网繁多的城市环境中建设,不仅技术含量高、工程造价昂贵,而且精度要求高。城市轨道交通修建过程工期比较长,在这么长时间中,由于城市地面沉降和建设的影响,控制点将会产生位移和沉降。城市轨道交通地面控制网是保证隧道贯通和施工测量的基础,如不及时进行检测就不能掌握控制点变形状况,将对工程质量造成严重隐患。因此,定期对控制网进行检查测量,对检查成果进行比较分析和评价,及时了解控制点稳定状态,并进行相应技术处理是非常必要的。

二、平面控制网的检测与评价

(一) GPS 网测量方案的审核

GPS 网测量方案的审核有很多方面,结合城市轨道交通工程特点,重点应从以下几个方面进行审核。

1. 检查两期 GPS 网是否有重合点

由于城市轨道交通网建设周期较长,各线路分期建设,各条线路互有交叉换乘,所以布网方案中不仅要考虑每条线路独立沿线路布点,而且线路之间的交叉地区必须有一定数量的重合点,以保证各条线路间的衔接。因此,应按线路的规划检查重合点的位置是否妥当,及两期施测结果是否符合限差要求。例如,广州城市轨道交通 1 号线、2 号线在公园前车站交叉换乘,两条线又是分期建设,故该站附近应至少有 2 个 GPS 点均包含在两期的 GPS 网中。深圳城市轨道交通一期 GPS 检测网,因 1 号线分两期建设,一期 GPS 网中的 318、319 两点便是预留给二期续建工程的重合点,所以这两个点必须包含在二期 GPS 网中。

2. 检测坐标系统与城市控制网是否一致

考虑到城市轨道交通工程建设与城市建设密不可分,测量资料互相利用。因此,城市轨道交通控制网,必须与城市控制网的现有坐标系统一致。为此,GPS 控制网内应重合 3~5 个原有城市二等控制点或城市里的国家一、二等点。当包含的点太少时,对 GPS 网约束平差时剔除不兼容的已知点不利;即对约束平差选择优化方案不利。例如广州地铁 2 号线 GPS 网和深圳城市轨道交通一期 GPS 网中均含有 4~5 个原有二等控制点,因此至少有 3~4 个约束平差方案供优化选择。

3. 检查 GPS 点相对于车站、竖井的位置是否恰当

为保障向地下传递方向的准确性和方便,最好用长边作为传递的起始方向;因此,GPS 点位置选择尤为重要,既不能太靠近线路又不能离开太远,最好在隧道洞口、竖井和车站附近布点且能与相邻的 2 个控制点通视。

(二) GPS 检测网与原测网结果精度分析与评价

1. 两期 GPS 网测量结果较差的限差

对 GPS 检测网进行三维无约束平差和二维约束平差之后,即可将两期 GPS 网中相应点的坐标进行比较,其中点位较差最大的为最弱点。两期 GPS 网最大的点位较差按下式计算:

$$\Delta P = \sqrt{(X_2 - X_1)^2 + (Y_2 - Y_1)^2} \quad (3-20)$$

式中:X_1、Y_1——原测网中最弱点的坐标;

X_2、Y_2——检测网中相应点的坐标。

GPS 网两期测量的点位较差的允许值(限差)取 2 倍点位较差中误差,即:

$$\Delta P_{限} = 2m_{\Delta P} \quad (3-21)$$

$$m_{\Delta P} = \sqrt{m_{P1}^2 + m_{P2}^2} \quad (3-22)$$

式中:m_{P1}——GPS 原测网最弱点的点位中误差;

m_{P2}——GPS 检测网最弱点的点位中误差。

两期 GPS 网控制点的点位较差的限差为:

$$\Delta P \leq \Delta P_{限} \quad (3-23)$$

对于 GPS 网中与城市二等点相重合的点,取 $m_{P1} = 35mm$,而其他 GPS 点 $m_{P1} = m_{P2} = 12mm$,并应考虑 $m_{\Delta x} = m_{\Delta y} = m_{\Delta P}/\sqrt{2}$。获得计算结果如下:重合点两期较差限差 $\Delta P = 74mm$,$\Delta X_{限} = \Delta Y_{限} = 52.4mm$;非重合点两期较差限差 $\Delta P_{限} = 34mm$,$\Delta X_{限} = \Delta Y_{限} = 24.0mm$。因此,GPS 网两期测量成果较差的处理原则为:检测点与原有城市控制点的坐标较差不大于 50mm;其他非重合 GPS 点坐标较差不大于 25mm 时,原测量成果才能使用。

2. 检测结果的分析和评价

通过检测网与原测网相应点的坐标比较以及对布设方案的审查,可以对存在的问题进行分析并对原测网的质量做出评价。

(三)导线网检测与评价

1. 导线网测量方案的审核

导线测量方案的检查应注意:导线点的位置不应位于城市轨道交通施工影响的范围之内,边长不宜短于200m,附合导线的边数不宜超过12个,在附合的GPS点上应联测至少有2个方向。

2. 两期导线测量结果较差的限差

两期导线测量结果较差的限差仍用式(3-20)~式(3-23),这时取 $m_{P1} = m_{P2} = \pm 15\text{mm}$,代入公式计算得: $m_{\Delta P} = \pm 21.2\text{mm}, \Delta P_{限} \leqslant 42.4\text{mm}$。因 $m_{\Delta x} = m_{\Delta y} = m_{\Delta P}/\sqrt{2}$,则 $m_{\Delta x} = m_{\Delta y} = \pm 15\text{mm}$,得 $\Delta X_{限} = \Delta Y_{限} \leqslant 30\text{mm}$。由于城市轨道交通贯通的严格要求,对导线两期测量处理原则为:两期测量坐标差不大于15mm的,原测成果可以使用;超过15mm的,应进行复测,若发现有位移现象应使用新测成果。

思考题

1. 地面平面控制测量是城市轨道交通工程所有测量的基础和依据,是城市轨道交通工程全线线路与结构贯通的保障,有哪些基本特点?
2. 地面平面控制网的测量步骤与城市建设的平面控制网一样,通常需要哪几个工作步骤展开?
3. 城市轨道交通工程的GPS测量的误差来源可分为哪几类?
4. 城市轨道交通工程的GPS控制网的布设原则及其进行优化设计的主要内容有几种?
5. 城市轨道交通工程的二等精密导线网的精度要求和布设方案是什么?
6. 城市轨道交通工程的二等精密导线点的选点要求和导线点的埋设有哪些?
7. 城市轨道交通工程的二等精密导线网平差有哪些?

第四章 地面高程控制测量

第一节 概 述

地面高程控制测量,在城市轨道交通工程建设中与地面平面控制测量具有同等重要的作用,是城市轨道交通工程全线线路和结构高程贯通的保障,也是城市轨道交通工程建设中的一项很重要的先行基础工作。本章主要介绍城市轨道交通高程控制网的布设、控制点选择与埋设、外业观测、数据处理以及控制网检测。

 地面高程控制网的基本特点

城市轨道交通工程,应结合拟建线路情况,进行专项高程控制网设计,且与城市原有高程系统一致,并在工程开始前完成,其基本特点如下:

(1)高程控制网的大小、形状、点位分布,应满足轨道交通工程施工的需要,可以根据城市轨道交通总体规划布设全面网,也可以为某条线路布设单独的线状控制网。

(2)城市轨道交通工程地面高程控制网,通常分两个等级布设,首级是与国家二等水准相当的城市轨道交通一等水准网(以下简称一等水准网),二级是用于加密的城市轨道交通二等水准网(以下简称二等水准网)。当城市的一、二等水准网保存完好、水准点间距小于4km时,则可一次布设城市轨道交通工程二等水准网而不再分级布设。

(3)地面高程控制网不但是隧道高程贯通的基础,同时为工程设计提供大比例尺地形图服务,为施工放样服务,还要为建设期间变形监测以及运营后的结构变形监测服务。

(4)由于城市轨道交通工程建设周期较长,工程建设期间高程控制点难免发生变化,因此需要在一定的周期内对地面高程控制网进行检测,通过检测评价原网稳定状况和可靠程度,确保地面高程控制网满足工程建设需要。

 地面高程控制网的测量步骤

地面高程控制网的测量步骤与一般城市建设的高程控制网一样,需要经过以下工作步骤:

(1)收集资料。收集和了解拟建线路沿线现有测绘资料、线路设计资料、岩土工程条件等。

(2)现场踏勘、选点。沿拟建线路普查现有测量高程控制点的完好情况,控制点周围建(构)筑物情况以及拟埋设控制点的位置条件情况等。

(3)埋石。根据控制点的位置条件,选择埋设不同类型的标石。

(4)高程控制网观测,应按照高程控制网等级和技术要求进行几何水准测量。

(5)数据平差等。

第二节 地面高程控制测量

 城市轨道交通地面高程控制网布设原则

城市轨道交通工程水准点,应选在施工场地变形区外稳固的地方,有条件应埋设基岩水准点。水准点离开车站和线路的距离应不少于40m,一般水准点和深桩水准点应根据每个城市情况,桩埋设在稳定的持力层上。水准点应选在便于寻找、保存和引测的地方。

(一)城市轨道交通一等水准网布网原则

一等水准网是基础网,一般按照工程线路布设成附合、闭合路线或者结点网。水准网起算点一般不少于3个,且应是城市一等水准点。每个一等水准点应远离受施工影响的变形区。当工程处于地面沉降区域时,在首级水准观测前,应首先考虑保证起算点已知的现势性。宜每隔3km埋设1个水准点。

(二)城市轨道交通二等水准网布网原则

二等水准网是起算于一等水准网的高程控制网,主要为施工服务,其网形主要取城市轨道交通工程的线路形状,一般每个车站、竖井及车辆段附近应布设水准点,点应少于2个。二等水准网应布设为结点网或附合路线。二等导线网中的各点有条件时应纳入二等水准网测量中。

 城市轨道交通水准标石类型与埋设

水准标石是长期保存测量成果的固定标志,水准标石确定了点的高程,因而它的稳定性是非常重要的。由于对观测结果有限差的要求,人们往往比较重视观测结果,却常常忽略标石的稳定性问题。如果标石埋设质量不好,容易产生垂直位移或倾斜,即使水准测量再好,其最后成果也是不可靠的;因此,施工过程的测量务必重视水准标石的埋设质量。

(一)水准标石类型

城市轨道交通工程中的水准点标石,可分为混凝土水准标石、墙脚水准标石、基岩水准标石和深桩水准标石四种。各种水准标石的类型和规格,如图4-1~图4-4所示。

(二)水准标石的埋设

混凝土水准标石要埋设在冻土线以下30cm,埋设时需特别注意埋设地点地质条件,了解地下水位的深度,地下有无空洞和流沙等。要确保标石埋设在土质坚实稳定的地层。

墙角水准标石,应选择在永久性或半永久性坚固的建筑物或构筑物基础上埋设。考虑到水准尺的长度,埋设时注意远离建筑物的外檐和外部窗台等影响水准尺竖立的障碍物。

埋设基岩水准标石时,应注意埋在真正的基岩上,不允许埋在较大的孤石上。为了施工方便,可以尽量选在基岩露头的地方,遇有风化层时,必须将风化层凿剥除去。埋设基岩水准标石一般应有地质人员参加或以地质资料作依据,必要时需事先进行地质钻探。基岩水准标石必须是混凝土制成,使其与基岩牢固相接。

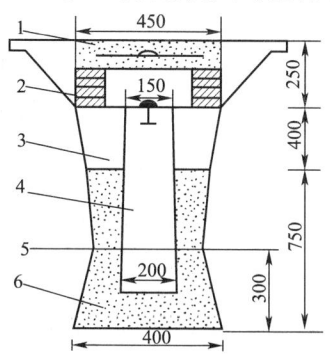

图 4-1 混凝土普通一、二等水准基点标石埋设示意图(尺寸单位:mm)
1-盖板;2-砖;3-素土;4-标石;5-冻土线;6-混凝土

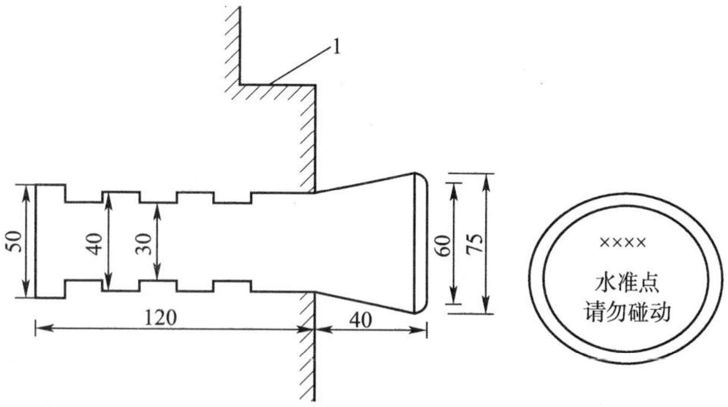

图 4-2 墙脚水准基点标石埋设示意图(尺寸单位:mm)
1-墙面

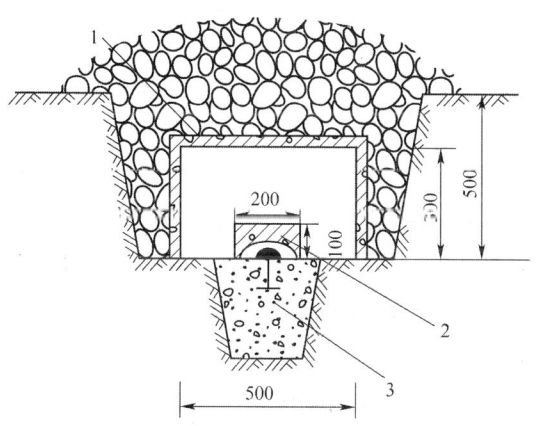

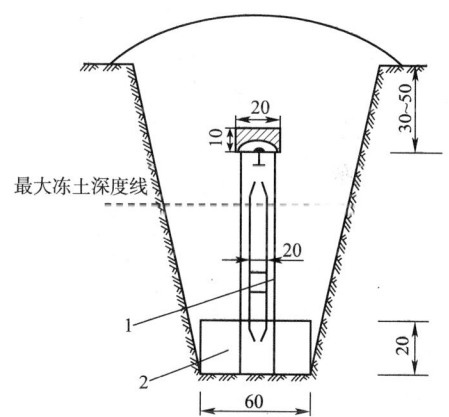

图 4-3 基岩水准基点标石埋设示意图(尺寸单位:mm)
1-混凝土盖板;2-混凝土盖板;3-混凝土

图 4-4 深桩水准基点标志埋设示意图(尺寸单位:mm)
1-混凝土桩;2-混凝土桩座

深桩水准标石埋设时应注意收集地质资料作为依据,深桩应埋设在稳定的持力层内。

各种水准标石的埋设见图 4-1 ~ 图 4-4,水准点埋设完成后,应进行外部整饰并应现场绘制水准点点之记。

三 地面高程控制测量施测

(一)地面高程控制测量的技术要求

地面高程控制测量的技术要求应符合表 4-1 的规定。

(二)地面高程控制测量施测方法

1. 一般要求

水准观测应待埋设的水准标石稳定后再进行。水准测量所使用的仪器和标尺由检定单位进行全面检验,检定周期为 1 年。水准仪视准轴与水准管轴的夹角称为 i 角,外业开始的第一周内应每天测定1次i角,稳定后可隔半月测定1次。城市轨道交通一、二等水准测量作业工程中水准仪的i角应小于15″。

水准测量的主要技术要求 表4-1

水准测量等级	每千米高差中误差(mm)		附合水准路线平均长度(km)	水准仪等级	水准尺	观测次数		往返较差、附合或环线闭合差(mm)
	偶然中误差M_Δ	全中误差M_W				与已知点联测	附合或环线	
一等	±1	±2	35～45	DS_1	铟瓦尺或条码尺	往返测各一次	往返测各一次	$±4\sqrt{L}$
二等	±2	±4	2～4	DS_1	铟瓦尺或条码尺	往返测各一次	往返测各一次	$±8\sqrt{L}$

注:1. L为往返测段、附合或环线的路线长(km)。
　　2. 采用数字水准仪测量的技术要求与同等级的光学水准仪测量技术要求相同。

2. 观测方法

一、二等水准测量的观测方法应符合下列规定:

(1)往测　　奇数站上:后—前—前—后;
　　　　　　偶数站上:前—后—后—前。
(2)返测　　奇数站上:前—后—后—前;
　　　　　　偶数站上:后—前—前—后。
(3)若使用数字水准仪与条码尺,应将有关参数、限差预先输入,并按顺序操作。一、二等水准每一测段的往测和返测,宜分别在上午、下午进行,也可在夜间观测。
(4)由往测转向返测时,两根标尺必须互换位置,并应重新整置仪器。

3. 观测质量控制

水准测量观测的视线长度、视距差、视线高度和水准测量测站观测限差应符合表4-2、表4-3的规定。

水准测量观测的视线长度、视距差、视线高度(m) 表4-2

等级	视线长度		前后视距差	前后视距累计差	视线高度	
	仪器等级	视距			视线长度20m以上	视线长度20m以下
一等	DS_1	≤50	≤1.0	≤3.0	≥0.5	≥0.3
二等	DS_1	≤60	≤2.0	≤4.0	≥0.4	≥0.3

水准测量测站观测限差(mm) 表4-3

等 级	上下丝读数平均值与中丝读数之差	基、辅分划读数之差	基、辅分划所测高差之差	检测间歇点高差之差
一等	3.0	0.4	0.6	1.0
二等	3.0	0.5	0.7	2.0

注:使用数字水准仪观测时,同一测站两次测量高差较差应满足基、辅分划所测高差较差的要求。

4. 水准测量的记录和检验

(1)记录项目

每测站应记录上、下丝在前、后标尺的读数和中丝在前、后标尺基辅分划面的读数。使用数字水准仪,只记录前、后视线长度和在前、后标尺上的视线高度。

在每测段的始、末,应记录水准点编号、观测日期、时间、大气温度、天气、云量、太阳方向、成像情况、风向和风力。

(2)记录方法

水准测量数据量大,验算项目较多,一般宜采用电子记录的方法。

(3)测站检验

每测站按照规范的要求,应计算前后视距差和视距差的累计值、视线长度和高度、上下丝读数和中丝读数的差、同一标尺两次读数差、两次所测前后标尺高差之差、检测间歇点高差之差。

(4)测段检验

每测段完成后,计算往返测高差不符值,检验是否满足要求。若不符值超限,应分析观测时人员操作、仪器状况和外界环境对测量成果的影响,先对可靠程度较小的往测或返测进行全测段重测。

(5)成果的取舍

按照规范要求,对于一等水准,当两次异向观测的高差不符值在限差内时,取两次异向观测的平均值作为最终值,否则应进行重测。对于二等水准,若重测高差与原测任一方向高差的不符值未超出限差,则取两次观测高差的平均值作为最终值。

5. 外业操作的注意事项

(1)仪器的检查。

每天工作开始前要对水准标尺圆水准器的正确性进行检查和校正,防止因运输或其他原因致使圆水准器的正确位置发生偏离,从而使测量结果产生误差。

作业开始的第一周内每天对 i 角的检查,最好在不同的气温下进行,查看变化规律。

(2)保持前后视等距。

(3)严格按照奇偶站观测顺序观测。

(4)保证每个测段的测站数为偶数。

为了消除两根标尺的零点高度不等差,每个测段的测站数为偶数。往测转返测时,两根标尺要互换位置,同时前后视的读数顺序也作相应改变。

(5)预先安置尺桩或尺台。

用于作为转点尺承的尺桩或尺台,要求在观测前预先安置好。为防止往返测的高差中数产生偏差,每测段的往测与返测应使用同一类型的转点尺承和安置方法。

(三)水准仪 i 角的检验与校正

1. 水准仪 i 角的检验

用于城市轨道交通工程高程控制测量的水准仪在开始施测前必须在开始第一周内每天测定 1 次 i 角,稳定后可隔半月测定 1 次。检验时当 i 角大于 15″,应对水准仪 i 角进行校正,直至较小时为止。检验步骤如下。

(1)准备工作

如图 4-5 所示,在平坦场地上用钢卷尺依次量取直线 I_1ABI_2,在线段 I_1ABI_2 上使 $S = I_1A = AB = BI_2 = 20.6m$。其中 I_1、I_2 为安置仪器点,A、B 为立尺点。在 A、B 处各打一个尺桩。

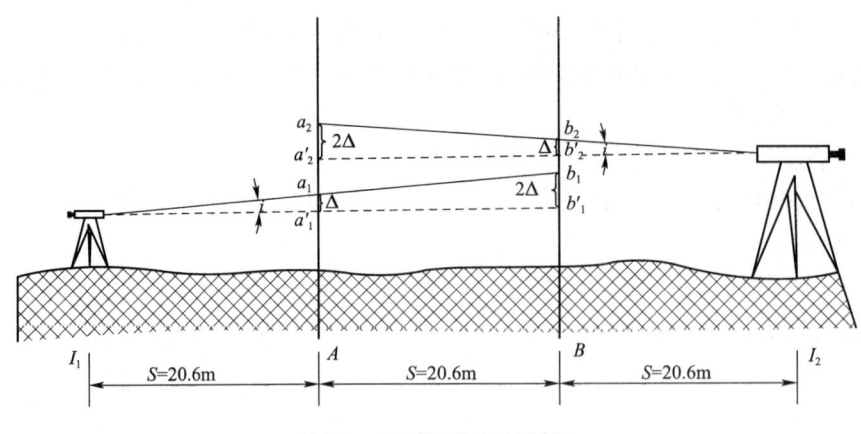

图 4-5　水准仪 i 角检验示意图

(2) 观测方法

在 I_1、I_2 处安置仪器，仔细整平后，分别在 A、B 标尺上各照准读数 4 次。取各尺读数之平均值。

(3) i 角计算方法

$$i = 2\Delta \times \rho''/(2 \times S) \approx 10''\Delta \tag{4-1}$$
$$2\Delta = (a_2 - b_2) - (a_1 - b_1)$$
$$\rho'' = 206265''$$

式中：a_2、b_2——在 I_2 处设站时观测 A、B 标尺上读数平均值；

a_1、b_1——在 I_1 处设站时观测 A、B 标尺上读数平均值。

2. 水准仪 i 角的校正

当 i 角大于 15″时仪器必须进行校正（自动安平水准仪送仪器修理部门校正）。泡式水准仪按如下方法校正。

在 I_2 处用脚螺旋将望远镜视线对准 A 标尺应有的正确读数 a_2'，a_2' 按下式计算：

$$a_2' = a_2 - 2\Delta = b_2 + a_2 - b_1 \tag{4-2}$$

然后校正水准器改正螺旋使气泡居中，校正后将仪器对准 b_2'，b_2' 应与式（4-3）计算的结果一致：

$$b_2' = b_2 - \Delta \tag{4-3}$$

此项校正需反复进行，直到 i 角符合要求为止。

第三节　水准网数据处理与水准网检测

 水准网数据处理

(一) 水准测量的内业计算

水准测量的外业观测工作结束后，须将手簿中记录的各项资料、测段距离和高差数据编制成高差和概略高程表，并计算观测高差改正数、环线闭合差、偶然中误差、全中误差等。

1. 观测高差改正数的计算

由于城市轨道交通工程的线路长度一般为几十千米，因此观测高差改正数只加水准标尺长度改正一项。

水准标尺长度改正数的计算依据计量检定机构提供的有效期内的标尺改正系数 f 计算。一测段高差改正数 δ 按式(4-4)计算：

$$\delta = fh \qquad (4-4)$$

式中：f——标尺改正系数(mm/m)；

H——观测高差(m)。

往测和返测高差分别施加改正，改正数取代数和。往返测改正数相同，则高差不符值不变。

2. 高差偶然中误差的计算

按照我国的现行规范作业，水准测量的往返测是在外界环境差异较大的条件下独立完成的，高差不符值表示误差的抵消程度，主要包含偶然误差。因此，用往返不符值计算水准测量的偶然中误差来衡量作业质量的重要指标。

每千米水准测量的高差偶然中误差按式(4-5)计算：

$$m_\Delta = \sqrt{\frac{1}{4n}\left[\frac{\Delta\Delta}{L}\right]} \qquad (4-5)$$

式中：m_Δ——高差偶然中误差(mm)；

L——水准测量的测段长或环线长(km)；

Δ——水准路线测段往返高差不符值(mm)；

n——往返测的水准路线测段数。

3. 高差全中误差的计算

环线闭合差是由往返测平均高差形成的闭合差，具有真误差性质。它反映着高差平均值的偶然误差，也反映着系统误差，包含这两种误差的综合影响。因此，可以用环线闭合差计算水准测量的全中误差。

当用附合线路的闭合差计算水准测量的全中误差时，一定要保证线路起闭的两已知高程点高程的准确性和现势性。

每千米水准测量的全中误差 m_W 按式(4-6)计算：

$$m_W = \pm\sqrt{\frac{1}{N}\left[\frac{WW}{L}\right]} \qquad (4\text{-}6)$$

式中：m_W——高差全中误差(mm)；

W——附合路线或环线闭合差(mm)；

L——计算 W 时的相应路线长度(km)；

N——往返路线和闭合路线的个数。

(二)水准网数据处理

数据的平差处理按照分级处理的原则进行。城市轨道交通工程的水准网的数据处理采用严密平差的方法，在城市一、二等水准点的控制下分别进行一、二等水准网平差。

二 水准网检测与处理

轨道交通工程的施工期间为了保证高程控制的统一性、连续性和稳定性，对所布设和使用的一、二等水准网进行周期检测。

(一) 水准网检测周期

对一、二等水准网应按各等级技术要求进行 100% 的检查测量。在地面沉降不明显的地区,一般在全线贯通后或线路调整之前必须进行全线的水准网检测。在地面沉降严重的地区,应收集有关地面沉降资料,根据当地的年沉降速率确定全线水准网的检测周期。在城市轨道交通工程的施工期间可以根据实际情况进行局部区域的高程控制检测。

(二) 水准网检测原则及数据处理

水准网检测一般采用与原测相同的精度、相同的路线和相同的测量方法。在水准网监测中,拟定的检测方案中至少应包括 3 个以上的已知高级水准点,尽量由闭合环、点,附合路线构成水准网络。对原测水准点标石的完好性、稳定性必须进行实地考察。对位于工程变形区内不稳定的或遭到破坏的水准点应重新选点并补埋标石。

按照分级处理的原则进行水准网数据的平差处理,方法与首期水准网数据处理相同。

三 水准网检测结果精度分析与评价

(一) 两期水准点间高差较差的限差

设两相邻水准点间的原测与检测高差分别为 h_{I} 和 h_{II},测量精度相同,即 $m_{h\mathrm{I}} = m_{h\mathrm{II}} = m_h$。因为 $\Delta h = h_{\mathrm{II}} - h_{\mathrm{I}}$,根据误差传播定律可得:

$$m_{\Delta h} = \pm \sqrt{m_{h\mathrm{I}}^2 + m_{h\mathrm{II}}^2}$$

则有

$$m_{\Delta h} = \pm \sqrt{2} m_h \tag{4-7}$$

$$m_h = \pm m_W \sqrt{K} \tag{4-8}$$

故

$$m_{\Delta h} = \pm \sqrt{2} m_W \sqrt{K} \tag{4-9}$$

则

$$\Delta h_{限} \leq 2\sqrt{2} m_W \sqrt{K} \tag{4-10}$$

式中:K——水准点间水准路线长度(km);

m_W——水准测量每千米高差中数的全中误差(一等水准 2mm,二等水准 4mm)。

(二) 两期水准点高程较差的限差

由于水准网是沿城市轨道交通工程线路布设并附合在城市一、二等水准点上的。按照城市二等水准点平均间距 4km 推算,则水准点的最弱点位于中间 2km 处,该点一次测量的高程中误差可表示为:

$$m_{Hi} = \pm \sqrt{m_{H0}^2 + m_h^2} \tag{4-11}$$

而

$$m_h = \pm m_W \sqrt{L} \tag{4-12}$$

式中：m_{H0}——距检测水准点最近的已知高程点的高程中误差(mm)；

m_h——最近已知点至所测水准点间高差中误差(mm)；

m_W——水准测量每千米高差中数的全中误差；

L——最近已知点至所测水准点间水准路线长度(km)。

两期水准测量精度相同时，检测与原测水准点高程较差的中误差为：

$$m_{\Delta H} = \pm \sqrt{2 m_{Hi}} \tag{4-13}$$

两期水准点高程较差的限差为：

$$\Delta H_{限} \leq 2\sqrt{2} m_{Hi} \tag{4-14}$$

根据城市轨道交通工程高程控制布设的实际情况，取 $L=2\text{km}$，$m_{H0}=\pm 0.5\text{mm}$，$m_W=2\text{mm}$ 代入式(4-11)、式(4-12)和式(4-14)，得 $m_{Hi}=\pm 2.87\text{mm}$ 和 $\Delta H_{限} \leq 8.12\text{mm}$。

考虑到城市轨道交通贯通的严格要求，一般对原测成果可按以下原则处理：

检测与原测高程较差的中误差小于4mm的可以使用原成果；大于4mm的应进行复测，如发现水准点有下沉现象，要使用新成果。当然还要根据当地的地面沉降情况，对沉降因素进行综合全面分析后，确定检测点的最终高程。

思考题

1. 城市轨道交通工程的地面高程控制网的测量步骤与一般城市建设的高程控制网一样，需要经过哪些工作步骤？
2. 城市轨道交通工程的一、二等水准网布网原则有哪些？
3. 城市轨道交通工程的地面高程控制测量施测一般要求和观测方法有哪些？
4. 城市轨道交通工程的地面高程控制测量中水准测量的内业计算是什么？

第五章　专项调查与测绘

《城市轨道交通工程测量规范》(GB 50308—2008)中"专项调查与测绘"包括地下管线调查与测量、地下建筑测绘、跨越线路的建筑测绘、水域地形测量、房屋拆迁测量和勘测定界测量等七部分内容。其中地下建筑测绘、跨越线路的建筑测绘和勘测定界测量所依据的理论知识比较易于理解,条文的可操作性也比较强,读者依据规范的条文说明就能顺利完成相应的测量工作。因此,有关这方面的内容不再介绍,本章主要介绍地下管线调查与测量、水域地形测量和房屋拆迁测量等内容的基本理论和方法。

第一节　地下管线调查与测绘

地下管线是城市基础设施中的重要组成部分,是城市地下空间规划、建设、管理的基础信息,也是市民生产、生活的重要保障。若在城市建设中不慎损坏地下管线,造成泄漏,其后果是非常严重的,甚至是不可想象的。因此,为城市轨道交通建设提供准确、完整的地下管线资料非常必要。

 概述

(一) 地下管线分类

埋设在城市内的各类管线,主要包括市政公用管线(给水、排水、燃气、工业、热力、电力、电信和交通)及其他部门如厂矿、铁路、民航、部队(军用)等专用管线统称城市地下管线,这些管线构成了人们生产、生活必需的管线体系。

地下管线分为地下管道(涵)和地下电缆两大类。

1. 地下管道

地下管道包括给水、排水、燃气、热力和工业等管道。

(1)给水管网:根据不同用水对象设有不同的给水系统,此外还按照用水水质要求不同或用户的用水水压要求不同而分别建立分质给水系统和分压给水系统。

(2)排水管道:按排水性质分工业污水、生活污水和雨水,不同排水方式所形成的水系统称为排水体制,又分为合流制和分流制两种排放方法。

(3)燃气管道:按压力大小分为低压、中压和高压。从输配系统和布设来说则分为径规格不同的主干管和用户管。

(4)热力和工业管道:主要以其传输材料性质区分,工业管道按其管内压力大小分无压(自流)或低压、中压和高压三种。

2. 地下电缆

地下电缆包括电力、电信、有线电视和交通信号电缆。

(1)电力电缆是为城市供电铺设于地下的供电线路。

(2)电信电缆按其功能分为市内电话、长途电话、有线广播和有线电视光纤电缆及其他专用电信电缆等。它们均采用地下管道(管块)预埋或直埋的方式铺设。

(二)地下管线探测

地下管线的空间位置是用管线点来描述的,管线点分为明显点和隐蔽点两种,明显点是指直接或打开窨井后肉眼可以看到的管线或附件,反之为隐蔽点。

地下管线探测,是指对地下管线进行探查和测绘。探查是对已有地下管线进行现场调查和采用不同的探测方法探寻各种管线的埋设位置和深度。测绘是对已查明的地下管线进行测量和编绘管线图。

地下管线探测可以是对某一区域范围地下管线的探测,如城市的市政公用管线探测,主要根据规划管理部门的要求进行,其范围一般是道路及主干管线通过的区域。厂区或住宅小区管线探测,一般根据工厂或小区管线设计和管理部门的要求进行。而城市轨道交通工程建设要求的地下管线探测,是为了在设计、施工前查明场地及附近的地下管线状况以便进行线路设计,并防止工程施工造成地下管线的破坏,探测的范围一般是工程施工及其可能影响的区域。

管线探查的基本方法

地下管线普查分探查、测量、成图和数据建库四道工序,下面分别予以介绍。

(一)城市地下管线探查

1. 基本要求

(1)地下管线探查的目的、任务

地下管线探查是在现况调绘的基础上采用实地调查和仪器探查相结合的方法,查明地下管线的敷设状况、在地面上的投影位置和埋深、管线的相关位置及走向、地下管线的属性,如管线的种类、性质、规格、材质、载体特征、电缆根数、电压、埋设年代、附属设施权属单位等。并在地面上设置地下管线投影中心标志和明显管线点标志,为下道工序提供测绘依据。

(2)管线点标志的设置

地下管线点标志,通常设置在管线特征点和附属物点的几何中心上。管线特征点一般有交叉点、分支点、转折点、变径点和起讫点等。附属物一般有接线箱、变压箱、人孔井、手孔井、检查井、阀门井和仪表井等。当特征点间的直线段管线长度大于图上15cm时,中间应设置管线探测点,以保证有效地控制管线的走向。

当不同管线立体交叉时,为避免因管线探查或内插高程的误差而产生管线碰撞的矛盾,应在管线交叉点附近范围内各设置一个管线点。一般以距交叉点不大于7m范围为宜。

管线弯曲时,管线点的设置至少在圆弧的起讫点和圆弧中点上各设置一点。当圆弧较大时,圆弧上须适当加设管线点,圆弧上管线点设置的原则是:保证管线的弯曲特征能在图上表达出来。

(3)管线点的编号原则

常用的管线点编号是由管线代号加点号组成管线点号,例如 JS12 表示给水管线第 12 号管线点;MQ46 表示煤气管线第 46 号管线点;DX128 表示电信管线第 128 号管线点;以此类推。

根据地下管线普查分探查、测量、成图和数据建库四道工序的特点,为便于各工序作业,同一管线点在不同的工序里可分别编号,但要注意其互相对应的关系以免出现差错。管线代号按管线名称汉字拼音首位字母组成。例如:电力以"DL"表示,地下管线的代号和颜色要求见表5-1。

地下管线的代号和颜色　　　　　　　表5-1

管线名称		代　　号		颜　色
给水		JS		天蓝
排水	污水	PS	WS	褐
	雨水		YS	
	雨污合流		HS	
燃气	煤气	RQ	MQ	粉红
	液化气		YH	
	天然气		TR	
热力	蒸汽	RL	ZQ	枯黄
	热水		RS	
工业	氢	GY	Q	黑
	氧		Y	
	乙炔		YQ	
	石油		SY	
电力	供电	DL	GD	大红
	路灯		LD	
	电车		DC	
	交通信号		XH	
电信	电话	DX	DX	绿
	广播		GB	
	有线电视		DS	
综合管沟		ZH		黑

点号以每幅图为单元按顺序编列。在进入数据库建库阶段,其编号与点号将根据建库要求规定。

(4)管线点的地面标志

管线点的地面标志,是地下管线测绘的依据。因此,地面标志的设置要牢固、不易毁失和易于识别。通常,管线点的地面标志统一制作,在管线点附近易于保存的地物上脱漆标注管线点号,便于测绘作业时识别寻找。

管线点通常设置在管线的特征点在地面的投影位置上,管线特征点包括交叉点(三通点,四通点……)、分支点、转折点、变材点、变径点、变坡点、起讫点、出入地点及附属设施的中心点等。

(5)地下管线探查作业的安全保护

地下管线的探查作业是在城市的道路上进行,特别是在城市的主干道上,车水马龙,危险性很大;同时,井下作业还存在有毒、易燃气体及高压电缆等的危险。因此,管线的探查作业要遵守安全规定,以确保管线探查安全。

2. 实地调查

(1)实地调查的任务和方法

①实地调查的任务。地下管线实地调查任务是根据所提供的现况调绘资料,到现场实地对管线的位置走向进行核实和调查,对明显管线点如接线箱、变压箱、水觜、消火栓、人孔井、手孔井、阀门井、检查井和仪表井等附属设施作开井调查、记录和量测。同时,确定采用仪器探查的管线段。

②实地调查的方法。对明显管线点实地调查的方法,一般采用直接开井调查和量测有关数据,并现场记录,填写如表5-2所示的明显管线点调查表。实地量测的工具一般采用经检验过的钢尺或特制的量具进行,读数取至厘米。

地下管线探查记录表　　　　　　　　表5-2

工程名称:　　　　　工程编号:　　　　　管线类型:
权属单位:　　　　　测区:　　　　　　　图幅编号:

管线点号	连接点号	管线点类别		材质	管线规格(mm)	载体特征		埋深(cm)			偏距(cm)	埋设		备注
		特征	附属物			压力(电压)	流向(根数)	外顶(内底)	中心			方式	年代	
									探测	修正后				
1	2	3	4	5	6	7	8	12	13	14	15	16	17	18

探查单位:　　　探查者:　　　探查日期:　　　校核者:　　　第　页共　页

(2)明显管线点调查的要求

①调查用的钢尺或量杆等测量工具均应经过检验,量测时应认真仔细辨读,避免人为误差,以确保调查成果的准确性。

②同一井内有多个方向管线时应逐个量取,并注明连接方向。对有淤泥或积水的井底需反复探底核实,若无法探测管内底深度,可量取管道直径,按"管顶深+管道直径"来确定管内底埋深。

③在窨井上设置明显管线点,其位置一般设置在井盖中心,当管线中心线在地面的投影偏离井盖中心线0.20m时,应量取管线的偏距,偏距量至0.01m,同时还要注明管偏的方向,即管线相对于井盖中心所偏离的方向(如偏东0.55m),管偏及偏离方向应在成果表备注栏内注明。当管偏不小于1m时应以管线在地面的投影位置设置管线点,检修井作为专业管线附属物(游离井)处理。

④有隔离墙的隐水涵、有承重墙的电力电缆方沟、多井并列且管线沿同一方沟布设的电信管线均按照一条管线调查和表示。方沟(含管块)断面尺寸为隐水涵和方沟的最小矩形尺寸

（含隔音墙厚），检修井（含入孔、出孔井）应逐个调查，并作为附属物标注在图面上。

⑤垂直方向设置的双层电力方沟（下层一般为超高压方沟）应量测最大断面尺寸和埋深，并在备注栏内注明双层。

⑥布设在方沟中的多条给水、工业管道按单一管线调查并表示，对垂直分布的管线应用扯旗方式表明其分布特点。

⑦布设在方沟上设置的管线点作为明显管线点时，以相应的检修井符号表示。

（3）实地调查的内容

地下管线的种类不同，其实地调查的项目也有所不同，一般实地调查的内容见表5-3。

地下管线实地调查项目表　　　　　　　　表5-3

管线类别		埋深		断面		电缆根数	材质	构筑物	附属物	载体特征			埋设年代	权属单位
		内底	外顶	管径	宽×高					压力	流向	电压		
给水			△	△			△	△	△				△	△
排水	管道	△		△			△	△	△		△		△	△
	方沟	△			△		△	△	△		△		△	△
燃气			△	△			△	△	△	△			△	△
工业	自流	△		△			△	△	△		△		△	△
	压力		△	△			△	△	△	△			△	△
热力	有沟道	△			△		△	△	△		△		△	△
	无沟道		△	△			△	△	△		△		△	△
电力	管块		△		△	△	△	△	△			△	△	△
	沟道	△			△		△	△	△			△	△	△
	直埋		△	△		△	△	△	△			△	△	△
电信	管块		△		△	△	△	△	△				△	△
	沟道	△			△	△	△	△	△			△	△	△
	直埋		△	△		△	△	△	△				△	△

注："△"表示实地调查的项目。

为了更好地摸清管线埋设历史情况，提高地下管线普查质量和工作效率，实地调查尽可能邀请各专业管线权属单位熟悉管线敷设情况的有关人员协助。必要时也可请当地熟悉管线情况的居民给予配合。

3. 仪器探查

（1）仪器探查的目的与任务

仪器探查一般适用于隐蔽管线点的探查。仪器探查是在现况调绘和实地调查的基础上，根据测区不同的地球物理条件，选用不同的物探方法和仪器，探测地下管线的平面位置和埋深，为地下管线点的联测提供依据。采用仪器探查地下管线，在现况资料不足或重要及复杂地段（如交叉路口等）进行搜索时，要进行重复扫描，以确保管线无遗漏。

（2）仪器的选择、检验及探查试验

①仪器的选择与检验。随着地下管线探测仪发展的日新月异，可供选择的仪器多种多样。仪器的选择，除考虑与方法试验所确定的相适应外，还从仪器的性能、耐用性与适用性、操作和携带是否方便测区开始探查作业前，须对所有使用的仪器（包括新购买的仪器或仪器经大修、

长期停用重新投入使用)的性能和各项指标按说明书的要求作全面检查,未经检验的仪器不允许投入作业。仪器的检验要做好记录,作为测区成果资料上交。

探查作业每天开工前和收工后,应检查仪器的电池、电压,不符合要求时及时更换或充电,保证作业顺利。

②探查试验。探查试验是仪器探查十分关键的工作。在测区开始实施仪器探查作业前,选用不同的仪器及不同的方式、方法,在有代表性的路段(如管线分布密集、种类多、地面介质在测区内具有代表性、管线敷设深度不同等)进行方法试验。方法试验的目的是确定合适的探查方法。通过对当地已有地下管线的数据比较或开挖验证、校核,分析该方法和仪器的有效性和精度,选择最佳的工作方法、合适的工作频率、最佳收发距,并确定该方法使用仪器的探深修正系数,提高工作效率和探查成果精度。在用电磁感应法探查时,通过方法试验确定最小收发距、最佳收发距、最佳发射频率、最佳磁矩,并确定探深修正系数。由于不同类型的管线探查仪器在不同地球物理条件的地区,方法技术的效果不同,因此应分别进行试验。在地下管线探查过程中遇到的不同管线情况或疑难问题,应随时进行方法试验,提高探查精度。

通过方法试验确定有关参数的具体方法如下:

a. 最小收发距。在地下无管线、无干扰的正常地质条件下,固定发射机位置,将发射机置于正常工作状态,接收机沿发射机一定走向,观测发射机源效应的范围、距离。然后改变发射机功率,确定不同发射功率的场源效应范围、距离。当正常探查管线时,收发距应大于该距离,即为最小收发距。

b. 最佳收发距。将发射机置于无干扰的已知单根管线上,接收机沿管线走向不同距离进行剖面观测,以管线异常幅度最大、宽度最窄的剖面至发射机之间的距离为最佳收发距。不同发射功率、不同工作环境及不同被探管线的敷设情况的最佳收发距亦不相同,需分别进行测试。

c. 最佳发射频率。固定最佳收发距及发射机功率,接收机在最佳收发距的定位点上,改变发射机频率进行观测,视接收机偏转读数及灵敏度来确定最佳发射频率。

d. 发射功率。固定最佳收发距及发射频率,接收机在最佳收发距的定位点上改变发射机不同功率,视接收机读数及灵敏度来确定最合适的发射功率。

e. 发射磁矩。对于发射线框封闭固定的仪器,无须选择。但对于一些地球物理专业自制的仪器,可通过改变磁矩式接收机读数满偏度及灵敏度来确定发射磁矩。同时,要确定出发射机在某一次磁矩(频率、电流固定)条件下,发射机与接收机之间最小观测距、最佳观测距。

(3)仪器探测方法

城市地下管线探查,可供选择的方法有:电磁法、电磁波(地质雷达)法、直流电法、磁法、地震波法、红外辐射法等。物探方法的选定,首先要满足下面三个条件:

①被探查的地下管线与其周围介质之间有明显的物性差异。

②被探查的地下管线所产生的异常场有足够的强度,能从干扰背景中清楚地分辨出被查管线所产生的异常,并能在地面上用仪器观测到。

③探查精度达到规定的要求。

物探方法的选定,还要根据测区任务要求、探查对象、测区的地理物理条件以及测区的实际情况,通过方法试验来确定。

一般而言,探查金属管线,采用磁偶极感应法或电偶感应法,探查电力电缆采用50Hz被动源法,探查磁性管道采用磁测法,探查非金属管线采用电磁波(地质雷达)法或示踪电磁法,亦可采用电磁感应法、电阻率法等其他物探方法。

(4) 电磁感应类似仪器的应用

采用电磁感应法探查地下管线,应使管线和收发系统的电磁波传递处于最佳耦合状态,保持适当的收发距离,以便被测管线和收发系统的电磁波处于最佳耦合状态,提高管线的探查精度。当接收机与发射机太近,会受到发射机一次场的干扰,接收机与发射机太远时,接收机接收的信号又会太弱,影响管线的平面定位和定深的精度。一般而言,各类仪器在使用说明书中有详细的说明。实际操作中,还应结合方法试验的结果来确定最佳的收发距,提高管线探查的精度。

采用电磁感应类专用地下管线探测仪定深,方法有多种,如直读法、45°法、极值法、特征点法等。采用何种方法是根据方法试验来确定的,并根据方法试验所确定的修正方法和修正系数,对测深加以修正。

(5) 地下管线探查原则

采用地下管线探测仪器探查地下管线应遵循以下原则:

①从已知到未知,在测区内已知管线敷设情况的路段进行方法试验,确定测区所采用的仪器和方法,然后将该方法推广到其他待探查的路段。

②从简单到复杂,先从管线稀疏路段,再到管线密集路段;先查埋深较浅的管线,后查埋深较深的管线;先查管径大的管线,后查管径小的管线,以管线长直线段或明显标志点为基础,逐步向管线密集、复杂地区深入,直至全部解决管线的定性、定位、定深。

③优先采用轻便、有效、快捷、成本低的方法。

④复杂条件下宜采用多种探查方式或方法。在管线分布复杂、管线种类多、干扰的地理物理条件和自然条件差的路段,用单一的探查方式难以查清管线的敷设情况下,一般采用多种探查方式和方法进行相互比较和验证,以提高管线探查的精度。

(6) 仪器探查的记录整理和探查成果的验证

①仪器探查的记录和整理。进行仪器探查野外作业时,要严格按仪器的使用说明书操作,现场用钢笔或铅笔按表 5-4 所示探查手簿所列项目填写清楚。此外,还要详细地将各种管线的走向、连接关系、管线点编号等标注在工作底图上,形成探查草图,提交测绘作业工序使用。因探查手簿、探查草图是测绘作业、成果表编制和编绘地下管线图的依据,一切原始记录、记录事项做到整齐、清晰、美观,不得擦改、涂改、转抄。

②探查成果的验证。测区探查作业过程中,必须实地进行开挖检查、验证。填写如表 5-5 所示的管线点开挖检查表,并作为成果资料上交。

开挖点应尽可能随机抽取以达到均匀、合理和在不同种类管线、路段。开挖点数不应少于测区隐蔽管线总数的 1%。开挖出的实际点位及埋深与探查出的管线点的定位和经修正后埋深的偏差,应不超过规定的地下管线探查的限差。当误差超限时,要查明原因,采取措施进行改正。

4. 管线探测仪的定位、定深方法

管线探测仪的定位、定深方法,都是在单一电流场的理论分析基础上提出来的。用管线探测仪对管线定位一般误差不很大,通常采用 H_x 和 ΔH_x 极大值定位,均满足精度要求,用 ΔH_x 极大值定位精度更高。用 H_x 的零值点定位通常情况下误差较大,使用相对较少。与定位相比,定深方法较多,且随仪器而异,但一般也很少用 H_x 的极大值与零点之间距离或 45°法来定深,

绝大部分利用 H_x 和 ΔH_x 的直读法和特征点法。

地下管线探查记录表 表 5-4

工程名称：　　　　工程编号：　　　　管线类型：　　　　发射机型号、编号：
权属单位：　　　　测区：　　　　　　图幅编号：　　　　接收机型号、编号：

管线点号	连接点号	管线点类别		材质	管线规格(mm)	截体特征		隐蔽点探查法			埋深（cm）			偏距(cm)	埋设		备注
		特征	附属物			压力(电压)	流向(根数)	激发	定位	定深	外顶(内底)	中心			方式	年代	
												探测	修正后				
1	2	3	4	5	6	7	8	9	10	11	12	13	14	15	16	17	18

探查单位：　　　　探查者：　　　　探查日期：　　　　校核者：　　　　第 页共 页

注：1.激发方式：(1)直接连接；(2)夹钳；(3)感应（直立线圈）；(4)感应（压线）。
2.定位方式：(1)电磁法；(2)电磁波法；(3)钎探；(4)开挖；(5)数据调绘资料。
3.定深方式：(1)直读；(2)百分比；(3)特征点；(4)钎深；(5)开挖；(6)实地测量；(7)雷达；(8)数据调绘资料；(9)内插。

地下管线探查质量检查表 表 5-5

工程名称：　　　　探查单位：　　　　检查单位：
工程编号：　　　　探查仪器：　　　　检查仪器：　　　　检查方式：

检查点序号	点所在图幅号	管线点号	管类	材质	平面定位偏距(cm)	埋深（cm）			评定	备注
						探查	检查	差值		
1	2	3	4	5	6	7	8	9	10	11

探查日期：　　　探查者：　　　检查日期：　　　检查者：　　　校核者：　　　第 页共 页

（1）定位方法

采用电磁感应类管线仪进行定位主要有极大值法和极小值法，通过综合应用、对比分析，确定管沟位置。对于大口径金属管道探查一般采用直接法或电偶感应法，但由于管线上方峰值信号宽平而难以确定极大值的位置。为了保证定位精度,可以采用同一场值的中心点来定位的方法,如采用极大值的85%~90%定出异常两翼的对称点,再取其中心点定出管线中心位置,而后采用异常特征点宽度定埋深。

①极大值法。包括ΔH_x极大值法、H_x极大值法。ΔH_x极大值法是利用管线仪垂直线圈测量电磁场的水平分量之差,利用其能消除部分干扰的影响,且异常曲线形态幅度较大,宽度较窄,失真较小,所以利用ΔH_x极大值法确定地下管线的平面位置较好。当管线仪不能观测ΔH_x时,可采用水平分量H_x极大值法定位,H_x极大值法异常幅度大且宽,易被发现。ΔH_x、H_x的极大值法是利用管线的地面投影位置。

②极小值法。极小值法是利用管线仪水平线圈测量电磁场的垂直分量H_z,由于在管线正上方垂直分量H_z等于零,故在地下管线正上方为极小值或零值。有些部门称此为"零值法"或"哑点法"。H_z受来自垂直地面干扰或附近管线异常干扰的影响较大,故用极小值法定位有时误差较大,所以,极小值法定位应与其他方法配合使用。

(2)定深方法

常用的定深方法是特征点法(ΔH_x百分比法、H_x特征点法)、45°法及直读法,探查过程中最好采用多种方法综合应用,同时针对不同情况先进行方法试验,确定较合的定深方法。定深点的位置宜选择在管线点或其邻近被测管线前后各3~4倍管线埋深范围内,且为单一的直线管线,中间无分支或弯曲,与相邻管线之间的距离较大地方。

采用管线探查仪器进行定深探查时,应特别注意:一是不论何种方法定深,应先在实地精确定出定深点的水平位置;二是直读法定深时,应保持接收机天线垂直,直接结果应根据方法试验的定深修正系数进行深度校正。

①特征点法。特征点法是指利用垂直管线走向的剖面,测得的管线异常曲线峰值两侧某一百分比值处的距离与管线埋深之间的关系,来确定地下管线埋深的方法。目前这种方法应用最为广泛,不同型号仪器,不同的地区,可选用不同的特征点法。对于水平分量H_x,这一特征点为0.8和0.5,0.8的宽度和0.5的半宽度均等于埋深。有的仪器由于电路处理,使之实测异常曲线与理论异常曲线有一定差别,可采用固定ΔH_x百分比法(70%法)定深。

对于水平分量ΔH_x的0.8法(80%法)和0.5法(50%法),其理论证明是极其清晰的。将$x=h/2$和$x=h$代入式$H_x=KI\dfrac{h}{x^2+h^2}$,并分别除以式$H_x(x=0)=KI\dfrac{1}{h}$,即得:

$$R_{\frac{h}{2}}=\dfrac{H_x\left(x=\dfrac{h}{2}\right)}{H_x(x=0)}=0.8 \qquad R_h=\dfrac{H_x(x=h)}{H_x(x=0)}=0.5$$

在广州地铁的实际使用中发现,使用H_x特征点法求得的埋深有时偏深,有人提出一种修正法,令修正系数$K=\dfrac{h_{(0.8)}}{h_{(0.5)}}$,修正后埋深为$h=Kh_{(0.8)}$,效果良好。在给水、煤气、电力共68个探测点上对使用该法定深精度进行统计,最大误差为12cm,平均为4.0cm。其中误差小于5cm的点53个,占总数的77.9%;误差5~10cm的13个,占总数的19.1%;误差10~12cm的2个,占总数的2.9%。

而对于RD-400PXL、PDL等类仪器,通常使用70%法,即ΔH_x极大值两侧0.7特征点的宽度即为深度。大量实践证明,用该法定深精度是能满足管线普查工程要求的。但遗憾的是不知道使0.7特征点得以成立的变换是如何实现的,因而无法用正演ΔH_x曲线同实测剖面进行比较。为了寻求 RD-400PXL 和 PDL 接收机输出的数学表示式，试作如下变换：

$$\Delta H'_x = KI\left[\frac{h}{x^2+h^2} - \frac{a(h+d)}{x^2+(h+d)^2}\right] \tag{5-1}$$

变换的实质是对上线圈的磁场水平分量乘上一个常数，然后再作差值计算。由式(5-1)得到特征点的计算公式为：

$$R = \frac{\Delta H'_x(x)}{\Delta H'_x(0)} = \frac{[x^2+(h+d)^2] - a(h+d)(x^2+h^2)}{(x^2+h^2)[x^2+(h+d)^2]} \cdot \frac{h(h+d)}{(1-a)h+d} \tag{5-2}$$

将式(5-2)写成如下的形式：

$$Ax^4 + Bx^2 + C = 0 \tag{5-3}$$

其中：
$$A = R[(1-a)h+d]$$
$$B = A[h^2+(h+d)^2] - [h-a(h+d)]h(h+d)$$
$$C = A\frac{R-1}{R}h^2(h+d)^2$$

解得：

$$x = \pm\sqrt{\frac{\sqrt{B^2-4AC}-B}{2A}} \tag{5-4}$$

将 $R=0.7, d=0.4\mathrm{m}$ 代入，以 h 作自变量，选择适当的 a 值计算 x，得到 $x-h$ 关系曲线，使之与 $x=0.5h$ 的线性方程在适当的范围内最为接近。

计算表明，当 a 为 0.775 时，在 $h=0.5\sim 2.3\mathrm{m}$ 的范围内，满足 $x=0.5h$ 特征值 R 在 0.70 ± 0.01 范围内。

②直读法。目前 RD-400 系列、810、850、9890 及 Subsiet 系列仪器均有直读深度功能，利用上下两个线圈上测得的磁场水平分量 H^t_x 和 H^b_x，计算出埋深：

$$h = \frac{H^t_x d}{H^b_x - H^t_x} \tag{5-5}$$

式中：d——上下两线圈的距离，对 RD-400 系列仪器 d 为 40cm，Subsiet 系列仪器 d 为 50cm；

H^t_x——底部线圈位置上的磁场水平分量；

H^b_x——顶部线圈位置上的磁场水平分量。

公式的推导是十分简单的。由于：

$$H_x = KI\frac{h}{x^2+h^2} \tag{5-6}$$

在管线正上方，$x=0$，H_x 有极大值：

$$H_x(0) = KI\frac{1}{h} \tag{5-7}$$

因此，有 $H^b_x = KI\frac{1}{h}$，$H^t_x = KI\frac{1}{h}$，即得 $\frac{H^b_x}{H^t_x} = \frac{h+d}{h}$，变换成 $\frac{H^b_x - H^t_x}{H^t_x} = \frac{d}{h}$，即得式(5-5)。

由推导过程可知，该方法的使用条件是单一线电流，测点在管线正上方，上下两个线圈面与管线同处一垂直平面上。不考虑仪器制造工艺问题，只要操作正确，直读定深法是有理论依据的，因此是正确的。加之操作简便，直读定深法在简单条件下常被广泛运用。

从式(5-5)可知，直读定深法所利用的是线电流磁场在垂直方向上的变化率，且同这两点的差值 $H^b_x - H^t_x$ 成反比。因此，如果空间这两点上任何一点或两点的场受到干扰，$H^b_x - H^t_x$ 就会发生相对来说更大的改变,当干扰信号强度可以同 $H_x^b - H_x^t$(它本身很小,特别是在管线埋深大时)相比时,直读深度误差就会急剧增大。由此可以说明直读定深法是一种对干扰信号反映特别灵敏或反过来说抗干扰能力较差的定深方法。

在下列情况下,应慎重使用直读法定深:

a. 在地面金属设施如栏杆、铁门等干扰物附近,在某种激发方式下这些金属构件的干扰磁场会严重影响管线磁场的垂向分布,因而使直读深度完全不可靠。

b. 管线埋设越深,直读深度误差越大,这是因为埋深增大,上下线圈磁场差值越小,越不可靠。当埋深为 2.0m 时,上下线圈磁场差仅为下线圈磁场的 16.7%,微小的干扰都会使误差急剧增大。

c. 激发电流越小,场值越小,信噪比越小,直读深度误差越大。因此,离激发源越远,直读深度误差也越大。

d. 当存在旁侧平行管线干扰或存在弯头三通或交叉管线干扰时,直读深度不可行;这是因为旁侧管线上电流的磁场大小往往可同目标管线磁场相比拟。它不但改变目标线电流磁场在水平方向上的分布,对垂直方向上的磁场差值影响更大。

e. 在管线周围介质中的电流密度较大时,直读深度误差也会增大。

正因为使用直读深度定深存在上述种种限制,使用者对观测结果应当特别谨慎,特别是对只能直读法定深的仪器如 810、850 和 9890 仪器更应注意。一般来说,使用直读定深特别是在上述几种环境条件下,应与其他定深方法得出的结果进行对比研究。

当旁侧平行管线的电流同目标管线上的电流同向时,直读深度一般偏深;而当旁侧平行管线上的电流同目标管线电流反向时,直读深度一般偏浅。了解了这一特点,对判别目标管线附近是否有反向电流存在,会有一定的帮助。并可能有助于解释某些特殊探测条件下直读深度系统偏深或偏浅的现象。

③45°法。先用极小值法精确定位,然后将接收机与地面成 45°状态进行垂直管线移动测量,"零值"点与定位点的距离为地下管线埋深。因有些常用管线仪未对本方法作针对性精确设计,在现场作业时难以把握其与地面成 45°,对于此类管线仪一般在实际工作中不宜采用 45°法。

除了上述定深方法外,还有许多方法。方法的选用可根据仪器类型及方法试验结果确定。不论用何种方法,都应该满足规范对隐蔽点探查精度的要求。为保证定深精度,定深点的平面位置必须精确;在定深点前后各 4m 范围内应是单一的直管线,中间不应有分支或弯曲,且相邻平行管线之间不要太近。

(二)地下管线测量

探查和测量是地下管线探测外业两个联系密切的工序,在保证管线探查质量的前提下,测绘是地下管线普查最后取得成果和反映成果水平的关键,只有处理好管线探查与测绘两大工序的衔接,才能保证图件编绘、普查成果的编制及建库的顺利进行。探查作业结束后,向测绘工序提交一份在工作底图上标注有管线点、管线走向、位置及连接关系的探查草图及探查手簿,作为测绘工序测绘地下管线图和编制地下管线成果资料的依据。

地下管线测量是指在等级导线点和等级水准点的基础上进行的图根控制测量、地下管线点的平面和高程位置联测及相关地形测量。

地下管线测量是在地下管线探查的基础上进行的,主要依据地下管线探测工作草图上的明显点和探测点进行实地坐标联测。

地下管线测量,一般采用解析法。同时,为了满足数字化计算机辅助成图的要求,野外采集数据使用电子手簿记录,这样可以达到从外业到内业最终建立数据库一体化的作业方式。为了方便地下管线图的使用,一般要求联测管线两侧的邻近地物或道路两侧第一排建筑物(提供管线与邻近地物的对应关系),若该地区已有符合质量要求的地形图,应尽量利用。

1. 图根控制测量

图根控制测量,是进行地下管线点联测及相关地形测量而布设的图根级控制网,图根控制测量包括平面和高程两部分。首先应采用本地区或本市的统一坐标系统,以便以后各单位各部门新建地下管线图的统一性,也便于管理和维修。在收集测区已有的控制测量资料后,应对资料进行全面检核,确保起始数据的可靠性。该控制测量可根据已知点密度和测区的大小布设,若已知点密度小,测区范围大,首先应布设等级控制网,然后沿图根设导线网或GPS点,作业要求执行《城市测量规范》(CJJ/T 8—2011)。

高程控制测量是以测区内等级水准点为起始点布设的图根水准,可以用直接水准或电磁波测距三角高程的方法测量,也可以使用高精度的大地水准面精化成果。作业要求执行《城市测量规范》(CJJ/T 8—2011)。

2. 管线点测量

地下管线点测量,是在应用物探仪器探明地下管线的平面位置,并设置相应的标注编号后进行,一般以控制点或图根点为测站点,使用全站仪,采用极坐标法或导线法测量;也可采用GNSS技术,如GPS-RTK技术进行测量。采用极坐标法测量平面坐标和高程时,其测距边不宜太长,一般在150m左右,但应采用长边定向。无用哪种测量方法,其作业过程与其他章节类似测量工作基本一样,这里不再赘述。地下管线成果表见表5-6。

地下管线成果表   表5-6

工程名称: 工程编号:
测区: 图幅编号:

图上点号	物探点号	管线点			管线			压强(Pa)或电压(kV)	流向或根数	平面坐标(m)		埋深(cm)	地面高程(cm)	权属单位	埋设		备注
		编号	特征	附属物	类型	材质	规格(mm)			X	Y				方式	年代	
1	2	3	4	5	6	7	8	9	10	11	12	13	14	15	16	17	18

探测单位: 制表者: 校核者: 日期: 第 页共 页

地下管线测绘还包括相关地形测量,一般是测绘沿道路、街巷两侧的带状地形图。考虑到地下管线图的重点是表示地下管线的位置、高程以及与道路、街道、相邻地面建筑的相对位置关系,地形地物测绘只需测设道路、街道边线、临街建筑物向街一面的轮廓线、结构、层数分界线、门牌及单位名称,测定各种地面地物特征点的地面位置及高程。

地下管线图还需要测定横断面。横断面的位置要选在主要道路、街道有代表性的断面上,一般每幅图不少于两个断面。横断面测量,应垂直于现有道路、街道布置,除测定管线点位置、高程外,还应测量道路的特征点、地面高程变化、各种建筑物边沿等。

(三)地下管线图的编绘

1. 管线图编绘的技术要求

地下管线图的编绘,是利用外业测量采集的数据,通过计算机数字化成图。为实现城市规划建设中各类图件的信息共享,地下管线图应满足如下技术要求。

(1)地下管线图的种类

地下管线图通常分为专业管线图、综合管线图、局部放大示意图及断面图。各类管线图的内容和作用如下:

①专业管线图,只表示一种专业管线和沿管线两侧的地形、地物。

②综合管线图,表示全部专业管线和沿线两侧的地形、地物。

③局部放大图,因综合图的图面限制,当管线分布复杂,图载量过重,图表无法全部表示和标注其图面要素时,需作局部放大来表示其局部相对关系的辅助用图。

④断面图,指横断面图,是表示地下管线在同一截面上的分布、竖向关系和管线地面建筑物间的相互关系辅助用图。

(2)地下管线图的比例尺、分幅标准及图式的应用

地下管线图包括专业管线图和综合管线图的比例尺一般应与城市或地区的基本图的比例尺一致。大多为1:500或根据设计的需要,采用由设计指定的比例尺。局部放大示意图及管线断面图的比例尺视实际情况而定。地下管线图的分幅标准可根据工程需要确定,也可与本地区基本图的分幅一致。断面图和放大图以综合图幅为单位绘在同一图幅内,当断面图和放大图较多,无法绘在同一图幅时,也可分别进行绘制,外图廓标注相应的综合管线图图号。地下管线图一律按国家相关规定的图式绘制。

2. 综合地下管线图的编绘

综合地下管线图应表示测区内所有探测的各种地下管线及其附属设施、地面建筑与地形特征。绘制综合地下管线图的基本资料应包括测区1:500地形图、地下管线现状探测草图、外业数据软盘和管线点成果表以及附属设施草图、结点示意图等。

综合管线图上的管线以0.2mm线进行绘制。考虑到综合地下管线图所要表示的内容较多,高程的注记方面,除选择要标注路中高程外,管线点一般不标注高程,以减少绘图负担,但路面铺装材料要标注。在管线复杂、管线点注记密集时,管线点可要求注记,此时须放大示意图,并在综合图上以虚线标明放大范围并注记放大图编号。

为了便于使用者阅读图件,一般情况下,每幅图内,在2~3个位置上,以扯旗形式注明管线的排列、种类、材质、规格、埋深等。同时,每幅图内,至少绘制2个横断面图,其断面位置及编号以及断面符号标注在综合图上。扯旗及断面图的位置,一般选在有代表性及管线较复杂的断面上,先主干道,后干道,再一般干道。

3. 专业地下管线图的编绘

专业地下管线图只表示一种管线与地面建筑物及地形、地貌的关系。其内容比综合地下

管线图少,图载量轻。专业地下管线图的编绘原则与综合地下管线图一致。

针对专业地下管线图内容少的特征,在编绘专业管线图时,要增加有关管线属性的注记,即注明管线的规格、材质、条数及电压等,注记的形式是沿管线注记。

4.局部放大示意图和断面图的编绘

(1)局部放大示意图的编绘

局部放大示意图是当地下管线及附属设施过于密集时,为清楚表示局部相关关系的附属图。局部放大示意图的编绘内容及要求与综合管线图基本一致,但在编绘局部放大示意图时,任何管线点位及地形、地物要素均不得舍掉,要清楚地表示管线点位及地形、地物相对位置关系。局部放大示意图的比例尺可根据图面需要而定,比例尺选择的原则是要使图面内容不做任何取舍和移位,而达到表示清楚、全面的目的。

(2)断面图的编绘

这里所说的断面图仅指横断面图,表示同一断面里各种管线之间、管线与地面建筑物之间的竖向关系,即地面地形变化,地面高,管线与断面相交的地上、地下建筑物,各种管线的位置及相对关系,埋深,断面几何尺寸,断面号等。断面图的比例尺可任意选定。

(四)地下管线数据建库

若本测区地下管线数据有建立数据库的计划,本节地下管线探查、测量、成图的要求基本都能通过数据库的数据结构设计来实现,不作硬性要求。

第二节 水域地形测量

城市轨道交通工程经常跨越或下穿江河湖泊,特别在我国南方城市较为普遍,为满足工程设计、施工等要求,必须在这些水域地段进行水下地形测量。

 概述

水域地形测量就是测量水下地貌及地物的工作。水下地形测量由于是在水上动态定位和测深,比陆上测量困难复杂。

水下地形测量点的定位一般有断面法、角度交会法、断面角度交会法、极坐标法、六分仪法、距离交会法、双曲线无线电定位法、卫星多普勒定位法和 GNSS 定位法。由于现代测绘技术的进步和城市轨道交通工程的特点,定位测量一般采用断面法和散点法。断面法就是沿断面进行定位和测量水深,断面间距一般为图上 20mm,断面的起、终点都应该设置在岸上,并且要埋桩;测深点之间的距离一般应为图上 10mm,测深点到起点和终点的距离可以根据工程条件采用红外测距法、断面索法和单角交会法等方法进行测定;测深点的定向,可以采用经纬仪或全站仪指引和控制。散点法主要包括边(角)交会法、全站仪极坐标法和 GPS – RTK 定位法等,测深点之间的距离一般为图上 10～30mm,要求点位中误差在图上不应该大于 2mm。

水深测量的传统工具是测深杆和测深锤。现代普遍使用回声测深仪,精度和效率均大为提高,最大测深可达 10000m,并已从单频、单波束发展到多频、多波束,从点状、线状测深发展到带状测深,从单纯测深发展到图像显示和实时绘图。对于工程测量而言,水深测量的工具主要包括测深杆、测深锤和回声测深仪等。

二 水域定位测量

定位是水下地形测量的一个重要组成部分。无论是测量海底地形,还是测量江河湖泊水底的地貌,都必须把它们固定在某一坐标系统内。

水上定位不同于陆上定位,主要在于待测船位是运动的、实时的。不可能像陆上测量那样用多测回重复测量,以毫米或厘米级精度严密平差求定点位。但水上定位的坐标基引在陆地,也就是说,水下地形测量通常采用与陆上测量相同的坐标系统。

一般来说,水深测量应该设计测深线,使测船或测量人员按图上的设计测深线方向航行或移动。对于城市轨道交通工程,测深线走向垂直于河流岸线比较合适,当轨道线路中线与岸线近似正交时,也可以平行于线路中线布设。当轨道线路中线与岸线(或水流方向)相交在 $90°±10°$ 范围内,一般可认为近似正交。

水深测量的定位方法较多,对于近岸、港湾、江河等近距离水上定位大多采用全站仪极坐标法、GPS—RTK 法和断面索法。前两种方法应用比较广泛,其作业方法大家也比较熟悉,而断面索法是一项传统的方法,受条件限制,使用相对较少。为了便于在有条件的测区能够正确有效地使用断面索法,本节较为详细介绍这一方法。断面索法主要适用于离岸 200m 以内、水流平缓的测区,或者是宽 300m 内的小河、港池。

(一) 跨小河断面索法定位

1. 测量方法

一岸将断面索固定在测深线前桩上,另一岸用绞车将断面索(直径 3~4mm 钢索)绞紧。断面索上有距离标记,测深舢板即可沿着断面索按距离标记测深,记录员记下距离和深度。

2. 作业要求与注意事项

(1) 两岸预设的断面桩位置应按测站要求测定。

(2) 断面索零点可用铁棒或花杆插入土中固定。在河滩处,可量出一段基桩至水边的距离作为零点,这个距离应由记录员记入手簿。

(3) 要注意来往船只。遇有小船,可抬高断面索,使其通行。遇大船则应收起断面索,或放松断面索,使其沉入河底。

(4) 换测线时,先放松断面索,然后由两岸人员拉到另一测深线,按上述方法绞紧施测,以避免断面索收放时。河港中测线应自上向下施测。

(5) 断面索设置尽量从上游开始,逐一向下游设置。

(二) 河海岸边断面索法

1. 机动船作业测深法

作业方法同跨小河测深,仅绞车固定在机动船上。

机动船在测区外缘大致平行岸线抛前、后锚,两锚相距 100~200m。断面索(直径 4~8mm 钢缆)零点固定在断面线基桩上,当机动船对准测线后,即用绞车将断面索收紧,沿索按标记测深。

调换测深线时,机动船放松断面索,岸上将断面索移至另一测线,机动船收放前后锚缆,对准另一测线。抛一次锚可测数条测深线。

2. 龙须缆测深法

此法与机动船作业测深法相似,是在缺少机动船只情况下采用。

在测区水域外缘,同一条尼龙缆或棕缆两端各系一只铁锚,抛在A、B两点上(流速不大的水域可用50kg铁锚,流速较大水域可用100kg铁锚),AB距离一般按满足半天能连续工作测区范围为宜。AB间缆长,应考虑当地抛锚点吃水深度,故缆长应大于AB水平距离。上述工作完成后,在缆的中部系一浮筒,使缆绳漂浮水面。此法即称龙须缆法。

作业时,先在岸上布设测深线前后桩,并用旗标将测深线标定出来,同时将断面的零点固定在基桩上,再由一艘小划边放断面索边驶向龙须缆处,当小划到达时对准测线方向,用篙勾(或挂钩)将小划勾在龙须缆上,随即在小划上用绞车将索收紧,然后另由一小划子船按断面索距离标记测定水深。一般测线完成后,放松断面索,由岸上和小划将断面索移至下一测线。

3. 小跨距法

这种方法不用机动船。只用一只小划子船,断面索用很轻的尼龙绳,绞车放在小划子船上,边摇边放,放到所需距离标记处测深。此法特别适用于船只停泊拥挤处,小划子船可穿行其间。测距一般在100m左右,适用于流速较小的水域。

三 水深测量

(一)常规水深测量

常规水深测量的测深工具包括回声测深仪、测深锤和测深杆。测深仪的种类很多,有单波束和多波束两类,单波束仪器又分为单频和双频测深仪。

多波束仪器也有许多型号。测深锤和测深杆的制作早已是工程技术人员所掌握的,本书不细述。这里主要对回声测深原理、仪器选择、使用、数据处理重点介绍。

1. 回声测深仪测量原理

在测量船下安装的发射机换能器,垂直向水下发射一定频率的声波脉冲,以声速C在水中传播到水底,经反射或散射返回,被接收机换能器所接收。设自发射脉冲声波的瞬时起,至接收换能器收到水底回波时间为t,则换能器表面至水底的距离(水深)H为:

$$H = \frac{1}{2}\sqrt{(Ct)^2 - l^2} \tag{5-8}$$

式中:l——两换能器之间的距离(又称基线长)。

当在深水水域或换能器收、发合一时,上式可简化为:

$$H = \frac{1}{2}Ct \tag{5-9}$$

式(5-9)中的水中声速C与水介质的体积弹性模量及密度均有关,而体积弹性模量和密度又是随温度、盐度及静水压力变化而变化的。时间t是仪器测量得到的,一旦声速C、时间t确定后,那么换能器到水底的水深也就知道了。

2. 声速计算

前已述及,声速C与水介质的体积弹性模量E和密度ρ有关,用公式表示为:

$$C = \sqrt{\frac{E}{\rho}} \tag{5-10}$$

对于海水来讲,在0℃时,$E = 2.15 \times 10^{-9} \text{N/m}^2$,$\rho = 1020 \text{kg/m}^3$,由此得 $C = 1452 \text{m/s}$。在实际工作中,实测体积弹性模量是十分麻烦的,因而,在测求海水声速时,可用仪器直接测量,或者用经验公式计算。用声速仪直接测量,可以适时地获得当时当地的声速,有利于实施测量自动化,但需要专用仪器和设备。运用经验公式进行计算,首先必须获得影响水中声速的各种因素的数值,然后再运用声速与各因素之间的确切的函数表达式,即经验公式,进行计算。

声波在不同密度的水中有不同的传播速度,水的密度又与海水盐度、水温等因素有关,尤其水温的变化对速度的影响最为显著。根据经验公式可以求得声速和含盐度、水温的关系,即

$$C_n = 1450 + 4.206t - 0.0366t^2 + 1.137(S - 35) \tag{5-11}$$

式中:C_n——实际声速度(m/s);

t——水温(℃);

S——含盐度(‰)(在淡水中 S 为零)。

3.回声测深仪组成

回声测深仪主要由发射机、接收机、发射换能器、接收换能器、显示设备、电源等部分组成。现将各部分功能简述如下:

(1)发射机。在中央控制器的控制下,周期性地产生一定频率、一定脉冲宽度、一定电功率的电振荡脉冲,由发射换能器按一定周期向海水中辐射。发射机一般由振荡电路、脉冲产生电路、功放电路所组成。

(2)接收机。将换能器接收的微弱回波信号进行检测放大,经处理后送入显示设备。在接收机电路中,采用了现代相关检测技术和归一化技术,采用了回波信号自动鉴别电路、回波水深抗干扰电路、自动增益电路、时控放大电路,使放大后的回波信号能满足各种显示设备的需要。

(3)发射换能器。是一个将电能转换成机械能,再由机械能通过弹性介质转换的电—声转换装置。它将发射机每隔一定时间间隔送来的有一定脉冲宽度、一定振荡频率和一定功率的电振荡脉冲,转换成机械振动,并推动水介质以一定的波束角向水中辐射声波脉冲。

(4)接收换能器。是一个将声能转换成电能的声—电转换装置。它可以将接收的声波回波信号转变为电信号,然后再送到接收机进行信号放大和处理。现在许多水声仪器用发射与接收合一的换能器。为防止发射时产生的大功率电脉冲信号损坏接收机,通常在发射机、接收机和换能器之间设置一个自动转换电路。当发射时,将换能器与发射机接通,供发声波用;当接收时,将换能器与接收机接通,切断与发射机的联系,供接受波用。

(5)显示设备。显示设备的功能是直观地显示所测得的水深值。目前常用的显示设备有指示器式、记录器式、数字显示式、数字打印式等。显示设备的另一功能是产生周期性的同步控制信号,控制与协调整机的工作。

(6)电源。提供全套仪器所需要的各种电源。

4.回声测深仪的几项改正

对测深仪记录声图上的水深值需要进行吃水改正、基线改正、转速改正及声速改正。

(1)吃水改正 ΔH_a

测深仪换能器有两种安装方式,一种是固定式安装,即将体积较大的换能器固定安装在船底;另一种是便携式安装,即将体积较小的换能器进行舷挂式安装,便于拆卸。无论哪种换能

器,都安装在水面下一定的距离,由水面至换能器底面的垂直距离称为换能器吃水改正数 ΔH_a:

$$\Delta H_a = H - H_s \tag{5-12}$$

式中:H——水面至水底的深度(m);

H_s——换能器底面至水底的深度(m)。

便携式换能器的吃水改正数 ΔH_a 可由其支撑杆上读取。固定式换能器吃水改正数 ΔH_a 计算如下:

$$\Delta H_a = H_首 + (H_尾 - H_首)\frac{a}{a+b} - h \tag{5-13}$$

测深仪记录纸上读数是由换能器表面到海、河底之间的水深。若换能器入水过浅,使回声波受到水泡的干扰,记录纸上回声线断断续续,时有时无,为此一般要求换能器入水深度为 $0.3 \sim 0.8$m。此项误差是常数,在深度改正中可以通过调节记录纸零线位置进行消除。

(2)基线改正 ΔH_L

当发射换能器与接收换能器不是合一的,那么两换能器之间的距离为换能器基线长 $2L$。由于基线长度影响,使得所测水深并不是实际水深 H,而是一斜距 H_s。当令 $L = \frac{1}{2}l$ 时,基线改正为:

$$\Delta H_L = H - H_s = \sqrt{H_s^2 - L^2} - H_s = H_s\left[\sqrt{1 - \left(\frac{L}{H_s}\right)^2} - 1\right] \tag{5-14}$$

当 $\frac{L}{H_s} < 0.14$ 情况下,L 的影响很小,可不考虑。不则应进行基线改正。

(3)转速改正 ΔH_n

转速改正是由于测深仪的实际转速 n_s 不等于设计转速 n_0 所造成的。记录器记录的水深是由记录针移动的速度与回波时间所决定的。当转速变化时,则记录的水深也将改变,从而产生转速误差。转速改正数 ΔH_n 为:

$$\Delta H_n = H - H_s = H_s\left(\frac{n_0}{n_s} - 1\right) \tag{5-15}$$

当 $n_s < n_0$ 时,ΔH_n 为正;当 $n_s > n_0$,ΔH_n 为负。例如:SDH—3 型回声探测仪第 I 深段转速 $n_0 = 312$r/min,若实际转速为 $n_s = 314$r/min,令 $H_s = 20$m,则 $\Delta H_n = -0.13$m,$H = H_s + \Delta H_n$,$H = 19.87$m。

为了保证测深精度,要求每次测深开始前和测深过程中,随时检查转速。一般要求转速误差不超过设计转速的 $\pm 1\%$。超过时应进行调整,使之满足上述要求。在无法调整时可按上述计算方法,求出转速改正数 ΔH_n。

(4)声速改正 ΔH_C

我们知道,声波在海水中传播的速度 C 是海水中温度 t、盐度 S、海水静压力 P 的函数。在不同的地区,不同的季节,这些参数也是变化的;若海区实际声速 C_n 不等于设计声速 C_0 时,就影响实测水深的精度,故应加声速改正数 ΔH_C。

$$\Delta H_C = H - H_s = H_s\left(\frac{C_n}{C_0} - 1\right) \tag{5-16}$$

当 $C_n > C_0$ 时,ΔH_C 为正;当 $C_n < C_0$ 时,ΔH_C 为负。例如:当 $C_0 = 1500$m/s,$C_n = 1550$m/s,$H_s = 20$m,则 $\Delta H_C = 0.67$m。

那么,这实际声速怎样知道呢?前已述及,声速 C 是温度 t、盐度 S、海水静压力 P 的函数,我们可在所测资料的基础上,建立与实际比较符合的经验公式进行计算。目前,国际上计算海水中速度常用的算式有代尔—格洛索公式(1952年)、威尔逊公式(1962年)和威尔逊近似公式。在实际工作中,一般是每个月测定测区 0m、15m、25m、35m、50m、75m、100m、150m……深度处的声速,然后取各层声速的加权平均值,作为海面至某深度处的平均声速 C_n。

水温测定要求:在港口水深测量工作中一般水域不是很深,作业时可在 5~8m 处颠倒温度计测定,作为该测区平均水温。

(5)测深仪总改正数 ΔH

由以上叙述可知,测深仪总改正数 ΔH 为:

$$\Delta H = \Delta H_a + \Delta H_L + \Delta H_n + \Delta H_C \tag{5-17}$$

在上述四项改正数中,以声速改正数 ΔH_C 对总改正数 ΔH 影响最大,此种改正方法称水文资料法。水文资料法一般适用于深度大于 20m 以上海区,浅水海区宜采用校对法求深仪总改正数。

校对法是用检查板、水听器等,置于换能器下方一定深度处,实测其准确的深度 H,与测深仪在当时当地测得的深度 H_s 作比较,其差值 ΔH 即为测深仪总改正数。如检查板测绳长为 15.5m,仪器测得相应深度为 14.5m,则:

$$\Delta H = H - H_s = 1.0 \text{m} \tag{5-18}$$

用检校法检查测深仪时,一般 1~2 周测定一次。校准的深度以能够控制这 1~2 周的测深资料为原则。

(二)测深仪器、工具的选用

1. 工作频率选择(表5-7)

工作频率选择   表5-7

使用条件或项目	频率选择要求
水深浅于60m的水深测量	150~210kHz
探测浮泥层的水深测量	17~41kHz和150~210kHz兼有
用于穿透硫酸土的贯入式仪器	用1~12kHz(可穿透20~50m)的低频仪器
用于水深测量	用有纵倾、横摇装置的较高频率的多探头系统

2. 发射角的选择(表5-8)

发射角的选择   表5-8

条件和项目	说明和要求
发射角与发射频率及准确度之间的关系	发射频率越低则发射角越大,准确度越低发射频率越高,则发射角越小,准确度越高。要求发射角与频率相适应
水下施工区水深测量要求的发射角	30°~100°为宜
水底平坦深水区($H=100$m)或穿透浮泥层测深要求的发射角	大于10°为宜

3. 常用探测仪技术指标的考核项目

(1)最大量程与发射间隔。最大量程与发射间隔的关系如下:

$$T \geqslant \frac{2h_{max}}{C} \tag{5-19}$$

式中：C——声速（m/s）；

　　　h_{max}——最大测量深度（m）；

　　　T——脉冲重复周期（s）。

（2）最小测量深度。最小测量深度是指探测仪可能测量并能显示出来的最小深度，其取决于发射脉冲宽度。

（3）接受系统的增益与灵敏度、抗干扰能力及信噪比指标。

（4）工作频率与换能机反射角的匹配情况。

（5）记录纸的有效宽度，一般在 150～300mm。

（6）测深精度，一般在 ±5cm+0.5%D 到 ±5cm+1%D，D 为测深。

（7）声速修正范围及步级，一般在 1400～1700m/s 之间。

（8）有无水深量化装置。

4．测深仪安装要求

（1）安装位置要求外界杂声干扰小，同时，要避免测船行驶时在换能器底部出现气泡。

（2）为了避免机械运动而产生的杂声干扰，要求换能器应该安装在离机舱较远的地方，故换能器应该安装在船的前半部。但是船首附近又是水流冲击船壳最激烈的地方，所以换能器宜安装在离船首 1/2～1/3 船长的部位。同时，应安置在使换能器远在吃水线以下，并不低于船底的位置。

（3）当在上述部位无法安装或安装有困难时，可适当前移，但不能后移。要注意勿移动至船首只有 1/5 船长的部位。并尽量避开船体曲率较大的地方，固定应该牢固。

（4）换能器底面要与水面平行，倾斜角不大于发射角的 1/6。对于长方形换能器，安装时应使长的一边和船轴线方向一致。

（5）测深仪的主机应安装在便于操作和便于与驾驶员联系的地方。电源电缆线不能太长，尽量减短。

（6）尽量远离机舱，以避免受机器强烈振动和电磁的干扰。

（三）测深仪的调整和实测深度改正

1．测深仪的调整项目

不论什么型号的测深仪器，在测深之前都必须先进行下列各项调整和调节。

（1）记录零线位置的调整。旋转记录器上零线调节螺旋，使零位线的上边沿与刻度零点刻画在同一直线上，或者零位线的上边沿置于与换能器入水深度相应的标尺刻度上。

（2）电动机转速的调整。开动测深仪后，在启动"计数"开关的同一瞬间，开动秒表。测定 2～5min，由所得的转动数，除以测定时间，即得每分钟的转速，将此数与额定转速相比较。若不符合，则应进行调整。

（3）记录器及皮带张力的调节。张力调节通常是在深段"Ⅰ"上进行。正常情况下，皮带稳定而均匀地旋转无颤动，说明张力适中，太松会导致不规则的记录信号，太紧会导致转速降低。

（4）除上述调整外，还要进行接收换能器的充磁，使接收换能器具有较高的接收灵度及避免接收信号的倍频作用。

2．对实测水深的修正方法

（1）按声速调整转速。其方法是根据实际测定的水温和含盐度，由声速经验公式（5-11）

求得测深时的实际声速。由于转速是根据标准声速设计的,若求得的实际声速不等于设计声速($C_n \neq C_0$),则可按下式求得测深时的实际转速(n_s)为:

$$n_s = \frac{C_n}{C_0} n_0 \tag{5-20}$$

(2)转速固定。可用加上声速改正数的方法进行深度改正。其方法有两个:

其一,先将转速固定在标准转速上,测深上量得的水深加上测深时的声速改正即可。

其二,先令转速为任意转速,则所测的水深除需加声速改正外,还要加上测深时转速改正。

(3)在不测定水温和含盐度的情况下,可采用检查板或检查棒对仪器进行直接实测一致,求得仪器综合改正数。然后调节转速器,使测量深度与检查板或检查棒下放的深度相一致。若测深仪无法现场调整,就必须用表5-9的方法校准各个深度检查板(棒)与实测深度的差值,绘出综合改正数曲线,以供各个深度的查取。

测深仪综合改正数的求取 表5-9

项 目	内 容
检查板测前、测后校准值要求	同一深度的比对误差不超过出0.1m
检查板校准环境要求	(1)校准水域的盐度与测区相同; (2)水流速度最小(或高低平潮); (3)最好在随小水流漂泊状态下进行
用检查板或水听器校准船舷测深仪	对舷外安装测深仪,校准时应在测区最大深度相近的深水范围内进行,每隔2m校准并记录一次校准值,先将检查板由上而下校至最大深度后,再由下而上仍按原间隔校准并记录,使校准记录信号形成连续上下台阶。每次校准时,深度绳整米尺码不是对准校准面,而是对准换能器杆的相应的整米标记
用检查棒或水听器校准船舷测深仪	校准时应将检查棒两端的深度绳相同尺码对准事先在船舷画定的校准标记线,使校准时的两端深度绳下放长度相同,并且必须从船首下放或提收。具体校准步骤和记录与检查板作业相同
对深度绳的要求	(1)伸缩性要小; (2)每米作一尺码标记,并经常用钢卷尺校准; (3)尺码校准误差应不大于2cm

(四)水深测量内业工作基本要求

1. 基本要求

(1)整理和检查各种外业手簿,其内容填写应正确完整。

(2)水准测量成果的计算及深度基准面的确定,工作水准点与水尺(水位仪)零点、深度基准面的关系略图。

(3)检查水位记录和水位线的绘制及水位改正分带。

(4)检查测深手簿、测深记录纸、记录磁带(盘)及打印数据,水深的量取、改正、校核。

(5)检查换能器动(静)吃水、测深仪器差、水位改正数。

(6)外业图板图历簿的填写、检查和验收,并有签名。

(7)整理和核实收集到的港口地形等资料及测区的调查资料。

(8)外业图板检查内容：

①测量项目是否符合任务书的要求,有无遗漏。

②等深线的勾绘是否合理,能否正确显示水底地貌变化情况。测深线间距有无超限,水深有无漏测。

③对特殊深度点、最深点、最浅点及加密探测的礁石、沉船等航行障碍物是否已重新记入。

④对新测岸线、地形、助航标志及海上养殖场范围进行实地检查,并按海图图式绘制。

⑤与原测图资料或其他单位测图进行比对,看是否有变化,并分析原因。

2. 从测深记录纸上量取水深的技术要求

(1)测深纸上的零位线应清晰。无零位线处以直线正确连接,零位线不正确的记录,不能量取深度。

(2)对于水底平坦的非施工挖泥水域,回波信号中断(模糊)小于3mm时,应用红笔准确勾绘出连接线;因风浪影响回波信号呈波浪状时(但测深纸上波峰与波谷之差未超限),连线应勾绘在距回波信号上沿的距离为波峰和波谷之差的1/3处。

(3)深度量取误差为0.1m。

(4)两定位点间的内插水深,应按等距离量取,其等分点间距离之差不得超过回声测深仪记录声图上的1mm;对特殊水深点及航道、港池的浅点应仔细量取,并按实际位置插入,不得遗漏。

(5)经过整理所去掉的特殊深度点应检查是否适当。水深点密度较大时,可适当去掉部分水深点,但应保留水深特征点。

四 GPS-RTK 无验潮水深测量

随着 GPS 实时差分技术(RTK)的日益成熟,测量人员能够在动态环境下,获得甚至毫米级的水平定位精度和厘米级的高程定位精度。这使得人们对 GPS 的应用不仅局限于平面定位方面,而且深入到高程领域。正是在上述理论的基础上,充分利用了 GPS-RTK 技术下的高程定位数据,提出了一种无验潮模式下的水下地形测量方法,该法不需要传统地形测量的潮水位资料,实施起来简单方便,且测量精度优于传统测量模式。

(一)GPS-RTK 无验潮水深测量方法

GPS 差分测量可以非常精确地测定两点之间的相对高差,小区域范围内,通过该高差便可反算出流动站 GPS 相位中心的高程,该高程同基准站具有相同的高程基准面。

GPS-RTK 无验潮水深测量方法摈弃了传统水下地形测量对潮位观测的严格需求,是集潮位测量与水深测量于一身,直接获得水底点的高程,操作和实施比较方便、快捷。但上述方法同传统的测量方法一样,存在着船体姿态对测量的影响。在水面稳定的情况下,姿态对测量的影响较小;反之,影响较大,必须进行测量和补偿。

(二)精度分析

1.定位和测深关系

水下地形测量是由定位和测深两部分各自独立进行数据采集的,要实现高精度的测点定位,需要进行定位与测深时间同步改正和位置偏移改正。因为在测量时,平面位置来自 GPS,一般为 5Hz(1 秒 5 个定位数据),水深值取自测深仪,一般为 10Hz(1 秒 10 个数据),用 GPS 定位脉冲触发测深仪工作,那么可以说两者完全同步,不存在时间同步改正;如果 GPS 天线与测深仪换能器处于同一垂直面上,则无须进行位置偏差改正;否则就应该根据航向和 GPS 与测深仪的相互关系进行位置偏移改正。

2. 潮位、波浪、换能器动态吃水

影响水深测量精度的水文因素很多,主要有潮位、波浪、换能器入水深度的变化等,传统的测深潮位改正是根据测区和潮位涨落规律布置一个或多个潮位站,派专人观测潮位资料,利用该资料,根据所测得水深点时间和位置实施潮水位改正;《水运工程测量规范》(JTJ 203—2001)规定,当风浪引起的测深仪记录纸测深线起伏变化超过 0.6m(指海域、内河为 0.3m),应停止测深,可见波浪对测深影响是较大的;还有作业船只的负荷、航速、航向等影响测深仪换能器动态变化。

潮位、波浪、换能器动态吃水对测深的影响,若联杆的倾斜角为 α,联杆长为 L,其引起平面定位的误差 ΔS 为:

$$\Delta S = L \times S \times \sin\alpha \tag{5-21}$$

其引起垂直方向上的误差 ΔH 为:

$$\Delta H = L - H = L \times (1 - \cos\alpha) \tag{5-22}$$

从式(5-21)、式(5-22)两式可以看出,ΔS 及 ΔH 的大小主要取决于 L 及 α 的大小。由风浪引起的联杆倾斜对平面定位的精度影响较大,而对高程的精度影响很小。只要将联杆长度缩短到 2m 以下,这两项误差影响可完全忽略。可以这样认为采用 GPS-RTK 技术能综合地、有效地解决潮位、波浪、换能器动态吃水对测深的影响。

由于该法技术核心是 GPS-RTK 技术,和其他差分 GPS 一样,作用距离不能太远,否则定位精度很难得到保证,根据浙江省水利河口研究院测验队的实践,作用距离控制在 10km 为宜,也可以采用多基站方法解决,如杭州湾跨海大桥施工时,在桥址南北两岸各架设不同频率数据电台的基准台。

第三节 房屋拆迁测量

 概述

城市房屋拆迁补偿是一项比较复杂、政策性强的工作,必须做到公平、公正,而拆迁房屋面积测算是这项工作的重要环节。拆迁房屋测量是依据国家和地方相关政策,或拆迁人与被拆迁人之间的补偿协议对建筑进行测算,测绘定位提供公正、准确、可靠的拆迁面积测算成果,并为测绘产品承担责任。

目前,全国还没有统一的有关房屋拆迁面积测算标准,大多依据现行国家标准《房产测量规范》(GB/T 17986—2000),这本规范比较适用于城市、建制镇的建成区和建成区以外的工矿企事业单位的房产测量,但对于形状不规则、结构不规范的自建、房屋等类似房屋的面积测算,不完全适用,可操作性也就相对较差。鉴于现行国家标准《房产测量规范》(GB/T 17986—2000)权威性和房屋拆迁测量的现状,其仍然是房屋拆迁测量的主要依据的标准。因此,本节

是以现行国家标准《房产测量规范》(GB/T 17986—2000)的相关规定为依据来介绍房屋建筑面积的测算理论和方法。通过对这本规范的较为全面介绍,以便于读者充分理解房产测量的精髓,在房屋拆迁测量中得以融会贯通。

鉴于房屋拆迁补偿中存在的问题,国家出台了一系列的政策、条例,如《城市房屋拆迁管理条例》、《城市房屋拆迁估价指导意见》(以下简称《指导意见》)等。对于涉及面积测算中出现的问题,《指导意见》仅作原则性的规定。《指导意见》规定,凡拆迁当事人就被拆迁房屋性质和面积达成一致的,可以按照协商结果进行评估。对被拆迁房屋的面积不能协商一致的,可以向依照《房产测绘管理办法》设立的房屋面积鉴定机构申请鉴定;没有设立房屋面积鉴定机构的,可以委托具有房产测绘资格的房产测绘单位测算。

可以理解,拆迁房屋面积测算的难点在于如何确定面积全算范围、面积半算范围和不算面积范围,这不是一个单纯的测量问题,而是一个政策问题,或者是拆迁人与被拆到之间的合法约定问题。因此,只有在一定的政策框架下拆迁人与被拆迁人就面积测算达成一致,测算的结果才被双方接受。拆迁过程可能是一个讨价还价过程,为了保证测绘成果质量,避免重复劳动,提高效率,测量单位必须规范测绘行为,尽可能地提交比较全面地反映房屋的区位、现状、用途和各功能区面积的测绘成果。

 房屋拆迁测量方法

房屋拆迁涉及利益关系复杂,测量内容相对于竣工测量也比较繁杂,不仅要测量永久性建筑,甚至可能测量临时性或层高小于 2.2m 的建筑。拆迁房屋大都年代比较久,或是比较破旧、不规则,人员流动频繁,权属关系单凭测量人员是很难搞清楚的。必须要通过辖区政府层面调查清楚。因此,在房屋拆迁工作中,一般来说,测量机构依据相关政策、法规侧重于房屋结构、用途、面积等项目的调查、测算,并建立实地房屋与测量成果的一一对应关系,确保测绘成果的公正、准确、可靠。

拆迁测量一般应按照以下步骤进行:
(1)拆迁测量前应先收集拆迁主管部门提供的拆迁范围,确定测区范围。
(2)收集测区基本地形图作为房屋拆迁平面位置图,根据原图上建筑分布情况和复杂程度,选择房屋拆迁测量的方法和进行作业分工。
(3)实地对照每栋建筑物,对于拆迁平面图位置中房屋变更较小的,用钢尺定点测量法进行修测;变更较大的,应先补测图根控制点,后测房屋平面图。
(4)在房屋拆迁位置平面图上,对每栋房屋进行编号,并进行实地喷号,以便对照、查阅和数据汇总。
(5)实地对每栋房屋拍摄全景照片,以反映建筑物现状、层数及结构特征。
(6)丈量房屋各边边长,测量层高,记录门牌号、房(屋)号和建筑结构,测量附属物相关数据。精度取至厘米。
(7)外业绘制房屋分层测量草图,草图选择合适的概略比例尺,使其内容清晰易读。图形复杂处可绘制局部放大图。遇有地下室、复式房、夹层等应另行绘制草图。
(8)内业对当日采集的外业图形数据在计算机上进行绘图、编辑和检查,形成图形文件,工作结束后,应检查录入图形数据是否齐全和正确,以备次日外业复核。
(9)内业对编辑、检查、修改后的房屋分层图在计算机上逐层取闭合线,计算各层不同结构建筑面积(表 5-10),累加得整栋房屋建筑面积。以此方法测算出各栋房屋建筑面积。

房屋拆迁查丈表(面积单位:m²)　　　　　　　　　　　　　　　表 5-10

权利人				图上编号	
房屋名称				宗地号	
地址门牌				房屋用途	
房屋层数				基底面积	
总建筑面积				名称	丈量数据
其中不同结构分类面积			不计建筑面积部分		
查丈说明					
查丈者	×××		检查者	×××	××××年××月××日
审核者	×××	××××年××月××日			
房屋现状照片					

(10)对测区内房屋建筑面积逐栋汇总,并按不同建筑结构进行分类统计。

(11)对于外围轮廓复杂或不规则的房屋,应采用全站仪实测房屋拐角点坐标,反算房屋边长,绘制房屋平面图形,计算房屋建筑面积。

(12)编制房屋拆迁平面位置总图,图中附房屋拆迁编号、门牌号等,以便查阅。

三 房屋调查

房屋调查是一项十分细致严肃的工作,同时也是一项准确性、技术性要求都很高的调查工作。房屋情况调查成果资料的好坏将影响房屋拆迁测量内容的准确性,也直接影响房屋拆迁工程核算和补偿工作;下面阐述房屋情况的调查。

(一)与房屋有关的名词

(1)假层。是指房屋的最上层,四周外墙的高度一般低于正式层外墙的高度,内部房间用部分屋架空间构成的非正式层,其高度大于 2.2m 的部分,面积不足底层 1/2 的叫作假层。

(2)气屋。利用房屋的人字屋架下面的空间建成并设有老虎窗的叫作气屋。

(3)夹层和暗楼。建筑设计时,安插在上下两层间的房屋叫作夹层。房屋建成后,利用室内上部空间添建成的房间叫作暗楼。

(4)过街楼和吊楼。横跨里巷两边房屋建造的悬空房屋叫作过街楼;一边依附于相邻房屋,另一边有支柱的悬空房屋叫作吊楼。

(5)阳台和挑外廊。房屋的上层,伸出屋外的部分,作为吸收阳光和纳凉使用的叫阳台或眺台。阳台分为外(凸)阳台、内(凹)阳台,画图时把突出墙面的部分画成虚线。

(6)天井和天棚。房屋内部无盖见天的小块空间叫作天井。天井上有透明顶棚覆盖的叫作天棚。

(二)房屋调查的内容

按地籍的定义,房屋调查的内容包括五个方面,即房屋的权属、位置、质量、利用状况、数量。拆迁房屋权属调查主要依据地方有关房屋拆迁测量的规定进行。一般来说,房屋拆迁测量成果需要拆迁人和被拆迁人确认,拆迁测量有别于地籍测量,注重于权利人调查和确认。

1. 房屋的权属

房屋的权属包括权利人、权属来源、产权性质、产别、墙体归属、房屋权属界线草图。

(1)权利人。房屋权利人是指房屋所有权人的姓名。私人所有的房屋,一般按照产权证件上的姓名登记。若产权人已死亡则注明代理人的姓名;产权共有的,应注明全体共有人姓名;房屋是典当抵押的,应注明典当或抵押人姓名及典当或抵押情况;产权不清或无主的,可直接注明产权不清或无主,并作简要说明;单位所有的房屋,应注明单位全称;两个以上单位共有的,应注明全体共有单位全称。

(2)权属来源。房屋的权属来源是指产权人取得房屋产权的时间和方式,如继承、购买、受赠、交换、自建、翻建、征用、收购、调拨、价拨、拨用等。

(3)产权性质。房屋产权性质是按照我国社会主义经济三种基本所有制的形式,对房屋产权人占有的房屋进行所有制分类,共划分为全民所有制、集体所有制、个体所有制三类。外产、中外合资产不进行分类,但应按实际注明。

(4)产别。房屋产别是根据产权占用和管理不同而划分的类别。

(5)墙体归属。房屋墙体归属是指四面墙体所有权的归属,一般分为三类:自由墙、共有墙、借墙。在房屋调查时应根据实际的墙体归属分别注明。

(6)房屋权属界线示意图。房屋权属界线示意图是以房屋权属单元为单位绘制的略图,表示房屋的相关位置。其内容有房屋权属界线、共有共用房屋权属界线以及邻户相连墙体的归属、房屋的边长,对有争议的房屋权属界线应标注争议部位,并做相应记录。

(7)房屋权属登记情况。

2. 房屋的位置

房屋的位置包括房屋的坐落、所在层次。

房屋坐落是描述房屋在建筑地段的位置,是指房屋所在街道的名称和门牌号。房屋坐落在较小的里弄、胡同或小巷时,应当加注附近主要街道名称;缺门牌时,应借用毗连房屋门牌号并加注东、南、西、北方位;当一幢房屋坐落在两个或两个以上街道或有两个以上门牌号时,应全部注明;单元式的成套住宅,应加注单元号、室号或产号。

3. 房屋的质量

房屋的质量包括层数、建筑结构、建成年代。

(1)永久性房屋。房屋的层数是指房屋的自然层数,一般按室内地坪以上起计算层数。当采光窗在室外地坪线以上的半地下室,室内层高在2.2m以上的,则计算层数。地下层、假层、夹层、暗楼、装饰性塔楼以及突出层面的楼梯间、水箱间均不计算层数。层面上添建不同结构的房屋不计算层数,但仍需测绘平面图且计算建筑面积。

根据房屋的梁、柱、墙及各种建筑结构,若房屋中有两种或两种以上建筑结构组成,能分清楚界线的,则分别注明结构,否则以面积较大的结构为准,房屋建筑结构分类标准见表5-11。

房屋建筑结构分类标准表 表 5-11

编号	类型 名称	内 容
1	钢结构	承重的主要结构是用钢建造的,包括悬索结构
2	钢结构、钢筋混凝土结构	承重的主要结构是用钢、钢筋混凝土建造的。如一幢房屋的部分梁柱采用钢筋混凝土建造
3	钢筋混凝土结构	承重的主要结构是用钢筋混凝土建造的,包括薄壳结构、大模板现浇结构及使用滑模、开板等先进施工方法施工的钢筋混凝土结构的建筑物
4	混合结构	承重的主要结构是用钢筋混凝土和砖木建造的。如一幢房屋的梁是用钢筋混凝土制成,以砖墙为承重墙或者梁是木材制造,柱是用钢筋混凝土建造的
5	砖木结构	承重的主要结构是用砖、木材建造的。如一幢房屋是用木制房架、砖墙、木柱建造的
6	其他结构	凡不属于上述结构的房屋都归此类。如竹结构、砖拱结构、窑洞等

房屋的建成年份是指实际竣工年份。拆除翻建的,应以翻建竣工年份为准。有两种以上建筑年份,应分别调查注明。

(2)临时性建筑。依据地方拆迁主管部门的规定、条例,或拆迁人和被拆迁人约定进行测量。

4.房屋的用途

房屋的用途是指房屋目前的实际用途,也就是指房屋现在的使用状况。房屋的用途按两级分类,一级分 8 类,二级分 28 类,具体分类标准见表 5-12。一幢房屋有两种以上用途的,应分别调查注明,房屋用途分类见表 5-12。

房 屋 用 途 分 类 表 5-12

一级分类		二级分类		内 容
编号	名称	编号	名称	
10	住宅	11	成套住宅	指由若干卧室、起居室、厨房、卫生间、室内走道或客厅等组成供一户使用的房屋
		12	非成套住宅	指人们生活起居的但不成套的房屋
		13	集体宿舍	指机关、学校、企事业单位的单身职工、学生居住的房屋。集体宿舍是住宅的一部分
20	工业交通仓储	21	工业	指独立设置的各类工厂、车间、手工作坊、发电厂等从事生产活动的房屋
		22	公用设施	指自来水、泵站、污水处理、变电、燃气、供热、垃圾处理、环卫、公厕、殡葬、消防等市政公用设施的房屋
		23	铁路	指铁路系统从事铁路运输的房屋
		24	民航	指民航系统从事民航运输的房屋
		25	航运	指航运系统从事水路运输的房屋
		26	公交运输	指公路运输公共交通系统从事客货运输、装卸、搬运的房屋
		27	仓储	指用于储备、中转、外贸、供应等各种仓库、油库用房

续上表

一级分类		二级分类		内 容
编号	名称	编号	名称	
30	商业金融信息	31	商业服务	指各类商店、门市部、饮食店、粮食店、菜场、理发店、照相馆、浴室、旅社、招待所等从事商业和为民生活服务的房屋
		32	经营	指各种开发、装饰、中介公司等从事经营业务活动所用的场所
		33	旅游	指宾馆饭店、游乐园、俱乐部、旅行社等主要从事商业和为居民生活服务的房屋
		34	金融保险	指银行、储蓄所、信用社、信托公司、证券公司、保险公司从事金融服务等所用的房屋
		35	电信信息	指各种电信部门、信息产业部门等从事电信与信息工作所用的房屋
40	教育医疗卫生科研	41	教育	指大专院校、中等专业学校、中学、小学、幼儿园、托儿所、职业学校、业余学校、干校、党校、进修学校、工读学校、电视大学等从事教育所用的房屋
		42	医疗卫生	指各类医院、门诊部、卫生所(站)、检(防)疫站、保健院(站)、疗养院、医学化验、药品检验等医疗卫生机构从事医疗、保健、防疫、检验所用的房屋
		42	科研	指各类从事自然科学、社会科学等研究设计、开发所用的房屋
50	文化娱乐体育	51	文化	指文化馆、图书馆、展览馆、博物馆、纪念馆等从事文化活动所用的房屋
		52	新闻	指广播电视台、电台、出版社、报社、杂志社、通讯社、记者站等从事新闻出版所用的房屋
		53	娱乐	指影剧院、游乐场、俱乐部、剧团等从事文娱演出所用的房屋
		54	园林绿化	指公园、动物园、植物园、陵园、苗圃、花圃、花园、风景名胜、防护林等所用的房屋
		55	体育	指体育场(馆)、游泳池、射击场、跳伞塔等从事体育所用的房屋
60	办公	61	办公	指党政机关、群众团体、行政事业等行政、事业单位等所用的房屋
70	军事	71	军事	指中国人民解放军军事机关、营房、阵地、基地、机场、码头、工厂、学校等所用的房屋
80	其他	81	涉外	指外国使(领)馆、驻华办事处等涉外机构所用的房屋
		82	宗教	指寺庙、教堂等从事宗教活动所用的房屋
		83	监狱	指监狱、看守所、劳改场(所)等所用的房屋

5. 房屋的数量

房屋的数量包括建筑占地面积、建筑面积、使用面积、共有面积、产权面积、宗地内的总建筑面积(简称总建筑面积)、套内建筑面积等。

(1)建筑占地面积(基底面积)。房屋的建筑占地面积是指房屋底层外墙(柱)外围水平面积,一般与底层房屋建筑面积相同。

(2)建筑面积。建筑面积是指房屋外墙(柱)勒脚以上各层的外围水平投影面积,包括阳台、挑廊、地下室、室外楼梯等,有上盖,结构牢固,层高2.20m以上(含2.20m)的永久性建筑。

每户(或单位)拥有的建筑面积叫分户建筑面积。平房建筑面积指房屋外墙勒脚以上的墙身外围的水平面积。楼房建筑面积则指各层房屋墙身外围水平面积的总和。

(3)使用面积。使用面积是指房屋户内全部可供使用的建筑面积,按房屋的内墙面水平投影计算。包括直接为办公、生产、经营或生活使用的面积和辅助用房如厨房、厕所或卫生间以及壁橱、户内过道、户内楼梯、阳台、地下室、附层(夹层)、2.2m 以上(指建筑层高,含 2.2m,后同)的阁(暗)楼等面积。

(4)共有面积。共有面积系指各产权主共同拥有的建筑面积。主要包括有:层高超过2.2m的单车库、设备层或技术层、室内外楼梯、楼梯悬挑平台、内外廊、门厅、电梯及机房、门斗、有柱雨篷、突出屋面有围护结构的楼梯间、电梯间及机房、水箱等。

(5)房屋的产权面积。房屋的产权面积是指权主依法拥有房屋所有权的房屋建筑面积。房屋产权面积由直辖市、市、县房地产行政主管部门登记确权认定。

(6)总建筑面积。总建筑面积等于计算容积率的建筑面积和不计算容积率的建筑面积之和。计算容积率的建筑面积包括使用建筑面积(含结构面积,以下简称使用面积)、分摊的共有面积(以下简称共有面积)和未分摊的共有面积。面积测量计算资料中要明确区分计算容积率的建筑面积和不计算容积率的建筑面积。

(7)成套房屋的建筑面积。成套房屋的套内建筑面积由套内房屋使用面积、套内墙体面积、套内阳台面积三部分组成。

(8)套内房屋使用面积。套内房屋使用面积为套内房屋使用空间的面积,以水平投影面积按以下规定计算:套内使用面积为套内卧室、起居室、过厅、过道、厨房、卫生间、厕所、储藏室、壁橱、壁柜等空间面积的总和。套内楼梯按自然层数的面积总和计入使用面积。不包括在结构面积内的套内烟囱、通风道、管道井。内墙面装饰厚度计入使用面积。

(9)套内墙体面积。套内墙体面积是套内使用空间周围的围护、承重墙体所占的面积,其中各套之间的分割墙、套与公共建筑空间的分割墙以及外墙(包括山墙)等共有墙,投影面积的一半计入套内墙体面积。套内自有墙体按水平投影面积全部计入套内墙体面积。

(10)套内阳台建筑面积。套内阳台建筑面积均按阳台外围与房屋墙体之间的水平投影面积计算。其中,封闭的阳台按水平投影全部计算建筑面积,未封闭的阳台按水平投影一半全部计算建筑面积。

四 共有面积的分摊

(一)共有面积的含义

共有面积由两部分构成:应分摊的共有面积和不应分摊的共有面积。

应分摊的共有面积主要有室内外楼梯、楼梯悬挑平台、内外廊、门厅、房,多层建筑物中突出屋面结构的楼梯间、有围护结构的水箱等。

不应分摊的面积是前项所列之外,建筑报建时未计入容积率的共有面积和有关文件规定不进行分摊的共有面积,包括机动车库、非机动车库、消防避难层、地下室、半地下室备用房、梁底高度不大于2m 的架空结构转换层和架空作为社会公众休息或交通的场所等。

在房屋面积计算时,对于应分摊的共有面积,如果多个权利人拥有一栋房屋,则分户分摊;如果一个权利人拥有一栋房屋,则要求分层分摊,即使用面积按层计算的共有面积按层分摊。

由于房地产市场交易、抵折贷款等适应经济发展的各种经济活动形式的存在,对应分摊时必须符合有关法律、法规的要求,严格按技术规程的要求进行计算。

无论从理论上,还是从实际情况看,自然层数不小于2层的建筑物,一定有共有面积。如果在房屋调查报告中无共有面积,则这份报告是不合格的,不能使用。

(二)应分摊共有面积的分摊原则

1. 按文件或协议分摊

有面积分割文件或协议的,应按其文件或协议分摊。这种情况一般是对一栋房屋有2个以上权利人而言,在实际情况中并不多见。

2. 按比例分摊

无面积分割文件或协议的,按其使用面积的比例进行分摊,即:

$$各单元应分摊的共有面积 = 分摊系数 K \times 各单元套内建筑面积$$

其中:

$$K = \frac{应分摊的共有面积}{各单元套内建筑面积之和}$$

3. 按功能分摊

对有多种不同功能的房屋(如综合楼、商仕楼等),共有面积应参照其服务功能进行分摊。

(1)对服务于整个建筑物所有使用功能的共有面积应共同分摊,否则按其所服务的建筑功能分别进行分摊。

(2)住宅平面以外,仅服务于住宅的共有面积(电梯房、楼梯间除外)应计入住宅部分进行分摊。住宅平面以外的电梯间、楼梯间,仅服务于住宅部分,但其通过其他建筑功能的楼层,则按住宅部分面积和其他建筑面积的各自比例分配相应的分摊面积。

(3)建筑物报建时计入容积率的其他共有面积均应分摊。

(4)共有面积的分摊除有特殊规定外,一般按所服务的功能进行分摊,分摊时凡属本层的共有面积只在本层分摊,服务于整栋的共有面积整栋分摊,只为某部分建筑物服务的共有部分只在该部分分摊。

(三)应分摊共有面积的特点

(1)产权是共有的。应分摊的共有面积,其产权归属应属建筑物内部参与分摊共有面积所有业主拥有,物业管理部门及用户不得改变其功能或有偿出租(售)。对于不应分摊的共有面积也是如此。

(2)应分摊共有面积的相对性。这一点在前一部分已有具体说明,这里实质上反映了在一栋房屋内拥有共有面积的实际情况。

(3)各权利人拥有的应分摊共有面积在空间上是无界的。各权利人对共有面积只有拥有数量上的表达,而无空间位置界限的准确表达。

(4)从理论上讲,任何建筑物都有使用面积和共有面积,实际上无共有面积的建筑物是极少的,仅限于只有一层的建筑物。因此,一份房屋调查报告有无共有面积是其是否完整和规范的重要体现,也是办理房地产交易、抵押等手续时在法律上的要求。

五、房屋面积测算方法与精度要求

(一) 面积测算方法

1. 坐标解析法

坐标解析法是根据房屋用地界址点或边界点的坐标计算房屋用地或丘的面积,也包括利用房角点的坐标计算房屋面积的方法。两者使用的方法、面积计算的公式、所测算面积的精度估算公式,都是完全相同的。其面积计算公式为:

$$S = \frac{1}{2}\sum_{i=1}^{n}X_i(Y_{i+1}-Y_{i-1}) \tag{5-23}$$

或

$$S = \frac{1}{2}\sum_{i=1}^{n}Y_i(X_{i-1}-X_{i+1}) \tag{5-24}$$

也可采用

$$S = \frac{1}{2}\sum_{i=1}^{n}(X_i-X_0)(Y_{i+1}-Y_{i-1}) \tag{5-25}$$

或

$$S = \frac{1}{2}\sum_{i=1}^{n}(Y_i-Y_0)(X_{i-1}-X_{i+1}) \tag{5-26}$$

式中:S——房屋面积、房屋用地面积或丘面积(m^2);

X_i——界址点、房角点或边界点的纵坐标(m);

Y_i——界址点、房角点或边界点的横坐标(m);

X_0、Y_0——测区范围内纵坐标、横坐标的任意一个整数(m),减 X_0 和 Y_0 的目的是为了减少面积计算的位数;

n——界址点、房角点、边界点的个数;

i——界址点、房角点、边界点的序号,按顺时针方向顺编,或逆时针方向顺编,序号从1开始连续顺编,当 $i+1>n$ 时,令 $i+1=n$;当 $i-l<1$ 时,令 $i-l=n$。

面积中误差按下式计算:

$$m_s = \pm m_j \sqrt{\frac{1}{8}\sum_{i=1}^{n}D_{i-1,i+1}^2} \tag{5-27}$$

式中:m_s——面积中误差(m^2);

m_j——界址点、房角点或边界点的点位中误差(m);

n——界址点、房角点或边界点的点数;

i——界址点、房角点、边界点的序号,按顺时针方向顺编,或逆时针方向顺编,序号从1开始连续顺编,当 $i+1>n$ 时,令 $i+1=n$;当 $i-l<1$ 时,令 $i-l=n$。

D——界址点、房角点或边界点连线所组成的多边形中,相间点连线的间距。如图5-1、图5-2所示,在此 i 也是边号,即 $D_i=D_{i-1,i+1}$。

2. 实地量距法

实地量距法是在实地用仪器、测距仪或卷尺量取有关图形的边长而计算出这个图形面积。

实地量距是目前房地产测量中最普遍的面积测算方法,在测算房屋面积时,现在都是采用实地量距法;在测量房屋用地时,也可以使用实地量距法。

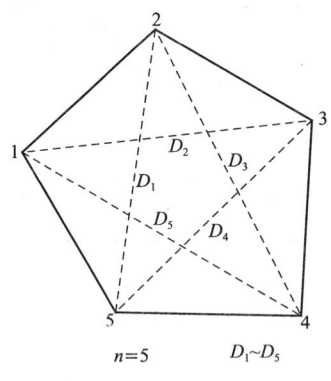

图 5-1　多边形面积

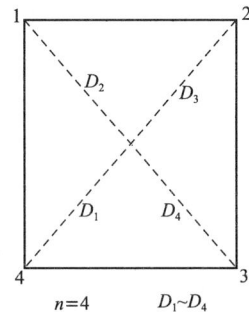

图 5-2　长方形面积

对于规则图形,例如矩形、方形的房屋或房间,基本上都是用卷尺或测距仪直接量取边长,很简单地算出其面积。

对于不规则图形的面积测算时,我们可以将其分解成几个简单的几何图形,计算出这些图形的面积,用简单的加减法算出其面积。

由于房屋商品化的进程和房地产市场发展的需要,国家标准《房产测量规范 第一单元:房产测量规定》(GB/T 17986.1—2000)对使用量距法的精度要求与误差限制提出了一个新的标准,即对全国的房屋面积的精度要求分成三个等级,不同的要求,不同的情况将执行不同的标准。其精度等级标准见表 5-13。

3. 图解法

图上量算面积的方法很多,最简单的方法是求积仪法,但求积仪法精度太低;还有常用的几何图形法,即在图纸量取图形的长度计算出图形的面积,也可量取图形的坐标计算图形的面积。但这些方法因精度太低,房地产测量几乎都不使用。

(二)现行国家标准《房产测量规范》(GB/T 17986—2000)对房屋面积测算的精度要求

1. 提高房屋面积测算精度的标准

1991 年发布的《房产测量规范》(CH 5001—1991)中对房屋面积测量的限差公式 $m_s = \pm(0.04\sqrt{S}+0.003S)$ 是在 1990 年间提出并多次讨论后被认定的。现行国家标准《房产测量规范》(GB/T 17986—2000)充分考虑了地区经济发展不平衡、房价差异很大、测绘技术的进步和标准的连续性,把原有行业标准《房产测量规范》(CH 5001—1991)中的房屋面积精度标准作为最低一级,即三级。根据标准化的惯例,考虑到现在的量边器具和技术条件以及目前的需求,还有今后发展的需求,把固定误差的精度等级系数定为"2",把比例误差的精度等级系数定为"3",然后加以处理和凑整,计算见表 5-13、表 5-14。

2. 边长测量精度要求的分析

如果房屋面积测量无显著的系统误差,随机误差占主导地位,即边长测量误差与房屋面积误差都服从正态分布,则可根据 $m_D = \left(m_0 + \dfrac{m_d}{D}\right)/\sqrt{2}$ 在理论上计算出各级房屋面积误差所需对应的边长测量精度,见表 5-15,根据表 5-15 的精度进行房屋的边长测量,可保证绝大部分的房屋面积精度在规定的限差之内(置信度95%),即对应于表5-14的要求。

房屋面积中误差的系数 表5-13

房屋面积精度等级	边长误差中的固定中误差 m_0(m)	固定误差精度等级系数	边长误差中比例中误差系数 $\frac{m_d}{D}$	比例误差精度等级系数
一级	0.01		1/3000	
二级	0.02	2	1/2000	3
三级	0.04	2	1/300	3

注:D 为测量边的长度(m)。

房屋面积测算的中误差与限差(m^2) 表5-14

房屋面积的精度等级	房屋面积中误差	房屋面积误差的限差
一级	$\pm(0.01\sqrt{S}+0.0003S)$	$\pm(0.02\sqrt{S}+0.0006S)$
二级	$\pm(0.02\sqrt{S}+0.001S)$	$\pm(0.04\sqrt{S}+0.002S)$
三级	$\pm(0.04\sqrt{S}+0.003S)$	$\pm(0.08\sqrt{S}+0.006S)$

注:S 为房屋面积(m^2)。

对应于房屋面积误差的边长测量误差限差(mm) 表5-15

房屋面积的精度等级	边长测量的中误差	边长测量误差的限差	限差计算举例			
			$D=10.00$	$D=22.36$	$D=31.623$	$D=50.00$
一级	$\pm(0.007+0.0002D)$	$\pm(0.014+0.0004D)$	0.02	0.02	0.03	0.03
二级	$\pm(0.014+0.0007D)$	$\pm(0.028+0.0014D)$	0.04	0.06	0.07	0.10
三级	$\pm(0.028+0.002D)$	$\pm(0.0056+0.004D)$	0.10	0.15	0.18	0.26

注:D 为测量边的长度(m)。

3. 房屋拆迁面积精度等级的选择

自从决定在即将制定的国家标准中对国家标准对房屋面积采用三个等级的精度标准以后,很多人都要求新标准对各个等级的适用范围作出规定,但最后国家标准《房屋测量规范 第一单元:房产测量规定》(GB/T 17986.1—2000)对此并未做出回应。而是在第8.4.2条中规定"……其精度等级的使用范围,由各城市房地产行政主管部门根据当地的实际情况决定"。

现行《房产测量规范》(GB/T 17986—2000)修编组原意是希望各城市的房地产行政主管部门根据当地的实际情况和需求,可按照各地的需求划定本市房屋面积的精度等级的范围,如有变化,也易于调整,这比在全国统一规定一个标准要主动得多。

现行《房产测量规范》(GB/T 17986—2000)修编组希望各城市的商品房面积,或进入房地产市场的房屋面积达到房屋面积精度二级精度标准,以保护产权人的权益。对城市繁华地区的某些地段,以及某些特殊建筑物的房屋,或者产权人自己要求的则可使用一级房屋的精度标准。其他房屋的面积则使用三级面积的精度标准。

地铁规范房屋拆迁测量的精度要求是基于上述意见和愿望,同时结合拆迁房屋普遍质量不高的实际情况,认为选择精度标准就可以。

(三)现行《房产测量规范》(GB/T 17986—2000)有关房屋建筑面积测算的规定

1. 计算建筑面积的房屋原则上应具备的条件

根据计算建筑面积的有关规定和规则,能够计算建筑面积的房屋原则上应具备以下普遍性的条件：

(1)应具有上盖；

(2)应有围护物；

(3)结构牢固，属永久性的建筑物；

(4)层高在2.20m或2.20m以上；

(5)可作为人们生产或生活的场所。

其中层高系指房屋的上下两层楼面，或楼面至地面，或楼面至屋顶面的垂直距离。楼板面至屋顶面的垂直高度也包括楼板面至房屋顶平台面的高度，但房屋顶面或平台面都不应包括隔热层的高度。

现行国家标准《房产测量规范》（GB/T 17986—2000）中所指房屋层高2.20m以上的计算建筑面积，都包括2.20m本身，其含义是层高在2.20m或2.20m以上的计算建筑面积。

2. 计算全部建筑面积的范围

(1)永久性结构的单层房屋，按一层计算建筑面积；多层房屋按各层建筑面积的总和计算。

这里说明房屋的建筑面积是指房屋各层建筑面积的总和。这里的多层房屋系指两层或以上的房屋。单层房屋层高高于2.20m也只能按一层计算建筑面积。层高低于2.20m的房屋都不能计算建筑面积。

(2)房屋内的夹层、插层、技术层及其梯间、电梯间等其高度在2.20m以上部位计算建筑面积。

梯间、电梯间是指进出楼梯或电梯的房间。还包括突出房屋屋面，有顶盖、有围护结构、永久性的、层高不低于2.20m的、供上升屋顶顶层维修房屋或安全出口的房间，或供停放检修、升降电梯用的房间。

夹层、插层、技术层也称附层，是指建筑在房屋内部空间的局部层次，安插于上下两个正式房屋层中间的房屋。从外表看不出来，这些增加的房屋层，有的是结构层，即属于整个房屋整体结构的一部分，有的是技术层，是加插进去的。不论是结构层还是技术层，只要其层高不低于2.20m都可以计算建筑面积，凡层高低于2.20m的部位，均不应计算建筑面积。

(3)穿过房屋的通道、房屋内的门厅、大厅，不论其层高，均按一层计算建筑面积。

这里所讲的穿过房屋的通道，系指房屋内部的通道。

门厅、大厅内的回廊部分，层高在2.20m以上的按其水平投影面积计算。房屋内的门厅、大厅因功能需要，其层高较高，国家标准《房产测量规范》（GB/T 17986—2000）中规定的通道、门厅、大厅不论其层高，均按一层计算建筑面积。其含义是指层高不论高于2.20m多少，均按一层计算建筑面积，而层高低于2.20m的通道、门厅、大厅是不能计算房屋的建筑面积。

门厅、大厅有的因层高很高，一般在沿厅的周边设有楼层式的走廊，我们称其为回廊。这一部分凡层高不低于2.20m的，按其水平投影面积计算建筑面积，回廊下边的厅，如其层高在2.20m和2.20m以上部位仍应计算建筑面积。

(4)楼梯间、电梯（观光梯）井、提物井、垃圾道、管道井等均按房屋自然层计算建筑面积。

楼梯是指供房屋各层间上下步行的交通通道；电梯是指房屋各层间垂直上下的电动交通通道；提物井是指专供房屋各层间垂直上下提升或放降物品用的通道井；垃圾道是指专供房屋各层倾倒垃圾用的井道；管道井是指房屋各层的各种管道（如给水排水管、供热管、电缆、通信线等）上下集中通过的井道。

由于这些井道,有的并不构成明显的层,但又都占用了房屋的建筑面积,因此应跟随房屋的自然层计算建筑面积,作为房屋自然层面积的一部分,一起计算房屋的建筑面积。

房屋的自然层数是指按房屋的楼板和地板结构分层的层数。

房屋的自然层数,一般按室内地平线以上计算。地平线以下为地下室,按负层数计算;采光窗在室外地平线以上的半地下室,其室内层高不低于2.20m的计算自然层数,层高在2.20m以上的架空层也计算自然层数。

有关地下室和半地下室这两个名词,国家标准《房产测量规范》(GB/T 17986—2000)没有明确界定其含义;国家标准《住宅设计规范》(GB 50096—1999)对地下室和半地下室有以下术语和解释,可供参考。

地下室是指房间地面低于室外地平面的高度超过该房间净高的一半者;半地下室是指房间地面低于室外地平面的高度超过该房间净高的1/3,但不超过一半的地下室。

当房屋地面低于室外地平面的高度不超过房间净高的1/3者,则不能算作地下室,也不算半地下室。

假层、附层(夹层)、插层、阁楼(暗楼)、装饰性塔楼以及突出屋面的楼梯间、水箱间等不计算层数。

由于现代房屋设计的多样性,楼梯、电梯等井道到达的部位不同,有的直达地下室各层,有的服务于不同类型的楼层,服务对象和使用功能也不相同。因此,在对这些共有建筑面积进行认定和测算时,还是应根据实际情况予以确定。

(5)房屋天面上,属于永久性建筑,层高在2.20m以上的楼梯间、水箱间、电梯机房及斜面结构屋顶高度在2.20m以上的部位,按其外围水平投影面积计算。

以上所指层高在2.20m以上是指层高在2.20m或2.20m以上的房屋。

天面是指房屋顶面上,四周有围护结构的,可供人们正常活动的平台,也叫天台。

房屋天面上的楼梯间是突出房屋屋顶、有顶盖、有围护结构,可供人们出入屋面进行维修或作为安全出口的步行通道的建筑物。

房屋天面上的水箱间是突出房屋屋顶,有围护结构的蓄水装置的建筑物。

电梯机房是突出房屋屋顶,供电梯升降或停放或检修的电梯专门用房。

斜面屋顶的房屋是指在房屋屋顶或天面上另有一永久性的、可供人们居住用的或储存物品用的斜面屋顶房屋,对这类斜面房顶的房屋,按其层高达到2.20m的部位计算房屋建筑面积。

上述规定包括房屋天面上或房屋屋顶上的楼梯间、水箱间、电梯机房以及斜面屋顶的房屋。

上述有关斜面屋顶的房屋建筑面积计算的规定,也适用于其他斜面屋顶房屋的建筑面积计算,即所有斜面屋顶的房屋,都按层高达到2.20m的部位计算房屋的建筑面积,以保持房屋建筑面积计算标准的统一。

(6)挑楼、全封闭的阳台按其外围水平投影面积计算。

挑楼是楼房向外悬挑出底层的封闭楼层房屋,层高不低于2.20m,按楼房处理。

阳台是供人们休憩及晾晒衣物用的房屋设施,是户内与户外的过渡空间。封闭阳台按照其外围水平投影计算面积,不封闭的阳台按其外围水平投影的一半计算建筑面积。封闭与不封闭以设计图纸或其他批准文件为准。所谓封闭阳台,系指采用实体栏板作围护,栏板以上用玻璃等物全部围闭的阳台。

(7)属永久性结构有上盖的室外楼梯,按各层水平投影面积计算。

室外楼梯是位于房屋外部的、供人们生产或生活的、上下各层的步行通道之用的、有围护结构的永久性建筑物,属房屋的附属设施。

(8)与房屋相连的有柱走廊,两房屋间有上盖和柱的走廊,均按照其柱的外围水平投影面积计算。

此处所指和房屋相连,是指走廊的顶盖和柱与房屋的结构相连,即两者的梁、柱、墙相连,走廊的柱为承重的结构柱。

此处所指走廊是指供人们在生产或生活中,出入或经常通行用的走廊。

(9)房屋间永久性的封闭的架空通廊,按外围水平投影面积计算。

架空通廊是指两建筑物之间供人们通行用的空中走廊。封闭的架空通廊,系指架空通脚实体栏板作围护,栏板以上采用玻璃等物全部围闭的。有的架空通廊和房屋一样,是由墙体全部围闭,并有门和窗,这都是封闭的架空通廊。架空通廊的层高低于2.20m的也不计算建筑面积。

(10)地下室、半地下室及其相应出入口,层高在2.20m以上的,按其外墙(不包括采光井、防潮层及保护墙)外围水平投影面积计算。

采光井是指为地下室提供光线和通风用的地下室墙体外的地下空间。

防潮层是指一种用于防止地面上各种流体和地下水渗透地下室和地下室墙体的隔离层。

保护墙是指和防潮层作用相同的隔离墙体,地下建筑物为抵抗周边的压力,外墙的厚度随着掩埋地下的深度而增厚。增厚的这一部分墙体也是保护墙,它起着防潮和抗压的双重作用。上述这些增厚的墙体都不计算建筑面积,故地下室和半地下室的建筑面积按上口,即以地上部分的墙体为准计算。

(11)有柱或有围护结构的门廊、门斗按其柱或围护结构的外围水平投影面积计算。

门廊和门斗是指房屋门前有顶盖,有支柱或围护结构的进出通道,支撑顶盖的是柱时称门廊,支撑顶盖的是承重墙体时称门斗;门廊和门斗是房屋门外的房屋附属设施,它主要起防雨、防尘、避晒、挡风、防寒、隔声等缓冲作用和分隔作用。门斗在主墙体以内的建筑面积,可包含在底层房屋建筑面积之中。

门廊和门斗必须具备与房屋相连的、永久性的、结构牢固的顶盖。这个上盖可以是独立顶盖,也可以是房间或挑廊的底板,或挑楼、阳台的底板,也可以是屋檐。门廊和门斗的层高不低于2.20m。

门斗的维护结构应为结构墙体,可能是房屋承重墙体的一部分,也可以是自己具备的口角与顶盖相连的墙体。

门廊和门斗都是进出大门的主要通道。

独立柱和单排柱的门廊,应按其上盖投影面积的一半计算建筑面积。

无柱或无围护结构或围护结构残缺的都不计算建筑面积。

(12)玻璃幕墙等作为房屋外墙的,按其外围水平投影计算。

这里所指的玻璃幕墙,是指这一部分的房屋没有砖石等结构的外墙体,而是以玻璃幕墙直接作为房屋的外墙体。

(13)属永久性建筑、有柱的车棚、货棚等按柱的外围水平投影面积计算。

这里所指的柱是指承重的结构柱。装饰性的柱、非承重柱,以及柱的装饰性部分应除外,不能据以计算房屋的建筑面积。

这些车棚、货棚的层高不应低于2.20m,低于2.20m的部位,不应计算建筑面积。

独立柱和单排柱的车棚、货棚按上盖水平投影面积的一半计算建筑面积。

(14)依坡地建筑的房屋,利用吊脚作架空层,有围护结构的,按其高度在2.20m部位的外围水平面积计算。

这里指的是依坡地建筑的架空房屋的下方,利用吊脚作架空层的房屋。吊脚是指利用桩、柱等承重结构来承托架空房屋底板的一种建筑结构,这一部分建物如果加上围物,而且维护物有一定的高度,并且是永久性的、牢固的建筑物围护,架空层内再整修有地板,就可以作为人们生产和生活的场地而加以利用,也就可以对层高不低于2.20m的部位计算建筑面积。如果架空层未整修有底板,也未利用,仅作为堆积余土,或作为架空防潮之用时,则可以不计算建筑面积。

(15)有伸缩缝的房屋,若伸缩缝与室内相通的,伸缩缝计算建筑面积。

伸缩缝是指建筑物与建筑物之间设置在基础以上的竖直缝,为使相邻两建筑分离而形成的空隙,以适应温度变化时所引起的建筑物的伸缩,避免建筑物由于伸缩运动而危害建筑物出现拱裂。

上述规定也适用于沉降缝,伸缩缝与沉降缝统称变形缝。

沉降缝也是设置在建筑物与建筑物之间的竖直缝,沉降缝常设置在负荷或地基承载力差别较大的地位,以及新旧建筑物之间,以避免两建筑物下沉速度不均时使房屋出现裂缝。

国家标准《房屋测量规范 第一单元:房产测量规定》(GB/T 17986.1—2000)规定,不论伸缩缝的宽度,只考虑将其是否与室内贯通,能否利用,作为伸缩缝是否计算建筑面积的标准。

因此,伸缩缝、沉降缝等变形缝,不论其宽度,只要其与两边房屋中任一边相通,具有房屋的一般条件,又能正常利用的,则可以计算房屋的建筑面积。

3. 计算一半建筑面积的范围

(1)与房屋相连,有上盖无柱的走廊、檐廊,按其维护结构外围水平投影面积的一半计算。

走廊是房屋墙体外有顶盖的、作为人们进出和行走的通道。

与房屋相连的上盖,可以是挑楼或挑廊的底板,也可以是自备的专制顶盖。

顶盖是由屋檐延伸而构成的底层无柱走廊,称檐廊;顶盖由楼体或挑廊或挑楼底板构成的底层无柱走廊,也是檐廊。

有和房屋相连的顶盖,有永久性的、牢固的围护结构的檐廊,按围护结构外围的水平投影面积的一半计算建筑面积。

檐廊两端均有与房屋相连的墙体作为围护结构的,视为有围护结构的檐廊。

有围护结构的檐廊还应是房屋进出的通道,或作为生产或生活的场所,层高不低于2.20m,才计算建筑面积。

没有顶盖或没有围护结构,或生产和生活都无法使用的,或层高低于2.20m的,宜计算建筑面积。

(2)未封闭的阳台、挑廊,按其围护结构外围水平投影面积的一半计算。

未封闭的阳台、挑廊应该有永久性的、结构牢固的围护结构,且层高不低于2.20m。围护结构还应有一定的高度。阳台与挑廊都必须具有顶盖,并且与室内相通。其中顶盖可以是上层阳台或上层挑廊,或上层挑楼,或房屋的底板,也可以是屋檐的延伸或自备顶盖。

(3)独立柱、单排柱的门廊、车棚、货棚等属永久性建筑的,按其上盖水平投影面积的一半计算。

单排柱是指排列成一行的柱。

(4)无顶盖的室外楼梯按各层水平投影的一半计算。

该室外楼梯应该是永久性的、结构牢固的、人们生产和生活正常使用的建筑物。

(5)顶盖不封闭的永久性的架空通廊,按外围水平投影面积的一半计算。

不封闭架空通廊应该是永久性的、结构牢固、层高不低于2.20m 的,并有结构牢固的围护物。

4. 不计算建筑面积的范围

(1)层高小于2.20m 的夹层、插层、技术层和层高小于2.20m 的地下室和半地下室。

为统一标准,所有层高低于2.20m 的房屋、房间、房层、楼梯间、电梯间、水箱间、檐廊、阳台、挑廊、挑楼、地下室、半地下室等都不宜计算建筑面积。这也是作为人们生产和生活空间的最基本的需求。

(2)突出房屋墙面的构件、配件、装饰柱、装饰性的玻璃幕墙、垛、勒脚、台阶、无柱雨篷等。

构件是组成房屋结构的各单元,如房屋的梁、柱等。这里指的是突出房屋墙面的梁、柱等构件。

配件是组成房屋的零件或部件,这里指的是突出房屋墙面的部件,例如砖和瓦等部件。

装饰柱是指为装饰或点缀房屋而用的非承重柱,承重柱是指对房屋起承重作用的结构柱。承重柱有时在外表附有装饰性的部分。装饰柱或承重柱,以及承重柱的装饰性部分的认定,以设计图纸为准。

装饰性的玻璃幕墙是指附在或架在房屋外墙面上起装饰作用的玻璃幕墙。

垛是指房屋墙上,向上或向外突出的部分,如突出房屋墙面的砖、瓦以及水泥构件。

勒脚是位于房屋外墙面下部,突出房屋外墙面的,为保护墙基和墙体、防水浸蚀、防腐蚀的、附在房屋外墙面下端的表面构筑层,它由砖或混凝土或三合土等材料构成。不是所有房屋都有勒脚。

台阶在这里是指室外台阶,室外台阶是房屋的辅助设施,不单独计算建筑面积。

室外台阶是房屋室内外地面联系的过渡构件,是根据室内外地面之间的高差而设置的。

无柱雨篷,这里指的是无柱的,位于门上方或窗上方的为防雨和防晒用的顶盖。顶盖一般由混凝土构件(板)构成,与房屋的墙体或房屋的梁、柱相连接,顶盖的下方无承重柱或承重墙支撑,顶盖下方可能是房屋的进出口或人行通道,没有围护结构或围护物。

(3)房屋之间无上盖的架空通廊,这里还应包括无上盖的挑廊。

(4)房屋的天面、挑台、天面上的花园、泳池。

房屋天面是指房屋屋顶面上,四周有围护结构的,可供人们正常活动的平台,也称天台。

挑台是指挑出房屋外墙或伸出屋面,有围护结构、无顶盖的平台。

这里的天面上的花园、泳池都是指房屋天面上无顶盖的花园和游泳池。

(5)建筑物内的操作平台,上料平台及利用建筑物的空间安置的箱、罐的平台。

这些平台是指安置于建筑物内部的,供操作、上料、安放物品用的平台。这些平台的特点是没有自己的顶盖,也没有围护物。

(6)骑楼、过街楼的底层用作道路街巷通行的部分。

这里指的是骑楼或过街楼的底层,又是社会性公用通道的道路或街巷的一部分。

(7)利用引桥、高架桥、高架路、路面作为顶盖建造的房屋。

这里指的是在引桥、高架桥、高架路下面建造的房屋,而房屋的顶盖是利用引面,或是利用高架桥路面,或利用高架路路面的房屋。

但有些地方,在引桥、高架桥、高架路下面建造的房屋,没有利用引桥、高架桥、高架路的路面作为顶盖,而自备顶盖的房屋,不在此条规定之列。

(8)活动房屋,临时房屋,简易房屋。

不是永久性的房屋都不应计算建筑面积。

(9)独立烟囱、亭、塔、罐、池、地下人防干、支线。

(10)与房屋室内不相通的房屋间伸缩缝、沉降缝。

5. 共有建筑面积

(1)可以分摊的共有建筑面积

①共有的电梯井、管道井、垃圾道、观光井(梯)、提物井;

②共有的楼梯间、电梯间;

③为本幢服务的变电室、水泵房、设备间、值班警卫室;

④为本幢服务的公共用房、管理用房;

⑤共有的门厅、大厅、过道、门廊、门斗;

⑥共有的电梯机房、水箱间、避险间;

⑦共有的室外楼梯;

⑧共有的地下室、半地下室;

⑨公共建筑之间的分隔墙,以及外墙(包括山墙)水平投影面积一半的建筑面积。

(2)不应分摊的建筑面积

①作为人防工程的建筑面积;

②独立使用的地下室、半地下室、车库、车棚;

③为多幢服务的警卫室、设备用房、管理用房;

④用作公共休憩用的亭、走廊、塔、绿化等建筑物;

⑤用作公共事业的市政建设的建筑物。

(3)共有面积的处理原则

①产权各方有合法权属分割文件或协议的,按文件或协议规定执行;

②无产权分割文件或协议的,可按相关房屋的建筑面积按比例进行分摊。

(4)共有面积的所有权与使用权

房屋共有建筑面积的所有权属参与共有建筑面积分摊的各产权人。

(5)共有建筑面积的分类与确认

根据共有建筑面积的使用功能,共有建筑面积主要可分成三类:

①全幢共有共用的建筑面积。指为整幢服务的共有共用的建筑面积,建筑面积由全幢进行分摊。

②功能区共有共用的建筑面积。指专为某一功能区服务的共有共用的建筑面积,例如某幢楼内,专为某一商业区或办公区服务的警卫值班室、卫生间、管理用房等。这一类专为某一功能区服务的共有建筑面积,应由该功能区内分摊。

③层共有建筑面积。由于功能设计不同,共有建筑面积有时也不相同,各层的共有建筑不同时,则应区分各层的共有建筑面积,由各层各自进行分摊。例如各层的卫生间、公共走道等各不相同时,可分层各自分别进行分摊。

如果一幢楼各层的套型一致,共有建筑面积也相同,例如普通的住宅楼,则没有必要对共有建筑进行分类,而可以以幢为单位,按幢进行一次共有建筑面积的分摊,直接求得各套的分摊面积。

对于多功能的综合楼或商住楼,共有建筑面积的分摊比较复杂,一般要进行二级或三级,甚至更多级的分摊。因此在对共有建筑面积分摊之前,应首先对本幢楼的共有建筑面积进行认定,决定其分摊层次和归属。

对共有建筑面积分摊的认定,建议填写认定表,认定表格形式见表 5-16。

共有建筑面积分摊认定表　　　　　　　　　　　表 5-16

幢号　　　　　层号　　　　　　房产分区号　　　　　房产区号

坐落						
房屋类别		房屋产别		房屋结构		层 数
建成年代		总建筑面积		总分摊面积		总分摊系数
序号	层号	共有建筑面积名称	共有面积	分摊办法		备　注

申报单位:_____　　___年__月__日　　代表:_____　　___年__月__日　　认定人:_____

 **思考题**

1. 城市轨道交通工程的埋设在城市内的各类管线主要有哪些?
2. 根据地下管线普查分探查、测量、成图和数据建库四道工序的特点,为便于各工序作业,同一管线点在不同的工序里可分别编号,但要注意其互相对应的关系以免出现差错,管线代号按管线名称汉字拼音首位字母组成。地下管线的代号和颜色如何表示?
3. 进行地下管线实地调查主要任务是什么?
4. 进行城市地下管线探查,可供选择的方法有哪些?
5. 采用地下管线探测仪器探查地下管线应遵循哪些原则?
6. 城市轨道交通工程的地下管线测量是指什么?
7. 城市轨道交通工程经常跨越或下穿江河湖泊,水下地形测量点的定位方法有哪些?
8. 房屋拆迁涉及利益关系复杂,测量内容相对于竣工测量也比较繁杂,拆迁测量一般应按照哪些步骤进行?

第六章　地下控制测量

城市轨道交通工程建设中的地下控制测量,是在隧道内建立施工测量控制网,该网是地下隧道掘进测量、设备安装测量和竣工测量等的基础。地下控制测量包括地下平面和高程控制测量。进行地下控制测量时,应利用直接从地面通过联系测量传递到地下的近井点作为测量起算点。

第一节　地下平面控制测量

一　地下平面控制测量的导线布设形式

通过联系测量传递至地下的起始点的坐标、方位和高程,是地下平面控制测量的基准,在进行地下平面控制测量前,应对这些点进行检核,当确定其稳定和可靠后才能以这些点作为起算点进行地下平面控制测量。

由于地下结构主要是隧道,因此平面控制测量的形式一般为导线。当施工竖井间隧道未贯通时,以支导线形式布设平面控制点,当施工竖井间隧道贯通后,则应将控制点构成附合导线。如果隧道间有联络通道连接时,应通过联络通道构成附合路线或结点网。

地下导线测量一般分两级布设,在隧道掘进初期,由于距离短,不宜布设地下控制导线,但为了满足指导隧道施工的要求,应布设施工导线;当直线隧道掘进200m或曲线隧道掘进至100m距离后,才能进行地下平面控制测量,即按控制导线边长要求,从施工导线中隔点选择适宜的导线点组成或重新布设地下平面控制点,两级地下导线布设如图6-1所示(图中虚线为施工导线,实线为控制导线)。隧道内控制点间距离不应小于60m。

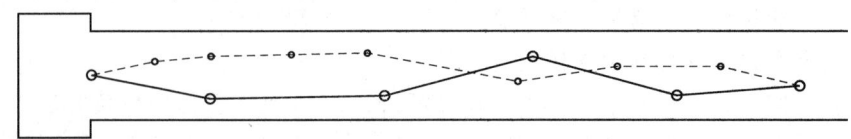

图6-1　两级地下导线布设示意图

在贯通距离大于1500m时,为了提高导线测量精度,在导线中部或适当位置,通常采用加测陀螺方位、投点等方法所施测的高精度点和方位边,均应作为地下平面控制测量已知数据。除此之外,为提高地下测量精度,地下平面控制还可以导线网或边角锁等形式布设。

二　地下平面控制测量的导线点的埋设形式

隧道内导线点的埋设形式有多种,应根据施工方法和隧道结构形状确定,一般导线点可埋设在隧道结构的底板、边墙或拱顶上。导线点的形式一般有下列三种。

1. 埋设在隧道结构底板的导线点形式

埋设在隧道结构底板的导线点为200mm×100mm×10mm规格的钢板,其与结构底板的钢筋焊在一起,并与混凝土与隧道结构底板浇筑牢固。在钢板上钻直径 2mm 的小孔,并镶上红或黄铜丝作为导线点标志。这种形式的导线点的特点是简单、钢板面积大、便于调线,如直接设置在轴线上对施工更为直观。缺点是容易受到损坏,观测时受施工影响大。

2. 埋设在隧道结构边墙的导线点形式

埋设在隧道结构边墙的导线点在隧道边墙设置具有强制仪器归心装置观测台。虽然这种形式的导线点制造和安装较复杂,但观测时不受施工的影响、精度高,得到广泛应用。

3. 埋设在隧道结构拱顶上的导线点形式

埋设在隧道结构拱顶上的导线点形似"吊篮"形式,"吊篮"由搭建在隧道拱顶部互相分离的仪器台和观测人员站立平台组成。同时,仪器台应有强制仪器归心装置。"吊篮"形式的导线点虽然结构复杂,安装麻烦,但观测时不受施工的影响、精度高,在盾构施工中广泛应用。

隧道内观测条件较差,但控制点埋设位置应尽量避开比较强的光源、热源、淋水等地,控制点间视线距隧道壁应大于 0.5m,埋设在隧道结构边墙的控制点应分别在隧道两侧布设,以避免或减弱旁折光影响。

三 地下平面控制测量的测量精度要求

城市轨道交通工程地下平面控制测量是指导隧道沿着设计给出的轴线掘进,达到贯通的目的,并为满足贯通测量误差在 ±50mm 以内的要求所进行的平面控制测量工作。

1. 地下平面控制测量的支导线测量精度要求

在隧道施工中,隧道内狭长的空间,使得洞内控制网的设计没有选择的余地,而只能采用支导线的形式进行地下平面控制测量。根据贯通测量的精度设计,地下平面控制测量是贯通测量的重要环节,由贯通误差限值及误差分配设计,分配给地下控制测量的横向中误差为 35mm。影响导线横向误差的主要来源是角度测量误差,由测角引起导线端点相对起点的横向中误差按等边直伸形导线估算,其最远点横向中误差可用下式计算:

$$m_\mu = \frac{m''_\beta}{\rho''} S \sqrt{\frac{n}{3}} \tag{6-1}$$

式中:m_μ——支导线终点横向中误差(mm);
　　m''_β——测角中误差(mm);
　　S——支导线长度(m);
　　ρ''——取 57.3°;
　　n——支导线边数。

由此可以转换成测角中误差计算公式:

$$m''_\beta = \frac{\rho''}{S} m_\mu \sqrt{\frac{3}{n}} \tag{6-2}$$

其中:$\rho'' = \frac{180°}{\pi} \times 60 \times 60 = 206264.806'' \approx 206265''$

依据测量实践,令支导线终点横向中误差 m_μ 为 35mm,支导线长度 S 为 1500m,支导线边数 n 为 10,则测角中误差 m''_β 为:

$$m''_\beta = \frac{\rho''}{S} m_\mu \sqrt{\frac{3}{n}} = \frac{206265}{1500000} \times 35 \times \sqrt{\frac{3}{10}} = \pm 2.6''$$

因此,《城市轨道交通工程测量规范》(GB 50308—2008)规定,测角中误差应在±2.5″以内。

导线测量的测距中误差一般影响地下平面控制点的纵向误差,且现代测距误差一般超过2mm,该误差对控制点的纵向误差影响很小。《城市轨道交通工程测量规范》(GB 50308—2008)规定的测距中误差在±3mm以内,在测量作业中很容易达到这一要求。

2. 地下平面控制点的测量精度要求

《城市轨道交通工程测量规范》(GB 50308—2008)除了对地下平面控制的支导线测量制定精度要求外,对控制点点位横向中误差满足贯通误差要求也制定了标准,并按(6-3)计算贯通前地下平面控制点的横向中误差,以保证贯通测量精度。

$$m_\mu \leq 0.8 m_\varphi \frac{d}{D} \tag{6-3}$$

式中:m_μ——导线点横向中误差(mm);

　　　m_φ——贯通中误差(mm);

　　　d——控制导线长度(mm);

　　　D——贯通距离(mm)。

3. 重复测量精度要求

地下平面控制点在隧道贯通前应至少测量三次,并应与竖井定向同步进行。重合点重复测量坐标值的较差应小于$30d/D$(mm),其中d为控制导线长度,D为贯通距离,单位均为mm。满足要求时,应取逐次平均值作为控制点的最终成果指导隧道掘进。

四 地下平面控制测量的测量方法

作为地下平面控制测量的支导线不可能一次布设完成,而是随着隧道的不断延伸,在一定距离后一个点一个点的逐步布设。在隧道施工过程中,每布设一个新点就需要进行测量。测量时,通常从支导线的起始点或经多次复测证明稳定的中间点开始。

《城市轨道交通工程测量规范》(GB 50308—2008)规定,导线测量应使用不低于(2″,2mm + $2 \times 10^{-6}D$)级以上的全站仪施测,左右角各观测两测回,左右角平均值之和与360°较差应小于4″,采用左右角观测时,在两个不同的盘位要变动零方向。边长往返观测各两测回,往返平均值较差应小于4mm。

由于隧道处在土层中,受其自身施工及外界环境的影响,所设置的地下导线点有可能发生位移,因此,隧道掘进至全长的1/3处、2/3处和距贯通面小于100m时,必须对地下控制点进行同精度全面复测,以确定其正确可靠。地下平面控制点除在上述三个阶段进行复测,必要时在施工过程中随时进行复测。

在隧道施工过程中,从地面近井点测量到联系测量等工作至少要进行三次,有条件面近井点测量和联系测量同时进行。

另外,相邻车站间隧道贯通后,地下平面控制点应构成附合导线(网),以增强控制网强度。

第二节　高程控制测量

地下高程控制测量是以通过竖井传递至地下的水准点为高程起算依据,采用水准测量方法,沿掘进隧道布设水准点,并确定隧道、设备在竖直方向的位置和关系的工作。

一 高程控制测量方法和布设形式

高程控制测量一般采用二等水准测量方法施测,每间隔距离200m,在隧道的底板或边墙上埋设一个高程控制点,也可利用地下导线点标志作为高程控制点。

地下水准路线布设可与地下施工导线测量路线相同,在隧道没有贯通前,地下水准路线均为支线,因此需要加强测站检核,并进行往返观测。同样,隧道间有联络通道连接或相邻竖井、车站间隧道贯通后,应把支水准路线连接起来,使地下高程控制点构成结点水准网或附合水准路线。

二 高程控制点的埋设形式

高程控制点的埋设形式有多种,如在盾构施工的隧道可以利用管片上安装连接的底部螺栓作为控制点,亦可在管片底部直接埋设水准点标志,并要做好标识;在矿山法施工的隧道,可直接在隧道边墙或底板埋设水准点。选择水准点的埋设位置时,要注意能使水准尺直立。

三 高程控制测量精度要求

地下高程控制测量精度要求应符合《城市轨道交通工程测量规范》(GB 50308—2008)二等水准测量的主要技术要求,见表6-1。

二等水准测量的主要技术要求　　　　表6-1

水准测量等级	每千米高差中数中误差(mm)		水准仪等级	水准尺	观测次数		往返较差、附合或环线闭合差(mm)
	偶然中误差 m_Δ	全中误差 m_Δ			与已知点联测	附合或环线	
二等	±2	±4	DS_1	铟瓦尺或条码尺	往返测各一次	往返测各一次	$±8\sqrt{L}$

四 高程控制测量方法

与平面控制测量一样,高程控制随着隧道的延伸逐步建立起来,在隧道贯通前应进行不少于三次的全面复测和检测。有条件时,地下高程控制点复测与联系测量、地面控制点检测同时进行。重复测量的高程点间的高程较差应小于5mm,满足要求时,应逐次取平均值作为控制点的最终成果指导隧道掘进。

思考题

1. 城市轨道交通工程的地下平面控制测量的导线点的埋设形式有哪些?
2. 城市轨道交通工程的高程控制测量方法和布设形式有哪些?
3. 城市轨道交通工程的高程控制点的埋设形式有哪些?

第七章 隧道施工测量

第一节 地面定线及明挖隧道施工测量

加密控制点测量

城市轨道交通工程平面控制网由一等卫星定位控制网和二等精密导线网组成,高程控制由一、二等水准网组成。尽管布网时考虑了工程特点和要求,但不可能详细考虑到每个工点的具体情况,故在地面线及明挖隧道施工地段控制点的密度、位置等在施工全过程中很难一次性地满足需要,因此要随时进行控制点加密的测量,以满足施工放样定位的需要。

(一)加密控制导线测量

地面定线及明挖施工开工之前,测量人员应根据业主提供的测量控制点,结合工程的结构形式和施工需要进行加密控制测量。加密控制测量的方式有多种,导线测量相对其他方法,点位布设灵活、使用方便,因此明挖区间或车站一般选用导线测量方式进行控制点加密测量。

1. 对起算控制点的复测

加密控制测量应起算于一等卫星定位控制点或二等精密导线点,由于这些点位于或临近施工影响变形区域,很可能会发生变形,因此进行加密控制测量之前必须对起算控制点进行复核测量,以保证起算成果可靠。

加密控制测量的起算控制点一般不少于3个,复核测量时可对它们之间的几何关系(边长、角度)进行检查测量,检查成果满足要求后方可作为起算控制点。

2. 加密控制导线测量

加密控制点选点,应根据工程平面布置图和现场实际情况进行,点位应在开挖、变形区外比较稳固的地点,既要便于施工使用、保护,又要具有通视条件。每个车站或区间施工段附近必须建立三个以上平面加密控制点。

加密控制点一般应布设成附合导线,困难情况下可布设支导线。由于支导线缺乏检核条件,必须采取措施加强检核。如进行重复测量、往返测量、布设双导线等。

加密导线测量和精度要求执行本章有关二等精密导线测量相关技术要求。

(二)加密高程控制测量

同样,加密高程控制测量同加密控制导线测量一样,必须进行起算控制点的复测,以保证起算成果可靠。

加密高程控制测量采用水准测量方法,并布设成附合水准路线或结点网。

（三）控制点的保护和恢复

由于城市轨道交通工程土建施工工期长，为了使测量控制点在整个施工过程满足要求，必须对控制点进行必要的保护。保护的方法：一是在控制点周围砌筑围挡，二是引测必要的护桩，以备控制点被破坏时进行控制点恢复。

护桩可以采用十字交叉法，在工程开挖范围以外埋设护桩点，并测出控制桩间的距离，做好测量记录。被破坏的控制桩恢复后要与原导线网进行联测制点，与原相连点之间的距离和角度较差满足限差要求方可使用。

二 地面定线测量

城市轨道交通工程进行初步设计和施工设计时，设计者依据地形图和沿线的重要建筑物的位置，设计线路的走向，并在实地核实后，才将初步设计阶段的线路测设到地面上。为满足设计和施工需要，在不同的设计和施工阶段，需要进行初步设计和施工线路定线测量，以便为设计提供详细的线路和穿越居民区、水域、建（构）筑物等特殊地段的测绘资料，为施工提供正确的线路中线。

（一）初步设计定线测量技术要求

城市轨道交通线路的初步设计定线测量，一般根据线路经过的不同地域特点，由设计单位根据设计要求，提出定测的具体技术要求和测量精度标准。线路埋设在城市道路下和建筑物密集地段，以及处在江河水系或河网地区，应视不同情况，制定不同的测量技术方案。

1. 初步设计定线起算控制点要求

初步设计定线测量在城市轨道交通工程的专用控制网未布设完成时，可利用线路带状地形图测量的控制点作为起算数据，若其密度不够时可加密。加密测量精度不应低于图根控制测量的精度。当城市轨道交通工程的专用控制网已建立时，应利用该网控制点进行定线。

2. 初步设计定线的一般要求

初步设计定线测量在一般情况下，线路双线并行地段定测右线，不并行地段定测双线。线路中线桩包括控制桩和加密桩，控制桩为百米桩和曲线要素桩。加密桩在控制桩之间布设，间距直线段为 50m，曲线段为 30m。在线路通过建筑物密集的街区可不按上述要求定线，但需在建筑物外边缘处及主要街巷定出中线里程桩。线路与铁路、公路、高架桥、人行天桥、过街隧道、江河湖堤岸及管线交叉处，大型地下管线位置，均需测设加密桩。

3. 特殊地段的定线要求

线路初步设计定线时，可能由于地形图的不准确或图解误差大，使设计的线路与某些建（构）筑物发生矛盾，因此需测定建（构）筑物等地细部坐标和高程，以便核实线路位置和走向。控制线路定位的建（构）筑物墙角和柱（桩）基的坐标、高程测量，应根据设计提出的具体要求进行测量。对于线路正上方的所有建（构）筑物，均需实测坐标和高程，并收集其基础形式、修建年代、结构类型等资料。

（二）施工定线测量技术要求

地面施工定线测量在施工图设计和线路最终确定以后进行，定线测量前应根据施工设计资料和定线任务书,编制地面施工导线测量方案。线路中线控制点一般应选择百米桩及曲线要素点。在允许区段内,定测线路控制桩包括起点桩、终点桩、交点桩、曲线要素桩(ZH、HY、QZ、YH、HZ)。车站定线还需增加车站控制桩定位,车站控制桩包括线路右侧与车站中心线、车站结构控制桩等。在一般情况下,线路双线并行地段应定测右线,不并行地段定测双线。

线路中线定线的中线点与设计值之差应满足下列要求:

直线段,实测水平角值与设计值之差不应大于8″;

曲线段,实测水平角值与设计值之差应根据曲线地段线路中线点的间距大小区别对待,当曲线中线点间距小于60m时,其角值之差不应大于20″;当曲线中线点间距大于60m时,其角值之差不应大于8″~15″。

(三)定线测量

定线测量前,应仔细理解设计要点、认真核对线路设计资料,正确制定测量精度要求,在此基础上编制定线测量方案。定线测量位置和测量精度要符合设计及《城市轨道交通工程测量规范》(GB 50308—2008)的有关要求,并应对线路设计资料进行复核。

1. 定线点的要素计算

计算定线点的要素前,首先要检查设计坐标是否与地铁控制网的坐标系统一致。若不一致,应先将设计坐标转换为地铁坐标。然后选定计算方法或软件,并根据定线测量方案要求,对拟定线的设计中线控制桩进行里程、放样数据计算与编号。初步设计一般给出线路中线起点、终点、转角点、交叉点的坐标和曲线元素等定线条件,利用这些条件计算出所需的定线数据。在计算中若发现矛盾或错误,应向业主或设计部门反映,由业主或设计部门进行变更。目前定线要素的计算方式主要有专用软件计算、测量仪器随机软件计算和手工计算三种,本节分别进行介绍。

(1)应用专用软件计算(应用AutoCAD软件计算)

定线要素的计算采用AutoCAD软件计算时,在AutoCAD环境下将设计的线路中线控制点坐标和曲线元素展绘成线路图,然后在图上捕捉查询定线点的坐标。如果同时将控制点和带状地形图导入叠加,还可以直接获取控制点和与定线点相关的信息、定线点有无落水或进入建(构)筑物的信息,并可以提前设定指示桩的位置和求解坐标值。

此外,目前商品化应用软件较多,功能齐全,专业化程度较高,各种曲线的解算、转换和调整十分方便,一般均可以实现计算和放样同步进行,比较适合于城市轨道交通工程定线测量,在此不再赘述。

(2)应用测量仪器随机软件计算

新一代全站仪和GPS-RTK等测绘仪器均带有工程测量软件功能,使用也比较方便。设定定线模式,将设计坐标和曲线元素输入仪器就可以实施放样,操作方法可以参考其手册。

(3)手工计算

本节主要介绍常用的圆曲线、缓和曲线计算方法。

①圆曲线计算

a.圆曲线要素计算

在图7-1中,R为圆曲线的半径、α为偏角(即线路转向角)、T为切线长度、L为曲线长度、

E 为外矢距、q 为切曲差。一般设计文件均提供 R、α 和 ZY、JD、YZ 等点的坐标。其他曲线元素按式(7-1)计算:

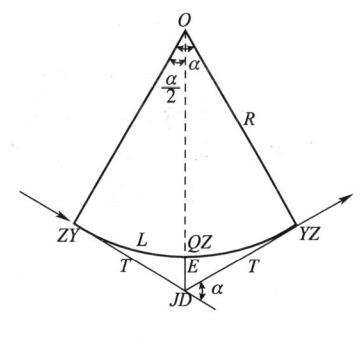

图 7-1 圆曲线要素计算示意图

$$\left.\begin{array}{l} T = R\tan\dfrac{\alpha}{2} \\ L = \dfrac{\pi}{180°}\alpha R \\ E = R\left(\sec\dfrac{\alpha}{2} - 1\right) \\ q = 2T - L \end{array}\right\} \quad (7\text{-}1)$$

b. 圆曲线里程计算

在图 7-1 中,ZY 为直圆点(即直线与圆曲线的连接点)、QZ 为圆曲线的中点、YZ 为圆直点(即圆曲线与直线的连接点)和 JD 为交点(即两直线的交点),均为圆曲线的特征点。一般 JD 的里程由设计文件提供,ZY、QZ、ZY 的里程计算方法如下:

```
     JD DK100+100                                    JD DK100+100
         -)T                                             +)T
     ─────────────                     检查              -)q
     ZY   DK                                         ─────────────
                                                     YZ   DK
         +)L/2
     ─────────────
     QZ   DK

         +)L/2
     ─────────────
     YZ   DK
```

c. 圆曲线的加密点计算

圆曲线加密点的测设方法很多,加密点的计算也有所不同,但计算相对比较简单,有关书籍对此论述较多,因篇幅所限不再赘述。

②缓和曲线计算

图 7-2 中,ZH 为直缓点、HY 为缓圆点、QZ 为圆曲线中点、YH 为圆缓点和 HZ 为缓直点。

a. 曲线要素按式(7-2)计算:

$$\left.\begin{array}{l} T = m + (R + P)\tan\dfrac{\alpha}{2} \\ L = \dfrac{\pi R(2\alpha - \beta_0)}{180°} + 2l_0 \\ E = (R + P)\sec\dfrac{\alpha}{2} - R \\ q = 2T - L \end{array}\right\} \quad (7\text{-}2)$$

式中:α——偏角(线路转向角);

R——圆曲线半径;
l_0——缓和曲线长度;
m——加缓和曲线后切线增长的距离;
P——加缓和曲线后圆曲线对于切线的内移量;
β_0——缓和曲线的角度。

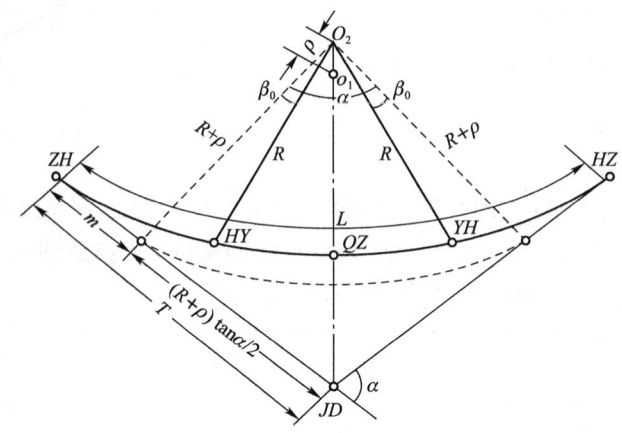

图 7-2 缓和曲线要素计算示意图

b. 曲线要素中,m、P、β_0 为缓和曲线参数,按式(7-3)计算:

$$\left.\begin{array}{l} \beta_0 = \dfrac{l_0}{2R}\rho \\ m = \dfrac{l_0}{2} - \dfrac{l_0^3}{240R^2} \\ P = \dfrac{l_0^2}{24R} \end{array}\right\} \quad (7-3)$$

式中:ρ——取 206265″。

c. 有缓和曲线的圆曲线各主要点里程计算

有缓和曲线的圆曲线各主要点里程计算方法与无缓和曲线的圆曲线相同,只是增加了缓和曲线终点 $HY(YH)$ 里程计算,$HY(YH)$ 里程等于起点 ZH 里程加缓和曲线长,或等于终点 HZ 里程减缓和曲线长。

d. 缓和曲线的加密点计算

同样,缓和曲线加密点的测设方法很多,加密点的计算也有所不同,有关测量书籍对此论述较多,因篇幅所限不再赘述。

2. 定线测量基本方法

定线测量是在城市轨道交通工程专用 GPS 网或精密导线网的控制下进行,当其密度不够应进行控制点加密测量。

(1)解析坐标法

将全站仪安置在临近控制点上,把计算好的曲线放样点坐标与控制点坐标直接输入全站仪,即可依次对各点进行极坐标放样。有的全站仪本身具有多种曲线计算与放样功能,也可以直接输入曲线要素与控制点坐标进行计算与放样。

(2)曲线测设方法

放样时一般将全站仪直接安置在临近控制点上,采用解析坐标法依次放样直线段的起点、终点、百米里程桩,曲线元素点(包括 ZY、ZH、YZ、HZ、HY、YH 和 QZ)和少量相互通视的控制桩加密点。用地钉(或木桩、油漆标志)标定放样位置和桩号,再将全站仪安置在起点或控制桩加密点上,以控制点和放样点方向为检查角,以直线点方向为定线方向分别放样其他各直线点。

①偏角法。直线点放完后,以 ZY、ZH、YZ 和 HZ 为条件对放样点进行检查,检查放样点精度符合技术要求后,再将全站仪安置在 ZY 或 ZH 上照准切线方向,采用偏角法测设曲线,拨偏角 δ_1(注意偏角的方向),自 ZY(或 ZH)点起沿 δ_1 方向量弦长(d_1)即定下第一个放样点。依次拨偏角 δ_i,自 ZY(或 ZH)点起沿 δ_i 方向量弦长(d_i)即定下第 i 个放样点。用 QZ 和 YZ 等点进行放样质量检查,同时还应量取放样点附近的评物点进行检核。

②切线支距法测设曲线点。采用切线支距法测设曲线点,应建立以 ZY 或 ZH 为原点,以过 ZY 或 ZH 的切线及半轴分别为 X 轴和 Y 轴的坐标系,然后根据曲线上各点在该坐标系中的坐标测设曲线点。

测设曲线时,将全站仪安置在 ZY 或 ZH 上照准切线方向,自 ZY 或 ZH 沿切线方向量取 C_1(一般取20m)截点 i_1,然后分别以 ZY 或 ZH 和 i_1 点为圆心,以长度 C_1 和长度 d_1 交会1号放样点($d_1 = 2c \cdot \sin \frac{\varphi}{4}, d = 2c \cdot \sin \frac{\varphi}{2}$),依次放样2、3、……、n 各点。最后用 QZ 和 YZ 等点进行放样质量检查,同时还应量取放样点附近的地物点进行检核。

对于落水[或建(构)筑物]的放样点应采用测设辅助点的定位方法,即测设4个辅助点,以对称的连线交点表示落水点的实地位置。

(3)GPS-RTK 法

将 GPS-RTK 基准站安置在控制点上,将拟放样点输入 GPS-RTK 手簿,选择放样模式即可实施放样,有的 GPS-RTK 手簿本身具有多种曲线计算与放样功能,可以直接输入曲线元素进行计算与放样。

(4)其他

建(构)筑物定位困难地区,也可以利用线路两侧建(构)筑物的明显角点进行解析法作业。

(四)定线精度要求和检测

1. 初步设计定线精度要求和检测

(1)初步设计定线精度要求

初步设计线路中线控制桩放样精度应符合表7-1的技术要求。

线路中线控制桩放样精度的技术要求   表7-1

测 量 方 法	相对于邻近控制点(地物点)的点位中误差(mm)
解析法	±50
图解法	±100

(2)初步设计定线检测

定线测量完成后,应对线路中线控制桩和建(构)筑物的细部点进行检核测量。检核测量时,可采用与定线测量相同的方法对中线控制点进行测量。也可通过实测的坐标,反算线路中线上相邻控制点桩间的几何关系,如距离和夹角等。实地检核测量成果或反算的距离和夹角等的精度,必须符合初步设计定线测量技术规定。

特别对设计线路走向有影响的建(构)筑物的墙角、柱子和大型管道等,均应对其细部进行坐标和高程检核测量。

2. 施工定线精度要求和检测

(1) 施工定线精度要求

线路中线控制点放样精度应满足下列要求:

①最弱点相对线路横向中误差应在±20mm以内,联测附合导线全长相对闭合差不应大于1/20000。

②线路中线控制点坐标实测值与设计值较差不应大于20mm。

(2) 施工定线检测和中线调整测量

施工线路中线测量是线路工程土建工程的基础工作,线路中线测量精度的好坏,直接影响线路工程土建工程的质量和效果。因此,施工定线测量完成后要对线路中线点进行检测和中线调整测量。

①串线测量。施工定线测量完成后要对线路中线点进行检测,检测可采用串线测量方法。串线测量时,以线路控制点的精密导线点为起算依据,并与线路中线点组成附和导线,一般条件下,直线段中线点的间距平均宜为120m;曲线地段除曲线要素外,中线点的间距平均宜为60m。串线测量使用不低于Ⅱ级全站仪测量,水平角的左、右角各观测两个测回,左、右角平均值之和与360°较差应小于6″;导线边长测量往返测各两个测回,测回间较差应小于5mm,往返测平均值较差应小于4mm。

测量后,数据处理采用严密平差,平差后相邻中线点间的直线段,纵向误差应在±10mm以内,横向误差应在±5mm以内;在曲线段,纵向误差应在±5mm以内,横向误差应根据曲线上中线点间距大小区别对待,曲线边长小于60m时,其横向误差应在±3mm以内;曲线边长大于60m时,其横向误差应在±5mm以内。

串线测量后,应将串线测量成果与设计数据的较差编制成表,供线路中线调整测量使用。

②线路中线调整测量。线路中线定线的中线点之间的角度和边长与设计值较差不满足要求时,应利用检测结果对线路中线控制点进行归化改正,使线路中线几何关系满足设计要求。

(五)定线测量应提交的资料

定线测量完毕后,应向设计、施工等相关单位提交定线测量成果、定线测量总结报告、交接桩书等资料。

 明挖隧道施工测量

明挖法是目前我国城市轨道交通工程车站采用最多的一种施工方法,埋深不大、地面无建(构)筑物、地面交通和环境保护无特殊要求的区间隧道通常也采用该方法。明挖法施工主要有放坡明挖和在围护结构内明挖两种施工方法。

(一)基坑围护结构施工测量

全国各个城市的地质条件差别很大,基坑围护结构形式多样,一般有连续拓桩、人工挖孔桩、SMW工法桩、工字钢桩和钢板桩围堰等形式。不同围护结构施工测量基本方法相同,放样精度要求也一样。但是考虑到不同围护结构的施工工法,测量放样要求也有差异。例如,连续墙或钻孔桩都是采用机械施工,要求定位时必须准确,一旦出现偏差,难于发现和纠偏。而人工挖孔桩在成孔后还可以检查桩位的正确性或进行修正。本节主要介绍连续墙、人工挖孔桩和钻孔桩的施工测量方法和技术要求。

1. 连续墙施工测量

地下连续墙的施工工艺是利用特制的成槽机械在泥浆护壁的情况下,进行一定槽段长度沟槽的开挖后,再将在地面上制作好的钢筋笼放入槽段内,采用导管法下混凝土浇筑,完成一个单元的墙段施工,各墙段之间以特定的接头方式相互连接,形成一道连续的地下钢筋混凝土墙。该结构适合于饱和砂层、饱和淤泥土层等软弱地层,既可控制土压力,又可有效地阻隔地下水,同时还可以作为车站结构的一部分。

地下连续墙的施工大体上有六个环节:导墙、成槽、放接头管、吊放钢筋笼、混凝土及拔接头管成墙等。地下连续墙施工测量的控制要点主要是导墙平面位置的测设及成槽垂直度的控制两方面。

(1) 连续墙施工放样

连续墙施工前,应在施工场地内布设和施测施工控制导线点。施工控制导线长不低于150m,有条件的地方最好要将车站中心线作为控制点,施工控制导线应进行严密平差,平差后的精度不低于城市一级导线的精度。

连续墙放样实际上是对其导墙进行放样。放样时,先按照设计图纸的坐标,计算出连续墙两侧导墙与施工控制导线点的距离和方位角,然后按照连续墙的每幅长度(一般每幅长度为6~8m),每2~3幅放一个点。此外,在导墙的起点及终点约5m外各测定2个导墙控制点,以便在施工过程中对机械移位位置进行检查。导墙放样可采用双极坐标的方法。

(2) 连续墙放样检核

连续墙导墙放样点位放样完成后,还需检核点位之间的相互关系,以确保放导墙施工偏差要求如下:

内墙面与地下连续墙纵轴线平行度为 ±10mm;

导墙内墙面垂直度为5‰;

导墙内墙面平整度为3mm;

导墙顶面平整度为5mm。

(3) 连续墙施工过程检核

连续墙施工一般采用间隔式开挖,槽段挖至设计高程后,为避免导墙底部侵入结构限界,应及时进行槽位、槽深、槽宽和垂直度的检查测量。垂直度偏差测量可使用全站仪进行导墙顶边和对应底脚处的三维坐标测量,并利用三维坐标计算垂直度偏差。地下连续墙墙体结构允许偏差见表7-2。

地下连续墙墙体结构允许偏差值　　　表7-2

项　目	临时支护墙体允许偏差	单一或复合墙体允许偏差	备　注
平面位置	±50mm	±30mm	相对于地铁线路中线
垂直度	5‰	3‰	

2. 人工挖孔桩和钻孔灌注桩施工测量

人工挖孔桩和钻孔灌注桩两种施工方法均是采用排桩桩墙来挡土和防水,实现基坑的围护。其中人工挖孔桩适合于地下水位较深或无水的地层,要求地层承载力较高,其断面形式不受施工机具的限制,可以做成圆形和方形,而且其施工质量和承载力要高于普通的钻孔桩,但是,钻孔灌注桩具有较广的适用范围,二者不可相互替代。

人工挖孔桩的施工大体上有五个环节:开挖桩孔、护壁和支撑、排水、吊放钢筋笼及灌注桩身混凝土等。

钻孔灌注桩施工大体上有四个环节:成孔、清孔、吊放钢筋笼及灌注桩身混凝土等。

人工挖孔桩和钻孔灌注桩施工测量的控制要点主要是桩位平面位置的测设及桩身垂直度的控制两方面。

(1)人工挖孔桩和钻孔灌注桩测设

人工挖孔桩和钻孔灌注桩测设与地下连续墙施工测量类似,测量人员应根据现场实际情况,设计好放样点位和测设路线。放样时以施工加密控制点为基准,首先在钻孔桩中线的延长线上测设两个控制点,控制点经过检查满足精度要求以后,在控制点上架设仪器,按照10根或者20根桩的间隔测定一个点,然后在两点之间拉一根直线,用钢尺进行放样,并将每个钻孔灌注桩的中心位置标定出来。

(2)人工挖孔桩和钻孔灌注桩检核测量

桩位放样后,还需要检核桩点位之间的相互关系,以确保放样无误。桩成孔后可采用测斜仪等测量钻孔垂直偏差,人工挖孔桩和钻孔灌注桩桩体允许偏差见表7-3。

人工挖孔桩和钻孔灌注桩桩体允许偏差值　　　　表7-3

项　　目	桩体允许偏差	备　　注	项　　目	桩体允许偏差	备　　注
纵向	±100mm		垂直度	3‰	
平面位置	+50.0mm	相对于地铁线路中线			

(二)土方开挖和主体结构施工测量

1.土方开挖施工测量

明挖隧道土方开挖按坑壁结构可分为放坡开挖、内支撑支护开挖、拉锚支护开挖和无支撑支护开挖。下面分别对放坡开挖和支护开挖土方施工测量予以介绍。

(1)放坡开挖土方施工测量

在放坡开挖地段,应根据不同的地质条件,岩土滑动角、含水率等不同参数,设计开挖的顺序、深度和宽度。

土方开挖前,测量人员应认真阅读设计图纸,按设计要素计算出基坑轮廓点的坐标,根据施工现场已有的线路中线点或导线点,以极坐标法测设这些基坑轮廓点以确定开挖范围。放样点位横向误差为±3cm。

施工过程按照设定的坡度放坡,一般第一次开挖不要求一次到位,预留200mm厚度的土方在最后修整边坡时才准确到位,避免施工超挖造成边坡失稳引起塌方或者其他危险,接近基底高程时,要求把高程引测至基坑底,以便控制开挖的高程。

(2)支护开挖土方施工测量

有支护基坑的土方开挖,主要是控制每层开挖的深度,以便及时对基坑围护结构进行支撑系数的假设。

开挖前,以附合水准测量的方法,从高程控制点引测至施工场地条件较好的位置,设立2~3个临时高程点。土方开挖时可以在基坑周围设立一些临时高程点,采用悬挂钢尺直接把高程引至基坑内。当基坑开挖深度接近基坑底板深度时,应使用水准仪准确地引测高程点到基坑内,并在稳定的地方设定高程控制点。

2. 主体结构施工测量

(1) 基坑底部地下线路中线点或导线点测量

明挖隧道施工中,开挖至垫层高程,应及时从地面控制点采用导线测量法将平面坐标及高程引至基坑底部,并测设地下线路中线点或导线点。测量的精度要求同加密控制测量。

(2) 主体结构的放样及精度要求

明挖隧道的施工,因安全、工期等原因,一般是分段施工,即开挖一段,主体结构跟着做一段,而地铁隧道讲究线路的平顺连接、结构相对关系要求高,这就给施工测量提出了比一般建筑物更高的精度要求。

垫层浇筑完成后,以地下线路中线点或导线点为依据,在垫层上测设线路中线点,车站还需测设主要控制轴线。测设方法同线路测量。测设完成后还需检核点位的相互关系。

地铁主体结构,特别是车站,一般均有大量的预留洞、预埋管及预埋件等,结构非常复杂。测量前测量人员要认真阅读图纸,找出各个预留洞、预埋管及预埋件等与线路中线、轴线的关系,并根据这些关系,以地铁线路中线为基准,将其测设在实地。

进行结构混凝土浇筑时,以地铁线路中线为基准,测设模板位置,距离近的可用钢尺量设,距离远的一般用极坐标方法测设。结构允许偏差值见表7-4。

结构允许偏差值 表7-4

项目	允许偏差										
	垫层	先贴防水保护层	后贴防水保护层	底板	顶板		墙		柱子	变形缝	预留洞	预埋件
					下表面	上表面	内墙	外墙				
平面位置(mm)	±30						±10	±15	纵向±20 横向±10	±10	±20	±20
垂直度							3‰	3‰	3‰	3‰		
直顺度(mm)										5		
平整度(mm)	5	5	10	15	5	10	5	10	5			
高程(mm)	+5 −10	0 −10	+20 −10	±20	+30 0	+30 0						
厚度(mm)	±10			±15	±10		±15					

第二节 联系测量

  联系测量的基本要求

联系测量是将地面的平面坐标系统和高程系统通过施工竖井、平峒及斜井传递到地下,使地上、地下坐标系统相一致的测量工作。联系测量工作应包括地面近井导线测量和近井水准测量、通过竖井(包括斜井、平硐、钻孔等)的定向测量、传递高程测量以及地下近井导线测量、近井水准测量。

要实现地上、地下的测量坐标系统的一致,需要采用适当的方法将地面上的测量坐标系统传递到地下,作为地下隧道测量的起算数据。由于联系测量所经的路径特点,在城市轨道交通建设中采用的联系测量方法有很多,例如对于平硐和斜井可采用地面导线和水准测量方法直接将地上的测量坐标系统传递到地下,对于竖井则需要通过竖井联系测量将地面坐标系统传递到地下等。

(一)联系测量的基本方法

1. 定向测量基本方法

以地面近井点为依据,确定井下近井导线起算边的坐标方位角和起算点坐标,称为平面联系测量。

在竖井联系测量中,从竖井定向误差对地下测量的影响来看,确定地下导线起算边的坐标方位角是很重要的环节。地下导线起算边的坐标方位角误差将使地下导线各边的方位角偏转同一个误差值,由此引起的导线各点的点位误差将随导线伸长而增大。设导线终点为 P,起算边的坐标方位角误差为 m_P。引起 P 点的位置中误差为:

$$m_P = \frac{m''_a}{\rho''} \cdot L \tag{7-4}$$

式中:L——导线终点到起算点的直线距离;

ρ''——取 $206265''$。

若设 $m''_a = \pm 5''$,$L = 1000\mathrm{m}$,则计算得:

$$m_P = \pm 2 \times 4\mathrm{cm}$$

由此可见,对沿隧道(或巷道)布设的近似直伸形的导线,由竖井定向的导线起算边坐标方位角误差对导线终点位置的影响是很大的;对地铁隧道的贯通来说,要保证在贯通面能正确贯通,对竖井定向的精度要求是很高的。竖井定向的坐标传递误差对导线各点位置的影响为一常数,只使导线点位置发生平移,其影响不随导线的伸长而累积,相对于坐标方位角误差的影响而言就非常小了。因此,竖井联系测量确定地下导线起算边坐标方位角比确定起算点坐标更重要,精度要求更高。通常将竖井平面联系测量简称为竖井定向。

在城市轨道交通工程中定向测量方法主要有以下几种:①陀螺经纬仪、铅垂仪(钢丝)组合法;②联系三角形法;③两井定向;④导线直接传递法;⑤投点定向法。

2. 传递高程测量基本方法

以地面近井点为依据,确定井下近井起始点的高程测量工作,称为传递高程测量(高程联系测量),又称为导入高程。测量方法主要有以下几种:①悬挂钢尺法;②光电测距三角高程法;③水准测量法。

(二)联系测量的基本要求

联系测量是地下隧道施工中的重要测量环节,为了满足施工要求,确保联系测量精度高、成果可靠,根据城市轨道交通工程特点和工程经验,从提高联系测量精度以及加强路线检核等角度，《城市轨道交通工程测量规范》(GB 50308—2008)制定出联系测量基本技术要求，测量工作者在工作中必须遵守。

(1)地面近井点可直接利用一等卫星定位点和二等导线点测设，需进行导线点加密时，地面近井点与二等导线点应构成附合导线或闭合导线。近井导线总长不宜超过350m，导线边数不宜超过5条。

(2)隧道贯通前的联系测量工作不应少于3次，宜在隧道掘进到100m、300m以及距贯通面100～200m时分别进行一次。当地下起始边方位角较差小于12″时，可取各次测量成果的平均值作为后续测量的起算数据指导隧道贯通。

(3)定向测量的地下定向边不应少于2条，传递高程的地下近井高程点不应少于2个，作业前应对定向边间和高程点的几何关系进行检核。

(4)贯通面一侧的隧道长度大于1500m时，应增加联系测量次数或采用高精度联系测量方法等，提高定向测量精度。

 地面近井点测量

将地面测量坐标系统通过竖井传递到井下，一般应在地面竖井附近设立近井点，通过近井点进行传递坐标。因此，要求所设立的近井点能够使用方便、不受施工影响。当原有各等级地面控制点能够与联系测量中的观测标志通视且距离较近时，可以不另行建立近井点，并以其为近井点，直接利用这些点进行联系测量。否则应通过进行加密控制点测量，建立近井点。

(一)近井导线测量

1. 对已有导线点的复核测量

城市轨道交通工程的一等卫星定位控制点和二等导线点的位置一般选择在线路附近或高大建筑物上，由于受施工影响，线路附近的地面和建筑在施工期间很可能会产生变形，造成邻近地面和建筑物上的导线点点位产生移动，所以为确保起算点的正确，进行近井导线测量前，对地面已有导线点必须进行复核测量。

根据复测结果发现，一些城市有的导线点位移量达10～30mm，这就给不同时期各次复核测量结果的互相比较产生困难。为此，为了防止此类情况发生，在复测时，如果对起算点的稳定情况有疑问时，应另选择可靠的控制点作为起算数据，并在经检测确认这些控制点稳定、可靠的情况下，才可以作为起算点。

2. 近井点测量

为便于进行联系测量，一般在竖井口附近设置近井点。测定近井点的位置，可采用极坐标法或导线测量等方法。

(1)极坐标法测定近井点

当竖井附近的一、二等控制点能够直接测定近井点时，应利用一、二等控制点采用极坐标法直接测定近井点位置。为保证测量成果的可靠，此时应进行双极坐标测量，进行两次极坐标测量。近井点的点位中误差应在±10mm以内。

(2)导线测量方法测定近井点

采用导线测量方法测定近井点时，应以一、二等控制点为起算数据，在其间应加密近井导线,并形成附合路线,近井点要纳入近井导线中。近井导线测量应按二等导线测量技术要求施测,最短边长不应小于50m,同样近井点的点位中误差应在±10mm以内。

近井点位置处在施工影响的变形区内,经常会发生变化,因此每次进行联系测量要重新对近井点进行测量。

(二)近井水准测量

为便于进行高程联系测量,同样在竖井口附近设置近井高程(近井高程点和近井点也可设置成同一个点)。确定近井点高程可采用水准测量方法。

同样,应利用一、二等水准点为起算点,引测近井高程点的加密近井水准测量。进行近井水准测量前应对作为起算点的已有的一、二等水准点进行检测,确认稳定、可靠后才能使用。加密近井水准路线应构成附合路线,并应按二等水准测量技术要求施测。

三 陀螺经纬仪定向测量

陀螺经纬仪是一种全天候、不依赖其他条件能够测定真北方位的物理定向仪器,在军事、航天、矿山、铁道、森林、建筑、海洋和测绘部门得到广泛应用。近年来,随着我国城市轨道交通建设的飞速发展,陀螺经纬仪定向在城市轨道交通工程建设中的应用也越来越多,北京、广州、深圳等城市地铁建设中有不少利用陀螺经纬仪进行定向的工程实例,均取得了良好的效果。

(一)陀螺仪简介

1. 陀螺仪的基本特性

凡是绕自身轴高速旋转的任意刚体都可以看作是一个陀螺,自由陀螺仪有两个基本特性:定轴性和进动性。

(1)当外力矩为零时,陀螺仪保持其动量矩的大小和方向不变,这种特性称为陀螺的定轴性。

(2)对于匀速自转的陀螺,如果在陀螺自转轴上施加一个力矩,这时陀螺的动量矩矢量的端点将沿力矩方向运动,这称为陀螺仪的进动性。

2. 陀螺经纬仪的基本结构

近年来,国内外研制的陀螺经纬仪精度不断提高的同时也在向自动化、智能化的方向发展。目前国外较先进的陀螺经纬仪有德国 Deutsche Montan Teohnologie GmbH(DMT)研制的 GYROMAT 2000 以及 GYROMAT 3000 陀螺经纬仪,它们的一次定向精度达到 ±3.6″,时间约为10min,仪器为全自动操作。英法海底隧道在施工时就应用了 GYROMAT 2000 陀螺经纬仪。在国内,最近研制的高精度自动陀螺经纬仪由中南大学和长沙莱塞光电研究所联合研制生产的 AGT—1 以及 AFS—1 自动陀螺经纬仪,该仪器一次定在 ±5″ 以内,定向时间 15min;另外还有由西安测绘研究所研制、西安 1001 工厂生产的 Y/JTG – 1 自准直陀螺经纬仪。Y/JTG – 1 自准直陀螺经纬仪在中纬度地区一次定向中误差在 ±7″ 以内,一次定向时间约 20min。在众多型号的陀螺经纬仪中,目前在地铁工程中使用较多的有我国徐州光学仪器厂生产的 JT15 以及瑞士 WILD 厂的 GAK—1 型陀螺经纬仪等。

（1）一般陀螺经纬仪的基本结构

目前城市轨道交通工程中使用的陀螺经纬仪大部分是上架悬挂式陀螺经纬仪，上架是指陀螺仪架在经纬仪的上部，悬挂是指陀螺仪的灵敏部采用带状悬挂的支承方式。

对于悬挂式的陀螺仪，其结构一般分为如下几部分：

①灵敏部。包括悬挂带、导流丝、陀螺电机和陀螺房以及反光镜或光学给向器元件。

②光学观测系统。这部分主要用来观测灵敏部的摆动或用来跟踪灵敏部。

③锁紧装置。此部分主要用来固定灵敏部，当陀螺不使用时可以使悬挂带处于不受力状态，以便于搬运，有时也附有阻尼装置或限幅装置。

④机体外壳。主要附有防磁屏蔽层和其他一些附属于机体的元件、电缆插头、观测孔等。

⑤电源。包括蓄电池和逆变器。

（2）GAK-1陀螺经纬仪的基本结构

GAK-1陀螺经纬仪是一种上架悬挂式的陀螺经纬仪，由陀螺仪、经纬仪、电源箱（逆变器）和三脚架等几部分组成。

GAK-1陀螺仪的摆动系统包括悬挂柱、悬挂带、陀螺、限幅盘等。陀螺和悬挂柱固连，并通过悬挂带悬挂在支架上。悬挂带的上下两端分别用钳形夹头固定在支架和悬挂柱上，可以通过上端钳形好的两个固定螺钉来调整悬挂带零位。在陀螺工作时，整个摆动系统的重量全部由悬挂带来承担。限幅盘用于在陀螺处于半脱位置时限制陀螺的摆幅。

支架系统包括一块底板，三个支承柱和一个烟囱状的外伸圆筒。底板下面的三个V形槽和经纬仪翻支架上的三个球形顶针相配合，可以使陀螺仪在经纬仪上定位并强制归心，使得经纬仪照准部和陀螺仪可以一起旋转。光学棱镜和反射镜以及电源输入插口均固定于支架上。

经纬仪外壳的下部有一个突出的短柱，内部嵌有一块带刻度的目镜分划板。陀螺的指标线通过光路投射到分划板上。用于观测陀螺指标线摆动的目镜可安装在这个短柱上，目镜为可拆卸式，不用时可以卸下。陀螺仪外壳内衬有一层防止外磁场干扰的防磁场层。

锁紧装置包括锁紧环、带螺纹的导柱和锁紧盘。锁紧盘的作用是在锁紧时使陀螺托起。这时悬挂带处于不受力状态，以防止陀螺启动、制动或者搬运陀螺时损坏悬挂带。锁紧盘上有3个安装在板式弹簧上的触头。当锁紧盘处于半脱状态时，这3个触头与限幅盘摩擦以限制陀螺的摆幅。在螺纹导柱上有一个红圈，当红圈可见时表示陀螺没有锁紧。

GAK-1型陀螺经纬仪的蓄电池采用10节1.2V的镍镉电池，逆变器可将直流电变为115V，400Hz的三相交流电给陀螺仪供电。

GAK-1型陀螺经纬仪的主要技术参数如下：

①陀螺仪

高	340mm
直径	85mm
悬挂带	0.4mm×0.02mm
扭转速	22000r/min
角动量	$1.86 \times 10^{-6} g \cdot cm^2/s$
启动时间	约90s
制动时间	约50s
中纬度地区摆动半周期	约4min

适应范围	纬度75°以内
方位角测定标准偏差	±20″

②GKK$_3$逆变器

金属盒子总尺寸	260mm×170mm×225mm
输入电压	12V(DC)
输出电压	115V(AC),400Hz

③GKB$_1$蓄电池

金属盒子总尺寸	260mm×170mm×90mm
可充电的镍镉电池	10节1.2V电池
电压	12V
容量	7A
电池充足电可用时间	4h左右

④GKL$_{11}$蓄电池

输入电压	115V或220V
空电池充足可用时间	14h

(二)一般陀螺经纬仪的定向方法

1. 陀螺经纬仪定向的一般步骤

在地下工程中使用陀螺经纬仪定向的一般步骤如下:①在地面已知边上测定测前仪器常数;②在待定边上测定该边的陀螺方位角;③在地面已知边上测定测后仪器常数;④计算待定边坐标方位角和精度评定。

2. 悬带零位的测定和零位改正

(1)悬带零位改正意义

在定向时,有时需要进行悬带零位改正,在这里首先介绍一下什么是悬带零位,以及如何进行悬带零位的测定和改正。

悬挂式陀螺仪的灵敏部是由悬挂带悬挂起来的,悬挂带是一个有弹性的金属带,由合金制成,当悬带发生扭曲时,由于弹性效应会产生扭力。这样陀螺仪的灵敏部相当于一个扭摆。陀螺转子不运行时,灵敏部也会摆动。当灵敏部的摆动处于平衡位置时,悬挂带的扭力为零。这个位置称为无扭位置,此时光标在分划板上的读数称为悬带零位。

在定向时,如果悬带零位不在子午线方向,那么当陀螺在指向力矩作用下指向子午线方向时,悬挂带就会扭曲,扭力矩的作用会使测得的陀螺北方向值带有误差。为了消除这个误差,应该尽量使悬带零位接近北方向。在定向作业前后,应该测量悬带零位。如果悬带零位值比较大,应该进行零位改正。

(2)悬带零位观测的方法

①松开锁紧装置,缓慢地释放灵敏部。待灵敏部完全放下时,可从观测目镜中观察光标线在分划板上摆动的情况,如果摆幅很大,就要重新托起灵敏部,再慢慢释放,反复几次,直到光标线不跑出观测目镜视场为止。

②连续观测光标线左、右逆转点,并在分划板上读数,记录在测前或测后零位观测栏内。然后按式(7-5)取中数作为测前或测后的零位值。

$$A_1 = \frac{1}{2}\left(\frac{a_1 + a_3}{2} + a_2\right)$$
$$A_2 = \frac{1}{2}\left(\frac{a_2 + a_4}{2} + a_3\right)$$
$$A_3 = \frac{1}{2}\left(\frac{a_3 + a_5}{2} + a_4\right) \quad (7\text{-}5)$$
$$A_i = \frac{1}{2}\left(\frac{a_i + a_{i+2}}{2} + a_{i+1}\right)$$
$$A = \frac{A_1 + A_2 + A_3 + \cdots\cdots + A_n}{2}$$

式中：a_i——光标线在分划板上的读数，规定左逆转点读数为正；

A_i——悬带摆动读数中值；

n——悬带摆动中值的个数；

A——悬带零位的平均值。

③观测完毕后，当光标线移动到分划板零刻画线附近时，将灵敏部托起拧紧锁紧装置。这时在观测目镜中可以看到光标又回到了分划板零刻画线上。如果测得的悬带绝对零位偏移大于 0.5 格时，就需要进行零位校正。零位校正通过调整陀螺仪上部的校正螺旋进行。需要指出的是，零位校正应该由熟悉陀螺仪内部结构、有经验的人员进行操作，以免损坏仪器。

悬带零位经过校正也不能完全消除零位带来的方位观测误差。在城市轨道交通隧道工程测量中，方位角测量的精度要求很高，当测得的悬带绝对零位大于 0.05 格时，零位改正值就相当大，因此必须进行零位改正。

零位改正值的计算公式如下：

$$\Delta\alpha = \lambda T \delta \quad (7\text{-}6)$$

式中：δ——零位值，以格为单位；

T——目镜分划板的分划值；

λ——零位改正系数。

$\lambda = D_B/D_K$ 是悬带扭力矩对陀螺力矩的比值，一般仪器说明书中给出，当仪器更换悬挂带或更换陀螺电机时，应重新测定。当说明书中未给出 λ 值时，可用下式计算：

$$\lambda = \frac{T_A^2 - T_B^2}{T_B^2} \quad (7\text{-}7)$$

式中：T_A——跟踪摆动周期；

T_B——不跟踪摆动周期。

此处所求 λ 只适用于无扭观测（如逆转点法），当采用有扭观测（如中天法）时，λ 按下式计算：

$$\lambda = \frac{T_A^2 - T_B^2}{T_A^2} \quad (7\text{-}8)$$

3. 粗略定向

不管采用何种定向方法，在精确定向前都必须将经纬仪望远镜的视准轴置于近似北方向，这个过程称为粗略定向。在已知边上测定仪器常数时，可以根据已知边的坐标方位和测站的子午线收敛角直接寻找北方向。当在未知边上定向时，可以采用逆转点法或四分之一周期法进行粗略定向。

(1) 逆转点法粗略定向

经纬仪的视准轴大致指北(可以借助罗盘),水平微动螺旋置于行程中间位置,启动陀螺,达到额定转速后下放陀螺灵敏部,用手转动照准部进行跟踪陀螺仪灵敏部,使得陀螺仪目镜视场中移动的光标与分划板零刻画线时时重合。光标快到逆转点位置时制动照准部,改用水平微动螺旋继续跟踪,达到逆转点时,在经纬仪上读取水平度盘读数 α_1;然后松开水平制动,继续用相同的方法跟踪陀螺灵敏部至另一个逆转点并在经纬仪上读取水平度盘读数 α_2。锁紧灵敏部,制动陀螺电机,按下式计算近似北方向在水平度盘上的读数:

$$N' = \frac{1}{2}(\alpha_1 + \alpha_2) \tag{7-9}$$

转动照准部,使水平度盘读数为 N',此时视准轴就指向近似北方向,这种近似寻北的方法精度约为 ±3″,观测时间 10min 左右。

(2) 1/4 周期法粗略定向

启动陀螺电机,达到额定转速后放下陀螺灵敏部。用手转动照准部进行跟踪,让陀螺仪目镜分划板零刻画线走在光标的前面,当光标像移动速度逐渐减慢,接近逆转点时固定照准部,停止跟踪,待光标与分划板零刻画线重合时,启动秒表,光标像继续向前移动至逆转点须反向移动,待光标像再次经过分划板零刻画线时不停表读取时间 t,并用下式计算 T':

$$T' = \frac{t}{2} + \frac{T_1}{4} \tag{7-10}$$

式中:T'——跟踪摆动周期。

松开水平制动螺旋继续跟踪,使光标像与分划板零刻画线始终重合,同时观测秒表读数。当跟踪到 T' 时刻,立刻固定照准部,停止跟踪,这时望远镜视准轴就指向了近似北方。这种方法指北精度可在 ±10″ 以内,观测时间约 6min 左右。

4. 精密定向

粗略定向完成后就可以进行精密定向,精密定向的过程就是测定被测边陀螺方位角的过程。定向方法一般分为两大类,一种是在定向过程中仪器的照准部跟踪陀螺灵敏部,主要指逆转点法;另一种则是测量过程中照准部固定,这类方法有中天法、时差法、摆幅法、计时摆幅法等,其中中天法应用最广泛。下面分别介绍这两种典型的方法。

(1) 逆转点法定向

逆转点法定向如图 7-3 所示,在一个测站上的主要操作程序如下:

① 经纬仪严格对中整平,并安置好陀螺仪,一测回测定待测边的方向值。

② 进行粗略定向,使望远镜视准轴指向近似北方向并固定照准部。

③ 打开陀螺照明,下放陀螺灵敏部,进行测前悬带零位测量,同时用秒表记录自摆周期。零位测量完成后,托起并锁紧灵敏部。

④ 启动陀螺电机,达到额定转速后,缓慢下放灵敏部到半脱离位置,稍停数秒钟再全部放下,如果摆幅过大,再次用半脱离阻尼限幅,使摆幅大约在 1°~3° 范围为宜。用水平微动螺旋微动照准部,

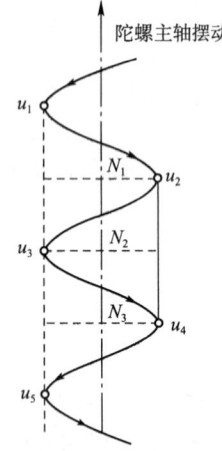

图 7-3 逆转点法观测示意图

让光标像与分划板零刻画线随时重合,即跟踪。跟踪时要做到平稳和连续,切忌跟踪不及时,产生分划板时而落后于光标像,时而赶上或超前。这种情况将影响摆动中值的稳定性,从而影响定向精度。每次摆动到达逆转点时较快地在水平度盘上读数 $\mu_1,\mu_2,\cdots,\mu_5$,然后托起锁紧灵敏部,制动陀螺电机。

跟随时,还需要秒表测定连续两次同一方向经过逆转点的时间,即跟踪摆动周期 T_A。

⑤进行测后零位观测:

a. 以一测回测定待定或已知测线的方向值,前后两次观测结果的互差,对于 J_2 级经纬仪不大于10″,对于 J_6 级经纬仪不大于24″。取测前测后两测回的平均值作为测线方向值。

b. 摆动平衡位置在水平度盘上的读数 N_T 按下式计算:

$$\left.\begin{aligned} N_1 &= \frac{1}{2}\left(\frac{u_1+u_3}{2}+u_2\right) \\ N_2 &= \frac{1}{2}\left(\frac{u_2+u_4}{2}+u_3\right) \\ N_3 &= \frac{1}{2}\left(\frac{u_3+u_5}{2}+u_4\right) \\ N_T &= \frac{1}{3}(N_1+N_2+N_3) \end{aligned}\right\} \quad (7\text{-}11)$$

c. 待定侧线陀螺方位角按下式计算:

$$\alpha_T = B - N_T + A \quad (7\text{-}12)$$

式中:B——测线方向值;

N_T——陀螺北方向值;

A——零位改正数,计算方法见式(6-6)。

(2)中天法定向

中天法定向如图7-4所示,中天法观测过程中照准部固定于近似北方向上,观测时陀螺光标的摆动幅度必须限定在目镜的视场范围之内,因此要求起始的近似北方向精度在 ±15″ 以内。中天法在一个测站上的主要操作程序如下。

①严格安置好仪器,以一测回测定待测测线的方向值 B_1。

②进行粗略定向。将经纬仪照准部固定在近似北方向 N' 上,并记录下 N' 值。在整个定向过程中,照准部不允许转动。

③进行测前零位观测。

④启动陀螺电机,达到额定转速后下放灵敏部,并进行限幅,使摆幅不要超出目镜视场,但摆幅不要过小,因为摆幅过小时光标像经过分划板零刻画线时的速度较慢,时间不容易测准。在确认摆幅合适后按以下顺序观测:

a. 当灵敏部指标线经过分划板零刻画线瞬间,立即启动专用秒表,读取中天时间 t_1。

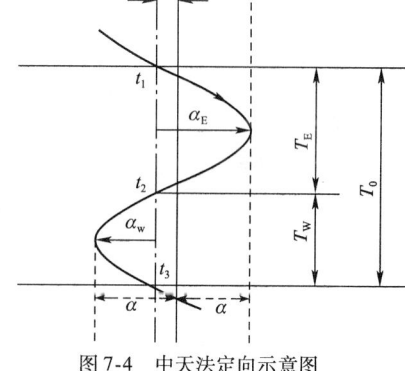

图7-4 中天法定向示意图

b. 当灵敏部指标线达到逆转点时,在分划板上读取摆幅读数 α_W。

c. 当灵敏部指标线返回零刻画线瞬间,读取中天时间 t_2。

d. 当灵敏部指标线达到另一逆转点时读取摆幅读数 α_E。

e.当灵敏部指标线返回零刻画线瞬间,读取中天时间 t_3。

观测完毕后托起陀螺灵敏部,关闭电机。

⑤测后零位观测:

a.以一测回再次测定待测边的方向值;当前后两测回方向值互差满足要求,取其平均值作为测线方向值,即:

$$B = \frac{1}{2}(B_1 + B_2) \tag{7-13}$$

b.测线陀螺方向角的计算。

摆动半周期:

$$\begin{cases} t_W = t_2 - t_1 \\ t_E = t_3 - t_2 \end{cases} \tag{7-14}$$

时间差:

$$\Delta t = t_W - t_E \tag{7-15}$$

摆幅值:

$$\alpha = \frac{|\alpha_W| + |\alpha_E|}{2} \tag{7-16}$$

近似北方向偏离平衡位置的改正数:

$$\Delta N = c \cdot \alpha \cdot \Delta t \tag{7-17}$$

陀螺摆动平衡位置在水平度盘上的读数:

$$N = N' + \Delta N = N' + c \cdot \alpha \cdot \Delta t \tag{7-18}$$

测线的陀螺方位角按下式计算:

$$\alpha_T = B - N + A \tag{7-19}$$

在式(7-17)中 c 称为比例系数,可以按以下两种方法测定和计算:

ⅰ.将经纬仪视准轴分别安置在北偏东 10′~15′ 和北偏西 10′~15′,分别用中天法观测,求出时间差 Δt_1 和 Δt_2 以及摆幅值 α_1 和 α_2,然后列出如下方程式,以求解 c 值:

$$\begin{cases} N = N'_1 + c \cdot \alpha_1 \cdot \Delta t_1 \\ N = N'_2 + c \cdot \alpha_2 \cdot \Delta t_2 \end{cases}$$

求解上式得:

$$c = \frac{N'_2 - N'_1}{\alpha_1 \cdot \Delta t_1 - \alpha_2 \cdot \Delta t_2} \tag{7-20}$$

ⅱ.利用摆动周期计算比例系数 c 值:

$$c = T \cdot \frac{\pi}{2} \cdot \frac{T_A^2}{T_B^2} \tag{7-21}$$

式中:T——分划板格值;

T_A——跟踪摆动周期;

T_B——不跟踪摆动周期。

比较而言,以实际观测数据求 c 值比较可靠。因此一般采用第一种方法求算。

c 值与地理纬度有关,在同一地区南北不超过 500km 范围内可以使用同一个 c 值,超过这个范围必须重新测定。隔一定时间应抽测检查。

c.测线坐标方位角 α 的计算:

$$\alpha = \alpha_T + \Delta N - \gamma \tag{7-22}$$

式中：ΔN——仪器常数；

γ——子午线收敛角。

(三) 陀螺经纬仪定向时的注意事项

陀螺经纬仪是以动力学理论为基础的光、机、电一体化的精密仪器。定向时，陀螺灵敏部具有较大的惯性，必须注意合理使用，妥善保管，才能保持仪器的精度，延长使用寿命。在使用时必须注意以下事项：

(1) 必须在熟悉陀螺经纬仪性能的基础上，由具有一定操作经验的人员使用仪器。

(2) 在启动陀螺电机达到额定转速之前和制动陀螺电机过程中，陀螺灵敏部必须处于锁紧状态，防止导流丝、悬挂带损伤。

(3) 在陀螺灵敏部处于紧锁状态，电机又在高速旋转时，严禁搬动和水平旋转仪器，否则将产生很大的力，压迫轴承，以致毁坏仪器。

(4) 在使用陀螺电源逆变器时，要注意接线的正确，使用外接电源时，应注意电压、极性是否正确，没有负载时，不得开启逆变器。

(5) 陀螺仪存放时，要装入仪器箱内，放入干燥剂，仪器要正确放置，不要倒置或躺卧。

(6) 仪器应存放在干燥、清洁、通风良好处，切忌置于热源附近，环境温度以 10～30℃为宜。

(7) 仪器运输时，要使用专用防振包装箱。

(8) 在野外观测时，仪器要避免太阳光直接照射。

(9) 目镜或其他光学零件受污染时，先用软毛刷轻轻拭去灰尘，然后用软绒布揩拭，以免损伤光洁度和表面涂层。

四 联系三角形定向测量

联系三角形定向测量亦称一井定向测量。一井定向是在一个竖井中悬挂两根钢丝，在地面近井点与钢丝组成三角形，并测定近井点与钢丝的距离和角度，从而算得两钢丝坐标以及它们之间的方位角。在井下，同样井下近井点与钢丝构成三角形，并测定井下近井点与钢丝的距离和角度，由于钢丝处在自由悬挂状态，可以认为钢丝的坐标方位角与地面一致，通过计算便可获得地下导线起算测点的坐标和方位角，这样就把地上与地下导线联系起来了，一井定向如图 7-5 所示。

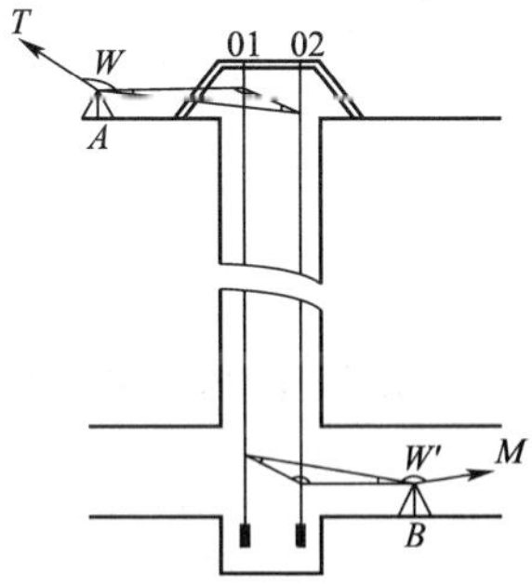

(一) 地下近井点的计算路线和方法

将一井定向立体示意图转换成平面，便得到图 7-6 所示一井定向联系三角形法平面示意图。由图 7-6 可以解算出三角形相关角度和边长，以及地下近井点的坐标和方位角。先由 $\triangle AO_1O_2$ 解出 β，从 $\triangle BO_1O_2$ 中解出 β'。

图 7-5　一井定向示意图

$$\left. \begin{array}{l} \sin\beta = \sin\alpha \cdot \dfrac{a}{b} \\ \sin\beta' = \sin\alpha \cdot \dfrac{b'}{a} \end{array} \right\} \tag{7-23}$$

(二)联系三角形的有利图形

在竖井定向测量中,以很高的精度传递方位角是定向测量的关键,所以下面以图 7-6 联系三角形布设形式,从传递方位角这个角度来分析联系三角形的有利图形。竖井定向测量时,在近井点与两根钢丝组成的联系三角形中测量 a、b、c 三条边长和角 α。为提高传递方位角精度,除了提高 a、b、c 三条边长和角 α 的测量精度外,还要保持 β 的精度。

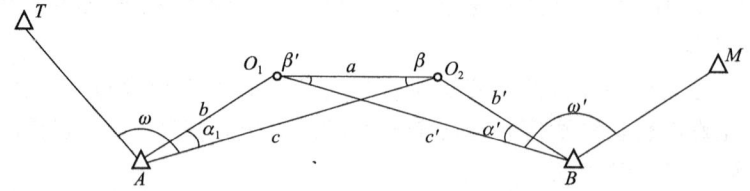

图 7-6 联系三角形法示意图

当 α 与 β 都很小时,可用下式计算 β:

$$\beta = \alpha \cdot \frac{a}{b} \tag{7-24}$$

微分式(7-24)可得:

$$\frac{d\beta}{\beta} = \frac{d\alpha}{\alpha} + \frac{da}{a} + \frac{db}{b}$$

由此可得中误差关系式为:

$$\left(\frac{m_\beta}{\beta}\right)^2 = \left(\frac{m_\alpha}{\alpha}\right)^2 + \left(\frac{m_a}{a}\right)^2 + \left(\frac{m_b}{b}\right)^2 \tag{7-25}$$

式(7-25)右边可分两部分,一部分为测角误差的影响,即 $\left(\frac{m_\alpha}{\alpha}\right)^2$,另一部分为量 $\left(\frac{m_\alpha}{\alpha}\right)^2$ 误差的影响,即 $\left(\frac{m_a}{a}\right)^2 + \left(\frac{m_b}{b}\right)^2$。

令

$$\frac{m_{\beta 1}}{\beta} = \frac{m_\alpha}{\alpha} \tag{7-26}$$

$$\frac{m_{\beta 2}}{\beta} = \sqrt{\left(\frac{m_a}{a}\right)^2 + \left(\frac{m_b}{b}\right)^2} \tag{7-27}$$

由式(7-26),并考虑式(7-24),可得:

$$m_{\beta 1} = \frac{\beta}{\alpha} \cdot m_\alpha = \frac{b}{a} \cdot m_\alpha \tag{7-28}$$

由此可见为了缩小实测角误差 m_α 对待定角 β 的影响,应在布网时尽量缩小比值 $\frac{b}{a}$,一般应使 b 在场地许可的条件下尽量短些,但必须大于仪器望远镜的盲区。a 取决于竖井的口径大小,应尽可能短些。当竖井直径大于 5m 时,一般可争取使 $\frac{b}{a} \leq 1$,这时有 $m_{\beta 1} \leq m_\alpha$。如果设:

$$\frac{m_\alpha}{\alpha} \approx \frac{m_b}{b} \approx \frac{m_S}{S} \tag{7-29}$$

代入式(7-29)后可得:

$$\frac{m_{\beta 2}}{\beta} = \sqrt{2}\frac{m_S}{S} \tag{7-30}$$

或
$$m_{\beta 2} = \sqrt{2}\frac{m_S}{S} \cdot \beta \tag{7-31}$$

一般说来丈量两根悬挂钢丝间距的精度 $m_S \approx 1 \sim 2\text{mm}$,而 a 值受竖井直径限制,因此不宜要求量距有太高的精度,满足下面要求即可:

$$\frac{m_S}{S} \approx \frac{1}{3000} \sim \frac{1}{7000}$$

$$m_{\beta 2} = \left(\frac{1}{2000} \sim \frac{1}{7000}\right)\beta$$

为了减少量距误差对推算待定角 β 的影响,应该在布设图形时使 β 角尽可能小些。这就意味着联系三角形应具有直伸三角形的形状,也即三角形三点宜近似在一条直线上。例如,当 $\beta \approx 1°$,则 $m_{\beta 2}$ 可望小于 $1''$。如果令 $\beta \approx 3' = 180''$,则 $m_{\beta 2} \ll m_{\beta 1}$。因此当 $\beta < 1°$ 时有:

$$m_\beta \approx m_{\beta 1} \approx \frac{b}{a} \cdot m_\alpha$$

综上所述,联系三角形测量的精度,取决于测站点和钢丝悬挂点位置的选择,分析上述误差公式可得出如下结论:

(1)连接三角形最有利的形状为锐角 α、α' 不大于 $1°$ 的直伸三角形。

(2)计算角 β(或 β')的误差,随 α 角的误差增大而增大,随比值 $\frac{b}{a}$(或 $\frac{b'}{a}$)的减小而减小。故在联系测量时,应尽量使连接点 A 和 B 靠近最近的钢丝线,并精确地测量角度 α。

(3)两钢丝线间的距离 a 越大,则计算角的误差就越小。

(4)在直伸三角形中,量边误差对定向精度的影响较小。

(三)联系三角形定向测量

在生产实践中,测量工作者总结出了双联系三角形定向测量方法,该方法是在竖井中悬吊 3 根钢丝,组成 2 个联系三角形,双联系三角形定向测量如图 7-7 所示。进行定向测量时,在地面和地下近井点分别测量近井点至 3 根钢丝 a、b、c、a'、b'、c' 和钢丝间 O_1O_2、O_2O_3 的距离以及近井点与钢丝间的角度 α_1、α_2、α'_1、α'_2。然后根据观测数据,利用平差软件解算出地下近井点的坐标和方位角。该双联系三角形定向测量具有方法简单、操作容易、精度高等优点,在上海等地区得到普及,建议在竖井联系测量工作中广泛应用。

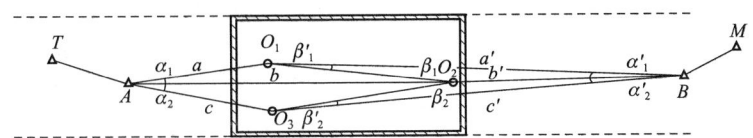

图 7-7 双联系三角形定向测量示意图

(四)联系三角形定向测量技术要求

联系三角形边长测量可采用光电测距或经检定的钢尺丈量,每次应独立测量三测回,每测回三次读数,各测回较差应小于 1mm。地上与地下丈量的钢丝间距较差应小于 2mm。钢尺丈量时应施加钢尺鉴定时拉力,并应进行倾斜、温度、尺长改正。

角度观测应采用 ±2″,(2+2D)mm(D 是测距边长,以 km 为单位)的全站仪,用方向观测法观测六测回,测角中误差应在 ±2.5″之内。

联系三角形测量,每次定向应独立进行三次,取三次平均值作为定向成果。定向推算的地下起始边方位角的测回较差应小于 12″,方位角平均值中误差应在 ±8″之内。

五 两井定向

当竖井井口小,在一井中钢丝间距小于 5m 时,为了提高定向精度,可利用地铁车站两端的施工竖井(在长隧道中部钻孔)进行两井定向。

(一)两井定向的布设形式

两井定向是在两施工竖井(或钻孔)中分别悬挂一根钢丝,与一井定向相比,由于钢丝间的距离大大增加了,因而减少了投点误差引起的方向误差,有利于提高地下导线精度,这是两井定向的主要优点。其次是外业测量简单,占用竖井的时间较短。

两井定向时,是利用地面上布设的近井点或地面控制点采用导线测量或其他测量方法测定两钢丝的平面坐标值。在地下隧道中,将以布设的地下导线与竖井中的钢丝联测,即可将地面坐标系中的坐标与方向传递到地下去,经计算求得地下导线各点的坐标与导线边的方位角。

(二)两井定向计算步骤和方法

在地面上采用导线测量测定 2 根钢丝的坐标,在地下使地下导线的两端点分钢丝联测,这样就组成一个附合图形。在这个图形中,2 根钢丝处缺少 2 个连接角,这样的地下导线是无起始方向角的,故称它为无定向导线。

设有导线 $A,1,2,\cdots,n-1,B$,附合在 A、B 两个控制点上,丈量诸边长 S_i,并在 $1,2,\cdots,n-1$ 诸点上测了转折角 β_i(设测左角)。

假设一个坐标系统,其原点在 A,其 x' 轴与 $A1$ 边重合,如图 7-8 所示。显然,在此坐标系统中 $A1$ 的方位角 $\alpha_1' = 0$,A 的坐标 $x_a' = y_a' = 0$,再按下述步骤计算各点坐标。

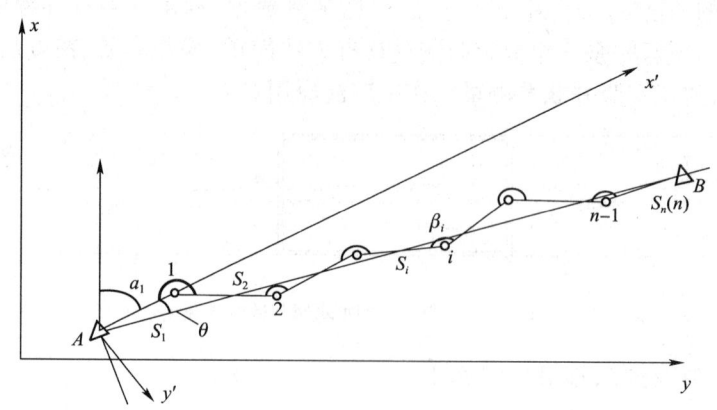

图 7-8 无定向导线示意图

(1)计算各点在假定坐标系统中的坐标值:

$$\left.\begin{array}{l} x'_k = \sum_{i=1}^{k} S_i \cos\alpha'_i \\ y'_k = \sum_{i=1}^{k} S_i \sin\alpha'_i \\ \alpha'_i = \alpha'_1 + \sum_{j=1}^{i-1}(\beta_j - 180°) \\ k = (1, 2, \cdots, n-1, n) \end{array}\right\} \quad (7\text{-}32)$$

(2) 计算 A_1 边在原坐标系中的方位角:

$$\alpha_1 = \tan^{-1}\frac{y_b - y_a}{x_b - x_a} - \tan^{-1}\frac{y'_b - y'_a}{x'_b - x'_a} \quad (7\text{-}33)$$

式中: (x_a, y_a), (x_b, y_b)——A、B 点在原坐标系中的坐标;

(x'_a, y'_a), (x'_b, y'_b)——A、B 点在假定坐标系中的坐标。

(3) 计算长度比:

$$M = \frac{\sqrt{(x_b - x_a)^2 + (y_b - y_a)^2}}{\sqrt{(x'_b - x'_a)^2 + (y'_b - y'_a)^2}} \quad (7\text{-}34)$$

(4) 计算各点在原坐标系中的坐标:

$$\begin{pmatrix} x_i \\ y_i \end{pmatrix} = \begin{pmatrix} x_a \\ y_a \end{pmatrix} + M \begin{vmatrix} \cos\alpha_1 & -\sin\alpha_1 \\ \sin\alpha_1 & \cos\alpha_1 \end{vmatrix} \begin{pmatrix} x'_i \\ y'_i \end{pmatrix} \quad (7\text{-}35)$$

(5) 计算各边在原坐标系中的方位角:

$$\alpha_i = \alpha'_i + \alpha_1 \quad (7\text{-}36)$$

六 导线直接传递测量

竖井联系三角形定向测量虽然有较高的精度,由于竖井的井筒直径有限,工作面窄小,施工干扰大,布设优化的联系三角形并不容易,且存在工序繁多、作业时间长、劳动强度大等不足。当地铁工程深度相对较浅时,竖井联系测量可采用导线直接传递测量定向,相对于竖井联系三角形定向法,该方法布设和施测比较简单,受井口施工干扰小,且同样可满足工程实际要求,但导线直接定向精度和点位传递精度随竖井深度增加而降低。

(一) 导线直接传递测量路线形式

当井筒直径比较大,且竖井中部有站厅平台(车站中板)等可架设测量仪器时,可采用经纬仪或全站仪直接从地面经站厅平台(车站中板),到地下布设导线进行坐标和方向传递测量,该方法测量如图7-9所示。

(二) 导线直接测量计算方法

导线直接测量主要是沿竖井的竖直方向布设导线点,通过测定相邻点之间的水平角和导线边,根据地面已知边和已知点坐标推算井下待定边的方位角和待定点坐标的一种方法。地下定向边 BM 的坐标方位角 α_{BM} 及井下坐标可如下表示为:

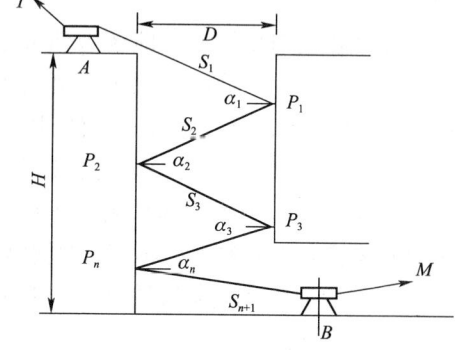

图7-9 直接导线传递测量示意图

$$\alpha_{BM} = \alpha_{TA} + \sum_{i=1}^{n+1} \pm \beta_i \mp (n+1)180° \qquad (7\text{-}37)$$

$$\left. \begin{aligned} X_B &= X_A + \sum_{i=1}^{n} S_i \cos\alpha_i \cos\alpha_{i-1,i} \\ Y_B &= Y_A + \sum_{i=1}^{n} S_i \cos\alpha_i \sin\alpha_{i-1,i} \end{aligned} \right\} \qquad (7\text{-}38)$$

式中：S_i——各导线的观测边长；

α_i——各导线边的竖直角；

$\alpha_{i-1,i}$——各导线边的方位角。

(三)导线直接测量误差分析

1. 方位角的中误差分析

若不考虑起始误差的影响，且测设角中误差都为 m_β，则可得到方位角的中误差为：

$$m_{\alpha BM} = m_\beta \sqrt{n+1} \qquad (7\text{-}39)$$

由式(7-39)看出，方位角中误差与导线边数和测角中误差有关。

当 m_β 一定时，边数越少越好，同时在竖井深度 H 与洞径 D 确定的情况下，竖直角 α、竖井深度 H、洞径 D 之间的关系为：

$$D\tan\alpha_1 + D\tan\alpha_2 + \cdots + D\tan\alpha_n = H \qquad (7\text{-}40)$$

设

$$\alpha_1 = \alpha_2 = \cdots = \alpha_n = \alpha$$

则有

$$n = \frac{H}{D}\tan\alpha \qquad (7\text{-}41)$$

因此，导线边数与竖直角大小成反比。

2. 仪器竖轴倾斜误差和对中误差对定向的影响和克服措施

在直接导线水平角观测中具有边长短、竖直角大、水平角较小的特点。因此，其主要误差来源为仪器的三轴误差、仪器测站和目标偏心误差的影响。

在仪器的三轴误差中，视准轴误差和横轴误差的影响均可采用盘左、盘右取平均值的方法加以消除，而竖轴误差的影响不能通过盘左、盘右取平均值的观测方法加以消除，目标觇牌与仪器不同轴误差其实质为目标偏心误差，对水平观测方向值也有较大的影响。

因此，直接导线传递测量方法必须解决两个问题：仪器竖轴倾斜误差影响和短边上的对中误差影响。

在短边上对中误差一般要求不大于 0.1mm（当边长 10~20m 时，则对水平角的影响 $\Delta\beta = 1'' \sim 2''$）。对中误差的产生往往是由于在仪器转站时或在同一测站上，觇牌中心与仪器旋转中心、觇牌中心与自身旋转轴不一致，以及基座连接装置的偏心等都会对方位角的传递产生较大的误差。这些误差大多是由于觇牌变形所致。因此，对觇牌必须事先进行检验。在井边适合位置砌筑强制对中固定观测墩，再经站厅平台砌筑强制对中固定观测墩中转，将坐标和方位角传至隧道内。在导线布设时各点埋设具有强制对中装置观测墩或带有内外架式的金属吊篮，就可有效地消减或减弱仪器对中误差和目标偏心误差的影响。

井上导线点与井下导线点的高差约为 8~15m，而其水平距离一般只有 10~20m，即在该边上的高度角为 30°~35°。在如此大的高度角的情况下，进行水平角观测，必须严格垂直，当

仪器的纵轴不严格垂直时,将按下式影响水平角测量精度:

$$\Delta\beta = V \cdot \tan\alpha \tag{7-42}$$

式中:V——仪器纵轴倾斜量;

α——该边的高度角;

$\Delta\beta$——对水平角的影响值。

由式(7-42)计算,当高度角 $\alpha=35°$ 时,如果照准气泡偏 0.2 格(4″),则对水平角影响 $\Delta\beta=3″$。必须指出,这项误差属于系统误差,不能通过盘左、盘右或多个测回数来消除。只有通过改正或观测时严格气泡居中来克服。这种传递方法,由于高差大,对仪器结构完善要求高。目前,全站仪均有纵轴倾斜自动改正装置,经过实践,全站仪的这种补偿功能的作用是有效的。在观测时宜采用具有双轴补偿的电子经纬仪或全站仪,有利于减弱竖轴倾斜误差对水平方向观测值的影响。

在竖井联系测量中采用竖直直接导线进行定向测量的方法,通过实践证明是一种比较经济的定向测量方法,只要在测量过程中,注意仪器气泡居中和觇牌的偏心问题,同样可以获得高精度的方位角传递成果,而且与联系三角形定向测量方法比较更为简便、可行。例如,在上海、北京等城市的竖井联系测量生产实践中,一些单位在井筒中设置多个带有强制对中标志的控制点,使用具有双轴补偿装置的 TCA 全站仪,通过测量多组导线路线,将坐标和方位角传递到地下定向边上,得到高精度定向测量成果。

七 投点传递测量

在城市轨道交通联系测量中,除采用传统的两井点定向测量方法外,在生产实践中,利用互相通视的地铁车站两端的施工竖井或在长隧道中部钻 2 个互相通视的钻孔,并在竖井或钻孔底部埋设控制点,在地面利用垂准仪分别以底部控制点对中,由于垂准仪对中视线为铅垂线,所以测量地面垂准仪的坐标,即得到地下控制点坐标和它们的方位角,并直接作为地下测量起算数据。上述测量方法我们称之为投点传递测量,该方法是根据地铁浅埋的特点,应用一铅垂线上平面坐标相同的原理而总结出的联系测量方法。

(一)利用地铁车站进行投点传递测量

一般地铁车站施工竖井位于车站两端,图 7-10 中 A、B 即为施工竖井。进行投点传递测量时,首先应以附合路线形式布设近井导线,近井点要分别位于施工竖井附近;然后在两个井上分别搭设观测台 A、B,在其上边架设垂准仪,并以竖井底部埋设的控制点进行对中,从而达到垂直投点的目的;接着由地面近井点联测垂准仪,测量中为加强检核和提高测量精度,应采用双极坐标法测量垂准仪的坐标,其坐标和方位角就是地下导线的起算数据。

图 7-10 地铁车站两端施工竖井示意图

(二)利用钻孔进行投点传递测量

当贯通隧道长度大于 1500m,为提高定向测量的精度,可采取在隧道中间的钻孔投点传递测量。作业时,首先根据现场情况,布设近井导线并利用其测定钻孔位置,孔间距离大于150m为宜;其次利用钻机在隧道上方钻出约20~40cm的钻孔,并使垂直偏差小于1/200;然后采用与竖井投点相同的方法在钻孔上架设垂准仪,进行垂准仪测量,得到地下导线的起算数据。

投点传递测量是一种适合于浅埋工程的联系测量方法,具有作业时间短、测量精度高、简单直观、容易操作的特点。有条件时,应优先考虑采用此法进行联系测量。

当工程埋深大于30m时,应结合钻孔费用、投点误差、投点作业环境等具体情况,慎重考虑是否采用钻孔投点进行传递测量的方法。

(三)投点仪器的选择

进行投点传递测量时采用的投点仪种类有多种,下面简单介绍几种常用的垂准仪(铅垂仪)。

1. 光学垂准仪(铅垂仪)

光学垂准仪(铅垂仪)是专门用于放样铅垂线的仪器,目前有日本索佳公司生产的PD3型光学铅垂仪,它有两个相互垂直的水准管用于整平仪器,仪器可以向上或向下作垂直投影,因此有上下两个目镜和两个物镜,垂直精度为1/40000。此外,还有瑞士徕卡公司生产的光学垂准仪,其型号为WILD NZL,WILD ZL 等,垂直精度为 1/30000~1/200000。

2. 激光铅垂仪

除了以上光学垂准仪(铅垂仪)以外,目前还有高精度激光铅垂仪,有日本索佳公司生产的 LV_1 型激光铅垂仪,仪器可以同时向上和向下发射垂直激光,所以用户可以很直观地找到它的垂直投影点,垂直精度为 1/30000~1/20000。

3. 经纬仪 + 弯管目镜法

经纬仪 + 弯管目镜法只能向上投点,所采用的仪器照准误差应小于2″。只要将通常所用的经纬仪(全站仪或激光经纬仪),卸下目镜,装上弯管目镜,望远镜的视线就可以指向天顶。实际操作时,为减少投点误差,提高投点精度,通常使照准部每旋转90°向上投点一次,这样就可得到四个对称点,取其中点作为最终结果。

经纬仪 + 弯管目镜法在城市轨道交通工程中应用还比较少,需要进一步研究。特别在高精度联系测量中使用,如果在测量各个环节中采取一些相应措施,应当能够满足联系测量精度要求。

八 高程传递测量

高程传递测量是将地面坐标系统中的高程传递到地下隧道、基坑中的高程近井点或高程起算点上的测量工作。根据不同的精度要求,可采取不同的测量方法。

(一)竖井高程传递测量

1. 地面近井高程点测量

在城市轨道交通的地下隧道建设中,一般利用施工竖井进行高程传递测量。为了测定近井点高程,首先应进行加密近井水准测量。测量前应对准备作为起算数据的地面控制水准点进行检查测量,经检测确定其稳定、可靠后,采用二等水准测量方法加密近井水准测量,并应构成附合水准路线。同样近井点应纳入水准路线中。

明挖施工时,向基坑下传递高程同样采用上述方法,在基坑边缘附近建立近井点。

2. 高程传递测量主要方法

(1) 悬挂钢尺法

利用悬挂的钢尺向地下传递高程是经常采用的测量方法,如图7-11所示。测量时,首先应搭建挂尺架,在挂尺架上悬挂经检定过的钢尺至底部,钢尺零刻划端朝下,并在下端挂一个重锤,重锤重量应与钢尺鉴定时拉力相同;然后如图7-11所示在地上和地下各安置一台水准仪进行测量。

设地面水准仪在 A 点尺上的读数为 a_1,在钢尺的读数为 b_1;地下水准仪在钢尺读数为 a_2,在 B 点尺上的读数为 b_2。由图7-11可以看出,AB 两点的高差 h_{AB} 和地下近井高程点 B 的高程 H_B 分别为:

$$h_{AB} = d - a_1 + b_2 = d + (b_2 - a_1) = (b_1 - a_2) + (b_2 - a_1) = (b_1 - a_1) + (b_2 - a_2) \quad (7-43)$$

$$H_B = H_A - h_{AB} = H_A - (b_1 - a_1) - (b_2 - a_2) \quad (7-44)$$

(2) 全站仪三角高程法传递高程

当竖井联系测量采用导线直接传递法将方位角传递到井下时,可同时采用全站仪三角高程法将高程传递到井下。

全站仪三角高程法,在传递高程时可避免由于测量仪器高所带来的误差,其原理如图7-12所示,为了确定 B 点的高程,在 O 处架设全站仪,后视已知点 A。设目标高为 l,当目标采用反射片时:$l=0$。测得 OA 的距离 S_1 和垂直角 α_1,从而计算 O 点全站仪中心的高程为:

$$H_O = H_A + l - \Delta h_1 \quad (7-45)$$

然后测得 OB 的距离 S 和垂直角 α_2,并考虑式(7-45),从而计算点高程为:

$$H_B = H_O + \Delta h_2 - l = H_A - \Delta h_1 + \Delta h_2 \quad (7-46)$$

从式(7-46)可以看出:此方法不需要测定仪器高,由于没有仪器高和觇高程测量误差,因而用无仪器高作业法传递高程同样具有很高的测量精度。

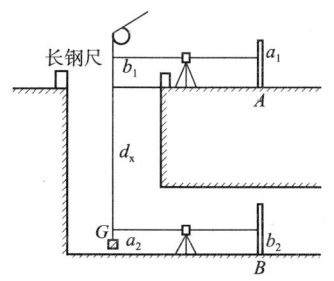

图7-11 悬挂钢尺法竖井高程传递测量示意图

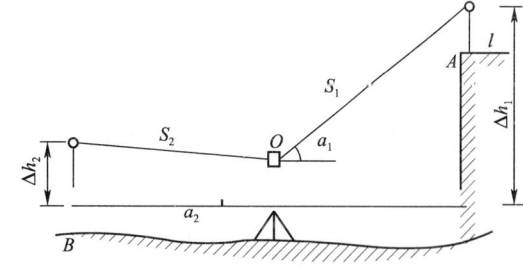

图7-12 全站仪无仪器高作业法

(3) 全站仪天顶测距法传递高程

在地铁隧道施工中,车站施工竖井或定向测量投点孔,为光电测距提供一条垂直通道,如图7-13所示,为采用全站仪天顶测距法传递高程提供了方便。进行全站仪天顶测距法传递高程步骤如下:

① 在竖井或隧道中钻空下安置配有弯管目镜的全站仪,并将望远镜放置水平,即竖盘天顶距读数为90°,读取立于井下待测高程的控制点上的水准尺读数,得到仪器高。

② 在地面投点孔上方安置有孔的钢板,在钢板孔上安置反射棱镜。

③ 然后将望远镜指向天顶,显示天顶距读数为0°的状态,并瞄准反射棱镜,按测距键测定

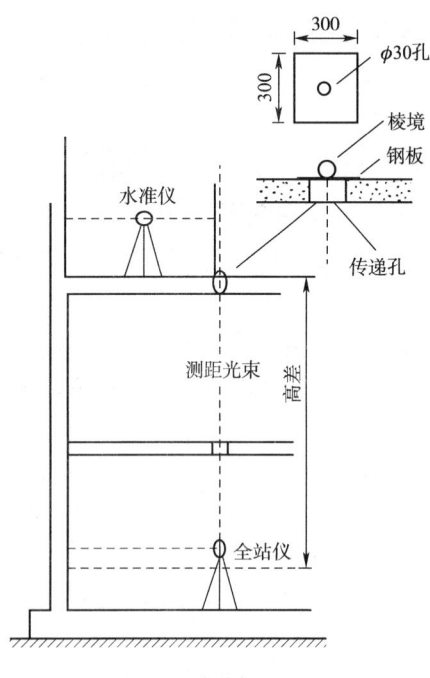

垂直距离；仪器高程加垂直距离后，即得到仪器与钢板面的高差。

④在地面上用水准仪将钢板面与地面水准控制点联测，得到钢板面高程后，根据已经测得的仪器高、仪器与钢板面的高差，从而计算出井下高程控制点的高程。

（二）竖井高程传递测量主要技术要求

根据《城市轨道交通工程测量规范》（GB 50308—2008）的规定，采用上述测量方法进行高程传递测量时，还应满足下列技术要求：

（1）测定近井水准点高程的地面近井水准路线，应附合在地面二等水准点上。近井水准测量，应严格执行相关规范对水准测量有关技术要求。

（2）采用在竖井内悬挂钢尺的方法进行高程传递测量时，地上和地下安置的两台水准仪应同时读数；高差应进行温度、尺长改正，当井深超过 50m 时应进行钢尺自重张力改正。

图 7-13　全站仪天顶测距法

（3）传递高程时，每次应独立观测三测回，测回间应变动仪器高，三次回测得地下、地上水准点间的高差较差应小于 3mm。

（4）明挖施工或暗挖施工通过斜井进行高程传递测量时，可采用水准测量方法也可采用光电测距三角高程测量等方法，但其测量精度应符合二等水准测量相关技术要求。

第三节　暗挖隧道施工测量

城市轨道交通工程隧道暗挖施工工艺分为盾构法和矿山法等，不同的施工工艺，其施工测量亦有所不同。本书主要介绍盾构法和矿山法掘进隧道施工测量的基本内容和方法。

一　盾构掘进隧道施工测量

盾构掘进隧道施工测量是指导盾构掘进施工和管片拼装符合设计要求而进行的测量工作。盾构施工测量工作主要内容包括地面控制测量、联系测量、地下控制测量、掘进施工测量和贯通测量等。地面控制测量、联系测量、地下控制测量和贯通测量等内容在本书相关章节已有论述，此处主要介绍盾构掘进施工测量。

（一）隧道盾构简介

盾构是盾构掘进机的简称，是在钢壳体保护下，由主机和后配套设备形成掘进隧道的机电一体化设备。采用盾构掘进隧道是暗挖隧道施工的一种先进方法，其优点是对周围环境的影响小、掘进速度快，并且可以实现在各种复杂地质条件下的施工。

按照开挖、工作面支护和防护方式，一般将盾构分为全面开放型、部分开放型、密封型及全断面隧道掘进机（Tunnel Boring Machine，简称 TBM）。严格讲各种类型的盾构都可称隧道掘进机,只是盾构和TBM的适用范围不同。

1. 全面开放型盾构

全面开放型盾构按其掘进方式划分,可分为人工、半机械和机械化三种形式。

(1)人工掘进盾构

人工掘进盾构是最老的盾构,在工作面上全部敞开人工开挖,也可在切口设置支撑系统分层开挖。此方法便于观察、简单、价廉,但劳动强度大、效率低。

(2)半机械掘进盾构

半机械掘进盾构与人工掘进盾构的区别是在盾构正面安装悬臂式挖土机。

(3)机械式掘进盾构

机械式掘进盾构是在盾构的切口环部分安装与盾构直径相应的刀盘,以便利用全断面开挖机械进行切削开挖。盾构进行隧道掘进时,由刀盘、刀具旋转切割地层、螺旋输送机或管道运送渣土,在壳体内拼装预制管片,依靠液压千斤顶推进。

2. 部分开放型盾构

部分开放型盾构又称挤压式盾构,它是在开放型盾构的切口环与支撑环之间设置留有开口的胸板,以阻挡正面土体。盾构掘进时,通过挤压将土体挤入隧道排出。该种盾构适用于软弱黏土层。

3. 密封型盾构

根据开挖面施加压力的方式,密封型盾构分为局部气压式、土压平衡式、泥水加压式和混合式等几种。

(1)局部气压式盾构

局部气压式盾构是在盾构支撑环的前边装上隔板,使切口形成密封舱,里边充满压缩空气,达到疏干和稳定开挖面土体作用。由于这种盾构依靠压缩空气密封开挖面,因此要求地下透水性要小。

(2)土压平衡式盾构

土压平衡式盾构又称削土密封式或泥土加压式盾构。它的前端有一个全断面切削刀盘,它的后面有一个储留切削土体的密封舱,在其中心装有土体输送机。所谓土压平衡式就是密封舱中切削下来的土体和泥水充满密封舱,并保持适当压力与开挖面土压平衡。

(3)泥水加压式循环

泥水加压式循环与土压平衡式盾构相似,它是在盾构正面和支撑环的前边装置隔板的密封舱中,注入适当压力的泥浆支撑开挖面。由正面刀盘切削土体,使用排泥泵和管道送出隧道处理。

(4)混合盾构

混合盾构是一种新型盾构,该盾构可以构成泥水加压式盾构、气压式盾构或土压平衡式盾构,当地层条件变化时,盾构机型随地层变化而相应改变调整。

(二)盾构掘进施工测量的主要内容

盾构掘进施工测量的工作贯穿于三个阶段,即盾构始发前的测量工作、盾构掘进过程中盾构姿态和管片安装测量以及盾构接收测量。

1. 盾构始发前的测量工作内容

盾构始发工作井建成后,通过联系测量方法将坐标和高程传递到工作井的近井点上,并作为井下测量工作的起算数据。测量前应对这些起算数据进行复测检查,确保起算数据正确。

(1)盾构基座和反力架定位测量与检测

利用井下近井点进行盾构机基座和反力架的定位测量,测量放样的轴线和点位应标识清楚,放样后要进行检核测量,确保放样数据正确。

①盾构基座定位测量与检测。按照盾构基座设计的位置,对盾构基座安装所需的轴线进行标定。首先便用全站仪将盾构基座中心轴线测设在井壁或固定的物体上。然后根据基座设计的里程,在其前端、中间和后端三个部位,分别把垂直于基座中心轴线的法线测设在井壁或固定的物体上。接着在基座前端、中间和后端三个部位,沿基座中心轴线两侧的井壁或固定物体上标定同一高程的水平线,并标明实际高程值。

按照标定数据进行盾构基座定位后,还应对基座安装质量进行检测。检测的内容有基座前端、中间和后端里程、高程及基座中心线与设计中心轴线的方位角偏差、坡度是否满足施工设计精度要求。

②反力架定位测量与检测。反力架定位测量可使用全站仪进行反力架基准环中心的测设。

测设完成后应进行检查测量,检测的内容有反力架基准环中心和其法面是否分别与盾构机实际中心轴线一致和垂直、基准环中心高程与盾构机中心轴线高程是否一致、基准环法线面倾角是否与盾构机实际坡度一致。以上检测数据应满足盾构机始发掘进的技术设计精度要求。

(2)预留洞门钢圈位置测量

预留洞门钢圈位置测量同样可使用全站仪并采用极坐标法进行测设。

测设完成后应对安装好的工作井预留洞门钢圈安装位置和尺寸进行检测,其安装位置和尺寸应满足始发要求。工作井预留洞门钢圈尺寸按式(7-47)计算:

$$D_S \geq H\tan\alpha + \frac{D}{\cos\alpha} + \Delta_e + \Delta_s + \Delta_g \tag{7-47}$$

式中:D_S——工作井预留洞门直径(m);

H——洞门井壁厚度(m);

α——隧道轴线与洞门轴线的夹角(平面或纵坡夹角的值)(°);

D——盾构的外径(m);

Δ_e——设计规定的始发或接收工作井预留口直径大于盾构外径的差值(m)(始发工作井取0.10m,接收工作井取0.20m);

Δ_s——测量误差(m)(一般为0.10m);

Δ_g——盾构基座安装高程误差(m)(一般为0.05m)。

2. 盾构掘进过程中盾构姿态和衬砌环安装测量

(1)盾构姿态和衬砌环安装测量内容

①盾构姿态测量主要内容包括盾构的横向偏差、竖向偏差、俯仰角、方位角、滚转角及切口里程。

②衬砌环安装测量在盾尾内完成管片拼装和衬砌环完成壁后注浆两个阶段进行:第一阶段,在盾尾内管片拼装成环后测量盾尾间隙;第二阶段,在衬砌环壁后注浆和管片出车架后进行测量,测量内容包括衬砌环中心坐标、底部高程、水平直径、垂直直径和前端面里程。

(2)盾构掘进测量方法的选择

盾构掘进过程中盾构姿态和管片安装测量,应根据盾构机是否安装有自动导向测量系统,来确定测量方法。当盾构机安装了自动导向测量系统,且精度较高时,则主要利用自动导向测量系统进行盾构姿态和管片安装测量,以人工测量方法进行控制测量和检核测量;当盾构机未安装自动导向测量系统,应采用人工测量方法进行盾构姿态和管片安装测量;当盾构机安装了自动导向测量系统,但精度较低时,则根据自动导向测量精度以及按贯通误差要求该精度所能控制的掘进距离,及时采用人工测量方法作为辅助手段进行导向测量系统以及盾构姿态和管片安装的检核、校正测量。

3.盾构接收测量

盾构接收测量指盾构到达接收井前,在接收井内应完成的测量工作,主要内容包括预留洞门钢圈位置测量、盾构基座位置测量等。

盾构接收测量方法和技术要求与盾构始发前的相关测量工作基本相同。

(三)盾构机自动导向系统

现代新型的盾构机都装备有可选的成套测量与控制系统,即自动导向系统,指导盾构掘进施工。导向系统种类主要有四种:陀螺仪导向系统、德国 VMT 公司 SLS – T 导向系统、我国盾构姿态实时监测系统以及英国 ZED 导向系统。

(四)人工进行盾构姿态和管片安装测量最基本方法

在盾构掘进的过程中,对未安装自动导向测量系统的盾构机,应采用人工测量方法进行盾构姿态和管片安装测量。对安装自动导向测量系统的盾构机,在一定的条件下也要采用人工测量方法进行盾构姿态和管片测量。这是因为受所配置的盾构机自动导向系统精度限制,超过一定的距离测量精度不能满足施工对隧道偏差的要求,加之隧道内测量条件差,同时也是为了加强检核,必须独立于自动导向测量系统,在每掘进一定的距离后应对盾构机的姿态和位置进行检核测量。检核测量时间间隔,取决于盾构机自动导向系统能够指导隧道按测量精度设计偏差要求掘进的距离。

采用人工测量方法进行盾构姿态和管片安装测量时,应针对不同构造的盾构机的特点,制定相应的测量方案。测量方案中应包括测量观测标志点的设置位置、测量方法、盾构姿态和管片偏差计算等。

1.观测标志点的设置位置

(1)盾构上所设置的测量标志应不少于2个,有条件时应增加多余观测,可设置3个或3个以上的测量标志。根据盾构主机结构特点,测量标志可沿其纵向或横向截面上设置,标志点间距离尽量大,沿盾构主机纵向设置的测量前标志点应尽量靠近切口位置。标志可安置棱镜或粘贴反射片。测量标志点设置完成后,应测量它们的三维坐标以及盾构机轴线几何坐标系统的明确几何关系,以便将测量标志点的三维坐标换算成盾构姿态。

(2)管片上不需设置标志,直接利用其结构特征点测量。

2.测量方法

(1)对盾构上所设置的测量标志的测量一般采用极坐标法,测量其三维坐标。

(2)对管片安装测量使用全站仪、水准仪和带有水平气泡的板尺,分别采用极坐标法、水准测量方法和直接丈量方法。在管片出车架，壁后注浆完成后，将板尺水平横放在衬砌环上，测量板尺中心和该处的顶、底板高程等直接或间接得到砌环中心坐标、底部高程、水平直径、垂直直径和前端面里程，测量误差在±3mm以内。

3. 隧道成环管片测量方法

（1）成环管片测量方法

根据成环管片的内径，采用铝合金制作一铝合金标尺，铝合金标尺长接近内径。在标尺正中央位置做标识，并在其侧面贴上反射片。测量时，将铝合金标尺水平放置在某一环片上，首先用水平尺把铝合金标尺精确整平，使用全站仪采用极坐标法测量铝合金标尺中心坐标，即为环片中心坐标；使用铝合金标尺正中央位置的底板和顶板高程，从而得到环片直径及圆心。由此，就可以推算出成环管片中心轴线的实际三维坐标，以及与设计比较后的差值。

（2）管环姿态计算

管环姿态计算内容包括衬砌环中心坐标、底部高程、水平直径、垂直直径和前端面里程。计算工作可采用计算机或计算器。

采用计算机计算时，由全站仪采集外业数据，存储在全站仪的内存里，在内业将数据下载复制到EXCLE表格中，编辑成CAD识别的三维坐标。然后将三维坐标数据复制到记事本程序里面保存，文件的后缀名必须是".SCR"，如"成环管片外业数据.SCR"。这就把成环管片外业数据编辑成了CAD的画点脚本文件。通过CAD的脚本功能，就很方便快捷地在CAD里面把点画出来。

打开AutoCAD，在模型状态下（一定要关闭"对象捕捉"命令），打开菜单栏的"工具（T）"选项，在下拉子菜单中选择"运行脚本（R…）"，或者在命令行中输入".SCR"，两种方式都是运行脚本，AutoCAD便查找脚本文件。操作者找到要调用的脚本文件"成环管片外业数据.SCR"后，直接打开它。AutoCAD便自动把点画出来了。点位画出来后，就可以在CAD里通过查询命令直接量出管环的水平和垂直姿态了。通过以上管环的测量和计算方法，解决了管环检测数据量大、计算难、测量时间长的问题，大大提高管环检测的效率和准确度。

二 矿山法掘进隧道施工测量

城市轨道交通工程矿山法掘进隧道施工方法，根据隧道断面分块情况和开挖顺序有全断面法、台阶法和分部开挖法等。一般施工过程分为两个阶段完成隧道构筑：初衬开挖阶段（即土方开挖和初衬支护）和二次衬砌支护阶段。不同的施工工艺对施工测量提出了不同的要求，但是，不论采用何种施工工艺，测量定线基本原理相同，只是测量方法差异。

矿山法掘进隧道施工测量，实质是在隧道控制测量的基础上，依据施工设计给定隧道开挖方向和高程控制线，进行现场测设，即进行隧道中腰线标定，以指导隧道按设计要求正确开挖。隧道中腰线标定不同于地面定线，地面定线可一次定出整个线路，而隧道则是随隧道向前开挖，一点一点不断向前延伸逐点标定的。下面根据地下隧道施工工艺对矿山法掘进隧道施工测量进行介绍。

（一）开挖中腰线标定

1. 中腰线标定前的准备工作

城市轨道交通工程线路设计完成后，施工单位将按设计要求进行工程建设。工程建设测量的任务就是要把图上设计的线路,随着土建施工的进展,隧道掘进的不断深入,逐步地标设于实地。因此,中腰线标定前的准备工作非常重要,包括如下内容:

(1)了解和检查线路设计图纸

施工测量人员拿到设计图纸之后,应了解设计意图,并在施工单位技术部门审核的基础上,对设计图纸上标注的所有数据进行核对,检查设计线路的里程、距离、方向、坐标、曲线半径、转折角、切线长、缓和曲线长、曲线长等数据的正确性以及是否满足相关几何条件。

(2)中腰线标定数据的计算

①在标定隧道中腰线之前,必须了解所要标定隧道周边有没有可用的已知测量控制点,且相关数据是否齐全,以确定标定所使用的起算测量控制点。如果附近没有可靠的测量控制点,应现场踏勘了解隧道周边较远处测量控制点的分布和完好情况,并制定引测方案。

②隧道的设计数据及相关标定数据的计算,依据设计图和施工方案计算相关标定数据,数据计算必须采用不同方法或不同人员分别进行,以保证放样数据的正确。

③现场标定中腰线之前,对起算控制点要进行现场检核。如控制点的位置、相对关系等是否与已收集的资料一致。

④有条件时应准备几个标定方案,以防止现场标定时,现场条件变化,不能按照既定方案进行放样定线,影响工程建设。

2.直线隧道中线标定基本方法

(1)隧道中线标定基本方法

①隧道开切口中线标定。隧道开切口中线标定如图7-14所示,首先检查开口点 A 是否保存完好,标定或检查时,在 M 点重新安置仪器后视 N,测角量距标定检查 A 点。

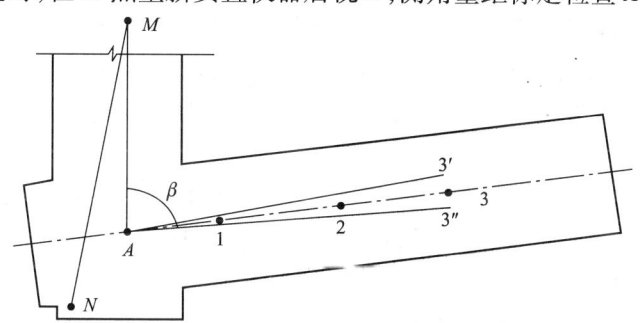

图7-14 隧道开切口中线标定

检查确认 A 点标定正确后,将全站仪或经纬仪安置在 A 点上,用正倒镜两个镜位给出角 β,测设中点3,由于仪器和测量误差,正倒镜给出的中线3′点和倒镜给出的中线3″点往往不重合,取正倒镜的平均值3点作为中线点,可以提高标设的精度。为了避免出现差错,应重新拨角检查或一个测回测量 β 角,以作为检查,其误差在30″之内。检查符合要求后,用望远镜瞄准3点,在此方向上再测设1和2点,A、1、2、3四点组成一组中线作为隧道的开挖掘进方向。一组中线一般设三个点是因为如果其中一点移动,就可以从三点是否在一条直线上而发现。当发现某中线点移动,三点不在一条直线上应重新标定中线,否则隧道方向就会出现差错。

隧道开挖之后,开切口最初测设的中线点,因测设空间限制,其精度相对较低,在开挖一定距离后要复测调整。一般开挖5～10m后,应当重新标定一组中线点。

在工程实际中,中线点一组设四个,当发现一个点移动,而另三点未移动时,这一组点仍可继续使用,各中线点之间的距离应不小于2m为宜。中线点可埋设在拱顶等位置。

②隧道掘进中线标定。隧道开挖初衬掘进中线的标定方法有多种,在隧道施工中,应视具体情况,使用简单、便利、方便测设的方法测设,中线埋设的位置应利于保存且方便使用。

当隧道掘进一段距离后,一般为 30~40m,应向前延伸中线,如图 7-15 所示。置仪器于 B 点,后视 A 点转 180°,标定 D、1、2、3。循环推进,指导隧道掘进。隧道掘进一定距离后,要测设控制导线以校正施工中线,保证隧道按设计要求贯通。

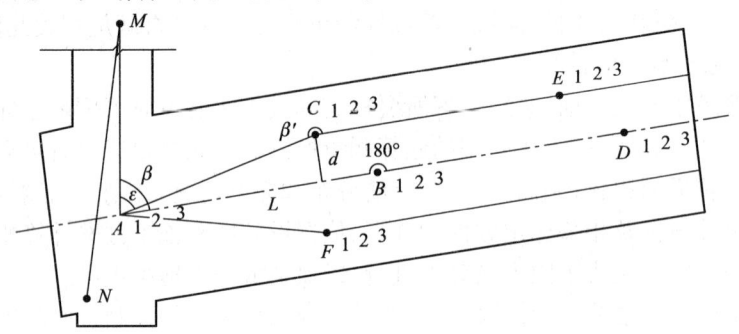

图 7-15 隧道掘进中线标定

给定隧道开挖的平面中心线,除了标定隧道结构(几何)中心线外,也常采用标定线路轨道中心线或隧道边线(俗称偏中线)。因为,在地铁线路的岔区,隧道断面不断变化,结构中心线亦随断面的变化不断变化,而直股轨道线路中心线不发生变化,标定线路轨道中心线就不必经常改变中线的位置,对施工放样非常有利。

③多组隧道掘进中线标定。由于地铁隧道较大,一般暗挖单洞单轨马蹄形隧道约 5m 宽、4.5m 高,圆形隧道直径 5.4m;单洞双轨马蹄形隧道宽约 8m 多、高约 7m,圆形隧道直径 8m 多,断面较大,一条中线控制开挖难度较大,许多施工单位为方便施工,保证隧道按设计施工同时又不超挖造成浪费,在标定隧道结构(几何)中心线或轨道(线路)中心线的同时,再在隧道的两侧放设两条辅助中线,三条相互平行的中线控制开挖断面,既不偏挖造成工程损失,又不因为超挖造成工程浪费,以保证隧道的开挖质量。

三条中线的具体测设方法如图 7-15 所示。A 为隧道中线上的一点,首先在 A 点安置仪器,后视 M 转 β 角给定一组中线 B、1、2、3,并测量 B 点的坐标。

现在要标设辅助中线点 C 及 1、2、3 一组中线。标设 C 点时,可根据辅助中线与隧道中线的间距 d 和 AC 两点距离在中线上的投影长度 L 求出相应的放样数据:

$$\xi = \tan \frac{d}{L}, L_{AC} = \sqrt{d^2 + L^2} \tag{7-48}$$

图 7-15 中 β 为隧道中线与导线边 MA 方向之间的夹角。则标定 C 点的转角为:

$$\beta = \varepsilon - \xi \tag{7-49}$$

标定时,仪器先安置在 A 点,根据角 ε 和距离 L_{AC} 可标定出 C 点。然后将仪器移至 C 点,后视 A 点,拨 $\beta' = 180° - \xi$ 角,这时仪器视线方向就是辅助中线(或轨道中心线的平行线)的方向。在视线上标定 1、2 和 3 点,测点 C、1、2、3 即为一组辅助中线点。

同理,可标设辅助中线点 F 及 1、2 和 3 点。标定 F 点的转角为:

$$\varepsilon = \beta + \xi \tag{7-50}$$

标定时,仪器先安置在 A 点,根据角 ε 和距离 L_{AF} 可标定出 F 点。然后将仪器移至 F 点,后视 A 点,拨 $\beta' = 180° - \xi$ 角,这时仪器视线方向就是辅助中线(或轨道中心线的平行线)的方向。

当隧道掘进一段距离后,可继续延设辅助中线点,延设方法同前。

(2)隧道中线的使用

①瞄线法。如图7-16所示,为标设的一组埋设在拱顶的隧道中心线,首先在中线1、2、3、4上悬挂垂球待其稳定后。一名测量人员站在垂球线1的后面,用手电筒或其他照明工具照亮4根垂线球,并沿1、2、3、4方向线向开挖工作面瞄视,另一个人在工作面移动标志或手电筒,使其正好落在视线上(即中线的延长线上),标志或手电筒的中心位置就是隧道中心线或轨道中心线。标设隧道中心线的平行线(辅助中线或偏中线)方法完全一样。

②拉线法。如图7-17所示,为标设的一组埋设在拱顶的隧道中心线,首先在中线1、2、3、4上悬挂垂球待其稳定后。一名测量人员将线绳的一端系于中线点1上,另一端牵向开挖工作面并左右移动,另一个检查线绳是否与中线点2、3、4相切。线绳正好与中线点2、3、4上悬挂垂球线相切时,则线绳在工作面的一端即为所求的隧道中心线或轨道中心线位置。

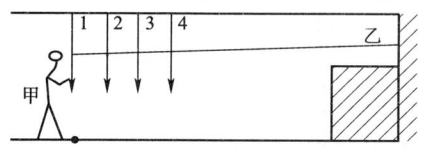
图7-16 瞄线法示意图

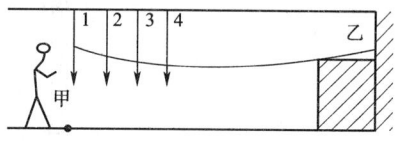
图7-17 拉线法示意图

(3)地铁施工竖井开切口中线标定方法

地铁土建工程中,矿山法掘进隧道一般是通过施工竖井开挖。受地铁沿线地面交通和周边环境等条件所限,施工竖井分别开凿在地铁线路的正线上方或开凿在地铁线路的一侧通过联络通道再进入正线。因施工竖井的位置不同,正线隧道开切口的位置亦不同,施工工艺亦不同,其中线标定方法亦有所不同。

①施工竖井在地铁线路正线上方。如图7-18所示,首先利用地面的平面控制点,在施工竖井两端的地面放设出隧道中心线点或轨道中心线点ABCD等。

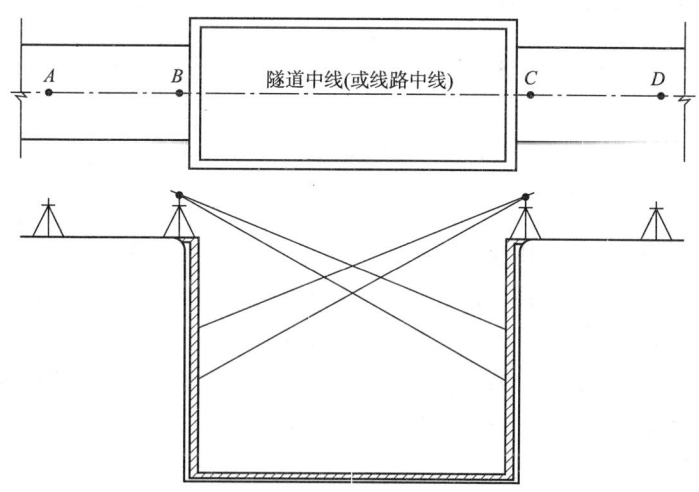
图7-18 直线投测中线

依据现场实际情况和A、B、C、D四个中线点等,可采用直接投测中线,如图7-18所示,分别在B或C安置仪器,后视D或A,在施工竖井的两壁上标定隧道中心线或轨道中心线,指导隧道开挖。此法标定隧道中心线或轨道中心线时,受经纬仪或全站仪在竖直面的视场所限,施工竖井深度不宜过深。

也可在竖井井口搭建两个仪器安置平台,如图7-19所示,分别在中线点 A 或 D 安置仪器,后视 D 或 A,将安置在仪器安置平台上的 B 和 C 两台投点仪调整到所要标定中线位置上,向竖井内投测 B 和 C 两点,在投测的 B 或 C 点安置仪器,后视 C 或 B 在井壁上测设中线,指导隧道开挖。

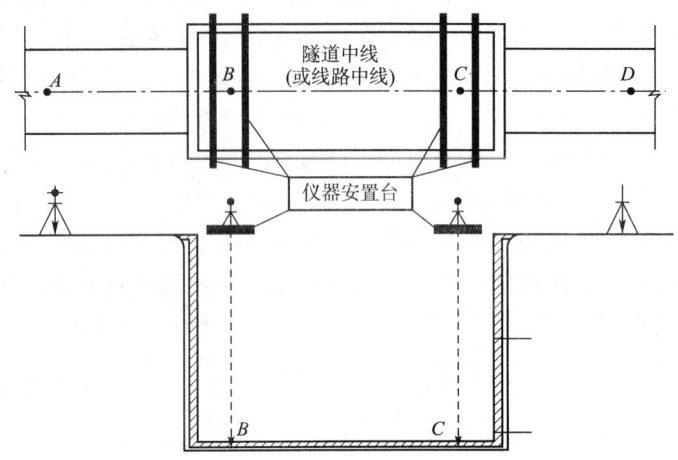

图7-19 在竖井井口搭建两个仪器安置平台

或采用如图7-20所示,为了便于检核,在竖井井口搭建三个仪器安置台 A、B、C,将投点仪安置在仪器安置台上,依据地面的平面控制点测量投点仪的坐标并将其投测到竖井内。依据 A、B、C 三点和待标定的中线点4和5计算放样数据——距离和转角,在 A 或 B 或 C 安置仪器,后视 B 或 A 或 C,施测现场标定中线点4和5,或用全站仪直接放样坐标标定待定的中线点4和5。在此基础上,安置仪器于4或5点,后视 A 或 B 或 C,放设隧道中心线或轨道中心线,如图7-21中的1、2、3点,1、2、3、4、5点共同组成开挖中线,直到隧道开挖。

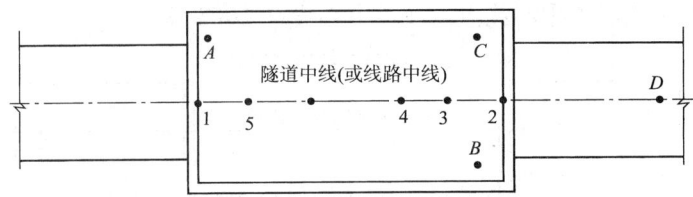

图7-20 在竖井井口搭建三个仪器安置平台

不论采用上述何种方法或其他方法标定开切口中线,由于受到客观条件限制,测量现场空间狭小,测设放样的中线相对精度较低,应根据现场的实际情况,开挖一定距离后及时检查修正,或重新标定,或引测高精度的控制点重新标定,以保证放样的开切口中线正确。

②施工竖井在地铁线路的一侧。施工竖井位于地铁线路的一侧,如施工竖井和联络通道有条件时,首先在施工竖井内进行联系测量,将地面坐标、方向传递到施工竖井内,如图7-21中的 B、C、D 三点坐标和 BE 方向。

依据 B、C、D、E 等点和待定中线点 A 计算放样数据距离、转角,现场标定待定的中线点 A。或用全站仪直接放样坐标标定待定的中线点 A。在此基础上,安置仪器于 A 点,标定隧道中心线或轨道中心线,如图7-21中的 AA 方向线。

3. 曲线隧道中线标定基本方法

地铁线路隧道的转弯处或两条线路衔接处,都要用曲线连接。由于曲线隧道的隧道中线或轨道中心线是弯曲的,只能在小范围内以直代曲,即用分段的弦线来代替分段的曲线,用内接多边形代替整个曲线,并实地标定这些弦线来指示曲线隧道的开挖方向。

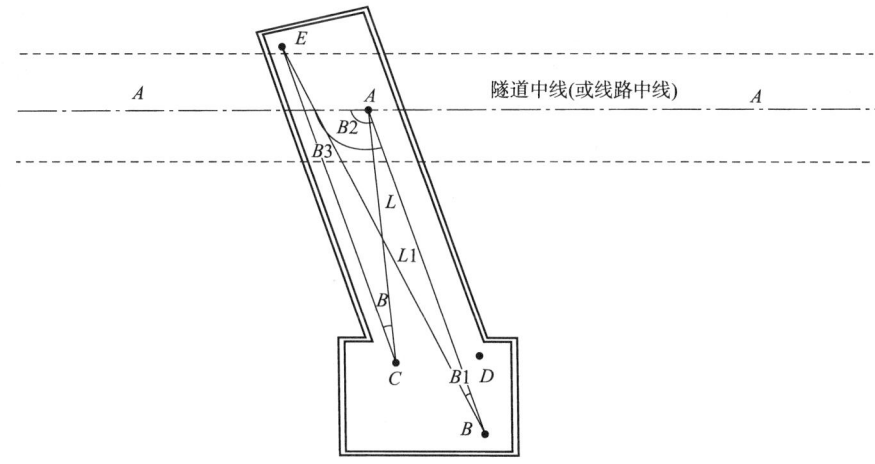

图 7-21 施工竖井在地铁线路的一侧

用弦线来代替曲线,一定要确定合理的弦长。如果弦长太短,则中线点过多,增加测量工作并将更多占用开挖时间,影响掘进速度;如果太长又会造成弦线距内侧隧道壁太近,施工掌握困难,甚至弦的两端不能通视。为保证隧道按设计施工,施工单位多采用测设一条隧道中心线或轨道中心线和两条辅助中线(与隧道中心线平行且两线之间定距离)的方式指导施工。因此,以直代曲的弦线不能过长,一般根据施工技术要求、三条中线之间的距离、曲线半径和断面宽度等确定合理分段。对于一条曲线,在拿到设计文件后,依据相关要求,首先在内业进行曲线隧道中线分段设计,并依据分段计算中线点标定数据。

4. 隧道施工腰线的标定

隧道施工测量高程控制线俗称腰线,施工腰线的标定就是按设计要求给定隧道竖直面内的方向,即给定隧道的坡度。

标定隧道腰线时的准备工作和标定中线基本上是一样的,实地标定工作也往往和标定中线同时或先后进行。由于两者的性质不同,使用的测量仪器和方法也不一样。

(1)隧道施工腰线的标定方法

地铁隧道施工腰线一般采用水准仪标定。目前,地铁隧道施工单位大多数将腰线设置在设计轨面上 50cm 或 1m 的位置上,标定点的数目和方式与掘进人员的使用习惯有关。一般在隧道两帮成组设置,三个点为一组,两帮共设六个点或在施工面附近的两帮或一帮直接画出腰线。不论成组设置或直接画出腰线,都是为隧道开挖和格栅安装支护提供依据,其测设的原理一样。

由于矿山法施工进度相对比较慢,每天仅开挖 1~3m。因此,也有施工单位在每架格栅支护时,测量人员用水准仪(或全站仪或经纬仪)在现场施工标定腰线,指导格栅安装支护再喷射混凝土完成隧道的初衬开挖。

(2)隧道开切口高程控制线的标定

如图 7-22 所示,标定开切口 A 点的高程控制线即 1m 线。设计文件规定 A 点里程对应位置的设计轨面高程为 H_A,则 A 点 1m 线高程为 $H_{A+1} = H_A + 1$,已知 B、C、D 三点高程分别为 H_B、H_C、H_D,下面以 B 点为例说明高程控制线的标定方法。

①首先计算 B 点与待标定点 A 点 1m 线之间的高差,其值为:
$$h = H_A + 1 - H_B \qquad (7\text{-}51)$$
②然后在联络通道安置水准仪,后视 B 点,后视读数为 b,则 A 点标尺(水准尺或小钢尺)尺面读数应为: $h_尺 = b - h$,在 A 点立水准尺或小钢尺并上下移动,使水准仪视线落在 $h_尺$ 读数的位置,则水准尺或小钢尺的零点即是 A 点 1m 线的位置。

③标定的高程控制线位置设置好后,可用 C、D 两点进行检核。

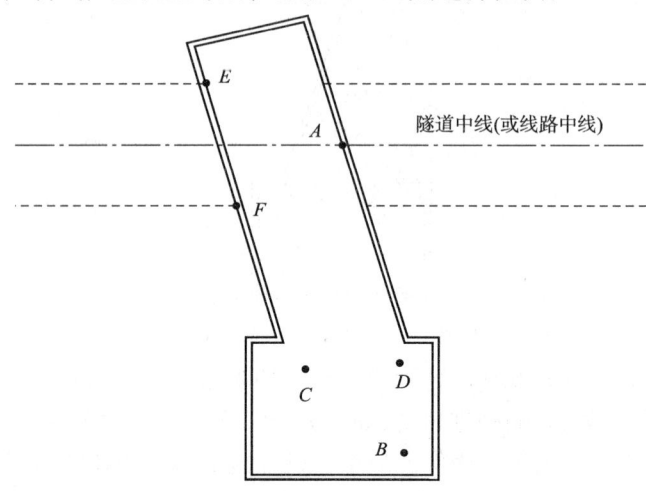

图 7-22　隧道开切口高程控制线的标定

5. 隧道中、腰线延伸测量

(1) 隧道中线延伸测量

地铁隧道每掘进开挖 20~30m,应进行隧道中线延伸测量,即重新标定一组中线点。在标定之前应检查以前给定的中线点是否移动,检查的方法是看这一组中线点是否仍在同一方向上。当确定中线点没有移动后,安置仪器,根据隧道方向角标定一组新的中线点。如果隧道不改变方向,则每次向前标定中线时,隧道方向角为 180°。

中线延伸测量的同时,在每组中线点中要选择一个点作为临时导线点,作为下一组中线点测量起算依据。临时导线点测量应按表 7-5 的技术要求进行。

导线测量技术要求　　表 7-5

仪器等级(全站仪)	测角中误差(″)	测距中误差(mm)	测 回 数
Ⅱ	±6	±5	1
Ⅲ	±6	±5	2

当隧道每掘进开挖 150~500m,应测设平面控制导线,利用平面控制导线对临时点进行检查。平面控制导线点向前延伸时,应至少检测已测设的两个平面控制导线点,两次测量水平角检测较差小于 10″,边长检测较差小于 5mm。继续延伸中线时,应以新测平面控制导线点为依据,检查或重新标设中线。

(2) 隧道腰线延伸测量

隧道掘进每开挖 20~30m,应使用水准仪重新给定一组腰线点。使用全站仪或经纬仪视线置平代替水准仪标定腰线时,应进行正、倒镜观测。

每当向前标设几组腰线点之后,应进行检查测量。这时应从已知高程的水准点进行水准测量,检查测定的腰线点的高程是否与设计的高程符合。如其差值超过规定,应调整腰线点。同时根据调整后的腰线点标定下一组腰线点。

隧道每掘进 200~500m,应至少埋设 3 个测量高程控制点,采用 S_1 级水准仪和《城市轨道交通工程测量规范》(GB 50308—2008)规定的二等水准测量方法测定其高程或借用平面控制点的桩位,每 200m 左右测设一个高程控制点,直到开挖工作面。高程控制点向前延伸时,应至少检测先前已测设的两个高程控制点。继续延伸腰线时,应以新测的高程控制点为依据,检查或重新标设腰线。

(二)竖曲线测设

1. 竖曲线的形式

为保证地铁列车平稳运行,我国铁路有关规范规定,线路纵向坡度变化大于2‰时,均要在两个相邻坡段之间用曲线连接即竖曲线,当坡度变化不大于2‰时,可不设竖曲线。一般竖曲线采用圆曲线,曲线半径 2000~5000m。由于坡度变化的不同,竖曲线有凸凹两大类。

2. 竖曲线的测设

首先依据变坡点的设计高程和变坡点两侧的坡度值及曲线半径等计算待标定的竖曲线点(注:有多种方法且计算较为复杂,可根据要求的定线或放样精度选择适宜的计算方法。具体计算请参见有关铁路线路测量和设计书籍)。

根据要求的定线或放样精度,选择放样仪器如精密水准仪、水准仪、全站仪、经纬仪等,现场标定放样,放样方法与腰线标定相同。

思考题

1. 城市轨道交通工程的初步设计定线测量技术要求有哪些?
2. 城市轨道交通工程的施工定线测量技术要求有哪些?
3. 定线测量是在城市轨道交通工程专用 GPS 网或精密导线网的控制下进行,当其密度不够应进行控制点加密测量。定线测量基本方法有哪些?
4. 城市轨道交通工程施工定线测量完成后,要对线路中线点进行检测和中线调整测量方法有哪些?
5. 城市轨道交通工程的联系测量的基本要求有哪些?
6. 陀螺经纬仪是一种全天候、不依赖其他条件能够测定真北方位的物理定向仪器,它有哪些基本特性?
7. 陀螺经纬仪定向时的注意事项有哪些?
8. 进行投点传递测量时采用的投点仪种类有多种,常用的垂准仪(铅垂仪)有哪几种?
9. 城市轨道交通工程的高程传递测量主要方法有哪些?
10. 竖井高程传递测量主要技术要求有哪些?
11. 盾构姿态和衬砌环安装测量内容有哪些?

第八章　结构断面测量

城市轨道交通工程的结构断面测量,是在土建结构施工完成后,测定土建结构断面现状尺寸,并检验土建结构限界是否满足设计要求所进行的测量工作。土建结构断面测量包括地下隧道、车站和地面高架桥等沿线路中线方向的顶、底板纵断面测量和垂直于线路中线方向的两侧结构横断面测量。

第一节　线路纵断面测量

线路纵断面测量是指测量线路中线上各里程桩土建结构的底板高程,并将这些测量成果按一定比例绘制成纵断面图,并按要求的格式提交数据文件供设计或相关人员使用。设计人员依据测量成果与原设计值比较分析,进而进行线路实际坡度的确认和调整,以满足行车限界的需求。线路纵断面测量一般采用水准测量和全站仪三角高程测量方法。

 线路纵断面点平面位置测量

(一)纵断面点位置

线路贯通且土建结构完成后,应以贯通平差后的施工平面和高程控制点及调整后的线路中线点为测量依据,进行中线上的纵断面点位置测量。在中线上,一般直线段每6m、曲线段每5m测量一个纵断面点。施工偏差较大段应加测断面点。

(二)纵断面点测量方法

纵断面点测量一般分为初测、归化改正和定测三个步骤:
(1)初测。利用线路中线点,采用极坐标法,根据纵断面点坐标和放样数据进行纵断面点放样并做临时标识。
(2)归化改正。对标识的纵断面点重新测量其坐标后,应依据其设计坐标,在现场将每个纵断面点改正到设计位置。
(3)定测。对改正后的纵断面点采用极坐标法重新测量其坐标,满足限差要求后固定标识。

(三)纵断面点测量技术要求

(1)应使用不低于$2''$,$2mm + 2 \times D \times 10^{-6}mm$($D$为测距边长,以km为单位)精度全站仪进行初测和定测。
(2)纵断面点坐标实测值与设计值较差应小于3mm。
(3)纵断面点的标识面积直径要大于5mm,以满足归化改正范围要求。
(4)纵断面点里程中误差应在±50mm以内。

二 线路纵断面点高程位置测量

(一)水准测量

线路纵断面测量一般采用水准测量方法。测量时使用 DS_1 级水准仪,按照二等水准测量技术要求施测。

线路纵断面测量以隧道贯通以后平差的高程控制点位为起算点,逐点测量线路纵断面的底板高程,并形成附合水准路线。水准测量时,应按前、后视距和视距差的要求,在适当间隔内把纵断面点纳入水准路线,其他未纳入水准路线的纵断面点可以作为间视点。

线路纵断面点高程测量中误差应在 ±10mm 以内。

(二)全站仪高程测量

在坡度比较大的地段,纵断面测量除采用水准测量外,亦可采用三角高程测量方法。利用全站仪三角高程测量方法进行纵断面点高程测量时,将仪器置于高程控制点上,分别测量仪器至各纵断面点位置底板的距离和垂直角,并量取仪器高 i 和棱镜高 V,则线路纵断面位置的底板高程用下式计算:

$$H = h + S\sin\varphi l - V \tag{8-1}$$

式中:S——仪器至中桩的距离;
　　　φ——垂直角。

为了达到高程测量中误差应在 ±10mm 以内的要求,进行全站仪三角高程测量时,应当使用高精度测量仪器,提高仪器高 i 和棱镜高 V 的测量精度。例如使用精度不低于 $2''$,$2mm + 2 \times D \times 10^{-6}mm$ 的全站仪,取测边误差 $m_S = 4mm$,测角误差 $m_\varphi = 4''$,仪器高 i 和棱镜高 V 的量取误差 ±3mm,$\varphi = 4''$,$S = 100m$,并考虑起算点误差 $m_H = ±5mm$,代入由式(8-1)微分转化成中误差形式的式(8-2),得到高程测量中误差:

$$m_H^2 = m_H^2 + m_S^2 \sin^2\varphi + S^2 \cos^2\frac{\varphi}{\rho} \times m_\varphi^2 + m_i^2 + m_V^2 \tag{8-2}$$

$$m_H^2 = 5^2 + 4^2 \times 0.5^2 + (100 \times 10^3)^2 \times \left(\frac{0.866}{2062650}\right)^2 \times 4^2 + 3^2 + 3^2$$

$$= 25 + 4 + 0.0282 + 9 + 9 = 47.028$$

$$m_H = ±6.86mm$$

由此可以看出,全站仪三角高程测量方法能够满足纵断面点高程测量中误差在 ±10mm 以内的要求。

第二节　结构横断面形式和断面测量特点

一 结构断面形式

城市轨道交通工程线路主要由区间和车站组成,由于区间和车站形式不同,其结构横断面形式也不一样,下面分别介绍区间和车站的断面形式。

(一)区间隧道横断面形式

区间地下隧道横断面主要有圆形、马蹄形、矩形和直拱形等形式。如果按隧道内线路数量划分,则分为单洞单线和单洞双线两种横断面形式,单洞单线横断面形式见图 8-1 ~ 图 8-3。单洞双线横断面形式见图 8-4 ~ 图 8-6。

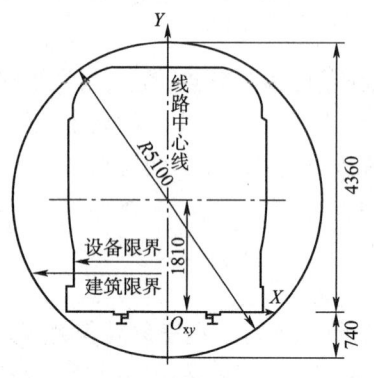

图 8-1 单洞单线圆形隧道横断面形式
(尺寸单位:mm)

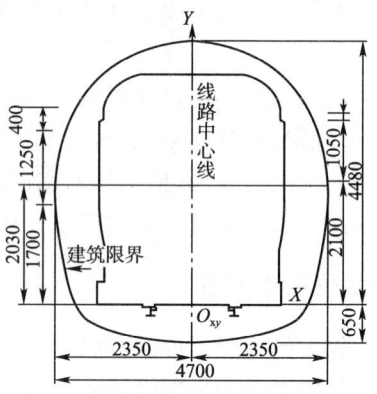

图 8-2 单洞单线马蹄形隧道横断面形式
(尺寸单位:mm)

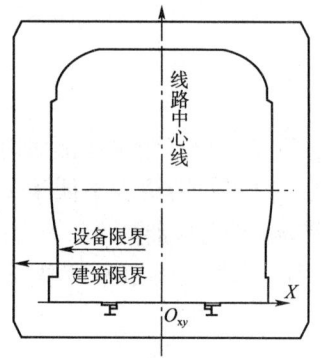

图 8-3 单洞单线矩形隧道横断面形式

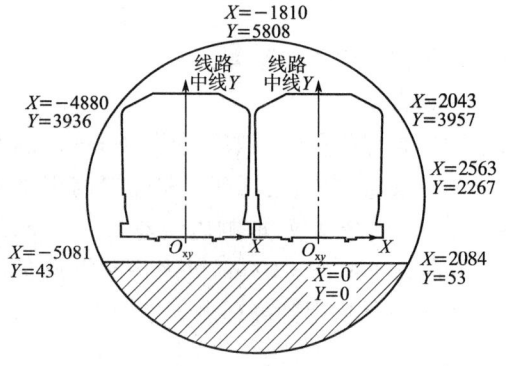

图 8-4 单洞双线圆形隧道横断面形式(单位:mm)

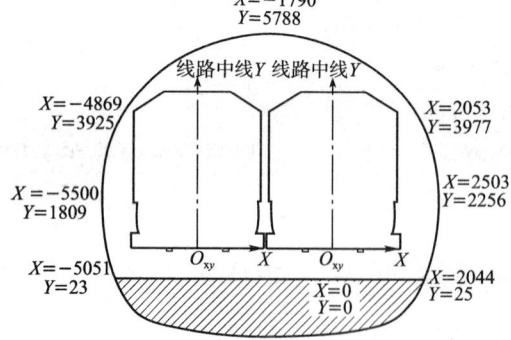

图 8-5 单洞双线马蹄形隧道横断面形式(单位:mm)

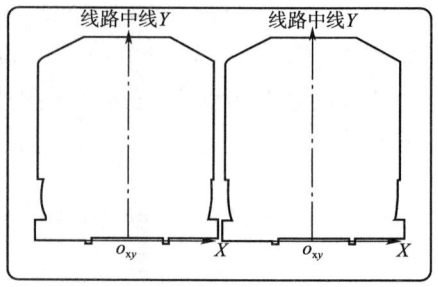

图 8-6 单洞单线矩形隧道横断面形式

(二)车站横断面形式

车站施工有明挖和暗挖两种方法,明挖施工车站横断面一般为矩形,暗挖施工车站横断面形式则有圆形、马蹄形等多种形式。车站按其站台与车辆的位置关系又分为岛式车站和侧式车站,其结构横断面形式见图8-7～图8-9。

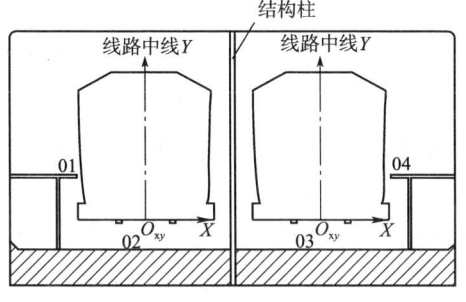

图8-7 明挖矩形侧式站台车站横断面形式

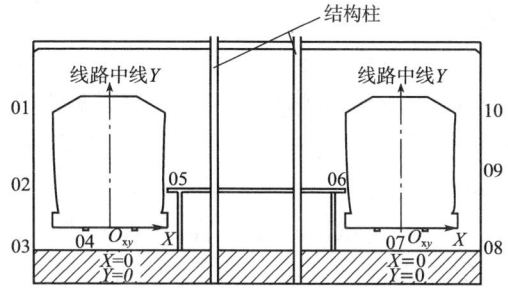

图8-8 明挖矩形岛式站台车站横断面形式

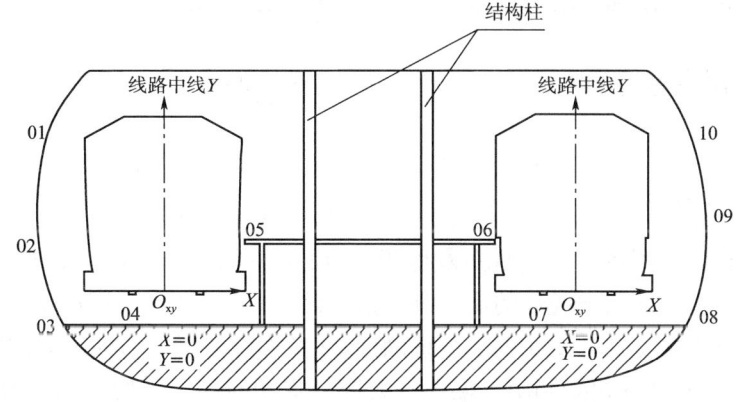

图8-9 明挖马蹄形岛式站台车站横断面形式

二 横断面测量特点

列车运行所经过的隧道和桥梁空间是根据建筑限界确定的,限界分车辆限界、设备限界和建筑限界三种。这些限界能保证列车运行安全,又不增大桥隧空间的经济、合理的横断面,也是工程建设、管线和设备安装位置等必须遵守的依据。建筑限界是在设备限界基础上,考虑了设备和管线安装尺寸后的最小有效横断面。横断面测量就是确定地铁土建结构的建筑限界是否满足设计要求所进行的测量工作。

(一)横断面测量概念

城市轨道交通工程的结构横断面测量和一般横断面测量概念不一样。一般横断面测量是通过测量特定方向地物、地貌变化的特征点,而得到起伏变化的剖面图。城市轨道交通工程的结构是由人工砌筑而成,表面光滑、平整,没有明显变化的特征点,在横断面测量时,只对线路法截面的横断面的结构外表面轮廓上的建筑限界控制点或设计指定的点位进行测量。通过测量,确定隧道、车站、高架桥等结构相对于线路中线的位置和尺寸的断面图,并将这些测量成果与设计数据进行比较,检查其是否满足设计建筑限界要求。

(二)横断面测量特点

由于地铁隧道结构横断面形式复杂,建筑限界控制点或设计指定的点位位置特殊,因此在测量时不仅要确定线路中线,并利用线路中线确定每个横断面的位置外,还要在横断面上标定出建筑限界控制点或设计指定的点位位置后,才能进行断面测量。归纳起来横断面测量有如下特点:

(1)精度要求高,《城市轨道交通工程测量规范》(GB 50308—2008)规定横断面里程中误差应为±50mm,断面点与线路中线法距的测量中误差应在±10mm以内,断面点高程的测量中误差应在±20mm以内。底板纵断面高程点里程中误差应为±50mm,高程测量中误差应在±10mm以内。

(2)结构横断面形式多样,每种形式断面的建筑限界控制点或设计指定的点位位置不完全一致,标定困难。

(3)横断面空间大,位置特殊,观测点上不便竖立观测标志。

(4)观测条件差,洞内照明度不够,粉尘、烟雾、湿度较大,施工干扰大等。

 横断面测量位置

(一)横断面位置

按设计或工程需要测量结构横断面及底板纵断面,一般直线段每6m、曲线段每5m测量一个横断面和该横断面线路中线处的底板高程点。由此可以看出横断面间距与纵断面点间距一致,因此,每个纵断面点处都要测量一个横断面,纵断面点位置即为横断面位置。

此外,在结构横断面变化处和施工偏差较大段应加测断面。采用光面爆破与预裂爆破等方法施工的隧道,对于其不规则断面,还应加测隧道突出处的断面和断面上的突出点。

(二)横断面上限界控制点位置

车辆限界、设备限界、建筑限界等一般应根据车辆的轮廓尺寸和技术参数、轨道特性、受电方式、施工方法、设备安装等综合因素确定。限界控制点是指横断面紧俏处限界的测量位置,建筑限界控制点即为结构横断面紧俏处限界的测量位置。

区间隧道的建筑限界控制点应位于结构两侧边墙和顶、底板上。高架线路的限界点应根据其线路结构形状及沿线设备安装位置而定,一般应位于防护栅栏和人行便道边以及结构底板上。车站的限界控制点一般一侧位于结构边墙,另一侧为站台沿和结构的顶、底板上。上述各限界控制点的高度应根据车辆尺寸和其上、中、下影响列车运行三个限界比较紧张的位置以及顶、底板的线路中线而定。如区间隧道的限界控制点,在北京一期地铁建设中规定其在两侧边墙的高度分别高于右轨轨面3.250m、1.850m和0.400m以及顶、底板的线路中线位置。

第三节 横断面测量

城市轨道交通工程区间隧道、车站和高架线路的横断面测量又称结构净空测量。横断面测量是测量横断面上的限界控制点,通过对限界控制点位置的测量,了解隧道、车站、高架桥建筑限界的实际位置和结构净空尺寸,并将这些测量数据设计进行比较,检查其是否满足设计要求。

一、横断面测量原理

横断面测量是通过对隧道、车站和高架线路的限界控制点位置的测量,确定各个限界控制点与线路中线的关系,即与线路中线的水平距离和距底板的垂距。下面以直拱形隧道为例介绍断面测量原理。如图 8-10 所示,欲进行直拱形隧道 N 处横断面测量,置仪器于隧道线路中线上任意点 M,以另一线路中线点定向,测量线路中线上横断面 N(纵断面点 N 处的横断面)上限界控制点 A、B、C、D、E、F、G 和 N 的三维坐标。

由于设计上采用的限界坐标系为二维直角坐标,其中 Y 轴为纵轴,它是车辆横断面垂直中心线,即线路中线的垂直中心线,图 8-10 中为 NH 轴;横轴 X 轴,它是平直轨道顶的连线,即线路法截面上与线路中线和纵轴的垂线,图 8-10 中为 GNT 轴;两轴交点 N 为坐标原点。该坐标系主要突出表示限界控制点与 Y 轴和 X 轴的水平、垂直距离。所以测量时,如果使用城市测量坐标系则应进行坐标换算,并以设计习惯的二维直角坐标表示限界控制点的位置。

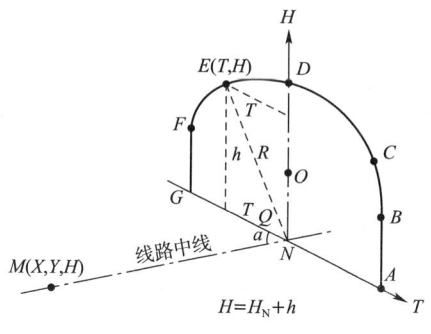

图 8-10　直拱形隧道横断面测量示意图

其他断面形式横断面测量原理与直拱形隧道基本一样,在此不再赘述。

二、断面测量常用方法

结构横断面测量可采用支距法、全站仪解析法、断面仪法、摄影测量等,下面对常用断面测量方法进行简单介绍。

(一)支距法

支距法测量横断面是早期经常使用的横断测量方法,该方法使用经纬仪和皮尺、塔尺(花杆)等辅助测量工具直接进行横断面测量。测量时,如图 8-10 所示,首先将经纬仪安置在隧道线路中线上任意点 M,以另一线路中线点定向,测定出对 MN 的线路中线方向。然后根据设计人员给出的横断面里程,确定其位置,并依据设计给出的限界控制点坐标,在横断面上标定其实际位置。接着使用直尺或皮尺分别直接测量横断面上限界控制点 A、B、C、D、E、F、G 和 N 与线路中线的水平距离和与 N 点的高差 h。丈量时,尺子水平,一端顶在限界控制点上,通过经纬仪读取线路中线与尺子相交处的读数即得到水平距离;同时,用尺子测量限界控制点至底板的高度即得到高差。

此方法简单、直观,但是由于测量工具简陋,每一断面限界控制点又需直接测量,个别点测量困难,所以劳动强度大、测量精度低。该方法适用于洞径较小、测量精度要求较低的断面测量。

(二)全站仪解析法

采用全站仪解析法进行横断面测量使用的主要仪器有:全站仪和激光经纬仪。下面对测量方法和步骤进行简单介绍。

1. 测量方法和步骤

(1)同样将全站仪安置在隧道线路中线上任意点 M,以另一线路中线点定向,测定出 MN

的线路中线方向,并依据横断面里程确定其中线点位置 N。

(2)在 N 点安置激光经纬仪,激光经纬仪以 MN 方向定向,转 $90°$ 即为横断面方向。

(3)根据限界控制点与横断面中线点 N 的设计几何关系,以垂直角为参数利用激光经纬仪在断面测量中依次标定限界控制点,见图8-11中 A、B、C、D、E、F、G 等点。

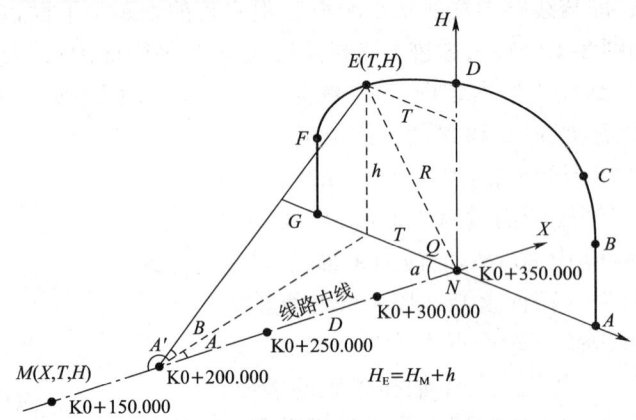

图 8-11　全站仪解析法测量示意图

(4)操作全站仪,以从 MN 为零方向,首先测量 MN 的距离,然后跟踪激光经纬仪在横断面上依次标定的限界控制点进行水平角和垂直角测量,并记录在数据采集器内。

通过上述四个步骤完成一个横断面测量工作,测量示意见图8-11。

2. 数据处理与计算公式

全站仪解析法外业测量完成后,内业利用编制的软件进行数据计算,计算各横断面限界控制点的数学公式如下。

以图 8-11 所示 $E(T,H)$ 为例,其与线路中线的距离 T 和高程 H 可以通过以下公式计算:

在直线段
$$\alpha = 90°, T = D\tan A \tag{8-3}$$

$$H = H_N + \frac{D}{\cos A}\tan B$$

或

$$H = H_N + D\sec A\tan B \tag{8-4}$$

在曲线段

$$T = \frac{D}{\sin(A+\alpha)}\sin A \tag{8-5}$$

或

$$T = D\csc(A+a)\sin A$$

$$H = H_N + \frac{D}{\sin(A+\alpha)}\sin A\tan B \tag{8-6}$$

或

$$H = H_N + D\csc(A+a)\sin A\tan B$$

计算完成后,依据计算结果绘制横断面图,并提供限界控制点坐标、横断面尺寸以及与设计值的比较成果等一系列所需成果资料。上述工作可编写软件通过计算机进行数据处理、成果输出和数据成果的存储。

全站仪解析法进行横断面限界测量不需要测量距离,速度快、精度高、劳动强度小,在限界测量中得到广泛应用。

全站仪解析法进行横断面限界控制点测量除了上述介绍的方法外,还可以采用其他方法,例如在横断面限界控制点的位置摆放棱镜,利用全站仪极坐标法测量限界控制点三维坐标;全站仪设置在任意控制点进行横断面限界控制点测量等。进行横断面测量时,可以根据现场条件选择适当的方法。

三 隧道断面测量仪进行断面测量简介

(一)BJSD-2C 断面测量仪

BJSD-2C 激光隧道断面测量仪是一种集经纬仪、短程激光测距仪、微电脑三者于一体的测量仪器。它充分满足了以隧道断面测量为代表的地下或半地下工程净空尺寸测量的使用特点和要求,是隧道开挖施工、衬砌施工、工程质量监理、竣工验收测量等不可缺少的测量工具。

1. 仪器结构和测量方式

仪器由主机(经纬仪和短程激光测距仪)、测量控制器、外接电源盒、三脚架、专用数据处理软件等几部分组成。

仪器的测量方式有以下几种:

(1)手动测量方式。操作者可根据现场需要随意测量待测断面点。

(2)定点测量方式。可设置起止位置及测量点数等参数,按照所设定的参数进行测量。

(3)自动测量方式。操作者依照仪器内部设定自动测量格式自动测量。

2. 外业测量

外业测量时,以隧道中线为基准,在与隧道中线垂直的横断面上进行圆周扫描,采用布进电机环控制方式在竖直面内转动仪器,经纬仪获取被测横断面上各控制点极角 δ,无棱镜激光距仪测量横断面上各测点的矢径 R,即测得被测横断面上各测点的极坐标 (R,δ)。

3. 内业数据处理

将存储在仪器存储介质中的外业测量数据传送到计算机,专用横断面测量数据,绘制横断面图。

4. 仪器精度与特点

BJSD-2C 激光隧道断面测量仪测距精度 ±3mm;水平方向转角 0°~360°,精度 8′,分辨率 6′;在横断面方向竖直面内可 0°~360°转动,精度 9′,分辨率 6′。

该仪器具有结构简单、测量方便、精度高、价格低、测距范围较大、软件功能强等特点。可用于快速精确测量隧道横断面,计算超欠挖量,特别在施工监测、竣工验收、质量控制等工作中能快速获得隧道断面数据。亦可用于对护坡挡土墙、山坡地形、土石方量计算等工程的横断面测量。

(二)A.MT 3000 全自动断面测量仪

1. 仪器结构

A.MT 3000 隧洞断面测量仪器硬件部分包括主机、DIOR 3002S 无棱镜测距仪、手持量测计算、外接电源。

主机由量测计算机控制,实现对断面的定位、断面测量自动扫描的动态控制,并进行数据的记录和传输。电机驱动下,主机在水平面和横断面方向竖直面内360°转动,完成一个横断面的测量。

2. 仪器特点

A. MT 3000 断面测量系统除精确测量隧道及土石方等工程所需用的横断面外,对于指导隧道施工过程并获取准确的隧道超欠挖数据及时调整施工方法和工艺极为有利,特别是在常规测量难以奏效、作业环境恶劣、工程进度紧迫、需测量在较短时间及时提供所需数据时的项目中表现尤为突出。

缺点是无棱镜反射测距仪受反射表面影响较大,表面粗糙的地方测量误差大或不能测距,另在仪器脚架部分,尽管仪器能在竖直面内360°旋转,因仪器基座遮挡造成约20°死角无法测量。仪器价格较为昂贵。

(三)全站仪组合断面测量系统

全站仪组合断面测量系统包括一台全站仪和后台计算机断面测量数据处理软件。

该系统充分利用全站仪外业测量简便、快捷及强大的记录功能。外业测量时,使用无棱镜反射系列全站仪、全自动跟踪系列全站仪实现对断面定位、断面测量自动扫描的动态控制,并进行数据的记录和传输。

后台断面测量数据处理软件提供数据分析、横断面图形、测点坐标、断面面积等成果输出文件,每个断面及测点与设计值的比较成果即隧道超欠挖情况等一系列所需成果资料,并利用计算机存盘保存所有资料。

思考题

1. 城市轨道交通工程的区间隧道横断面形式有哪些?
2. 城市轨道交通工程的横断面测量特点有哪些?
3. 城市轨道交通工程的结构横断面测量有哪些?

第九章　铺轨基标测量

第一节　铺轨基标简介

为了节省工程造价,地铁限界预留的安全裕量比较小,轨道线路调整空间受到很大制约,因此,目前地铁采用具有整体性好、减少净空等优点的现浇高标准轨道混凝土整体道床。但是,该道床一旦完成轨道铺设,钢轨位置的调整量非常有限。为了确保地铁轨道铺设位置的设置精度,铺轨前需要建立高精度铺轨测量控制网,并埋设铺轨基标作为铺轨测量控制点。

铺轨基标不但是建设期间指导轨道铺设的测量控制点,也是运营期间用于轨道维护的测量控制点。为保证架设轨道的平面和高程位置准确和行车的平稳与舒适,精确地测设铺轨基标是保证轨道线形质量的关键。

 基标种类和结构

(一)基标种类

铺轨基标分为控制基标和加密基标。遵循从整体到局部、由高级到低级的测量控制原则,铺轨基标测量同样是先进行控制基标测量,后利用控制基标进行加密基标测量。

1. 控制基标

控制基标是铺轨首级测量控制点,检测和调整测量时作为控制基标测量控制点组成附合导线形式。控制基标为永久测量标志。

2. 加密基标

加密基标是铺轨次级加密测量控制点,分布在控制基标之间,是铺轨期间使用的临时测量标志。

(二)基标结构

由于铺轨基标为精密测量标志,因此与普通测量标志不完全一样,测设程序与一般控制测量也不相同。一般控制点是先埋点,后进行测量,根据测量数据再计算并提供三维坐标成果,而铺轨基标的平面位置和高程则是事先设计好的,测设到其所在空间位置,并埋设测量标志。所以,为方便测设和进行坐标和高程调整,铺轨基标应具有在水平和垂直方向上的微调功能。地铁测量工作者根据生产实践设计出了控制基标、加密基标的结构形式,埋设在矩形或直墙拱形隧道中的控制基标形式和规格见图9-1,埋设在马蹄形或圆形隧道中的控制基标形式和规格见图9-2。

(三)基标埋设

基标埋设前,先对基标埋设位置的结构底板进行凿毛处理,以便使基标与结构底板连接牢固;然后依据基标设计值与底板间高差关系,使用混凝土埋设适宜高度的基标底座;在混凝土基标底座上放置基标标志,并调整到设计平面和高程位置,且用混凝土固定。

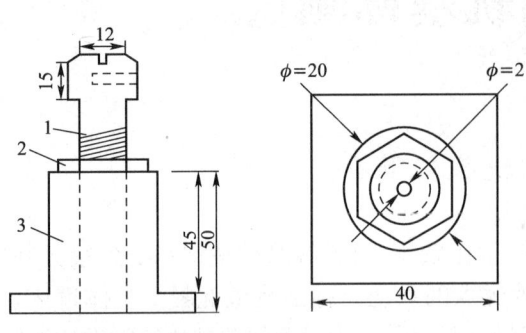
图9-1 矩形或直墙拱形隧道铺轨基标标志图(单位:mm)
1-M10×1.5 螺栓;2-螺母;3-基座

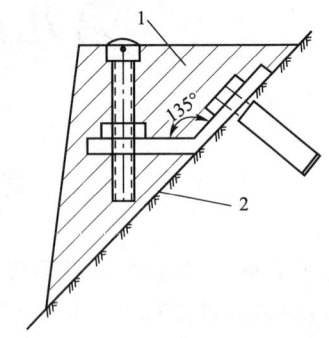
图9-2 马蹄形或圆形隧道铺轨基标标志图
1-混凝土;2-隧道结构

二 基标与轨道相对关系与埋设位置

(一)控制基标与轨道相对位置关系

由于控制基标需要长期保留,作为轨道铺设和维修的依据。因此,它的埋设位置与对应轨道中心和轨顶高程为一固定值,通常称其为等高等距。

1. 控制基标的等高

控制基标的等高是指控制基标顶部高程与其所在里程处轨顶面的设计高程间的差值,为一个固定常数 K,一般取整体道床水沟底部至轨顶面的设计高差,通常为 300~500mm。

2. 控制基标的等距

控制基标的等距,是指所有控制基标的中心位置与对应线路中线点在法线上的距离 D 相等。等距 D 应根据铺设道床的形式和整体道床水沟的位置而定,当采用碎石道床时,一般 $D=3000$mm;当采用整体道床、水沟设置在两侧时,一般 $D=1500$mm;水沟设置在中间时,$D=0$。

(二)加密基标与轨道相对位置关系

由于加密基标不需要长期保留,仅作为轨道铺设的临时测量依据,为便于进行测设,加密基标相距轨道中心在法线上的距离 D 与距离轨面的高差要求并不严格,通常要求等距不等高,即与控制基标一样距轨道中心在法线上的距离 D 要求相等,而高差不要求为一个固定常数 K,以埋设方便为前提,根据实际埋设高度精确测定,但必须提交实测高程值及顶面设计高程的差值,供架设轨道调整使用。加密基标标志形式可采用控制基标形式,也可根据埋设地点条件自行设计。

(三)基标埋设位置

1. 基标埋设间距

控制基标在线路直线段每120m设置一个,曲线段除在曲线要素点(直缓点、缓圆点、曲线中点、圆缓点、缓直点)上以及竖曲线的变坡点和道岔中心点(或岔头、岔尾点)设置控制基标外,还应每60m设置一个。

加密基标在线路直线段每 6m 设置一个,间距将根据设计要求设置。

2. 基标埋设位置

铺轨基标的埋设位置,主要根据道床设计类型、排水沟设计位置确定。可埋设在线路中线上(轨道中心线上)以及线路一侧的排水沟内、道床上、结构边墙上或路肩上。

(1)道床为整体道床时,基标位置的测设一般埋设在线路中线或线路中线一侧的排水沟中。在车辆检修沟处的基标,一般设置在检修沟两侧。整体道床基标埋设位置如图 9-3 所示。

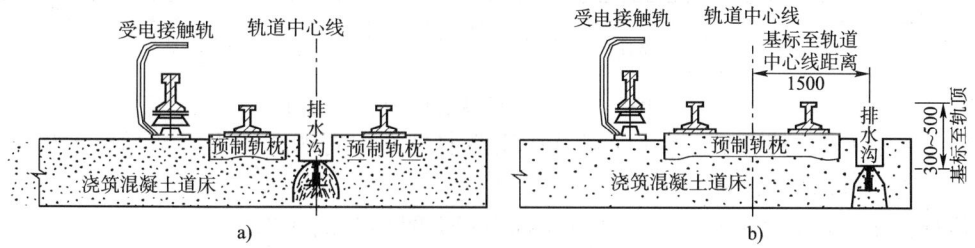

图 9-3 整体道床控制基标埋设位置

(2)高架线路为整体道床时,基标一般设置在线路中线上。

(3)岔区道岔分为单开道岔、交叉渡线道岔和复式交分道岔三种,岔区道岔设置在轨道两侧,并依据不同道岔形式,基标设置数量与位置也不尽相同。

①单开道岔控制基标应测设在岔头、岔尾、岔心和曲股位置或一侧,加密基标按设计绘出的间距埋设在道岔控制基标之间。单开道岔铺轨基标埋设位置见图 9-4。

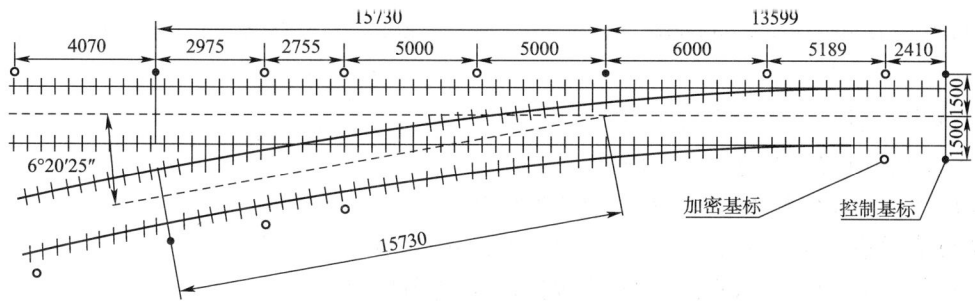

图 9-4 单开道岔铺轨基标埋设位置示意图(尺寸单位:mm)

②复式交分道岔控制基标应测设在长轴和短轴的两端及岔头、岔尾位置或一侧,同样加密基标按设计给出的间距埋设在道岔控制基标之间。复式交分道岔铺轨基标埋设位置见图 9-5。

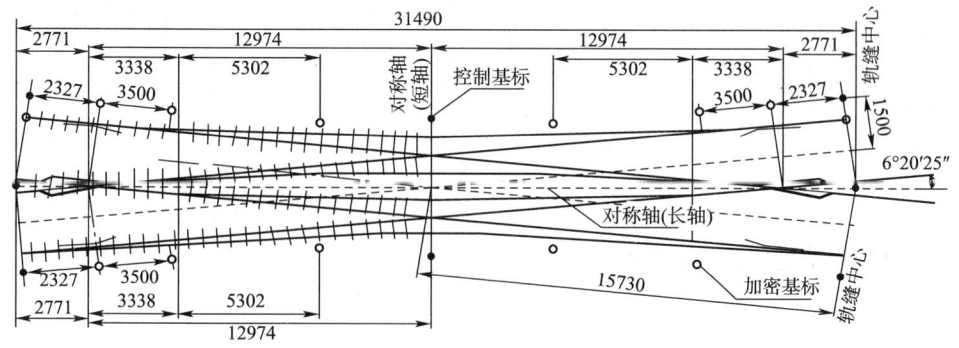

图 9-5 复式交分道岔铺轨基标埋设位置示意图(尺寸单位:mm)

③交叉渡线道岔控制基标应测设在长轴和短轴的两端、岔头、岔尾以及与正线相交的岔心

位置或一侧。加密基标按设计给出的间距埋设在道岔控制基标之间。交叉渡线铺轨基标埋设位置见图9-6。

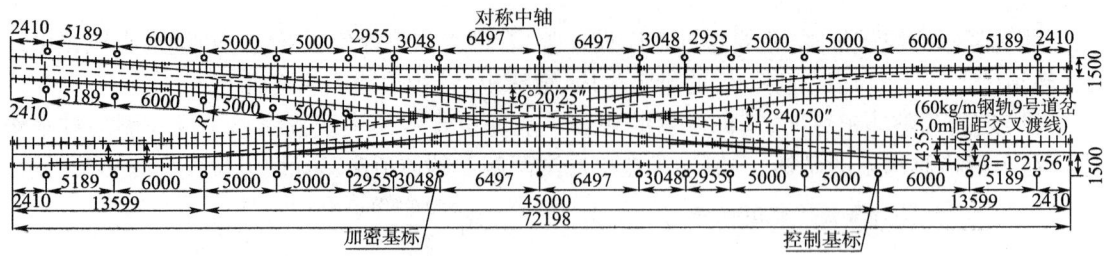

图9-6 交叉渡线铺轨基标埋设位置示意图

（4）碎石道床（有砟轨道），基标测设在线路前进方向右侧路肩上。基标每100m设置一个，加密基标宜每20m设置一个。

碎石道床单开道岔和复式交分道岔基标设置见图9-7、图9-8。

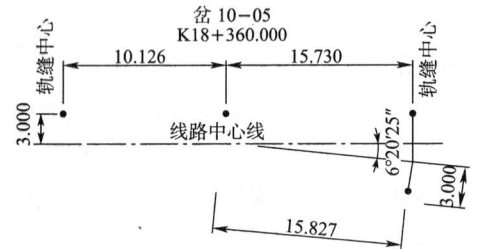 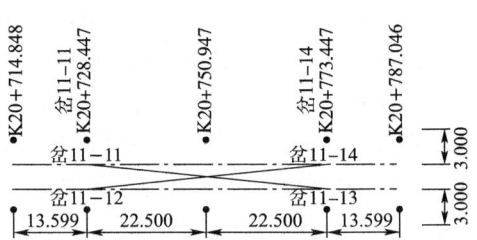

图9-7 碎石道床单开道岔基标设置示意图（尺寸单位：m）　　图9-8 碎石道床复式交分道岔基标设置示意图（尺寸单位：m）

3. 基标埋设

基标埋设时宜按下列步骤进行：

（1）埋设基标位置的结构底板上应凿毛处理。

（2）依据基标设计值与底板间高差关系埋设基标底座。

（3）基标标志调整到设计平面和高程位置，并进行固定。

埋设后的控制基标和加密基标分别见图9-9～图9-11。

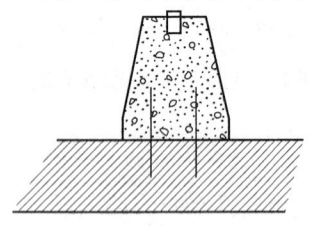 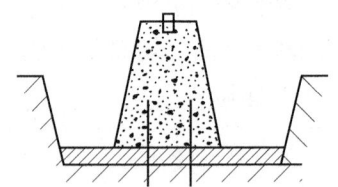 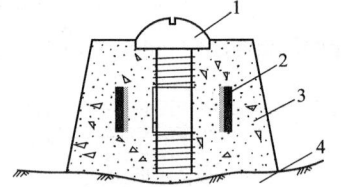

图9-9 整体道床控制基标　　图9-10 碎石道床控制基标　　图9-11 加密基标
1-带孔螺栓；2-螺母；3-混凝土；4-结构底板

三 基标测设的精度要求

（一）轨道验收精度要求

为确保线路轨道铺设完成后在平面和高程上圆顺、平滑，按《地下铁道工程施工及规范》

（GB 50299—1999）（2003年版）制定了地铁轨道验收标准，见表9-1、表9-2。

轨道钢轨主要精度要求 表9-1

	项目名称	精度要求
钢轨	轨道中心线	距基标中心线允许偏差±2mm
	轨道方向	直线段用10m弦量，允许偏差±1mm。曲线段用20m弦量，正矢允许偏差见表9-2
	轨顶水平及高程	高程允许偏差±1mm，左、右股钢轨顶面水平允许偏差±1mm，在延长18m的距离范围内不大于1mm的三角坑
	轨顶高低差	用10m弦量应小于1mm
	轨距	允许偏差+2～-1mm，变化率应小于1‰
道岔	导曲线及附带曲线	导曲线支距允许偏差±1mm，附带曲线用10m弦量连续正矢允许偏差1mm
	轨顶水平及高程	全长范围内高低差应小于2mm，高程允许偏差为±1mm
	转辙器	尖轨与基本轨间隙不应大于1mm，尖轨的尖端处轨距允许偏差1mm

轨道曲线正矢允许偏差 表9-2

曲线半径(m)	缓和曲线(mm)	圆曲线(mm)	圆曲线正矢最大最小值差值(mm)
251～350	3	5	7
351～450	2	4	5
451～650	2	3	4
>650	2	2	3

（二）基标测设精度要求

地铁验收标准主要对轨道铺设精度提出了要求，但是轨道是通过基标进行铺设的，精度必须满足上述要求，才能保证铺轨质量。根据上述轨道验收标准，通过长期实践，总结制订了铺轨基标测设精度要求。

1. 控制基标测设精度要求

（1）测量控制基标间夹角时，其左、右角各测两测回，左、右角平均值之和与360°较差应小于6″；距离往返观测各测两测回，测回较差及往返较差应小于5mm。

（2）直线段控制基标间的夹角与180°较差应小于8″，实测距离与设计距离较差应小于10mm；曲线段控制基标间夹角与设计值较差计算出的线路横向偏差应小于2mm，弦长测量值与设计值较差应小于5mm。

（3）控制基标高程测量应起算于施工高程控制点，按二等水准测量技术要求施测。控制基标高程实测值与设计值较差应小于10mm，相邻控制基标间高差与设计值的高差较差应小于2mm。

2. 加密基标测设精度要求

（1）直线段加密基标测设精度要求

①纵向：相邻基标间纵向误差应在±5mm以内；

②横向：加密基标偏离两控制基标间的方向线应为±2mm；

③高程：相邻加密基标实测高差与设计高差较差应不大于1mm；每个加密基标的实测高

程与设计高程较差不应大于 2mm。

(2)曲线加密基标测设精度要求

①纵向:相邻基标间纵向误差应在 ±5mm 以内;

②横向:加密基标相对于控制基标的横向偏差应为 ±2mm;

③高程:相邻加密基标实测高差与设计高差较差不应大于 1mm,每个加密基标的实测高程与设计高程较差不应大于 2mm。

3. 道岔基标测设精度要求

(1)道岔控制基标间距离与设计值较差应小于 2mm。

(2)道岔控制基标高程与设计值较差应小于 2mm,相邻基标间的高差与设计值较差应小于 1mm。

(3)岔心相对于线路中线的里程(距离)与设计值较差应小于 10mm。

(4)道岔控制基标与线路中线的距离和设计值较差应小于 2mm。

(5)正线与辅助线交角的实测值与设计值较差:单开道岔不应大于 20″,复式交分道岔、交叉渡线道岔不应大于 10″。

第二节 铺轨基标测量方法

铺轨基标测设步骤

铺轨基标是高精度铺轨测量控制点,为满足轨道铺设精度要求,测设出高精度铺轨基标,一般按控制测量或检测、控制基标测量、加密基标测量三个测设步骤进行铺轨测设时,遵循以"两站一区间"为"铺轨单元",以车站测量控制点为起算控制点的原则,进行铺轨基标测设。

(一)控制测量或检测

1. 测量起算控制点的选择

由于城市轨道交通工程施工时,车站测量控制点一般直接从地面高级控制点直接投测,精度比较高,测量控制点间边长比较长,加之车站线路一般为直线,线路与站台间距限差要求很严,不易在车站进行线路调整。因此在基标测设中,应选择车站中控制点作为铺轨基标测设起算数据。

2. 控制测量或检测

城市轨道交通工程结构完成,结构断面验收合格后,结构上留有线路中线或施工测量控制点和高程控制点时,应对其进行检核测量,如果这些点受到损坏,应进行恢复并重新进行控制测量。

进行检核测量或重新进行控制测量时,应与起算控制点构成附合路线,并应按精密导线测量技术要求施测,平差后的坐标和高程成果作为控制基标测量起算依据。

(二)控制基标测量

以测量和检测后的控制点为起算点,进行控制基标的放样测量。

(三) 加密基标测量

利用控制基标进行加密基标放样测量。

二 铺轨基标测设前放样数据的计算

铺轨基标测设放样数据包括坐标和高程,其中高程数据可以从设计资料中查取或通过简单计算取得,坐标数据则要通过较复杂计算得到。下面主要阐述坐标放样数据的计算方法。

(一) 在线路中线上的铺轨基标放样数据计算

铺轨基标敷设在线路中线上,放样数据计算比较简单。首先根据铺轨基标在线路的直线、圆曲线、缓和曲线上的位置以及起算控制点,计算控制点基标放样坐标(x_i, y_i),然后通过坐标反算在不同放样点上的放样数据。曲线上放样数据包括方位角α_i和控制点到基标点的距离l_{i+1},直线上放样数据仅为控制点到基标点的距离l_{i+1}。

(二) 铺轨基标在线路中线一侧的放样数据计算

铺轨基标敷设在线路中线一侧时所形成的曲线具有与线路中线平行、两条曲线任一对应点的切线具有共同的法线且垂距相等的特性,根据这一特性进行放样数据计算。

1. 直线线路计算

直线线路计算相对简单,当铺轨基标位于线路某一侧时,由于铺轨基标与线路间距为D,并与线路平行,如图 9-12 所示。因此,可将铺轨基标各点沿线路方向旋转 90°,并平移偏距D即可计算出放样数据。

2. 曲线线路计算

(1) 曲线线路为圆曲线

铺轨基标位于圆曲线一侧时,各铺轨基标分布于该线路中线圆曲线的同心圆上。因此,在相应点切线的法线或与圆心连线方向上平移距离D,即为铺轨基标位置。由此可以计算出放样数据。

(2) 曲线线路为缓和曲线

铺轨基标位于缓和曲线一侧时,放样数据比较复杂,其计算原理和计算公式推导如下。

建立以线路中线的 ZH 点位为坐标原点,以直线线路中线的延长线为轴的独立直角坐标系,见图 9-13。

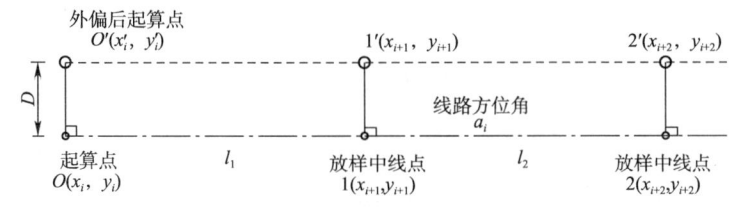

图 9-12 直线线路铺轨基标与线路关系

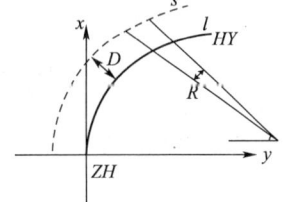

图 9-13 独立直角坐标系

图 9-13 中l为缓和曲线,s为l的平行线,二者间距为D。设缓和曲线全长为L_0,对应的圆曲线半径为R_0,该缓和曲线的函数式为:

$$lR = L_0R_0$$

即

$$\frac{1}{R} = \frac{l}{L_0R_0} \tag{9-1}$$

式中：l——缓和曲线上的点至 ZH 点的曲线长，均为正值；

R——该点处的缓和曲线曲率半径。

缓和曲线上的一段微弧 dl 与对应的平行线上的微弧 ds 及偏角微量 $d\beta$ 有关系式：

$$d\beta = \frac{dl}{R} = \frac{ds}{R+D} \tag{9-2}$$

对式(9-2)积分得：

$$\beta = \int_0^l d\beta = \int_0^l \frac{dl}{R} = \int_0^l \frac{ldl}{L_0R_0} \tag{9-3}$$

式(9-3)三角函数的展开式为：

$$\cos\beta = 1 - \frac{\beta^2}{2!} + \frac{\beta^4}{4!} \cdots = 1 - \frac{l^4}{2!(2L_0R_0)^2} + \frac{l^8}{4!(2L_0R_0)^4} \cdots \tag{9-4}$$

$$\sin\beta = \beta - \frac{\beta^3}{3!} + \frac{\beta^5}{5!} \cdots = \frac{l^2}{2L_0R_0} - \frac{l^6}{3!(2L_0R_0)^3} + \frac{l^{10}}{5!(2L_0R_0)^5} \cdots \tag{9-5}$$

又由式(9-2)得：

$$s = \frac{R+D}{R}dl = \left(1 + \frac{D}{R}\right)dl = \left(1 + \frac{Dl}{L_0R_0}\right)dl \tag{9-6}$$

任一点坐标计算公式为：

$$x = s \cdot \cos\beta, y = s \cdot \sin\beta \tag{9-7}$$

对式(9-7)微分得到：

$$dx = ds \cdot \cos\beta = \left(1 + \frac{Dl}{L_0R_0}\right)\left(1 - \frac{l^4}{2!(2L_0R_0)^2} + \frac{l^8}{4!(2L_0R_0)^4} \cdots\right)dl \tag{9-8}$$

$$dy = ds \cdot \sin\beta = \left(1 + \frac{Dl}{L_0R_0}\right)\left(\frac{l^2}{2L_0R_0} - \frac{l^6}{3!(2L_0R_0)^3} + \frac{l^{10}}{5!(2L_0R_0)^5} \cdots\right)dl \tag{9-9}$$

对式(9-8)和式(9-9)积分得：

$$x = \int_0^l dx = l - \frac{l^5}{5 \times 2!(2L_0R_0)^2} + \frac{l^9}{9 \times 4!(2L_0R_0)^4} \cdots + \\ D\left(\frac{l^2}{2L_0R_0} - \frac{l^6}{6 \times 2!2^2(L_0R_0)^3} + \frac{l^{10}}{10 \times 4!2^4(L_0R_0)^5} \cdots\right) \tag{9-10}$$

$$y = \int_0^l dy = \frac{l^3}{3 \times 2L_0R_0} - \frac{l^7}{7 \times 3!(2L_0R_0)^3} + \frac{l^{11}}{11 \times 5!(2L_0R_0)^5} \cdots + \\ D\left(\frac{l^4}{4 \times 2(L_0R_0)^2} - \frac{l^8}{8 \times 3!2^3(L_0R_0)^4} + \frac{l^{12}}{12 \times 5!2^5(L_0R_0)^6} \cdots\right) \tag{9-11}$$

舍去高阶小项并整理得下式：

$$x = l\left(1 - \frac{l^4}{40L_0^2R_0^2}\right) + D\left(\frac{l^2}{2L_0R_0} - \frac{l^6}{48L_0^3R_0^3}\right) \tag{9-12}$$

$$y = l\left(\frac{l^2}{6L_0R_0} - \frac{l^6}{336L_0^3R_0^3}\right) + D\left(\frac{l^4}{8L_0^2R_0^2} - \frac{l^8}{384L_0^4R_0^4}\right) \tag{9-13}$$

图 9-13 所示的缓和曲线自 ZH 点向 HY 点看去是向右弯曲的（右弯），如果像图 9-14 所示，

曲线是向左弯曲的话,则其 Y 坐标的值与右弯时相反,所以 Y 坐标表达式应乘上一个符号函数:

$$j_1 = \left.\begin{array}{l} -1(左弯) \\ +1(右弯) \end{array}\right\}$$

另外,图9-13所示的平行线 s 在缓和曲线 l 的弯曲外侧(外弯)$R+b>R$ 即 $b>0$,如图9-15所示 s 曲线是在 l 曲线弯曲的内侧(内弯),则 $R+b<R$ 即 $b<0$,为了统一简便,取 b 的值都为正,而再乘以符号函数:

$$j_2 = \left.\begin{array}{l} -1(左侧) \\ +1(右侧) \end{array}\right\}$$

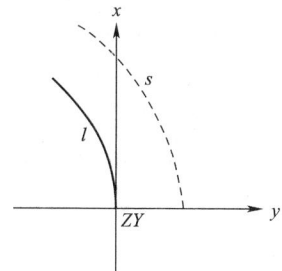 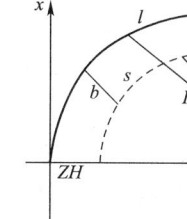

图9-14 曲线向左弯曲　　　　图9-15 曲线在 l 曲线弯曲的内侧

这样便推得缓和曲线的平行曲线 s 的坐标放样数据计算公式:

$$X = l\left(1 - \frac{l^4}{40L_0^2 R_0^2}\right) + j_2 D\left(\frac{l^2}{2L_0 R_0} - \frac{l^6}{48L_0^3 R_0^3}\right) \tag{9-14}$$

$$Y = j_1\left[l\left(\frac{l^2}{6L_0 R_0} - \frac{l^6}{336L_0^3 R_0^3}\right) + j_2 D\left(\frac{l^4}{8L_0^2 R_0^2} - \frac{l^8}{384L_0^4 R_0^4}\right)\right] \tag{9-15}$$

式(9-14)和式(9-15)计算的 X、Y 值为独立直角坐标系的坐标,还要将独立直角坐标系的坐标转换成城市坐标系的坐标。坐标转换公式为:

$$X = A + X\cos\alpha - Y\sin\alpha \tag{9-16}$$

$$Y = B + X\sin\alpha - Y\cos\alpha \tag{9-17}$$

三 铺轨基标测设基本方法

(一)控制基标测量

利用调整后的中线控制点测设控制基标。控制基标分为初测、穿线测量和调线测量三个步骤。

1. 初测

根据事先计算的测设数据,采用极坐标法和水准测量方法测量控制基标的平面和高程位置,然后埋设控制基标。固定控制基标前,采用上述同样方法精确将其调整到设计给出的平面和高程位置后进行固定。

2. 穿线测量

对调整到设计位置的控制基标进行穿线测量,穿线测量时,以相邻两个车站间的测量控制点为起算数据,与控制基标组成附合导线,并进行导线测量。平差后控制基标实测值与设计值比较应满足下列要求:

(1)直线段控制基标间的夹角与180°较差应小于8″,实测距离与设计距离与较差应小于10mm;曲线段控制基标间夹角与设计值计算出的线路横向偏差应小于2mm,弦长测量值与设计值较差应小于5mm。

(2)控制基标高程测量应起算于施工高程控制点,按二等水准测量技术要求施测。控制基标高程实测值与设计值较差应小于2mm,相邻控制基标间高差与设计值的高差较差应小于2mm。

3. 调线测量

当控制基标各项限差不能满足要求时,应进行调线测量。调线测量主要是对限差超限控制基标进行归化改正。由此调线测量工作分为两项,第一项是对不满足要求控制基标计算其归化改正值,归化改正值是指根据穿线测量成果,计算的控制基标在垂直于线路方向的角度改正值和沿线路方向的距离改正值。通常采用近似方法计算,近似方法有坐标法图解法和角度、距离分别计算法等。随着计算技术的提高,归化改正值的严密调线测量得到应用。第二项是进行实地调线,即根据归化改正值对控制基标位置进行实地调整。

(1)归化改正值的近似计算

①坐标法图解法。该方法是不直接计算归化改正值,而是将穿线测量控制基标的实测坐标和设计坐标都展绘在一张10cm×10cm的坐标纸上,并在坐标纸上标示出该控制基标与相邻控制基标的方向线,以此作为调线依据。

②角度、距离分别计算法。利用穿线测量成果分别计算每个控制基标归化改正的角度和距离。角度归化改正值计算如图9-16所示,直线上A、B点之间的C点夹角与180°的较差超过允许值时,应进行调整,其角度归化改正值可按下式计算:

$$\Delta = \frac{\alpha \times (L_1 \times L_2)}{(L_1 + L_2) \times 206265″} \tag{9-18}$$

式中:α——夹角实测值与设计值的不符值;

Δ——角度归化改正值,即点位调整的横向偏移量(mm);

L_1、L_2——分别为相邻边的边长(mm)。

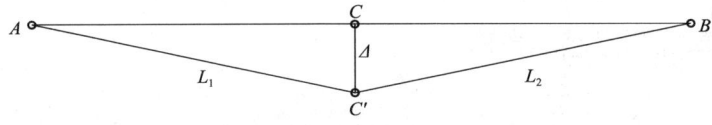

图9-16 角度归化改正值Δ示意图

上述归化改正值的近似计算方法,一般由实践经验比较丰富的技术人员采用,对于实践经验不足的测量工作者很难掌握。因为在控制基标上,一个点的横向改正会引起相邻夹角的变化,因此,计算一个点归化改正值时,还要考虑对相邻点的影响,必须反复调整各点改正值,才能满足归化改正和调线要求。

(2)归化改正值的严密计算

针对上述归化改正中存在的问题,有关单位开发了控制基标归化改正计算程序。该计算程序以角度、距离为参数,总结点位横向改正值与角度改正数的变动规律,建立数学模型,采用简捷实用的计算方法,实现归化改正点位自动选取与对应改正值的自动计算。控制基标归化改正计算程序在地铁控制基标测量中得到了验证和应用。实践表明,该程序参数可自由设置,灵活实用。剩余夹角改正数限差、点属性(用1表示的已知点或用2表示的未知点)可由用户设置,可强制调整指定点的改正值。不受线路形状、基标布设形式限制。计算结果完全能够满足现行规范精度要求。

(3)归化改正值的计算实例

导线点数包括两端4个固定点共16个,边数包括两条起算边共15条。用程序按5″限差计算,转折角改正数由转折角理论值减去观测值得到。成果见表9-3。

归化改正计算成果表　　　　表9-3

（边数=15　点数=16　剩余转折角改正限差=5″）

点属性	点　名	边长（本点－上点）(m)	初始转折角改正（″）	横向改正（mm）	剩余转折角改正（″）
1	10141				
1	10261	119.993	0	0.0	0.0
0	10345	84.131	-4	0.0	-4.0
0	10380	34.929	+2	0.0	+2.0
0	10450	69.509	-5	0.0	-5.0
0	10520	69.648	+6	0.0	+4.4
0	10580	59.714	-8	-0.5	+1.7
0	10620	39.834	+19	+0.4	-0.3
0	10664	43.979	-36	-2.7	-3.4
0	10699	34.927	+14	+0.4	-2.5
0	10771	71.826	+10	+0.9	+0.9
0	10843	72.507	-36	-1.8	-3.7
0	10882	39.378	+40	+2.9	+4.0
0	10935	52.635	-11	0.0	+0.3
1	10974	39.378	+9	0.0	+9.0
1	11005	30.618			

检验:初始角度改正数代数和=0.0,剩余角度改正数代数和=0.0。

(4)调线测量

①当采用坐标法图解法确定归化改正值时,把展绘好的坐标纸放在控制基标点上,坐标纸上实测坐标点与控制基标点对中,坐标纸上方向线与相邻控制基标方向一致后,将设计的坐标调整到控制基标点上,该点即为控制基标调整位置。

②当采用角度、距离分别计算法或严密计算法计算出归化改正值后,分别按角度距离沿线路横、纵方向在实地对相应控制基标位置进行改正。

控制基标位置调整后应对控制基标间的夹角和距离进行检测,检测结果应满足设计要求。调线测量往往一次不能满足要求,需要反复进行,特别是初次进行此项工作的测量人员,应细心操作才能达到目的。

4.控制基标高程测量

控制基标高程采用水准测量方法进行,测量时通过控制基标高程微调装置,反复测量、调整使控制基标高程满足设计要求。

控制基标高程和其之间的角度与边长不能满足限差要求时,则应重新进行调线测量。控制基标调线测量往往进行多次,才能符合限差要求,特别是经验不足时更是如此。

(二)加密基标的测设

在直线线路段依据控制基标间的方向,按加密基标的间距,在控制基标间埋设加密基标,埋设时全站仪定向、测距或在控制基标间张拉直线、以钢尺量距等方法确定各加密基标位置。在曲线线路段将仪器安置在控制基标或曲线元素点上用偏角量距等方法设置加密基标。

加密基标高程依控制基标高程测量方法测定。

(三)道岔铺轨基标的测设

道岔是保证列车以规定的速度安全可靠地从一股轨道转入另一股轨道的设备,它由转辙部分、辙叉部分、连接部分等组成。道岔各部分几何尺寸和相对位置精度要求较高,精确测定道岔铺轨基标非常重要。

道岔铺轨基标是全线基标的组成部分,一般是在完成线路控制基标测量后进行道岔基标测量。为了满足道岔几何形位的要求,道岔的铺轨基标测设应根据道岔铺轨基标图利用控制基标测设道岔控制基标,然后利用道岔控制基标测设道岔加密基标。

1. 道岔控制基标的测设

单开道岔控制基标应测设在岔头、岔尾、岔心和曲股位置或一侧;复式交分道岔控制基标应测设在长轴和短轴的两端及岔头、岔尾位置或一侧;交叉渡线道岔控制基标应测设在长轴和短轴的两端、岔头、岔尾以及与正线相交的岔心位置或一侧。

道岔控制基标应利用控制基标采用极坐标法测设,测设后应对道岔控制基标间及其与线路中线几何关系进行检测。道岔控制基标间及其与线路中线几何关系应满足下列要求:

(1)道岔控制基标间距离与设计值较差应小于2mm。

(2)道岔控制基标高程与设计值较差应小于2mm,相邻基标间的高差与设计值较差应小于1mm。

(3)岔心相对于线路中线的里程(距离)与设计值较差应小于10mm。

(4)道岔控制基标与线路中线的距离和设计值较差应小于2mm。

(5)正线与辅助线交角的实测值与设计值较差:单开道岔不应大于20″,复式交分道岔、交叉渡线道岔不应大于10″。

2. 道岔加密基标的测设

道岔加密基标应利用道岔控制基标测设。测设后必须进行几何关系检测,并应满足直线或曲线线路加密基标测设的相关技术要求。

同样以精密水准测量方法确定其高程。

思考题

1. 铺轨基标埋设间距、位置如何确定?
2. 控制基标测设精度要求有哪些?
3. 道岔基标测设精度要求有哪些?
4. 利用调整后的中线控制点测设控制基标。控制基标分为哪几个步骤?

第十章 跨座式单轨交通工程测量

第一节 单轨交通简介

一 单轨交通系统的发展简述

单轨交通的历史悠久,远在 1821 年 P. H. palmler 就因单轨的设计获得英国专利。1824 年在伦敦船坞为运送货物建设了世界上第一条单轨交通。由此可见,单轨交通比 1825 年开通的蒸汽机车牵引的铁道线路的历史还早。

1961 年日本引进了单轨交通技术,并利用 1964 年东京奥运会的契机,建设了羽田机场到浜松町间的单轨线路。从此,单轨交通由观光旅游交通工具,第一次成为城市公共客运交通的一种新的交通方式,单轨交通也作为城市公共交通系统得以不断完善。

2004 年 6 月,我国重庆成功开通了中国第一条跨座式单轨交通线——重庆轨道交通 2 号线,见图 10-1。2007 年 4 月,重庆市第二条跨座式单轨交通线——重庆轨道交通 3 号线正式全面开工。根据重庆主城区两江环抱、山高坡陡、道路山峦的特殊地理环境,多中心组团式城市结构特点,重庆市要逐步建成城市快速轨道交通系统网络,形成以快速轨道交通为骨干的现代化都市客运交通体系。轨道交通发展规划的总目标是用 20 年时间,建设 300km 轨道交通线路,形成覆盖中心城区、衔接主城区各外围组团的快速轨道交通网络。

图 10-1 重庆跨座式单轨交通——重庆轨道交通 2 号线

随着社会经济进一步发展,城市化速度将越来越快,跨座式单轨交通也将迎来发展的黄金时代。

二 跨座式单轨交通特点

跨座式单轨交通系统,采用混凝土轨道梁,线路平顺,全部高架立交。轨道梁既是运营车辆的载体,又是运营车辆的行走轨道,具有与铁路及其他类型在钢轨上行走的轨道截然不同的独特特点。

跨座式单轨轨道梁呈"工"字形,宽0.85m、高1.5m,顶面和两侧面均为车辆行驶面,顶面为走行面,上侧面为导向面,下侧面为稳定面,中间为供电轨,有下述诸多优点。

1. 有效利用城市空间

单轨交通是一种全线高架的轨道交通系统,可以利用普通道路之上的空间,因此不会干扰其他交通。由于单轨交通运行在既有道路上方,只需在城市街道中心采用单柱式支墩,很少占用地面道路,因此占地面积小,可以有效利用现有路面交通上部空间。单轨空间轨道梁宽度小,使拆迁面积大为减少,大大节省建设费用。

2. 运行安全

在轨道梁上行驶的城市单轨车辆转向架上装有三种轮胎:走行轮、导向轮和稳定轮。它的走行机理与钢轮钢轨系统完全不同,在列车运行过程中,走行轮始终与轨道梁顶面接触,轮胎的弹性主要缓冲车辆竖向振动,导向轮和稳定轮则起到缓冲车辆横向振动的作用,因此充分保障了系统的运营安全;单轨车辆的最高运行速度为80km/h,具有运行速度快、加减速性能好的优点,可满足乘客在出行时节省乘车时间的要求;由于系统的运行采用全封闭模式,与其他交通形式不相互干扰,因此单轨列车的运行稳定、安全、正点。

3. 适应地形能力强

单轨列车由于使用橡胶轮胎和特殊转向架,对于陡坡、急弯适应性强,对地形无严格要求。列车具有较强爬坡能力(最大坡度可达10%),能通过较小弯道(曲线半径最小可达30m)。它可以很好地适应城市多变的地形、地貌和复杂地理环境,可避开既有建筑,以避免不必要的拆迁,在城市中选线比较灵活、容易,从而大大降低工程造价。单轨交通在规划和选线上的适应性,是其他城市轨道交通无法比拟的。

4. 环境效应优越

单轨列车由于采用橡胶轮胎和空气弹簧转向架,因此获得了理想的减振降噪效果,其噪声低,振动小,据在日本小仓线实测,当列车时速为60km/h时,距轨道中心线10m、离地面高1.2m处的噪声值为74dB(A);由于采用电力牵引,列车运行中无排气污染,有利于保护城市环境;由于单轨交通采用的轨道结构窄、梁柱细、对城市日照和景观影响与其他高架轨道交通和高架道路相比,其遮挡日光照射的影响要小得多,在市区不会造成遮阳和压抑感;由于列车走行平稳,乘车舒适;乘客在车上视野宽广,眺望条件好,能起到游览观光的作用。

5. 速度快,运量适中

大中城市应建立高效率的大运量交通系统,公共汽车、有轨电车虽对乘客比较方便,但在运输能力上有一定的局限性,当超过其运输能力时,就得寻求大运量的交通工具。过去只能修建价格昂贵的地铁系统,当运量不足时,运营效率较低,将造成经济上的不合理。

单轨交通最高速度可达80km/h,平均运行速度约30km/h。其运量在公共汽车和地铁系统之间,属于中等运量交通系统。

6. 施工简便,工程造价低

单轨交通轨道为模块结构,标准轨道梁便于工厂预制,现场拼装,既保证了精度又便于施工,从而可以缩短工期。单轨交通的工程造价比较低,仅为地铁造价的1/3~1/2。

总之,跨座式单轨交通作为城市公共交通方式具有一系列优点,在功能上具备城市骨干交通工具的特征,在一定的使用条件下能满足城市公共交通的需要,是一种现代化的公共交通工具。

三 跨座式单轨交通测量内容

跨座式单轨交通工程与一般的轨道交通工程比较,测量精度要求高,尤其是相邻墩位、相邻轨道梁之间的相对精度要求更高。同时,轨道梁既是运营车辆的载体,又是运营车辆的行走轨道,轨道梁制作和架设的质量直接影响车辆运行的安全性和舒适性,也是跨座式单轨交通建设的重要环节。因此,为满足跨座式单轨交通工程设计、施工要求,必须在工程建设中的每个阶段、每个环节掌握施工关键点,完善和加强施工测量工作,为工程提供有力的测绘保障。

跨座式单轨交通工程施工测量内容主要分为控制测量、高架结构施工测量、轨道梁制作与验收测量、轨道梁架设测量等几个部分。控制测量可参考本书前面有关章节的相关内容。本章重点介绍高架结构施工测量、轨道梁制作与验收测量和轨道梁架设测量三部分内容。

第二节 高架结构施工测量

高架结构施工测量应包括高架区间和高架车站的桥墩基础、桥墩、墩顶盖梁、盖梁上的轨道梁等施工测量。进行施工测量时,利用地面施工定线的中线控制点或一等卫星定位点、二等导线点和二等水准点等测量控制点作为起算点,进行高架结构施工测量。测量前应对起算点进行检核。当起算控制点的密度不能满足放样需要时,应加密控制点,加密控制点的施测应执行二等导线测量和二等水准测量的相关技术要求。

桥墩施工测量

(一)桥墩基础放样测量

1. 放样测量方法

桥墩基础放样可采用极坐标法等。放样后应对相邻点间的几何关系进行检核,同时应测设基础施工控制桩,施工控制桩中的一条连线应垂直于线路方向,每条线的两侧应至少测设2个控制桩。

2. 桥墩基础放样精度要求

桥墩基础放样精度应符合下列要求:
(1)纵、横向放样中误差均应在 ±5mm 以内。
(2)桥墩间距的测量中误差应在 ±5mm 以内。
(3)各跨的纵向累积测量中误差应在 $\pm 5\sqrt{n}$ mm 以内(n 为跨数)。
(4)桥墩下基础高程测量中误差应在 ±10mm 以内。

3. 放样内容

桥墩基础施工时,应以施工控制桩为依据,测定基坑边沿线、基础结构混凝土模板位置线,其位置中误差应在±10mm以内;基底高程、基础结构混凝土面或灌注桩桩顶的高程测量中误差应在±10mm以内。

基础承台施工时,应对其中心或轴线位置、模板支立位置、顶面高程进行测量控制,其施工测量中误差分别应在±5mm、±7.5mm、±5mm以内。

(二)桥墩施工测量

1.桥墩施工测量内容

桥墩施工时,应对其中心位置、模板支立位置及尺寸、垂直度以及顶部高程等进行测量和检测,其施工测量中误差分别应在±5mm、±5mm、1‰、±5mm以内。

2.桥墩施工测量方法和要求

(1)中心或轴线位置应利用施工控制桩或二等导线点进行测设。

(2)施工模板位置线应以经纬仪或钢卷尺进行标定,并以墨线标记。

(3)模板立铅垂度可使用经纬仪或吊垂仪进行测量。

(4)高程可采用水准测量方法测定,也可使用钢尺丈量测定,并应在设计高度标记高程线。

(三)桥墩顶帽中心坐标和高程测量

桥墩施工完成后,应将设计中心坐标和高程引测到桥墩顶帽上。

桥墩顶帽设计中心坐标应利用线路中线控制点及二等导线点等,将桥墩的中心独立两次投测到顶部,两次投测较差应小于3mm。投测后应埋设中心坐标,并进行点位坐标的测量,其实测值与设计值较差应小于10mm。

桥墩顶帽的高程应利用水准仪和悬吊的钢尺,将高程传递到每一个桥墩顶部的高程点上。高程传递按城市四等水准测量精度要求独立测量两次,其较差应小于3mm。

二 桥墩上的盖梁施工测量

墩柱施工完成后,要进行盖梁施工。由于采用跨座式轨道梁技术,列车直接运行在轨道梁上,为确保列车安全、平稳运行,盖梁设计复杂,安装精度要求高,特别是盖梁上的支座锚梁、预埋件安装精度要求更高。

(一)盖梁结构及主要施工方法和工艺顺序

1.盖梁结构

盖梁主要由下支架、上支架及锚箱组成,其结构如图10-2所示,锚箱及其基座板结构如图10-3所示。

2.盖梁主要施工方法和工艺顺序

盖梁施工主要采用大块钢模满堂式支架,施工顺序为:安装铸钢支座固定下支架→绑扎盖梁钢筋→安装铸铁支座固定上支架及锚箱→精测、调整上支架及支座锚箱→焊接固定支架→精测及调整支座锚箱→浇筑混凝土→精测铸钢支座中心位置。

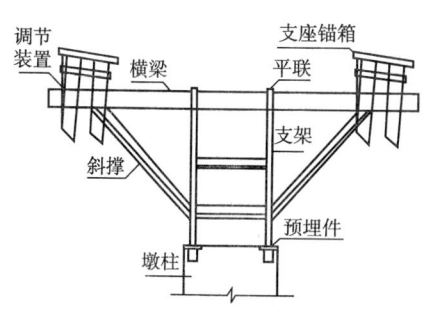

图 10-2　盖梁结构示意图

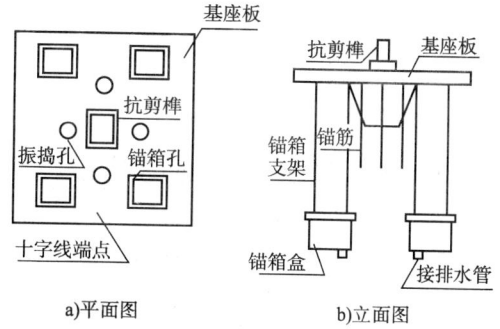

a)平面图　　　b)立面图

图 10-3　锚箱及其基座板结构示意图

（二）盖梁安装测量精度要求

根据设计要求，盖梁安装测量精度要求如下：
(1) 支座底板中心位置偏差为 ±3mm。
(2) 基座板四角的高程精度要求为 -5~0mm。
(3) 基座板四角高差偏差为 ±2mm。
(4) 锚箱中心位置距离偏差为 ±5mm。

（三）盖梁施工测量

1. 盖梁施工测量主要内容

盖梁施工测量内容主要包括：盖梁中心、法方向及高程控制，基座板中心、法方向及高程控制。

在线路曲线上，因存在超高，基座板中心与抗剪榫中心不重合，必须根据超高计算出抗剪榫的中心坐标，并且宜采用先高程后平面的测量控制方法；在线路直线上，高程和平面可以不分先后次序。

2. 盖梁施工测量方法和步骤

盖梁施工平面放样主要采用极坐标法，高程测量主要采用水准测量方法，并分为初测、精调和检核测量三个环节，施工测量步骤如下：

(1) 根据盖梁支座设计坐标、方位，用极坐标法标定出盖梁的法线和切线，进行盖梁模板放样。

(2) 上支架及锚箱安装固定后，用相邻墩柱或盖梁上引测的高程，测量基座板四角高程，计算出与设计的差值，根据其差值用锚箱支架上的高程调节螺杆调节基座板四角的高程。由于基座板四角的高程精度要求为 -5~0mm，因此，可将高程调整至 -2.5mm 左右，以便后续工序影响时不至于使高程超限。

(3) 根据基座板法方向的两个标记点坐标和基座板中心坐标（线路曲线上，可用计算出抗剪榫的中心坐标）计算得到盖梁切线和法线的距离，用钢尺量取各控制点到切线和法线的距离，并根据其差值用锚箱支架上的平面调节螺杆反复调整锚箱支座平面位置。

(4) 重新检查基座板四角高程，若有变动，重复上述(2)、(3)步骤进行调整。满足要求后，方可进行混凝土浇筑工作。

(5) 混凝土凝固成型后，应再一次检查基座板中心、法方向及高程和盖梁中心坐标。

第三节　轨道梁制作与验收测量

一　轨道梁制作测量工作内容

跨座式单轨交通轨道梁主要为一般预制混凝土梁，其形式见图10-4。除此之外，特殊地段还有现浇混凝土梁、预制钢梁（含道岔钢梁）、多跨连续梁等。各种轨道梁测量项目和内容大致相同，下面就对一般预制混凝土梁的测量项目作一介绍。

图10-4　一般预制混凝土梁

轨道梁制作包括：模板台车放线、轨道梁脱模、轨道梁张拉、轨道梁出厂四个阶段。梁制作测量工作贯穿于轨道梁制作的各个阶段。脱模后，各阶段的测量对象都是轨道，所测量内容基本一致，只是中间张拉阶段由张拉引起的变化（可忽略不计的测量项目）可以略去。

1. 模板台车放线测量

模板台车放线是轨道梁制作的基础。本阶段主要测量内容包括：在台车上放出梁体中心线、梁体底面边线、梁体端面边线、支座中心位置和预埋件的位置等。模板台车放线是轨道梁制作的基础，放线的精度对成品轨道梁的质量影响是致命的，因此，必须严格操作。

2. 轨道梁的检查与验收测量

轨道梁检查与验收主要的测量项目包括以下11项：梁宽、梁长、跨度、走行面垂直度、端面倾斜度、梁高、两端面中心线夹角、顶面线形、侧面线形、指形板座与梁体表面高差和支座位置。轨道梁脱模后，须对轨道梁的各个测量项目进行检查，检查出有不合格项目的轨道梁，应进行处理，满足要求后方能进行下一步张拉维护工作。轨道梁一般进行两次张拉，每次张拉后，要对产生较大变化的项目重新测量，并与该阶段的设计值比较，以检查张拉效果。轨道梁出厂前，须对全部项目进行验收测量，检查出有不合格项目的轨道梁，应进行处理，满足要求后方能进行出厂架设工作。

二　成品轨道梁线形精度要求

成品轨道梁线形精度要求见表10-1。

成品轨道梁线形精度要求　　　　　　　　表10-1

检测项目	质量标准	检测时间
梁宽	端部±2mm,中部±4mm	出厂前
梁长	±10mm	脱模后、28d龄期、出厂前
跨度	±10mm	脱模后、28d龄期、出厂前
走行面垂直度	±5/1000rad	出厂前
端面倾斜度	±5/1000rad(±7mm)	脱模后、28d龄期、出厂前
梁高	±10mm	出厂前
两端面中心线夹角	≤5/1000rad	出厂前
顶面线形	整体±L/2500,局部±3mm/4m	出厂前
侧面线形	整体±L/2500,局部±3mm/4m	出厂前
指形板座与梁体表面高差	±2mm	出厂前
支座位置	±1mm	脱模后或出厂前

三 成品轨道梁检查与验收测量方法

(一)成品轨道梁测量及要求

钢尺:统一使用同一品牌的钢尺,统一在具有平铺、悬空检测资质能力的国家法定检测机构检定;并应按照国家和地方有关规定,定期到有资质的钢尺检测场所进行比长、检定。

管式测力器:0~300N。

U形尺:自制,内径900mm,要求具有足够的刚度、不变形,其形状见图10-5。

钢直尺:500mm、1000mm。

等高块:自制,尺寸为40mm×40mm×40mm的立方体。

测量仪器:经纬仪、水准仪及水准尺。

水平尺。

塞尺:0.02~1.00mm。

直角尺。

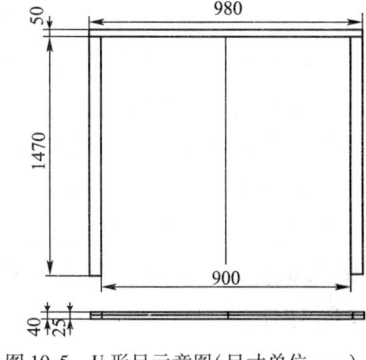

图10-5 U形尺示意图(尺寸单位:mm)

(二)成品轨道梁测量方法

1. 梁长、跨度和梁高测量

梁长、跨度、梁高三个项目测量用钢尺配合直角尺和管式测力器即可完成。梁长需测梁体两侧的上下部四个长度值;跨度是指梁体下部两支座间距,需测内外侧两个值;梁高测量数据较多,在梁体两侧的跨中、模板每个加力器对应截面及支座中心截面部位都应进行测量。曲线梁外侧梁长、跨度可测量弧长,内侧梁长、跨度可测量弦长;由于可能存在组合曲线,梁内外侧梁高可能不同。梁长、跨度和梁高测量如图10-6、图10-7所示。图中L为梁的横断面间距。

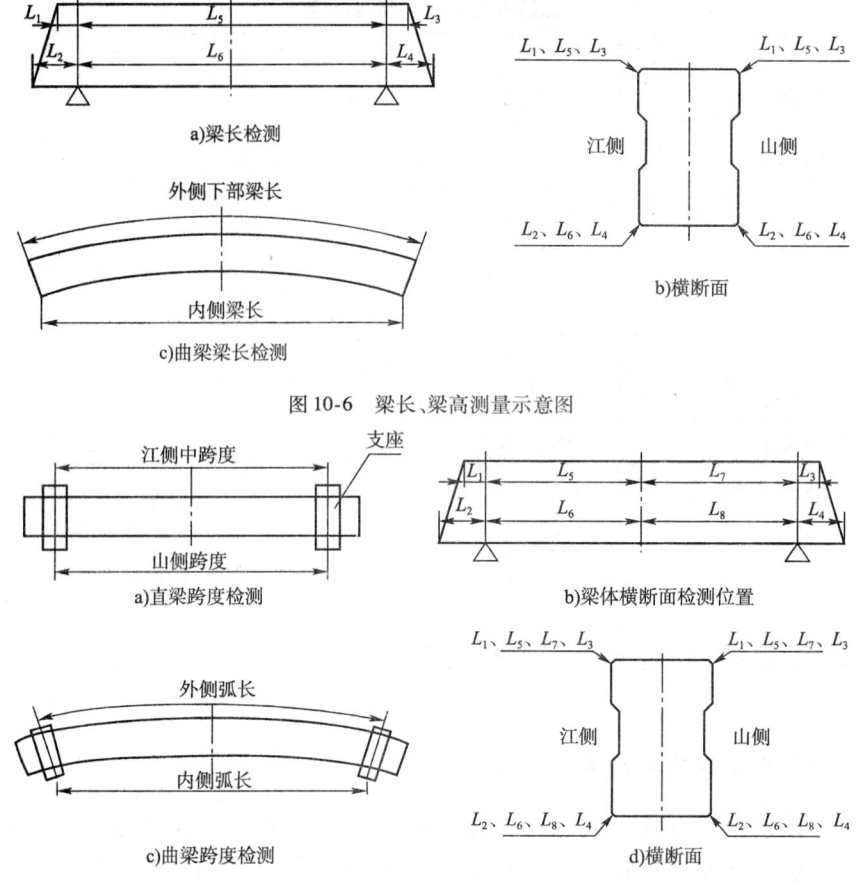

图 10-6　梁长、梁高测量示意图

图 10-7　梁跨度和梁高测量示意图

2. 梁宽、走行面垂直度测量

梁宽、走行面垂直度测量精度要求较高,要使用精确的 U 形尺、钢直尺、等高块等器具。**各测点应布置在各加力器截面上**。测量时,首先在梁体表面标定出各测点位置,然后将等高块置于梁顶各测点截面处,再将 U 形尺置于等高块上,用钢直尺量出梁表面至 U 形尺内侧距离。用 U 形尺内侧间距减去尺读数,即得出梁宽值($900 - d1 - d3$)。走行面垂直度是指梁顶面(走行面)与侧面的垂直程度,两侧走行面垂直度分别为 $\arctan(d2 - d1)/1085$,$\arctan(d4 - d3)/1085$,见图 10-8。

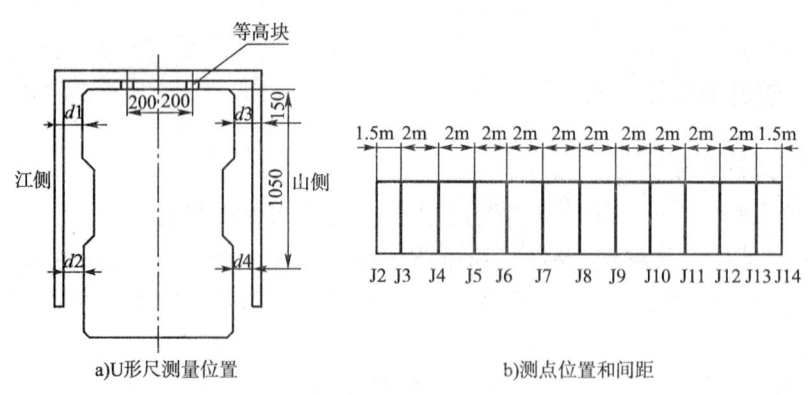

图 10-8　梁宽、走行面垂直度测量示意图

3. 端面倾斜度、两端面中心线夹角测量

端面倾斜度是指在轨道梁水平状态下，梁端面的铅垂度。一般用锤球或经纬仪配钢直尺即可完成。

两端面中心线夹角测量方法如下：做出梁端面中心线，用钢直尺测出经纬仪竖轴视线与中心线上、下部距离 $d1$、$d2$，该端面中心线与铅垂线夹角为 $\arctan\dfrac{d1-d2}{h}$，按此方法测验出另一端面夹角，两个值比较即得两端面中心线夹角，两端面中心线夹角测量如图 10-9 所示。

4. 梁体工作面线形测量

梁体工作面线形测量，按测量位置划分，可分为顶面线形和侧面线形；按整体与局部关系划分，可分为整体线形和局部线形。整体线形反映轨道梁的弯曲程度，局部线形反映轨道梁的平滑程度（图 10-10）。

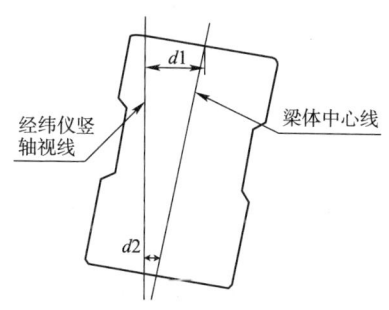

图 10-9 端面倾斜度和两端面中心线夹角测量示意图

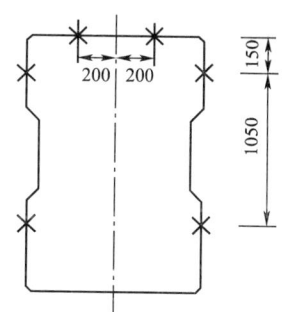

图 10-10 梁体工作面线形测量示意图
（尺寸单位：mm）

顶面线形和侧面线形的测点位置与梁宽测量一致。测量时，采用水准仪或经纬仪在梁顶面或侧面定出一条直线，然后用水准尺或直钢尺垂直置于梁顶面或侧面的每一个测点上，测出该测点到本直线的距离读数。各测点整体线形可由该测点相对于两端测点连线的矢距得出，各测点局部线形可由该测点相对于相邻前后两点连线的矢距得出。显然，两端测点的整体线形值为零且无局部线形值。

在进行梁体工作面线形测量时，由于水准仪或经纬仪在梁顶面或侧面定出的直线与梁体走向不平行，因此矢距读数必须要考虑不平行的影响和改正。

5. 指形板座与梁体表面高差测量

指形板安装在每根轨道梁的两端，是连接相邻两轨道梁的纽带。指形板与梁体表面应当齐平，否则会形成台阶，影响乘车舒适度。指形板一般在工厂按统一型号预制，轨道梁架设时才进行安装。因此，出厂前的轨道梁要保证指形板座与梁体表面有一定高差，且不应太大或太小。测量方法：将直角尺置于梁体表面，用钢直尺测出直角尺的直角边与指形板座的高差即可。指形板座样式见图 10-11。

6. 支座位置检查测量

支座位置在模板台车放线时已经放出，为检查轨道梁制作过程中有无偏差，是否满足要求，轨道梁脱模后或出厂前应对支座相对于同侧梁端头的距离进行检查测量。由于支座位于梁体下

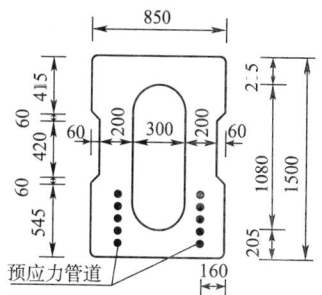

图 10-11 指形板座样式示意图

部,一般可用经纬仪先将支座位置投影到梁顶面再进行测量。

第四节 轨道梁架设调整测量

轨道梁线架设前应对盖梁上线路中线点、桥墩跨距和锚箱位置进行检核测量,架设后应进行轨道梁调整测量。

轨道梁调整测量主要包括:对轨道梁线间距、轨道线路中心平面位置和轨面高程、轨道梁连接处水平和竖向线形的调整测量等。

一、轨道梁线间距测量及调整

轨道梁线间距是指上下行两条轨道顶面中心线的距离。轨道梁线间距满足精度要求,是确保车辆上下行行车安全的关键指标,在架设轨道梁或进行线形调整过程中,其线间距必须满足下列要求:

(1)轨道梁架设或进行线形调整过程中其直线中心间距在每榀轨道梁长和高度范围内应不小于3700mm。

(2)轨道梁架设或进行线形调整过程中其曲线中心间距在每榀轨道梁长和高度范围内应不小于3700mm + W(W为曲线加宽值)。

由于每节车厢不可以弯曲,为保证车辆安全运行,在曲线段半径小于500mm时,线间距应根据曲线半径不同,加宽一定的数值(半径大于500mm时,可近似作直线处理)。根据跨座式单轨交通的特点和各种参数计算得到线间距加宽量公式如下:

$$W = \frac{34500}{R} - 69 + 3700(1 - \cos\alpha) \tag{10-1}$$

式中:R——曲线半径(m);

α——曲线轨道梁超高角度(°),左右线超高不等时取大值。

二、轨道梁线路中心平面位置和轨面高程调整测量

当轨道梁架设完并经线路线形调整后,实际轨道梁线路中心位置与设计轨道梁线路中心位置有时会有一定的偏移量,而偏移量的大小是影响线路线形调整精度的关键指标。因此,在工程实施过程中控制轨道梁线路中心的偏移量是十分必要的。

由于轨道梁是预制并经出厂前检查合格的,因此,轨道梁线路中心平面位置测量可以简化为每榀轨道梁两端支座位置处的中心点位平面坐标测量,这样既容易操作,又可达到测量目的。

轨道梁顶面是车辆的走行面,顶面高程的精度是影响建筑限界和乘车舒适性的重要指标,控制顶面高程误差是很重要的。与平面位置测量一样,顶面高程测量可以简化为每榀轨道梁两端支座位置处的中心点位高程测量。

三、轨道梁连接处水平和竖向线形测量

轨道梁线形调整直接影响到车辆运行的平稳度,是乘车舒适性的重要因素,因此线形测量

是轨道梁架设的一项最重要工作。

轨道梁水平线形测量方法:从侧面以两轨道梁连接处为中点拉一弦线,弦线长度一般取曲线弦线长20m、直线弦线长4m(直线水平线形见图10-12,曲线水平线形见图10-13),然后测量轨道梁侧面各点到弦线的垂距,该垂距应与设计数据相符。曲线水平线形允许精度为±20mm,直线水平线形允许精度为±5mm。

轨道梁竖向线形测量方法:从顶面以两轨道梁连接处为中点拉一4m长的弦线,然后测量轨道梁顶面各点到弦线的垂距(图10-14),该垂距应与设计数据相符。竖向线形允许精度为±5mm。

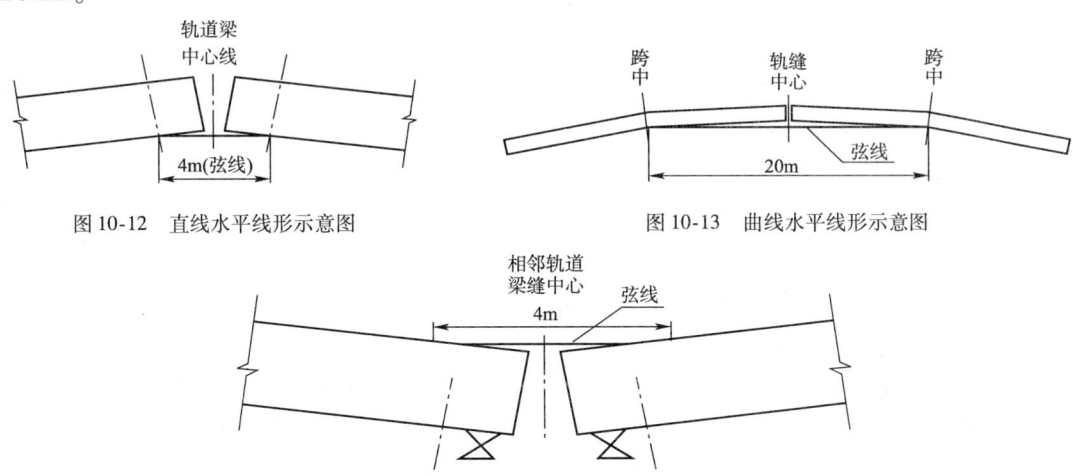

图10-12 直线水平线形示意图　　　　图10-13 曲线水平线形示意图

图10-14 竖向线形示意图

思考题

1．跨座式单轨交通系统,采用混凝土轨道梁,线路平顺,全部高架立交主要有哪些不同的独特特点。

2．跨座式单轨交通工程与一般的轨道交通工程比较,测量精度要求高,主要有哪些测量内容?

3．跨座式单轨交通工程的桥墩基础放样精度要求是什么?

4．跨座式单轨交通工程的桥墩施工测量方法和要求是什么?

5．跨座式单轨交通工程的盖梁主要施工方法和工艺顺序有哪些?

6．根据设计要求,跨座式单轨交通工程的盖梁安装测量精度要求有哪些?

7．论述盖梁施工测量主要内容、施工测量方法和步骤。

8．跨座式单轨交通工程的轨道梁线间距是如何测量与调整的?

第十一章 变形监测

第一节 变形监测目的及基本要求

随着我国城市化进程的加快,许多大城市都竞相发展以城市轨道交通为主的快速轨道交通系统,并相继开展大规模的城市轨道交通建设。由于城市轨道交通工程为城市环境中的长距离地下隧道、桥梁工程以及地下或深基础工程,在工程建设和运营阶段产生的工程结构变形及受施工和运营影响引起的工程环境的变形,对工程和环境安全以及社会公共秩序会产生很大影响,严重时还会危及城市轨道交通工程和工程环境的安全、造成人民生命财产的巨大损失。当然,这种变形在一定的限度之内,可以认为是正常的现象,也不会对工程和工程环境造成大的影响,但如果这种变形超过了一定的限度,就必须引起足够的重视,并应采取适当措施,防止对工程造成破坏和损失。

城市轨道交通工程建设对工程、环境、安全影响的控制问题是关系到城市建设安全的一个重要课题。根据国际隧协(ITA)的调查结果,城市轨道交通工程建设和地下空间的利用不久将达到高潮,而我国的预定目标和现在的发展状况也预示即将进入一个大规模开发地下空间资源的时代。在一些大城市,正在发展以城市轨道交通为主的多结构、多层次的交通运输网。为此,基于确保城市轨道交通工程建设和运营安全以及因工程建设而引起的环境安全,对城市轨道交通项目进行变形监测,已成为城市现代化建设中不可缺少的重要工作。因此,各级轨道交通建设工程管理者,对城市轨道交通建设工程中的变形监测非常重视,变形监测工作也在城市轨道交通工程建设中得到普遍开展。

一、城市轨道交通工程变形产生原因

在工程建设中,由于施工活动的影响,建筑物和构筑物的地基、基础、上部结构及场地在各种力的作用下,会产生形状和位置变化。根据城市轨道交通工程特点,其变形一般由以下几种情况引发和造成。

1. 施工期间变形产生的原因

对于明挖施工的深基坑工程,由于施工期间会对周围土体产生扰动,加之城市轨道基坑施工时,都采取降水措施,造成深基坑侧面土体由于失水而导致其物理力学性状不可避免地发生变化。施工中,一方面基坑开挖引起围护结构的侧向位移和坑内隆起,并引起地层沉降,周围环境也随之沉降;另一方面,基坑开挖引起围护结构向基坑内的水平位移,也导致相邻建筑结构发生挠曲变形。

对于暗挖的地下隧道工程,开挖前岩体处于应力平衡状态,开挖后洞壁形成临空面,原始应力平衡状态被破坏,引起应力重新分布。在地下隧道开挖过程中,围岩应力的变化,始终伴随着围岩位移变化,并导致工程环境发生位移变形。

2. 运营期间变形产生的原因

运营期间造成变形来自两个方面,一是城市轨道交通线路环境对线路的影响。例如,临近的大面积、高密度的高层建筑物,沿城市轨道交通线路排列,其建筑荷载产生的附加应力以及城市轨道交通线路临近的基坑开挖、隧道近距离穿越线路、线路隧道上方增加地面、线路隧道所处地层的水位变化、线路隧道下卧土层水土流失等情况对线路变形的影响相当大。二是城市轨道交通运营列车振动对线路、结构和工程环境的影响。例如,城市轨道交通线路隧道在正常营运期间,在列车振动荷载的长期循环作用下,隧道下卧的饱和砂土层有液化的可能性以及饱和黏土沉陷,都会引起线路、结构和工程环境的变形等。

3. 其他原因

城市地面沉降对城市轨道交通线路的综合影响是非常大的。我国大多数大中城市的地面沉降问题都非常严重,当隧道穿越沉降漏斗区时,位于漏斗区内的隧道沉降与漏斗外隧道的沉降量不一致,长期积累下去,就会产生严重的纵向不均匀变形。

地下水的冻融也是产生地下工程变形的重要因素。城市轨道交通工程建设工期较长,往往跨年度施工,冬天和夏天地下水产生冻结和消融会引起工程变形,特别是高纬度地区地下水位较浅、含水量较大的地区,地下水的冻融对地下工程变形影响更为明显,这些现象应引起监测者的高度重视。

除此以外,地震等自然灾害的影响,造成后果也非常严重。尽管地震的作用机理及结构反应极其复杂,对于测绘工作者没有精力过分关注,但对处于软土地层的隧道来说,特别是饱和土与粉细砂在地震中的液化问题,对城市轨道交通线路变形的影响是不能忽视的。

变形监测目的与意义

变形监测是指在城市轨道交通工程建设和运营期间,对工程和工程环境中可能产生变形的对象所进行的观测,并对观测数据进行处理和分析的一系列工作。该项工作是信息化施工与管理技术的重要组成部分,其目的是保证工程本身施工与运行的安全以及周边环境安全。因此,开展城市轨道交通工程变形监测有着重要意义。围绕建设工程和工程环境而开展的监测工作,主要达到以下几个方面目的。

(1)掌握结构的受力状态与变形状态。

结构受力变化将导致结构变形,如结构主体及周围土体的侧向位移和竖向沉降。对这些变形进行监测、分析与研究,以便预测结构安全与健康状态。

(2)掌握基坑、隧道周围环境的稳定状态,以及工程施工对地表、地面建筑物产生的影响。

基坑和隧道开挖过程会导致周围土体和地面建筑物位移和沉降,对这些变化进行周期性监测、分析与研究,以便预测结构安全与健康状态。

(3)通过对监测数据的整理分析,确切了解建筑物的变形程度与变形趋势,及时反馈信息,指导施工与运营,使施工与运营过程处于受控状态。

对监测数据进行研究,分析结构与地层运动机理,才能对结构变形与地面沉降的时空变化进行准确的预报,从而提出合理的技术指标,以确保地面交通运营安全,并保护周围建筑物和地下设施的安全。

(4)通过监测验证工程设计施工方案的正确性,为同类工程项目的设计、施工提供科学数据,以便提高设计、施工管理技术水平。

三 城市轨道交通工程变形监测范围

根据城市轨道交通工程基坑、隧道施工特点,经长期工程实践,总结出工程建设对其周边环境影响区域和程度见表11-1。

工程建设对其周边环境影响区域和程度　　　　　　表11-1

影响程度	基坑周边影响范围	隧道周边影响范围
严重	基坑周边 $0.7H$ 范围内	隧道正上方及外侧 $\tan(45-\varphi/2)H$ 范围内
显著	基坑周边 $0.7H \sim 1.5H$ 范围内	隧道外侧 $\tan(45-\varphi/2)H \sim 1.0H$ 范围内
一般	基坑周边 $1.5H$ 范围以外	隧道外侧 $1.0H$ 范围以外

注:H 为基坑开挖深度或隧道底板埋深;φ 为内摩擦角。

在实际操作中为保证安全期间,监测范围一般为 $1H \sim 2H$。当基坑深度大于15m、岩土条件复杂,对基坑及其周围有重大影响以及浅埋和盾构法施工隧道都取上限值。对于软弱层应放宽监测范围,一般为 $2H \sim 4H$。

四 城市轨道交通工程变形监测基本原则

变形监测是城市轨道交通工程设计和施工的重要组成部分和重要内容,是监测、判断建设和运营安全的重要手段。变形监测必须符合以下基本原则。

(一)安全可靠原则

为满足安全可靠原则的要求,在变形监测中应做到以下几个方面。

1. 建立可靠的监测系统

应选派有经验的人员,采用成熟的监测技术、手段和配置充分的仪器设备,以建立起可靠的监测系统。

2. 制定好监测方案

监测前应根据设计、施工和规范要求以及通过工程踏勘所收集的资料,制定好确实可行的监测方案。监测方案应完整和系统,具备有效和可靠的检核方法。监测方案应经有关方(监测方、设计方、施工方、监理方等)审批并有效执行。

3. 进行多层次监测

在监测项目上,必测项目与选测项目相结合;在监测方法上,以仪器检测为主,并辅以巡视;在监测技术上,应采用成熟的监测技术、手段和仪器设备,传统监测技术与先进科技相结合。对多层次监测结果进行综合分析,以便互相验证。

4. 关键部位重点监测

城市轨道交通工程变形监测时,对"关键工序、关键过程、关键时间、关键部位",应重点监测,以保证监测过程连续性,数据采集完整,特殊情况能得到及时处理。

(二)监测信息及时反馈原则

城市轨道交通工程变形监测是时效性极强的工作,要制定可行的信息反馈制度。对监测数据要及时检查、处理。按时、及时上报日报、周报、月报与特殊情况的监测材料,以指导施工。

(三)经济合理原则

城市轨道交通工程监测系统设计时,力求采用实用的仪器设备、实用的方法、合理的精度要求,以降低监测费用。

第二节 变形监测基本内容和使用的仪器

一 城市轨道交通工程变形监测基本内容

随着城市轨道交通工程和地下工程的建设,一般在建设结构外沿的 $1H \sim 2H$(H为埋深)范围内形成变形区,变形监测就是对变形区内施工的结构和工程相邻环境中的地表、建(构)筑物、管线、桥梁等进行变形测量,通过对监测对象稳定状况的观测,为评价工程环境安全提供准确监测数据。变形监测基本内容一般分为必测项目和选测项目,必测项目是指保证城市轨道交通工程、围岩及其周围环境的稳定状态和安全而进行的监测。选测项目是根据设计和施工的特殊需要,在局部地段进行的监测项目。不同的工程建设阶段、施工工法、建筑结构和工程环境,对变形监测基本内容的要求不尽相同。

1. 施工阶段变形监测基本内容

在城市轨道交通工程的建设中,采用的施工方法不同,变形监测内容也存在差异。根据我国各大城市轨道交通变形监测现状,几种常用施工方法所进行的监测项目见表11-2~表11-5。

明(盖)挖法及竖井施工监测项目 表11-2

项目类别	监测对象	
	支护与工程结构	工程环境
必测项目	支护结构桩(墙)顶水平位移、支撑轴力、地下水位、盖挖法顶板内力、盖挖法立柱内力及沉降、竖井井壁收敛等	变形区内地表、道路、建(构)筑物、管线、桥梁等
选测项目	支护结构内力、锚杆(索、土钉)受力、土体分层沉降及水平位移、基坑底部回弹、孔隙水压力等	—

浅埋暗挖法施工监测项目 表11-3

项目类别	监测对象	
	支护与工程结构	工程环境
必测项目	初期支护结构拱顶沉降、初期支护结构净空收敛、地下水位等	变形区内地表、道路、建(构)筑物、管线、桥梁等
选测项目	围岩压力及支护间接触应力、土体分层沉降及水平位移、钢筋格栅钢架应力、初期支护和二次衬砌内应力、钢管柱受力等	—

盾构法施工监测项目 表 11-4

项目类别	监测对象	
	支护与工程结构	工程环境
必测项目	管片衬砌变形(拱顶下沉、结构收敛、隆起等)	变形区内地表、道路、建(构)筑物、管线、桥梁等
选测项目	土体分层沉降及水平位移、管片衬砌和地层间接触应力、管片内力等	—

地面和高架线路结构施工监测项目 表 11-5

项目类别	监测对象	
	支护与工程结构	工程环境
必测项目	柱(墩)沉降、柱(墩)或梁的挠度测量等	变形区内地表、道路、建(构)筑物、管线、桥梁等
选测项目	支护和结构内力及外力等	—

表 11-2 ~ 表 11-5 列出的变形监测项目很多,但在实际工作中应根据设计要求以及建设场地条件适当选择。在监测工作中,还可以根据监测对象稳定状况,在满足工程要求的条件下,经设计和施工技术人员审核和批准后,可增加或减少监测项目。

2. 运营阶段变形监测基本内容

运营阶段开展轨道线路变形监测,主要在不良岩土条件、特殊岩土条件和地形变化大的城市或地段进行,对于临近线路两侧进行建设开发地段、运营线路和新建线路衔接、交叉、穿越地段、地震、地铁列车振动等对线路产生影响的地段、隧道上方增加地面荷载、隧道所处地层的水位变化、隧道下卧土层水土流失、列车振动、爆破、地震以及建设期间观测体未稳定,需要继续进行观测的项目都应进行变形监测。变形监测对象应包括既有线路轨道、道床和隧道、高架结构、车站等建筑物以及受线路运营影响的周边环境变形区内的道路、建筑物、管线、桥梁等。变形监测项目如下:

(1)工程主体结构与线路沉降和水平位移,包括隧道、地面和高架结构与道床、轨道的沉降及水平位移。

(2)城市轨道交通工程环境中的建(构)筑物、管线、道路、桥梁等沉降和水平位移。

■ 变形监测主要仪器

城市轨道交通变形监测的物理量主要有:水平位移、垂直沉降、应变、应力和压力等,变形监测一般可采用几何测量方法或利用传感器进行。根据不同的工程特点、场地条件以及监测方法、监测目的,变形监测常用的主要仪器以及用途和精度见表 11-6。

由于生产监测仪器的厂家众多,同一类型仪器又有很多种类,不同厂家同类产品的规格技术参数和精度指标都不一样,表 11-6 不能全部列举所有仪器参考精度,仅选择某一个厂家生产的同种监测仪器中一种规格的仪器,列出其参考精度,各种详细指标可参考仪器厂家提供的技术资料。

变形监测主要仪器以及用途和精度　　　　表11-6

变形监测仪器	主要用途	参考精度
卫星定位接收机	水平	$5\text{mm} + 1 \times 10^{-6} \times D\text{mm}$
全站仪	水平位移以及三维变形测量	测角≤2″,测距≤$2\text{mm} + 2 \times 10^{-6} \times D\text{mm}$
水准仪	垂直沉降、地基回弹测量	每千米高差中数全中误差≤1mm
静力水准仪	垂直沉降测量	≤0.7% F.S
测斜仪	倾斜测量	±1% F.S
收敛仪	隧道收敛测量	量测长度的1×10^{-5}
分层沉降仪	不同深度处土体垂直沉降测量	±1.0mm
多点位移计(伸长计)	位移、距离测量	≤(1.5%~2.5%)F.S
水位计	水位沉降测量	±1.0mm
应变仪	应力变化测量	≤测量值的0.2%
测缝仪	缝隙变化测量	≤0.7% F.S
钢弦式频率接收仪	钢弦振动频率测量	±0.008Hz
爆破振动监测仪	爆破引起的对周围环境的振动影响测量	≤0.5%
应力计	支护结构内力	(0.25%~2%)F.S
锚杆测力计	锚杆(索、土钉)受力	(0.5%~1.5%)F.S
孔隙水压力计	孔隙水压力等	(0.1%~2.5%)F.S
激光扫描	三维变形测量	±2.0mm
近景摄影测量	三维变形测量	±2.0mm

注:D 为测距边长(m)。

第三节　变形监测控制网测量

采用几何测量方法进行变形监测时,应由基准点和工作基点组成变形监测控制网,并与监测对象上能反映变形状况的变形监测点组成变形监测网。变形监测时,利用变形监测控制网中的点作为起始点对变形监测点进行观测。采用传感器进行变形监测时,则直接在变形体上埋设传感器,并利用电子仪器采集变形数据。

一　变形监测控制网测量

用几何测量仪器和方法进行变形监测,首先应建立变形监测控制网。控制网中基准点影响范围之外,当基准点能满足变形监测要求时,则直接利用基准点进行变形检测,当基准点密度不够,不能直接监测时,应加密工作基点,再利用工作基点进行变形监测,控制网要根据变形监测内容及监测区的监测环境和条件布设,要求监测方法简单易行,点位稳定、可靠,布局合理等。并能满足监测设计及精度要求,根据监测精度要求,便于进行长期监测。

根据监测精度要求,变形监测控制网分为三级,各级控制网适用于不同监测精度要求变形监测的等级划分和适应范围见表11-7。

变形监测的等级划分、精度要求和适用范围　　　　表 11-7

变形监测等级	垂直沉降监测		水平位移监测	适用范围
	变形点的高程中误差(mm)	相邻变形点高差中误差(mm)	变形点的点位中误差(mm)	
Ⅰ	±0.3	±0.1	±1.5	线路沿线对变形特别敏感的超高层、高耸建筑、精密工程设施、重要古建筑物等以及工程结构有高精度要求的监测对象
Ⅱ	±0.5	±0.3	±3.0	线路沿线对变形比较敏感的高层建筑物、高架结构、地下管线;建设工程的支护、结构、隧道拱顶下沉、结构收敛和运营阶段结构、轨道和道床以及有中等精度要求的监测对象
Ⅲ	±1.0	±0.5	±6.0	线路沿线一般多层建筑物、地表、道路及施工和运营中的次要结构等以及有低等精度要求的监测对象

注:变形点的高程中误差和点位中误差是相对最近变形监测控制点(基准点)而言的。

变形监测控制网宜为独立控制网。当测量控制网分级布设时,高级控制点作为次级控制网的起始数据,则高级网的测量误差即形成次级网的起始数据误差。一般认为起始数据误差相对于次级网的测量误差是比较小的。可是,对于精度要求较高的变形监测控制网来说,对含有起始数据误差的变形监测网,即使监测精度再高、采取的平差方法再严密是不能达到预期的精度要求的,因此一般要求变形监测网宜为独立控制网。尽管城市轨道交通工程的变形监测控制网为独立控制网,但有条件时应与施工控制网联测,以便了解监测对象在所采用的平面和高程系统中的变形状况。

 变形监测控制网布设

1.垂直沉降变形监测控制网

(1)高程控制网的布设

对变形体进行垂直位移变形监测时,应建立高程控制网。高程控制网一般采用高精度水准测量方法布设,其具体做法是:在建设场地外围埋设水准点,构成闭(附)合水准路线(网)。由于布设的水准点是变形监测的基准点,为此在布设时必须考虑下列因素:

①基准点应选在施工变形区外稳固、便于寻找、保存和引测的地方。由于城市道交通线路比较长,根据线路设施的位置,宜每隔 3km 左右埋设 1 个深桩或基准点作为基准点。进行车站、竖井及车辆段等局部的变形监测时,在其附近应布设不少于 3 个基准点。

②基准点标石可分为混凝土水准标石、墙脚水准标志、基岩水准标石和深桩水准标石四种。基准点应以工程的地质条件为依据,因地制宜地进行埋设,可按图 4-1 ~ 图 4-4 所示的水准标石的类型和规格埋设在变形区外的露头基岩、密实的砂卵石层和原状土中,也可埋设在稳固建筑物的墙上。地层为软土的城市或地区应根据其岩土条件,可在变形影响以下,按图 11-1 设计和埋设深层金属管基准点标石。排水井式混凝土水准标石,用于土层较厚的地方,为了防止雨水灌进基准点井里,井台必须高出地面 0.2m。

③导线点标石比较稳固时,也可作为基准点使用。

(2)高程控制网的精度要求

①采用水准测量方法建立垂直沉降监测高程控制网主要技术要求应符合表11-8的规定。

进行各等级垂直沉降监测高程控制网测量时,水准观测技术要求见表11-9。

②采用其他方法布设垂直沉降高程监测控制网时,在满足相邻基准点精度要求下,其主要技术要求应符合表11-8和表11-9的相关技术要求。

③当水准路线跨越江、河、湖塘视线长度小于100m时,采用一般水准测量方法进行观测,大于100m时,应进行跨河水准测量。跨河水准测量可采用光学测微法、倾斜螺旋法、经纬仪倾角和光电测距三角高程法等,其技术要求应执行现行《国家一、二等水准测量规范》(GB 12897—2006)相关规定。

(3)高程控制网测量应注意的问题

①在适宜的条件下垂直沉降监测高程控制网宜与城市轨道交通工程现有高程系统一致。

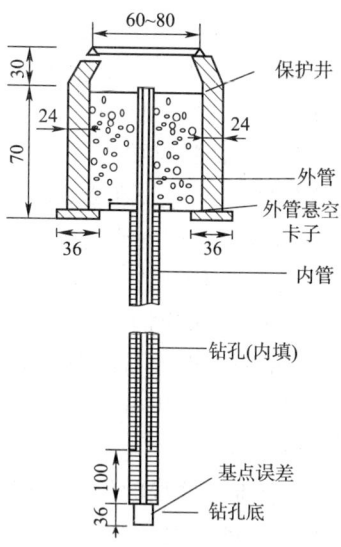

图11-1 深层金属管基准点标石（尺寸单位:cm）

垂直沉降监测控制网主要技术要求 表11-8

等 级	相邻基准点高差中误差(mm)	测站高差中误差(mm)	往返较差、附合或环线闭合差(mm)	检测已测高差之较差(mm)
Ⅰ	±0.3	±0.07	$±0.15\sqrt{n}$	$±0.2\sqrt{n}$
Ⅱ	±0.5	±0.15	$±0.30\sqrt{n}$	$±0.5\sqrt{n}$
Ⅲ	±1.0	±0.30	$±0.60\sqrt{n}$	$±0.8\sqrt{n}$

注:n 为测站个数。

水准观测主要技术要求 表11-9

等级	仪器型号	水准尺	视线长度(m)	前后视距差(m)	前后视距累计差(m)	视线离地面最低高度(m)	基辅分划或两次读数较差(mm)	基辅分划或两次读数所测高差较差(mm)
Ⅰ	DS_{05}	铟瓦	≤15	≤0.3	≤1.0	0.5	≤0.3	≤0.4
Ⅱ	DS_{05}	铟瓦	≤30	≤0.5	≤1.5	0.3	≤0.3	≤0.4
Ⅲ	DS_{05}	铟瓦	≤30	≤1.0	≤2.0	0.3	≤0.4	≤0.6

②垂直沉降监测高程控制网除采用几何水准测量方法外,还有高程测量、静力水准测量等方法,布网和观测应有检核条件。

③鉴于许多城市存在地面沉降,为了解水准点稳定状态还可采用光电测保证水准点稳定可靠,应定期对已建成的水准网进行复测。第一次宜在开工前进行,之后约1年复测1次,并根据点位稳定情况适当调整复测频率。复测时,测量精度应不低于原测精度,高差较差应不大于$\sqrt{2}$倍高程中误差。当水准点标石被破坏时,应重新埋设,复测时统一观测。

④对存在地面沉降城市的高程控制网数据进行变动时,应经设计、施工测量和有关专家研究,制定方案,全线统一进行。

2. 水平位移变形监测控制网

(1)平面控制网的布设

水平位移监测控制网可采用导线网、三角网、边网、基准线和卫星定位等形式,基准点不应少于3个。由于变形监测是查明建筑物随时间变化的变形量,因此布网的图形应与监测对象的形状相适应。同时,由于变形监测网的测定精度一般为毫米级,要考虑一些变形点在特定变形方向上的精度要求,因此在精度设计时应有所侧重。实践证明,对于由等边三角形所组成的规则网形,当边长在200m以内时,测角网具有较好的点位精度;对于不同的网形及不同的边长,可采用三边网或边角网。但为了提高精度,在网中可适当加测一些对角线方向,以增加网的强度,有利于精度的改善。

在变形监测中,由于监测频率大、边长短及测站观测时间较长,所以要尽可能减少测站和目标的对中误差与加强测站稳定。测站点宜建造具有强制对中器的观测墩,用以安置测角仪器和测距仪。机械对中装置的形式很多,在选择使用时要选择对中精度高、安置方便及稳定性能好的标志。

基准点埋设的位置应在变形影响范围之外,确保其稳定、可靠。对于变形监测的工作基点,如不能埋设在变形影响之外,则在每次使用中应予以检测,了解其位置的变动情况,并在每次数据处理时进行数据改正。在布网时,还要考虑不能将基准点处于网的边缘,因此从测量的误差传播理论和点位误差椭圆的分析知道,通常是联系越直接、距离越短,则精度越高。

(2)水平位移控制网的精度要求

采用导线网或边角网形式布设控制网时,水平位移监测控制网测量主要技术要求应符合表11-10的规定。

水平位移监测控制网测量主要技术要求 表11-10

等级	相邻基准点的点位中误差(mm)	平均边长(m)	测角中误差(″)	最弱边相对中误差	全站仪标称精度	水平角观测测回数	距离观测测回数	
							往测	返测
Ⅰ	1.5	150	±1.0	≤1/120000	±1.0″, ±(1mm+1×10^{-6}×D)	9	4	4
Ⅱ	3.0	150	±1.8	≤1/70000	±2.0″, ±(2mm+2×10^{-6}×D)	9	4	4
Ⅲ	6.0	150	±2.5	≤1/40000	±2.0″, ±(2mm+2×10^{-6}×D)	6	2	2

第四节 变形监测基本方法

一 变形监测点标志的形式和埋设位置

采用几何测量方法进行变形监测时,要在监测点上埋设监测标志。采用物理传感器进行监测时,只需将传感器或相应设备埋设在监测部位,则不需要埋设监测标志。下面阐述几何测量方法进行变形监测时的监测标志形式和埋设位置。

监测点是变形测量的目标。对线路结构的道床、轨道、车站、隧道、高架桥及两侧变形区内建(构)筑物、桥梁、铁路、地下管线等监测点,应埋设在监测对象变形敏感的部位,能真正反映发生变形的特征点上。对于埋设在建筑物上的标志点,为不影响城市美观,应注意对标志点进行迄当美化并与建筑物外观协调一致。

(一)监测点标志形式

(1)设备基础和围护结构监测点。一般利用铆钉和钢筋来制作。标志形式有垫板式、弯钩式、燕尾式、U字式,尺寸及形状如图11-2所示。

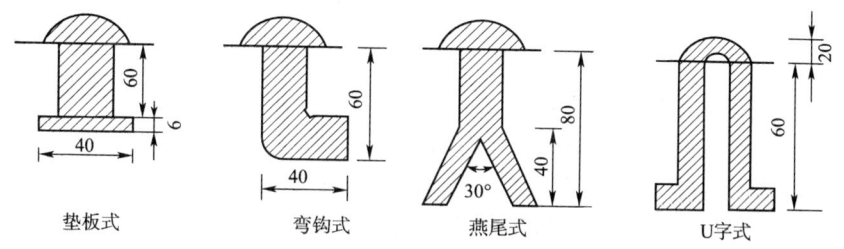

图11-2 设备基础和围护结构监测点(尺寸单位:mm)

(2)柱基础监测点。对于钢筋混凝土柱应在高程±0.000以上10~50cm处凿洞,将弯钩形监测标志平向插入,或用角钢等成60°角斜插进去,再以1:2水泥砂浆填充。如图11-3所示。对于钢柱上的监测标志,是用铆钉或钢筋焊在钢柱上,如图11-4所示。

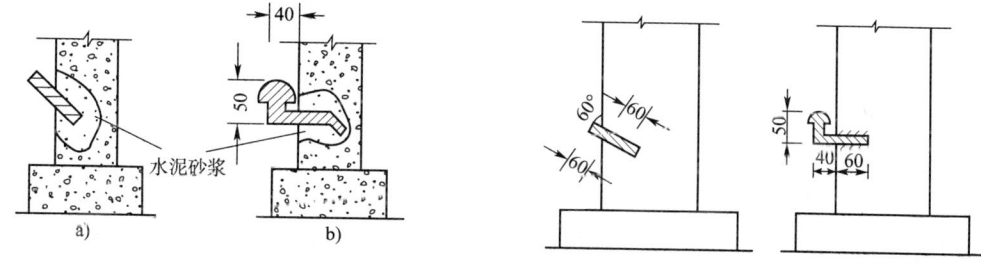

图11-3 钢筋混凝土柱的监测点(尺寸单位:mm)　　图11-4 钢柱上的监测点(尺寸单位:mm)

(3)道路沉降监测点。应在道路上钻孔至原状土层,埋设直径50~80mm套管,套管高度略低于路面;将约20mm直径的钢筋标志打入套管内原状土层中,钢筋标志高度要低于套管;在套管和钢筋标志的缝隙中填入砂土即可,需要时也可加设保护装置。

(4)隧道内监测点。应在隧道顶(底)板埋设钢筋标志,作为沉降监测标志;在隧道两边埋设钢筋标志。

(5)铺轨基标、道床和轨道上的监测点。铺轨基标本身是测量标志的,可直接作为变形监测标志点。道床上的监测点可采用图11-2所示形式。轨道上的垂直沉降监测点可在轨道侧面标示位置,轨道上两条钢轨的监测点要一一对应。轨距和道岔水平变化监测点应在两轨间和转辙器尖轨等部分安置监测点。特别强调的是布置监测点形式决不能影响列车正常运营和行车安全。

(二)监测点埋设位置

为沉降监测布设的监测点的位置和数量,应根据监测对象大小、基础形式及地质条件等因素确定。一般可根据下列几方面布置。

1. 建(构)筑物沉降监测点的埋设位置

(1)监测点应布置在建筑物沉降变化较显著的地方,并要考虑到在施工期间能延续进行监测的地方。

(2)在建筑物四周角点、中点及内部承重墙(柱)上均需埋设监测点,并应沿房屋周长每隔 10~12m 设置一个监测点。工业厂房的每根柱子均应埋设监测点。

(3)在高层和低层建筑物、新老建筑物连接处,以及相接处的两边都应布设监测点。

(4)在人工加固地基与天然地基交接和基础埋深相差悬殊处以及相接处的两边都应布设监测点。

(5)当基础形式不同时需在情况变化处埋设监测点。当地基土质不均匀,可压缩土层的厚度变化不均匀或紧邻地下排水管线等情况需适当埋设监测点。

(6)对于烟囱、水塔等刚性整体基础上,应布设不少于三个监测点。

(7)当宽度大于 15m 的建筑物在设置内墙体的监测标志时,应设在承重墙上,并且要尽可能布置在建筑物的纵横轴线上,监测标志上方应有一定的空间,以保证测尺直立。

(8)在振动中心基础上、重型设备基础的四周及邻近堆置重物之处,即有大面积堆载的地方,也应布设监测点。

(9)高架桥的墩(柱)、梁上应埋设监测点。

2. 隧道内和其地表沉降监测点位置

(1)隧道内为了准确掌握同一位置变形状态,便于进行数据分析,隧道上方地表监测点应和隧道拱顶下沉和净空水平收敛点尽可能布置在同一断面内,地上、地下同时进行监测。隧道内和其地表沉降监测点位置见图 11-5。

(2)线路中线及其两侧变形区的变形范围与隧道埋设深度和隧道开挖宽度有密切关系,根据工程经验,变形区内布设沉降监测点,其纵横间距一般按表 11-11 的要求把握。

在地表道路、空旷场所的沉降监测点应埋设在原状土层中,必要时应加设保护装置。地表有建(构)筑物时,应按表 11-11 规定的监测点间距将监测点设置在建(构)筑物上。

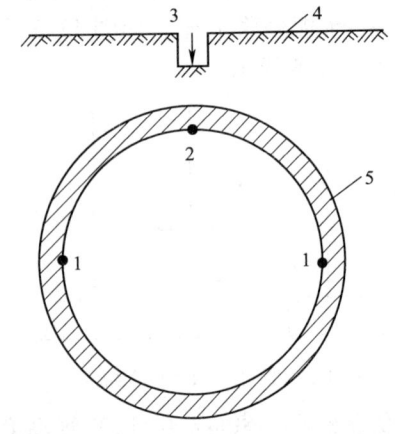

图 11-5 隧道地表沉降、拱顶下沉和净空水平收敛观测点布设示意图
1-净空水平收敛观测点;2-拱顶下沉观测点;3-地表沉降观测点;4-地表;5-隧道结构

地表沉降监测点纵横间距 表 11-11

隧道埋设深度 H	监测点纵向间距(m)	监测点横向间距(m)
$H > 2B$	20~50	7~10
$B < H < 2B$	10~20	5~7
$H < B$	10	2~5

注:B 为隧道开挖宽度。

(3)铺轨基标、道床和轨道上的监测点沿线路的纵向布设,间距一般应为 20~50m,分别布设在铺轨基标、道床和轨道上。铺轨基标监测点,应充分利用已有的控制基标和加密基标作为监测点;轨道高程或轨距变形监测点设置在轨道上时,监测点位置在轨腰上要标示清楚,两条钢轨的监测点要一一对应;道岔监测点应埋设在岔尖等部位;同样道床、轨道和道岔的监测标志埋设位置不能影响列车安全和正常运营。

(4)在变形区内的燃气、大直径给水、污水、热力管线等观测体上应埋设监测点。隐蔽管线应通过开挖手段揭露出来后,在变形体上设点。不便揭露时,可在管线周围土体中埋设监测点,利用位移计等物理传感器,进行周围土体的位移监测和沉降监测,通过监测土体变形间接测定管线变形状况。

变形监测基本方法

城市轨道交通变形监测的物理量主要有水平位移、垂直沉降、应变、应力和压力等。变形监测方法除取决于变形监测仪器外,要根据变形体的特点、作业环境和观测精度进行选择。通常可采用几何测量、物理传感器测量、测量机器人、卫星定位测量、近景摄影测量和激光扫描等方法进行变形测量。以下介绍的是城市轨道交通工程建设中经常使用的变形监测方法。

(一) 支护结构桩(墙)顶水平位移监测

对于明挖施工的基坑在开挖过程中,常常需要对围护结构和施工场地周边环境进行横向水平位移监测,横向水平位移监测方法一般有以下几种。

1. 轴线法

沿基坑的每条直线边建一轴线,并在直线边上布设水平位移监测点,轴线法不需要测角、也不需要测距,只需将轴线用经纬仪投射到位移点旁边,即可量取(位移)监测点离轴线的偏距,通过两次偏距的比较来发现水平位移量。

这种方法方便直观。但此法要求仪器架设在变形区外,并且测站与(位移)监测点不宜太远。

2. 视准线小角法

视准线小角法与轴线法有些类似,也是沿基坑的每一周边建立一条轴线(即一个固定的方向),通过测量固定方向与测站至(位移)监测点方向的小角变化 $\Delta\beta_i$,并测得测站至(位移)监测点的距离 L,从而计算(观)监测点的位移量:

$$\Delta_i = \frac{\Delta\beta_i}{\rho}L \tag{11-1}$$

此法也要求仪器架设在变形区外,且测站与(位移)监测点不宜太远。

3. (观)监测点设站法

将仪器架设在(位移)监测点上,通过测得测站上两端固定目标的夹角变化,就可计算监测(站)点的位移量:

$$\Delta_i = \frac{S_1 S_2}{S_1 + S_2} \frac{\Delta\beta_i}{\rho} \tag{11-2}$$

该方法虽然克服了视准线小角法的缺陷,但用此法仪器每设一站,只能测得该站本身的位移量,在有较多(观)监测点时,仪器就需架设许多站,这样就增加了外业的工作量。

4. 单站改正法

单站改正法是一种将视准线小角法与监测点设站法结合使用的方法,这种方法只需仪器一次设站,加改正来完成所有监测点位移量的测算。如图11-6所示,在施工影响之外的坚固建筑物上设了两个标志 A、B。为了避免行人和车辆阻挡视线,A、B 两标志设在较高的墙面上。所以每次监测时,先要测量 $\angle APB$ 的变化量,求得 P 点的横向位移量,再测量 $\angle APi$ 的变化量,从而求得诸（观）监测点的横向位移量。其各点的横向水平位移计算公式为：

$$\left.\begin{aligned}\Delta_P &= \frac{S_{P-A}S_{P-B}}{S_{P-A}+S_{P-B}}\frac{\Delta\beta_P}{\rho} \\ \Delta_1 &= \frac{S_{P-1}}{\rho}\Delta\beta_1 + \left(1-\frac{S_{P-1}}{S_{P-A}}\right)\Delta_P \\ \Delta_2 &= \frac{S_{P-2}}{\rho}\Delta\beta_2 + \left(1-\frac{S_{P-2}}{S_{P-A}}\right)\Delta_P \\ &\cdots \\ \Delta_i &= -\frac{S_{P-i}}{\rho}\Delta\beta_i + \left(1-\frac{S_{P-i}}{S_{P-A}}\right)\Delta_P \\ \Delta_n &= -\frac{S_{P-1}}{\rho}\Delta\beta_n + \left(1-\frac{S_{P-n}}{S_{P-A}}\right)\Delta_P\end{aligned}\right\} \quad (11\text{-}3)$$

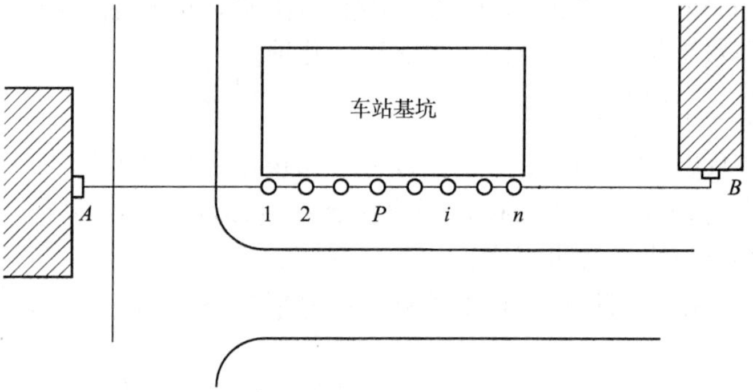

图 11-6 测点布设示意图

对于每一个施工区，在测站和（位移）监测点设定后，就可求得各点之间的大致距离，从而可事先算得各点系数，以后只要测得角度变化 $\Delta\beta = \Delta\beta_{本次} - \Delta\beta_{上次}$，即可算得位移量。例如，某施工区根据近似距离算出系数后可得式（11-4），水平位移的符号相对基坑而言：向内为正，向外为负。

$$\left.\begin{aligned}\Delta_P &= 0.2206\Delta\beta_P \\ \Delta_1 &= 0.1077\Delta\beta_1 + 0.7727\Delta_P \\ \Delta_2 &= 0.0619\Delta\beta_2 + 0.8694\Delta_P \\ &\cdots \\ \Delta_i &= -0.0584\Delta\beta_i + 1.1232\Delta_P \\ \Delta_n &= -0.1340\Delta\beta_n + 1.2829\Delta_P\end{aligned}\right\} \quad (11\text{-}4)$$

（二）支护结构变形、土体侧向变形监测

支护结构变形监测，一般在支护结构内埋设测斜管，利用测斜仪进行侧向变形监测。

对于与支护结构的钢筋笼绑扎在一起埋设的测斜管，埋设位置应选在可能变形大的位置，绑扎时测斜管底部应与钢筋笼底部持平或略低于钢筋笼底部，顶部达到地面（或导墙顶）。测斜管的上下管间应对接良好，无缝隙，保持测斜管的干净、通畅和平直接头处牢固固定、密封。并使管内的一对测槽垂直于位移方向。

对于进行土体侧向变形监测单独埋设的测斜管，应选择在可能变形大、靠近基坑侧壁的土

体等位置进行埋设。测斜管的长度为基坑开挖面以下3~8m,遇硬地质基底(岩层)取小值,偏软基底取大值。用钻机成孔后,将测斜管逐节组装并放入钻孔内,下入钻孔内预定深度后,对测斜管与孔壁之间的空隙进行回填,以固定测斜管。测斜管的上下管间应对接良好、无缝隙,接头处用自攻螺钉牢固固定、用封箱胶密封。同样使测斜管一对测槽垂直于位移方向。安装完成后盖上顶盖,保持测斜管内部的干净、通畅和平直。管顶宜高出地面约10~50cm。

测斜管安装后,经判明处于稳定状态后进行测试。测试时用模拟测头检查测斜管导槽,使测斜仪测读器处于工作状态,将测头导轮插入测斜管导槽内,缓慢地下放至管底,然后由管底自下而上沿导槽全长每隔1m或0.5m读一次数据,记录测点深度和读数。测试完毕后,将测头旋转180°插入同一对导槽内,以上述方法再测一次,深度同第一次。

测读完毕后,将测头旋转90°,按相同程序,测量另一对导槽的两个方向的读数;从原理上讲,每一深度的正反两读数的绝对值应相同。但是,由于测量存在误差,使正反两读数的绝对值往往不等,当较差较大,超出允许范围时,应及时补测。

测试完成后,用测斜仪对同一测斜管做3次重复测量,以3次测量的算术平均值作为基准值。

(三)支撑轴力监测

支撑轴力监测采用轴力计、应变计和读数仪。对于设置内支撑的基坑工程,一般是选择部分典型支撑进行轴力变化观测,以掌握支撑系统的正常受力情况。

支撑轴力的测点布置位置归纳起来主要由平面、立面、断面三方面因素所决定。平面指对同一高程、同一道支撑内量测杆件的选择,原则上应参照支护设计方案中各道支撑内力计算结果,选择轴力最大的杆件进行监测。在缺乏计算资料的情况下,通常可选平面静跨较大的支撑杆件布设监测点。立面是指不同高程处各道支撑的选择。由于基坑开挖各工况下各道支撑轴力有着明显的差异。因此,要求对各道支撑都加以监测。如果是各道支撑上的测点均布置在同一平面位置上,则对于从"轴力—时间"曲线上分析各道支撑的"设置—受力—拆除"过程中的内在相互关系,掌握水平支撑受力规律很有指导意义。断面指的是最初被量测支撑在其量测断面内测试元件的布设位置和数量。为了能真实反映出支撑杆件的受力状况,一般测试断面内应配置4个钢筋计,位置分别选择在其四侧的中间。

当采用专用的轴力安装架固定轴力计时,安装架的一面与支护桩(墙)上的支撑牛腿连接牢固,电焊时安装架圆形钢筒中心轴线必须与钢支撑中心轴线一致,不能偏心。待焊接冷却后,将轴力计推入安装架圆形钢筒内,固定在安装架上,将电缆接到观测台,进行安装保护并做好标识。

对于混凝土支撑采用钢筋应变计测试支撑内应力和轴力时,先将预埋件埋设在先浇筑翻孔内,当混凝土浇筑到预埋位置时,旋上应变计支座和支杆,引出电缆到观测站。

仪器埋设前需要进行标定;在支撑受轴力前进行初始频率的测量;基坑开挖前应测试2~3次稳定值,取平均值作为计算应力变化的初始值。振弦式频率读数仪测试轴力计的频率值,与元件标定的频率曲线进行比较,换算成相应的应力值,每次应力实测值与初始值之差即为应力变化,并填写监测报表,绘制轴力变化曲线图,及时提交委托方,供设计、施工单位做基坑安全的评估和下一步施工的参考依据。

(四)锚杆(索)拉力监测

在地下工程中,对有锚杆(索)支护的基坑,为了观测锚杆(索)加固效果和受力状态变化,应在每道锚杆(索)中选择两根以上受力有代表性的锚杆(索)进行拉力监测。在每道锚杆(索)中,如果锚杆(索)长度、形式或穿越的土层不同,则还应考虑选择不同情况下有代表性的锚杆(索)进行监测。锚杆(索)拉力监测一般采用锚杆索测力计,如进行锚杆应力监测则采用钢筋应力计。

锚杆测力计可分为钢弦式和电阻应变式,相应采用频率计和电阻应变仪进行测量。

安装测力计时,在测力计下端应设置承压板,上端应设置承载板,如图11-7所示。在测力计安装好且锚杆施工完成后,应进行锚杆预应力张拉,这时要记录锚杆测力计上的初始荷载,同时要根据张拉千斤顶的读数对测力计的结果进行校核。在安装过程中要随时进行测力计监测,发现异常则应立即采取措施。

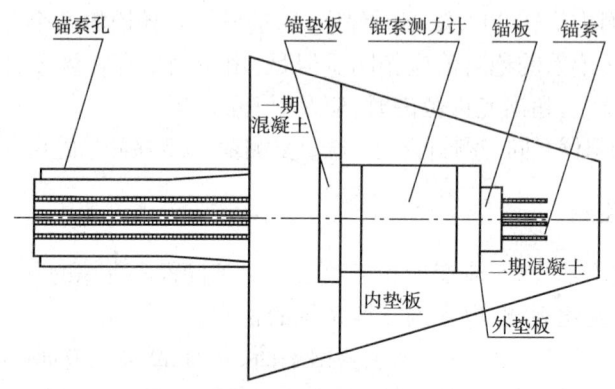

图11-7 锚杆测力计安装示意图

锚索安装时必须从中间开始向周围锚索逐步对称加载,以免偏心受力。锚杆(索)加固效果和受力状态变化观测采用钢弦式应力计或差动电阻应力计进行读数。

(五)爆破振动监测

岩石地区施工常用爆破法,爆破所产生的地震对不同建筑结构将产生不同程度的振动影响。为了确保建筑物安全,在爆破施工中需进行爆破振动监测。通过监测了解爆破振动的速度大小分布规律,判断对结构、建筑物的影响。

根据监测任务的性质和要求,爆破振动监测一般使用由电磁式速度传感器、低噪声屏蔽电缆、数字式爆破振动记录仪、微型计算机和打印机组成的爆破振动监测与分析系统,用爆破振动分析软件对观测数据进行时域、频域的处理与分析,得到峰值质点振动速度、FFT主振频率、振动持续时间三个评价爆破地震效应的重要参数。同时利用应用软件对观测数据作进一步的分析与处理,监测系统见图11-8。

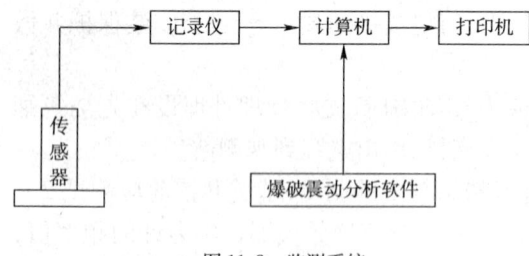

图11-8 监测系统

1. 传感器埋设和测试

在结构的测点处钻孔后,在孔中插入预埋件并填充水泥砂浆,使预埋件轴线垂直于测量表面。预埋件留出少量螺栓与传感器拧紧。传感器电缆必须连接可靠,放置平稳,不得自由晃动。电缆接头的绝缘、屏蔽效果要好。仪器安装和连接好以后,进行监测系统的测试工作,必须使整个观测系统处于良好的工作状态。

2.现场记录

现场记录应包括:测点位置、记录仪编号、记录仪通道号和与之连接的传感器的编号、通道量程和触发电平、爆破时间、操作人员以及天气情况等,检测中应做好记录。

3.数据采集

为获得准确和可靠的监测数据,每次观测前根据施工单位提供的爆破参数,合理设置观测仪器的量程、采样速率、触发电平、记录时间。

4.观测数据处理及分析

除提供监测数据外,对现场监测得到的数据用 Seismo-graph 爆破振动分析软件进行时域、频域的处理与分析,得到峰值质点振动速度、主频率、振动持续时间三个评价爆破地震效应的重要参数。通过分析峰值质点振动速度与药量比例的关系,可以控制每次爆破的最大一段装药量,从而达到控制爆破振动的目的。

(六)地下水位监测

地下水位监测是为了检验降水的实际效果,达到控制施工降水对地下水位下降的影响范围和程度,防止施工中水土流失。地下水位观测采用电测水位仪进行。

1.水位观测孔的成孔

使用直径为130mm的钻头沿铅直方向钻进,钻孔达到设计深度后停钻,及时将钻孔清洗干净,检查钻孔的通畅情况,并做好清洗记录。

2.井管加工

井管的原材料为内径70mm、管壁厚度2.5mm 的 PVC 管。为保证 PVC 管的透水性,在 PVC 管下端 0~4m 范围内加工蜂窝状 $\phi 8$ 的通孔,孔的环向间距为12mm,轴向间距为12mm,并包土工布滤网,井管的长度比初见水位长6.5m,井管见图11-9。

3.井管布置

成孔后,经检验孔深无误后吊放经加工且检验合格的内径 70mmPVC 井管。确保有滤孔端向下,水位观测孔应高出地面 0.5m,在孔口设置固定测点标志,并用保护套保护;在地下水位观测孔井管吊入孔后,应立即在井管的外围填粒径小于5mm 的细石;在下管、回填砾料结束后,应及时采用清水进行洗井。洗井的质量应符合《供水水文地质钻探与管井施工操作规程》(CJJ/T 13—2013)的有关规定,并做好洗井记录。

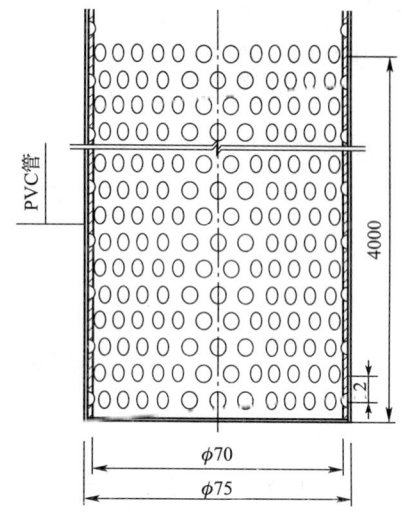

图11-9 井管形状(尺寸单位:mm)

4.地下水位监测

地下水位观测采用的电测水位仪,观测精度为0.5cm,其工作原理如图11-10所示。水为导体,当测头接触到地下水时,报警器发出报警信号,此时读取与测头连接的标尺刻度,此读数为水位与固定测点的垂直距离,再通过固定测点的高程及与地面的相对位置换算成从地面算起的水位埋深及水位高程。

(七)净空收敛监测

净空收敛监测可以反映地下工程围岩和支护结构的稳定状态,通常采用收敛计进行。

在结构断面净空收敛监测中,收敛基线应根据断面大小选择不同的布置形式,一般布设成图 11-11 的形式。

图 11-10 电测水位仪工作原理图　　　　图 11-11 收敛基线形式

在结构断面上的监测点,选用直径为 22mm 螺纹钢,埋设或焊接在结构断面两侧,外露长度 5cm,在外露的螺纹钢头,焊接一椭圆形钢环,用红油漆标记统一编号,并加设保护装置。监测时将收敛计连接在基线两端监测点上,拉紧后通过百分表读取测量数据。连续读数三次,取平均值作为观测值。

为确保监测精度,每次测量时应使收敛计与监测点的连接方向、连接方式一致。

(八)液体静力水准测量方法

除了用几何水准测量建筑物的垂直位移外,液体静力水准测量方法在城市轨道交通变形监测中得到广泛的应用。这种方法的主要优点是简单、精度高,便于实现远程自动化监测。

液体静力水准测量的基本原理和监测实例见图 11-12。图 11-12 中相连的两容器 1 与 2 分别安置在欲测的 A、B 点上。当相连接的两容器中盛的是均匀液体(即同类液体并具有同样的参数)时,则液体的自由表面处于同一水平面上。欲求的高差 Δh 可用液面的高度 H_1、H_2 来计算:

$$\Delta h = H_1 - H_2$$

或

$$\Delta h = (a_1 - a_2) + (b_1 - b_2) \tag{11-5}$$

式中:a_1、a_2——容器的高度或读数零点相对于工作底面的位置;

b_1、b_2——容器中液面位置的读数值,亦即读数零点至液面的距离。

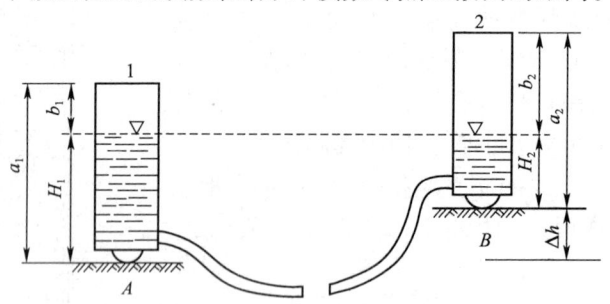

图 11-12 液体静力水准仪

由于容器的零点具有制造误差,所以由直接读取的液面读数算得的不是两平面的绝对高差。将两容器互换位置,可写出类似的等式:

$$\Delta h = (a_1 - a_2) + (b_1' - b_2') \tag{11-6}$$

式中:b_1'、b_2'——容器中液面位置的新读数值。

联合式(11-5)与式(11-6),解得:

$$\Delta h = \frac{(b_1 - b_2) + (b_1' - b_2')}{2} \tag{11-7}$$

$$c = a_2 - a_1 = \frac{(b_1 - b_2) + (b_1' - b_2')}{2} \tag{11-8}$$

式中：c——仪器常数，即两个液体静力容器的读数零点之差数，取决于制造误差。

因而，监测头零点差这个仪器常数可以用监测头互换位置，并进行两次读数的方法求得。对于固定设置的液体静力仪器，一般不需要监测头零点位置误差的数据，因为所有的监测可以是相对于起始监测（或某次监测）而言的。

对液体静力水准测量误差来源的分析表明，液体静力仪的主要误差来自于外界温度的变化，特别是监测头附近的局部温度变化。为了削弱温度的影响，应使连接软管下垂量为最小；减少监测头中的液柱高度；液体静力仪器尽量远离强大的热辐射源。

为了消除温度影响所产生的误差，可以采用测定监测头中液体的温度，并对测量结果施加相应的改正数的方法。若在 40～50mm 的最小液柱高的情况下，欲使液体水平面的测差不超过 0.1mm，则温度的读数精度要求不低于 0.5℃。目前在高精度液体静力水准中往往采用恒温系统。

（九）地下管线变形监测

地下管线变形监测在城市轨道交通工程建设中是一项非常重要的工作，由于工程建设原因，造成地下管线破坏，引发工程灾害的事情时有发生。因此在施工期间加强地下管线监测是保证施工安全、工程环境和社会稳定的重要工作之一，必须引起足够重视。

对于有检查井的地下管线，可通过检查井在管线上埋设监测点。对于没有检查井的直埋地下管线，应通过开挖揭露出地下管线，并在其上边埋设监测点。监测点应通到地面，加设保护套桶后回填。直埋地下管线监测点埋设见图 11-13。监测方法可采用几何水准方法。

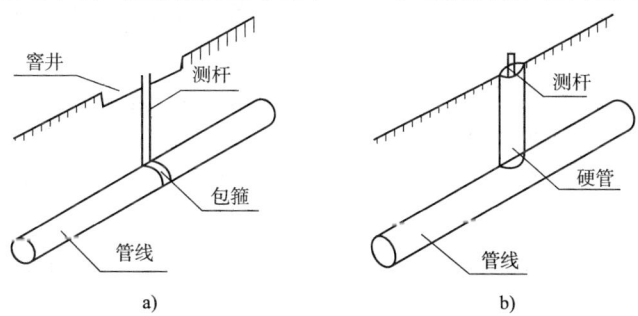

图 11-13 直埋地下管线监测点埋设示意图

如果在地下管线上直接埋设监测标志有困难时，可在其周围土体中埋设位移计、沉降、传感器，通过对土体的监测，间接测定地下管线的变形状况。

（十）裂缝监测

当在建筑物中发现了裂缝现象，为了观察其现状和变化，应对裂缝进行监测。

当建筑物多处发生裂缝时，应先对裂缝进行编号，然后分别监测裂缝的位置、走向、长度及宽度等。

对于混凝土建筑物上裂缝的监测，是在裂缝的两端用油漆画线作标志，或在混凝土表面绘制方格坐标，用钢尺丈量。

根据裂缝分布情况，可以对重要的裂缝，选择在有代表性的位置于裂缝两侧各埋设一标志点,如图11-14所示。标志点系直径为20mm,长约80mm的金属棒,埋入混凝土内60mm,外露部分为标志点,标志点上各有一个保护盖。两标志点的距离不得少于150mm,用游标卡尺定期地测定两个标点之间距离变化值,以此来掌握裂缝的发展情况。

墙面上的裂缝,亦可采取在裂缝两端设置石膏薄片,使其与裂缝两侧固接牢靠,当裂缝裂开或加大时,石膏片亦裂开,监测时可测定其裂口的大小和变化。还可以采用两钢片平行固定在裂缝两侧,使一片搭在另一片上,保持密贴。其密贴部分涂红色,露出部分涂白色,如图11-15所示。这样即可定期测定两钢片错开的距离,以监视裂缝的变化。对于比较整齐的裂缝(如伸缩缝),则可用千分尺直接量取裂缝的变化。

裂缝的远程、自动化监测可采用测缝计进行。

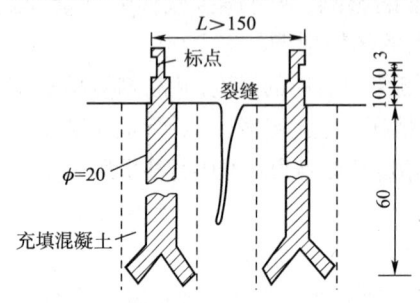

图11-14 埋设标志测裂缝示意图(单位:mm)

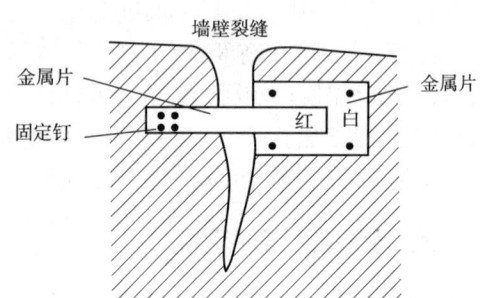

图11-15 设置两金属片测裂缝示意图

(十一)建(构)筑物倾斜测量

在建(构)筑物外部,对其进行倾斜测量时,应在它的顶部和底部分别设置固定点,通过测定顶部点相对底部点的相对关系,从而确定其倾斜度、倾斜方向和倾斜速率。测量时可采用以下方法:

(1)投点法。在测站安置经纬仪,正倒镜投影观测安置在顶部和底部监测点的水平尺读数,从而求得倾斜量。

(2)测水平角法。设置稳定的固定定向点作为零方向,在测站安置经纬仪,分别测定零方向与顶部和底部固定监测点水平角的变化量与距离,求得倾斜量。

(3)前方交会法。设置基线与观测点构成前方交会图形,通过不同时间观测的数据计算坐标差值,求算倾斜量。

(4)通过测量建(构)筑物基础的差异沉降,间接计算倾斜量。

第五节 变形监测的精度要求和频率

变形监测精度和监测频率,取决于监测对象允许变形值的大小、变形量、变形速率和监测目的等因素。城市轨道交通在建设和运营期间所进行的变形监测项目繁多,各个监测对象特点不同,很难制定同一标准,规范监测精度和监测频率。因此,针对各类监测对象特点,确定合理的监测精度和频率非常重要。

一 变形监测精度制定的原则和方法

观测对象变形监测精度的确定是一个复杂的问题,国内外对此有很多方法。但不管采用哪种方法,都应结合工程特点,从实际出发,以变形监测目的为原则,以变形监测对象变形允许值为基础,制定变形监测精度。

(一)根据变形监测目的制定变形监测精度的原则

在建设或运营期间为安全而进行的监测与科学研究应区别对待,对于前者,一般变形监测是为了使变形值不超过某一允许的数值,以确保建筑物的安全,则其观测的误差应小于允许变形值的1/10~1/20,如果是为了研究变形的过程,则其误差应比上面这个数值要小得多,甚至应采用目前测量手段和仪器所能达到的最高精度。本节主要介绍和讨论在建设或运营期间为安全而进行的变形监测项目,其变形监测精度的制定自然应按前者考虑。

(二)变形监测变形允许值的确定

1. 建筑物的地基变形允许值的确定

根据国内外相关技术规范和工程经验,《建筑地基基础设计规范》(GB 50007—2011)中规定出了建筑物的地基变形允许值,见表11-12,该表数值为建筑物地基实际最终变形允许值,通常指50年的变形允许值。

建筑物的地基变形允许值 表11-12

变形特征	地基土类别	
	中、低压缩性土	高压缩性土
砌体承重结构基础的局部倾斜	0.002	0.003
工业与民用建筑相邻柱基的沉降		
(1)框架结构	0.002L	0.003L
(2)砌体墙填充的边排柱	0.0007L	0.001L
(3)当基础不均匀沉降时不产生附加应力的结构	0.005L	0.005L
单层排架结构(柱距为6m)柱基的沉降量(mm)	(120)	200
多层和高层建筑的倾斜 $H_g \leq 24m$	0.004	
$24m < H_g \leq 60m$	0.003	
$60m < H_g \leq 100m$	0.0025	
$H_g > 100m$	0.002	
体形简单的高层建筑基础的平均沉降量(mm)	200	
高耸结构基础的倾斜 $H_g \leq 20m$	0.008	
$20m < H_g \leq 50m$	0.006	
$50m < H_g \leq 100m$	0.005	
$100m < H_g \leq 150m$	0.004	
$150m < H_g \leq 200m$	0.003	
$200m < H_g \leq 250m$	0.002	
高耸结构基础的沉降量(mm) $H_g \leq 100m$	400	
$100m < H_g \leq 200m$	300	
$200m < H_g \leq 250m$	200	

注:1. 本表数值为建筑物地基实际最终变形允许值。
2. 有括号者适用于中压缩性土。
3. L为相邻柱基的中心距离(mm);H_g为自室外地面起算的建筑物高度(m)。
4. 倾斜指基础倾斜方向两端点的沉降差与其距离比值。

2. 城市轨道交通工程变形监测项目变形允许值的确定

城市轨道交通工程变形监测项目变形允许值是确定监测对象安全的变形最大值。全国各个城市轨道交通工程建设中变形监测项目允许值没有统一标准,各地制定监测项目变形允许值时,充分考虑了各地的岩土条件、工程本身和周围工程环境的状况以及施工水平等因素,并以大量工程实践和经验为基础,制定出工程监测控制标准,即工程变形监测项目变形允许值,该变形允许值也应该是最终变形允许值。以下提供的北京、广州和深圳地铁工程变形监测控制标准(变形允许值),供在类似条件下进行类似工程监测时参考。

(1)北京地铁工程变形监测控制标准

北京属于第四纪陆相地层,根据该地区的地质特征,制定出采用不同施工方法时的变形监测控制标准,见表 11-13 ~ 表 11-15。北京制定地铁工程变形监测控制标准时,认为在施工过程中单纯考虑位移值不全面,因此给出了三项控制值,即允许位移控制值、位移平均速率控制值、位移最大速率控制值。

浅埋暗挖法施工监测控制标准　　　　表 11-13

序号	监测项目及范围		允许位移控制值 (mm)	位移平均速率控制值 (mm/d)	位移最大速率控制值 (mm/d)
1	地表沉降	区间	30	2	5
		车站	60		
2	拱顶沉降	区间	30	2	3
		车站	40		
3	水平收敛		20	1	3

注:1. 位移平均速率为任意7d的位移平均值;位移最大速率为任意1d的最大位移值(下同)。
　　2. 本表中区间隧道跨度小于8m,车站跨度小于16m。
　　3. 本表中拱顶沉降指拱部开挖以后拱顶沉降监测点测量值(下同)。

盾构法施工监测控制标准　　　　表 11-14

序号	监测项目及范围	允许位移控制值 (mm)	位移平均速率控制值 (mm/d)	位移最大速率控制值 (mm/d)
1	地表沉降	30	1	3
2	拱顶沉降	20	1	3
3	地表隆起	10	1	3

明(盖)挖法施工监测控制标准　　　　表 11-15

序号	监测项目及范围	允许位移控制值(mm)			位移平均速率控制值 (mm/d)	位移最大速率控制值 (mm/d)
		一级基坑	二级基坑	三级基坑		
1	围岩结构顶部沉降	≤10			1	1
2	地表沉降	≤0.15%H 或 ≤30,两者取小值	≤0.2%H 或 ≤40,两者取小值	≤0.3%H 或 ≤50,两者取小值	2	2
3	围护结构水平位移	≤0.15%H 或 ≤30,两者取小值	≤0.2%H 或 ≤40,两者取小值	≤0.3%H 或 ≤50,两者取小值	2	3
4	竖井水平收敛	50			2	3
5	基坑底部土体隆起	20	25	30	2	3

注:H 为基坑开挖深度。

（2）广州和深圳地铁施工监测控制标准

广州和深圳都属于沿海坡、残积土,湖泊、河流相沉积土与浅海沉积土地层,地质条件复杂。两地岩土条件和其他相关因素接近,制定了基本相同的地铁施工监测控制标准。表11-16是一个综合表格,列出了工程自身、工程环境中各个监测项目的最大变形允许值,供在类似条件下进行类似工程监测时参考。

广州和深圳地铁施工监测控制标准　　　　表11-16

序号	变形监测内容	最大变形允许值	
1	建(构)筑物沉降控制标准 桩基础建(构)筑物沉降值 天然地基建(构)筑物沉降值	10mm 20mm	
2	管线倾斜、沉降控制标准 承插式接头的铸铁水管、钢筋混凝土水管 两个接头间的局部倾斜值和沉降值 焊接接头的水管两接头间的局部倾斜值和沉降值 焊接接头的煤气管两接头间的局部倾斜值和沉降值	2.5‰,30mm 6‰,20mm 2‰,10mm	
3	地面(道路)沉降控制标准 矿山法施工引起地表沉降值 盾构法施工引起地表沉降值	30mm 30mm	
4	建筑物沉降控制标准 相邻柱基的沉降差 （1）框架结构 （2）砌体墙填充的边排柱 （3）当基础不均匀沉降时不产生附加应力的结构 L 为柱中心距,单位:mm	中、低压缩性土 0.002L 0.0007L 0.005L	高压缩性土 0.003L 0.001L 0.005L
5	多层和高层建筑的倾斜控制标准 $H_g \leq 24\text{m}$ $24\text{m} < H_g \leq 60\text{m}$ $60\text{m} < H_g \leq 100\text{m}$ $H_g > 100\text{m}$	0.004 0.003 0.0025 0.002	
6	隧道围岩收敛控制标准 洞室收敛 拱顶下沉	30mm 20mm	
7	支护、围护结构水平位移控制标准 h 为基坑深度,单位:mm	0.0075h(排桩、连续墙) 0.0150h(钢板桩、深层搅拌桩)	
8	地下水位变化控制标准 地下水位下降幅度	5.0m	

注:当沉降变形达到允许值的80%时,应报警。

（3）阶段性变形监测项目变形允许值的确定

①变形监测的类型。变形监测从时间上划分,分为长期变形监测和阶段性变形监测,从监测对象的新旧划分,分为对在建项目和旧有项目的变形监测。长期变形监测是指从施工开始

至工程竣工变形仍未稳定,需要继续进行监测,直至变形趋于稳定的长期变形监测。阶段性变形监测是指从施工开始至竣工阶段,工程竣工后,如果变形基本趋于稳定,则不需再继续进行监测的短期变形监测或由于新建项目的需要对邻近旧有项目在施工期间进行的变形监测。

②变形量的分布规律。不管是长期或阶段性变形监测,还是新旧项目的变形监测,由于监测经历的时间和时间段不一样,监测对象在每个时间段将产生的变形量是不一样的。有关地基基础设计规范指出,在荷载的作用下,由地基土的压缩引起的建筑物变形是逐步实现的。一般分为四个阶段:第一阶段施工期间变形速度大;第二阶段竣工后第一年变形放慢;第三阶段竣工后第二年变形平稳;第四阶段竣工后第三年趋于稳定。同时,由于每个监测对象的地基土类别不一样,在建设和运营(使用)过程中变形状况不一样,《建筑地基基础设计规范》(GB 50007—2011)指出,建筑物在施工期间完成的沉降量,对于砂土可认为最终沉降量已完成80%以上,对于其他低压缩性土可认为已完成最终沉降量的50%~80%,对于中压缩性土可认为已完成最终沉降量的20%~50%,对于高压缩性土可认为已完成最终沉降量的5%~20%。上述结论根据建设工程在各个建设阶段的变形状况,给出了工程在不同地基土和不同建设阶段变形允许值,为制定阶段性变形监测项目的监测精度提供了依据。

③不同类型变形监测变形允许值的确定方法。根据上述结论,确定在建或旧有的项目的建筑变形允许值,可以时间为参考标准,按长期变形监测和阶段性变形监测开始的时间和经历的时间段,根据监测对象总的变形允许值以及变形历程中每个时间段将可能产生的变形比例,确定在某一时间内可能产生的变形值作为该时间段的变形允许值。只有这样才能制定适宜的监测精度,保证监测工作科学、合理,避免不必要的浪费或因精度不足造成的损失。

对于新建项目根据监测预期时间和变形量的分布规律,制定其变形允许值比较容易。对于已经建成的建筑物、构筑物、道路、地下管线等建设时间和竣工时间不一样,已经产生的变形量和将会发生的变形量也不尽相同。为了正确和准确确定变形允许值,应在变形监测前进行工程调查,全面掌握每个监测对象工程地基土条件和开工、竣工时间等,再依据变形量的分布规律,就不难制定出它们在今后变形监测时间中可能产生的变形允许值。

(三)变形监测精度制定的方法

监测对象变形允许值一般由设计单位直接提供,或根据设计单位提供的总变形允许值由监测单位计算出阶段变形允许值。根据变形允许值,按照观测的误差应小于允许变形值的1/10~1/20的原则,可以计算变形监测精度,即变形监测中误差。但是如何在一定的概率下,确定适宜的比例系数是一个复杂的问题。《建筑变形测量规程》(JGJ/T 8—2007)条文说明中给出了实用的变形监测中误差估算公式:

$$m = \frac{\Delta}{t\lambda} \tag{11-9}$$

$$\lambda = \frac{1}{\sqrt{\left(\frac{1}{p}\right)^2 - 1}} \tag{11-10}$$

式中:Δ——变形允许值;

t——置信区间内允许误差与中误差之比值,$t=2$;

p——概率值,一般绝对沉降可取 0.999,相对沉降可取 0.995,结构变形可取 0.950;

$1/t\lambda$——比例系数。

根据式(11-9)和式(11-10)可以求出各种变形类型的监测误差。

1. 监测对象沉降监测中误差的计算方法

下面以实例介绍监测对象沉降监测中误差的计算方法。

假设建设场地为中压缩性土,拟对在建建筑物和一栋毗邻高层建筑进行变形监测,毗邻高层建筑已经竣工2年,变形监测计划建筑物完工时结束。

根据《建筑地基基础设计规范》(GB 50007—2011)提供的经验结论,建筑物在施工期间完成的沉降量,对于中压缩性土可认为已完成最终沉降量的20%~50%(取平均值35%),体形简单的高层建筑基础的最终平均沉降量为200mm,由此可以计算出拟建建筑物竣工时的沉降量为70mm。对已建成的高层建筑,可以根据总沉降量和已经完成的沉降量等数据计算出未来(或某时间段)将会发生的沉降量。本实例总沉降量为200mm,已经完成的沉降量为80mm,未来50年还会发生的沉降量为120mm,以及根据变形趋势预测施工期间将会发生的沉降量或对其控制的沉降量等,如城市轨道交通建设中一些城市规定控制沉降量为30mm。

由此按式(11-9)和式(11-10),取 d 为70mm、30mm,$p=0.999$,可以得到 $1/t\lambda=1/44$,则估算出两栋建筑变形值监测中误差分别为±1.59mm与±0.68mm。据此可按《城市轨道交通工程测量规范》(GB 50308—2008)相应规定,选择适当变形监测等级和技术要求进行变形监测。

2. 监测对象其他变形监测中误差的计算方法

按照《建筑变形测量规程》(JGJ/T 8—97)收集资料和统计的结果,总结出除绝对沉降之外的其他各种变形的监测中误差,同样依式(11-9)和式(11-10)计算,并按相关规范相应规定,选择适当变形监测等级和技术要求进行变形监测。采用的概率 p 与 $1/t\lambda$ 对于不同的变形监测分别为:

(1)相对沉降和位移(如沉降差、基础倾斜、局部倾斜以及基础的位移、转动、挠曲等)与具有相对变形性质的局部地基沉降和位移(如基坑回弹、地基土分层沉降以及受基础施工影响的建筑物、地下管线位移等)、膨胀土地基沉降,取 $p=0.995$,可以得到 $1/t\lambda \leq 1/20$。

(2)结构段变形(如平置构件挠度以及高层建筑层间相对位移、竖直构件的挠度、垂直偏差等),取 $p=0.950$,$1/t\lambda \leq 1/6$。

(3)建筑物整体性位移(如建筑物顶部水平位移、水平偏差),取 $p=0.980$,$1/t\lambda \leq 1/10$。

二 变形监测精度要求

(一)变形监测的等级划分、精度要求和适用范围

根据城市轨道交通工程建设特点,为确保工程建设和运营期间的工程、工程环境安全,研究和制定较为可靠的变形监测精度要求非常必要。参照相关规范和工程经验,《城市轨道交通工程测量规范》(GB 50308—2008)对不同的监测对象制定出变形监测的等级、精度和适用范围的要求,见表11-17。

(二)基本监测技术要求

为满足表11-7的需要,《城市轨道交通工程测量规范》(GB 50308—2008)又分别制定了

基本监测技术要求,其中水平位移监测的主要技术要求和监测方法见表 11-17,垂直沉降监测主要技术要求和监测方法见表 11-18,水准观测主要技术要求见表 11-9。

水平位移监测的主要技术要求和监测方法 表 11-17

等级	变形点的点位中误差（mm）	坐标较差或两次测量较差（mm）	主要监测方法
Ⅰ	±1.5	2	坐标法(极坐标法、交会法等)或基准线法、投点法等
Ⅱ	±3.0	4	
Ⅲ	±6.0	8	

垂直沉降监测主要技术要求和监测方法 表 11-18

等级	高程中误差（mm）	相邻点高差中误差（mm）	往返较差,附合或环线闭合差(mm)	主要监测方法
Ⅰ	±0.3	±0.1	$0.15\sqrt{n}$	水准测量
Ⅱ	±0.5	±0.3	$0.30\sqrt{n}$	水准测量
Ⅲ	±1.0	±0.5	$0.60\sqrt{n}$	水准测量

注:n 为测站数。

(三)变形监测应注意的问题

进行变形监测时,还应注意以下几点:
(1)变形监测使用的仪器和设备必须检定合格,并符合国家现行有关标准的规定。
(2)作业前对基准点要进行检查,确保监测基准点的可靠。
(3)每个周期监测应在较短的时间内完成,不同周期监测有条件时均应采用相同的监测网形、监测路线、监测方法、仪器和设备。同时,尽可能固定监测人员,选择基本相同的监测条件。
(4)变形监测工作要连续并贯穿监测对象变形全过程。

三 变形监测频率的确定

城市轨道工程建设引起的工程和建设环境变形是一个复杂的过程,对土体开挖引起的扰动和破坏是工程和建设环境变形的根本原因,因此要根据施工阶段、进度、工法、变形量和变形速度等制定变形监测频率。

(一)变形监测阶段的划分

在不同的施工阶段,变形监测的内容和监测重点不尽相同,一般监测工作划分为三个阶段,每个阶段应进行的监测内容和注意事项如下:

第一阶段,应在施工开始前进行监测控制测量和监测点的初始值测量。监测控制测量本章第三节中已作过介绍。(对于)初始值是监测点变形的基准值,是今后评价监测对象稳定程度的依据。为确保初始值的监测精度和可靠性,初始值测量应不少于 2 次,2 次测量值较差不大于本级中误差$\sqrt{2}$倍时,取平均值作为监测点的初始值。

第二阶段,随着施工的展开,应把施工过程及施工完成后的一段时间作为施工关键在此期间,对工作面及相邻地段的各项监测项目应加强监测,出现情况异常时,有关项目均应增加监测频率。对于盾构施工地段,盾构到达前1d至盾构通过后3d为施工关键期,应加强监测。

第三阶段,应在结构封闭后。随着工作面结构的完成,变形逐渐减小,并趋于稳定,监测间隔逐步加大直至停止观测。

(二)变形监测频率和周期

1. 变形监测频率

参照我国各城市轨道工程建设中变形监测频率和周期的经验以及相关标准,针对不同工法,分别制定出明(盖)挖法及竖井施工、矿山(暗挖)法和盾构法施工主要监测项目的监测频率,供变形监测工作者参考和选择。

(1)明(盖)挖法及竖井施工监测频率(表11-19)

明(盖)挖法及竖井施工监测频率　　　表11-19

监测项目		施工及变形状况	监测频率
必测项目	选测项目		
支护结构桩(墙)顶水平位移、支撑轴力、地下水位、盖挖法顶板内力、盖挖法立柱内力及沉降、竖井井壁收敛等;变形区内地表、建(构)筑物、管线、桥梁	围护桩(墙)内力、孔隙水压力、土体分层沉降及水平位移、基底回弹、锚杆(索)受力	施工期间,每天变形大于10mm	2次/d
		施工期间,每天变形大于10mm	1次/d
		施工期间,每天变形大于10mm	1次/2d
		施工期间,每天变形大于10mm	1次/周
		结构封闭后,分析确认达到基本稳定后	1次/月—停止

(2)矿山(暗挖)施工监测频率(表11-20)

矿山(暗挖)施工监测频率　　　表11-20

监测项目		施工及变形状况		监测频率
必测项目	选测项目	距开挖面距离	变形速度(mm/d)	
初期支护拱顶下沉、初期支护净空收敛、土体分层沉降和地下水位;地表沉降、邻近建(构)筑物和地下管线沉降	围岩压力及支护间接触应力、土体分层沉降及水平位移、钢筋格栅钢架应力、支护衬砌内力、初期支护和二次衬砌内应力、钢管柱受力	$(0\sim1)B$	>10mm/d	1~2次/d
		$(1\sim2)B$	5~10mm/d	1次/d
		$(2\sim5)B$	1~4mm/d	1次/2d
		$5B$以上	<1mm/d	1次/周
		基本稳定后	基本稳定后	1次/月

注:1.出现情况异常时,应增大监测频率。监测条件同时存在时,应选其中频率较密者。
　　2. B 为隧道直径或跨度。

(3)盾构法施工监测频率(表11-21)

盾构法施工监测频率　　　表11-21

监测项目		施工及变形状况	监测频率
必测项目	选测项目		
管片衬砌变形(拱顶下沉、结构收敛、沉降)区内地表、建(构)筑物、管线、桥梁等沉降	土体分层沉降及水平位移、管片衬砌和地层间接触应力、管片受力	距工作面(盾尾)1倍洞径	2次/d
		距工作面(盾尾)1~2倍洞径	1次/d
		距工作面(盾尾)2~5倍洞径	1次/2d
		距工作面(盾尾)>5倍洞径	1次/>2d

（4）地面和高架线路结构施工监测项目的路基、线路、柱（墩）沉降，柱（墩）或梁的挠度测量等，以及变形区内地表、建（构）筑物、管线、桥梁等要依据荷载、施工状况、变形量等情况参照地面建筑有关变形测量标准执行。

在一个项目的变形监测中，变形监测频率应随着变形体的变形状态而进行不断地调整，当变形速度较大或总变形量接近允许值时，应增加监测频率，以适应变形监测的需要。对既有城市轨道交通线路的道床、轨道等进行的自动化实时监测，其监测频率同样应从实际出发，在施工关键期根据变形状态采用适宜的监测频率。

2. 监控测量周期

总体讲，监控测量周期应始于施工降水之前或施工开挖前一周，当监测对象或周围环境趋于稳定时停止观测。由于每个城市岩土条件等不同，建（构）筑物等趋于稳定的判别条件，应参照各个城市制定的标准。表11-22给出了建（构）筑物等趋于稳定的判别指标，仅供参考。

建筑趋于稳定的判别指标　　　　　　表11-22

城市名称	接近稳定时的周期允许沉降量	稳定的判别指标
北京	1mm/10d	0.01mm/d
天津	3mm/半年,1mm/100d	0.017~0.02mm/d
济南	1mm/100d	0.01mm/d
西安	1~2mm/50d	0.02~0.04mm/d
上海	2mm/半年	0.01mm/d

根据上述要求，一些城市的某项变形监测项目在施工完成后的一二年内就可以结束，但也会有一些城市的监测项目将长期需要进行变形监测。因此，进行变形监测方案设计时，要结合当地情况，对监测对象的监测周期要有预见性，以满足监控量测工作连续性和完整性的要求。

我国城市轨道交通建设和运营两个阶段的工作往往分开管理，造成有些工作不能有效进行统一规划。例如在建设阶段突出关注工程建设中的问题，对今后运营阶段的事情考虑和重视不够，有些在建设阶段监测工作的规划不能贯穿到未来运营阶段的工作中。另外，工程竣工转入运营阶段后，管理人员大量更换，对以往变形监测工作缺乏了解，不能延续工作，往往发现变形情况后才进行监测，造成阶段性基础变形监测工作的缺失，从而使监测周期的连续性和完整性得不到保证，影响了运营阶段安全分析。对此，城市轨道交通建设和运营的管理者及相关技术人员，必须对此引起足够重视，确保监测周期的完整，避免由此工作不到位可能造成安全隐患，引发安全事故。

第六节　变形监测数据处理与信息反馈

在城市轨道交通工程建设中，变形监测数据处理与信息反馈是信息化施工和管理的重要组成部分，是保证安全施工、工程环境安全和社会稳定必不可少的有效措施。城市轨道工程监测中的变形监测数据处理，包括对监测数据进行计算、分析、判断及预测监测今后可能会出现的变形情况等。信息反馈就是将数据处理结果及时反映或传递到施工、设计和相关单位，以便采取相应技术措施，降低经济损失和社会影响，并为设计、施工积累工程资料，提高技术水平。

一 变形监测数据处理与分析

变形监测数据处理方法分为统计学方法和确定性方法两大类,其中统计学方法是以监测数据为基础,利用各种数理统计方法建立预报模型,从而达到对监测对象进行分析和预测今后变形趋势。统计学方法主要有监测曲线形态判别法、回归分析、滤波、时间序列分析、灰色系统理论、模糊数学和神经元网络等。确定性方法主要有有限元法、边界元法、块体理论法和反分析法等。以下仅结合实际工程中常用的监测数据处理典型方法作简单介绍。

(一) 监测曲线形态判断法

根据变形观测收集和记录的数据,求得监测时间、变形量(包括应力、应变)、施工状态(阶段)、荷载等参数,绘制变形过程曲线是一种最简单、直观而有效的数据处理方法。由过程曲线可找出监测对象不同时间的变形值和变形发展趋势,预测可能出现最大变形值,由此判断出安全状态。

变形过程曲线有时间—变形曲线、时间—荷载—变形曲线、变形—施工开挖工作面距离关系曲线等,通常将时间作为横轴,其他变形量等作纵轴,表示方法见图 11-16 ~ 图 11-18。

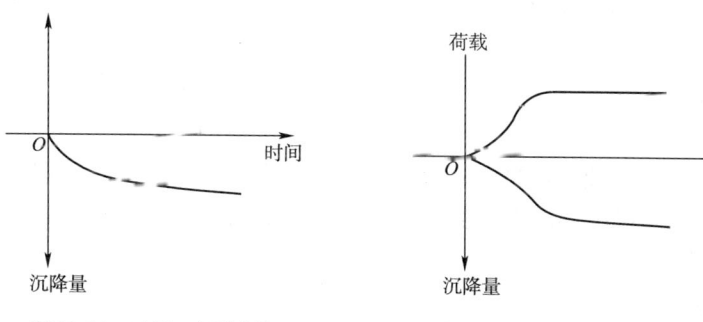

图 11-16 时间—变形曲线   图 11-17 时间—荷载—变形曲线

一般认为,变形过程曲线处于水平时,监测对象在该监测时间段内处于基本稳定状态。如果变形过程曲线逐渐向上如下弯曲,则反映在该监测时间段内产生变形,而且曲线越陡变化越大。如果曲线发生突然变化,则预示监测对象即将可能发生大的变化。监测曲线形态判断法通常要依靠有经验的工程技术人员研究监测曲线形态后作出判断,往往非常有效,是工程监测中进行判断的常用方法。

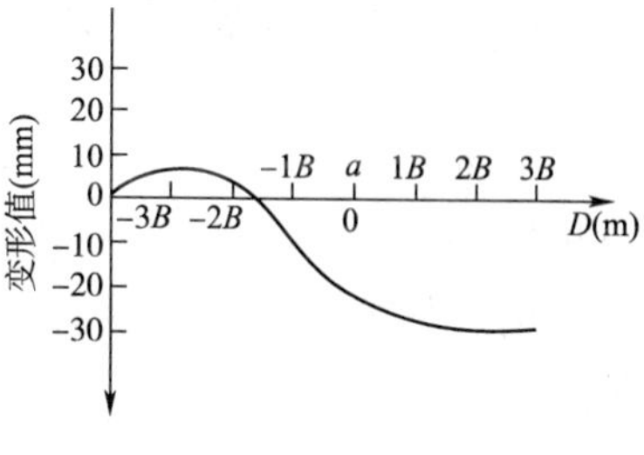

(二) 回归分析

回归分析是数理统计中处理变量之间关系的常用有法。对一组监测数据进行处理时,通过回归分析找出引起变形原因与变形值之间的内在联系和统计规律。研究、处理两变量之间关系的回归分析称为一元回归分析;研究、处理多个变量的回归分析称为多元回归分析。

图 11-21 变形与施工开挖工作面距离关系曲线

B-隧道开挖宽度(m);a-开挖工作面;D-距开挖工作面距离(m)

1. 一元线性回归分析

当两个变量之间关系为线性时,则称一元线性回归分析。一元线性回归分析应注意的问题:所采用的数据应是大子样,子样越大,回归方程代表面越大,当子样为 2 时,回归分析是无意义的;所建立的一元线性回归方程,不能无限延伸,否则,不可靠。

两个变量之间为非线性关系时,应按一元非线性回归问题处理,一般一元非线性回归的步骤为:首先根据监测数据做出的监测曲线形态特征,选择某一曲线函数,例如指数函数、对数函数等进行回归。如果函数能够变换为线性函数,则对变换后的函数进行一元线性回归。如果函数不能够变换为线性函数的形式进行回归,则可采用最小二乘法进行迭代回归。

2. 监测数据分析常用回归函数

(1) 地表横向沉降回归函数

美国教授 Peck 根据大量由于地下施工引起地表沉降的实测资料,在 1969 年提出地层损失概念,得出了一系列与地层有关的沉降槽宽度的近似值回归模型。

(2) 变形历时回归函数

地表沉降、拱顶下沉、净空收敛等变形的沉降或位移历时曲线一般采用如指数函数、对数函数、双曲线函数作为回归函数。

(3) 沉降历时回归方程

地下工程施工过程中的地表纵向沉降、拱顶下沉、净空收敛等变形的沉降或位移受开挖面的时空效应影响,采用单个曲线进行回归不能全面反映变形历程,通常采用以拐点为对称的两条分段指数函数式进行近似回归分析。

 监测成果报告

对于现场采集到的各项监测数据,首先应进行检查和粗差检验,确认不含粗差后再进行整体平差计算及测量精度统计,同时对监测成果进行整理分析,最终形成监测成果报告。监测成果报告应包含如下内容:

(1) 变形监测成果表。
(2) 变形监测点位置图。
(3) 变形体变形量随时间、荷载等变化的时态曲线图。
(4) 变形监测技术报告。

 监测信息管理和反馈

为使工程监测信息为设计和施工服务,除应及时对监测对象进行监测,并对监测信息进行分析外,还应加强管理,及时将监测数据反馈到相关主管人员手中,使其了解和掌握监测对象的变化情况和安全状态,适时对施工前设计所确定的结构形式、支护参数、施工方法、施工工艺等进行调整,达到修改设计方案和指导施工的目的。

1. 监测管理控制标准和对应措施

根据城市轨道工程建设中变形监测的经验,变形监测中一般依据变形值的大小和与允许值的比例关系分为三级,并按三级变形监测状况进行管理。当实际变形量达到某一数值时,为确保安全则采取对应措施。现将变形监测控制标准和对应措施列于表 11-23,仅供参考。

2. 信息反馈

为保证及时反馈监测信息,应建立顺畅、快捷的信息反馈程序和渠道,这是实现监测信息反馈的关键。信息反馈经过多年实践已经日趋完善,一般监测信息反馈工作流程见图 11-19。

变形监测控制标准和对应措施 表 11-23

等 级	位 移 值	对应措施
Ⅰ	$U_0 < \frac{1}{3}U_n$	正常施工
Ⅱ	$\frac{1}{3}U_n < U_0 < \frac{2}{3}U_n$	报警,加强监测
Ⅲ	$U_0 > \frac{2}{3}U_n$	暂停施工,采取补救措施

注:U_0 为实测位移值;U_n 为允许位移值。

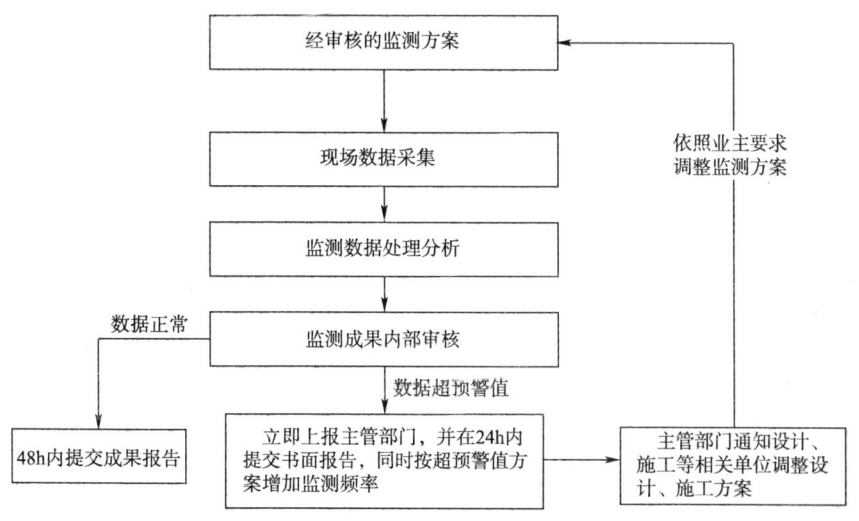

图 11-19 监测信息反馈流程图

四 变形监测 GIS 管理系统简介

变形监测工作常规的管理方法多采用报告、记录及常规电子文档方式。由于这种方式使监测成果数据处于分散状态,因此,分离的不同监测项目或不同监测点之间的数据无法直接进行横向对比分析,基本上不存在类似项目经验的信息反馈和类比。同时,在使用上存在反馈周期较长,数据管理、文档存储、版本管理、查询及检索困难,特别针对数据量大、区域跨度大、工点及监测项目多的城市轨道交通工程,传统方式就难以满足工程建设的要求。为此,一些单位在提供传统监测成果报告的同时,对监测数据采用 GIS 数据管理系统进行管理,并根据建设管理的需求提供客户端应用系统,取得了良好的管理效果。

一些单位开发的轨道交通土建工程监测管理信息系统是基于计算机网络信息技术,能够对城市轨道交通建设过程中收集到的各种地上地下建筑物的变形监测数据,随时进行处理并及时进行信息反馈的网络 GIS 信息系统。该网络 GIS 信息系统通过网络具有实时搜集各个分散的变形监测点的数据、集中传送、数据处理、数据分析和发布分析结果等功能,为相关部门和专家进行风险管理和评估提供科学决策依据。

(一)系统结构

GIS管理系统包括两部分：一部分是监测单位用于收集、录入各类监测资料的导入子系统；另一部分是用于监测资料实时处理和及时发布监测结果的预警子系统。两个子系统共享一套网络监测数据库。系统结构见图11-20。

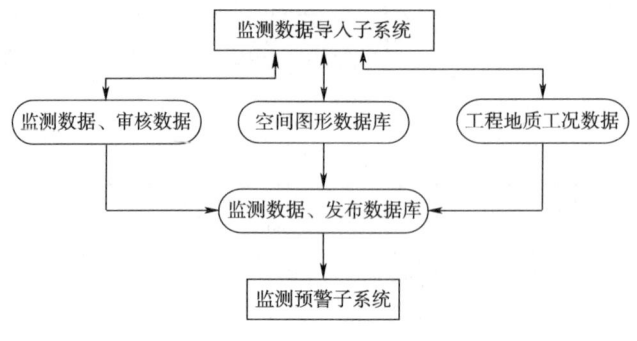

图11-20 系统结构图

1. 监测数据导入子系统

本子系统实现监测数据和相关工程布置图的收集和审核，系统基于C/S架构，主要实现以下功能：

(1)项目设计。建立一个通用的系统平台，可以在GIS平台下动态进行项目编辑、工点编辑、测点编辑。

(2)监测数据录入。监测数据由各个工点采用手动录入或自动成批导入，上传到项目的负责人处汇总后，进入监测数据库系统。

(3)监测数据审核。项目负责人对各个工点的监测数据进行审核，剔除由于人为原因和仪器异常产生的不正常数据。数据审核合格后，上传到数据服务器，由数据服务器综合分析处理，向各方发布。

(4)地址数据录入。由各个勘察单位，按照统一的数据格式录入，然后上传至数据服务器，供相关各方分析时参考。

(5)监测数据分析处理。作为检测单位的数据处理平台，计算各种数据的本期变化量、累计变化量、变形速率等数据，自动生成报表和各种曲线图。

2. 检测数据发布、查询和预警子系统

本子系统由网络数据服务器支持，向相关各方实时发布监测数据信息。相关各方可以随时随地通过网络查询自己关心的数据，及时和相关各方沟通。本部分基于B/S系统，主要实现如下功能：

(1)网络GIS系统功能。利用网络GIS功能，形象、准确地在网络地图上综合管理各个工点、各个测点和各个施工对象，把监测资料形象、准确地在网络地图上综合管理各地质资料和施工图有效地结合起来，便于综合分析。

(2)实时查询监测信息。可以利用各类手段方便地查询当前和历史的监测数据信息。实时生成各类报表、时程曲线、工况报告。

(3)实时预警。数据服务器实时分析各类监测数据，只要有监测异常发生，系统就会进行个性化的报警提示。同时能够在网络地图上清晰地表现各个工点、各个测点的监测异常情况。

（4）信息交流平台。可以通过 BBS、电子邮件和相关各方实时沟通工程信息，进行各方协调。

（5）整合办公信息系统。系统具有开放性，可以和相关办公信息系统或者门户网站整合，形成一个综合的信息协同办公系统。

（二）系统模块功能和作用

按功能划分，本系统可划分为区域编辑模块、项目编辑模块、工点编辑模块、数据录入与查询模块、网络传输模块、权限管理模块、数据审核模块、预警判断模块、网络发布模块、网络交流模块十大模块，各个模块功能和作用简单介绍如下。

1. 区域编辑模块功能和作用

选择新建区域，输入名称和编号，录入和编辑磁盘上的图层文件的区域图形。

2. 项目编辑模块功能和作用

选择新建项目，输入名称和编号，新建与项目有关的 AutoCAD、Excel、Word 文档。

3. 工点编辑模块功能和作用

选择新建工点测组，填写测组名称和编号，选择测组类型。新建与工点有关的 AutoCAD、Excel、Word 文档。添加测点相应属性。

4. 数据录入与查询模块功能和作用

查看基本信息，录入、编辑每次监测数据，查看监测点的变形值，根据监测点的变形值，绘制时程曲线或剖面曲线，生成周报表、月报表以及进行成果汇总等。

5. 网络传输模块功能和作用

主要功能为进行数据下载、数据上传。进行系统参数设置，设置上级服务器 IP 地址和网络端口号、设置客户端连接标识，进行与服务器的连接测试，保存网络参数。

6. 权限管理模块功能和作用

权限设置为未授权、部分授权、授权三级，根据用户输入的客户端连接标识进行判断。

7. 数据审核模块功能和作用

客户端提交数据之后，系统对提交的数据进行审核并去除无效的数据或未授权的数据。

8. 预警判断模块功能和作用

对监测成果审核服务器审核后的数据进行判断，对工程的安全风险进行评估、预测。

9. 网络发布模块功能和作用

通过网络 GIS，相关各方实时发布监测数据成果，发布预警。

10. 网络交流模块功能和作用

系统提供了专家会议留言板这个交流平台，相关各方通过电子留言板随时进行交流。

11. 变形监测 GIS 管理系统的推广价值

《轨道交通土建工程监测管理信息系统》作为一个监测管理信息系统，完成了监测数据的录入、存储、分析和管理功能，及时通过网络发布监测成果，同时也为专家做出正确的安全评估奠定了坚实的基础。该系统不仅可以使监测工作的流程以及监测成果报表统一标准化，而且使监测管理人员从烦琐的数据录入和计算过程中解脱出来，减轻劳动强度，大大提高了工作效率。

从轨道交通工程施工第三方监测和风险安全评估以及管理行业的发展角度看,轨道交通土建工程监测管理信息系统充分利用现代计算机信息技术,建立起具有行业特色的监测管理信息系统,进一步归整监测业务流程,使得监测业务管理更加流畅。同时,建立了完备的监测数据库,能够为领导和专家在轨道交通土建工程中的安全风险评估决策提供科学依据。随着系统的推广和应用,一定能对监测行业的全面信息化具有很大的推进作用。

该系统已经应用在城市轨道工程监测工作中的多个城市的许多工点中,例如已经应用北京城市轨道10号线的学知桥污水管线、首都机场线东直门站、东直门站穿越既有13号线折返线等工点的变形监测管理中。此外,在广州、西安等城市的城市轨道工程监测中得到应用。随着国家对控制建设工程安全风险的重视和管理的加强,轨道交通土建工程管理信息系统将会得到广泛推广和应用。

思考题

1. 论述城市轨道交通工程的变形监测目的及基本要求。
2. 城市轨道交通工程变形产生原因有哪些?变形监测的基本原则是什么?
3. 城市轨道交通工程运营阶段变形监测基本内容有哪些?
4. 对于明挖施工的基坑在开挖过程中,常常需要对围护结构和施工场地周边环境进行横向水平位移监测,横向水平位移监测方法一般有哪几种?
5. 在建(构)筑物外部,对其进行倾斜测量时,应在它的顶部和底部分别设置固定点,通过测定顶部点相对底部点的相对关系,从而确定其倾斜度、倾斜方向和倾斜速率。测量时可采用哪些方法?
6. 根据城市轨道交通工程变形监测目的,制定变形监测精度的原则有哪些?
7. 进行城市轨道交通工程变形监测时,还应注意哪些?
8. 对于现场采集到的各项监测数据,最终形成监测成果报告。监测成果报告应包含哪些内容?

第十二章 城市轨道交通工程相关测量实例

第一节 城市轨道交通工程隧道贯通测量实例

 城市轨道交通隧道贯通精度统计实例

以深圳城市轨道交通一期工程为例,介绍城市轨道交通隧道贯通精度统计。

深圳城市轨道交通一期工程包括1号线和4号线,全长19.95km,共设19个车站,大部分为浅埋暗挖线路。为了加快施工进度,打了许多竖井增加开挖面,使贯通面数达到53个,单向掘进(盾构机)和对向开挖的间距多数小于1000m,最大的区间长度为1529m(购物公园站至香蜜湖站),该区间位于大弯道上,是采用盾构机单向掘进至车站贯通。其左、右线的实际贯通误差为全线最大,分别达到46.2mm和43.2mm。表12-1中列出了暗挖隧道全部的实际贯通误差值。从表中可以看出:全部的横向贯通误差均小于限差的1/2,小于限差1/3的达到总数的92%;纵向贯通误差和高程贯通误差也都较小。这充分说明应用现代的仪器设备和测量方法可以达到较高的测量精度,能够满足各项限差要求。也证明相关规范确定的隧道贯通的限差及误差分配是可行的、合理的。

深圳城市轨道交通一期隧道贯通精度统计表(mm)   表12-1

标段	贯 通 区 段	横向贯通误差	纵向贯通误差	高程贯通误差
2A	罗国区间左线	3.3	11.3	7.9
	罗国区间右线	15.6	3.1	8.7
3A/3C	国老区间	18.9	16.7	1.4
4A	老大区间1号竖井—老街站	19.7	11.8	1.3
4A/4	老大区间1号竖井—2号老街站	23.7	16.3	24.8
4A	老大区间2号竖井—大剧院站左线	20.5	23.3	6.4
	老大区间2号竖井—大剧院站右线	26.5	12.4	0.0
5	大剧院—2号竖井右线	33.6	4.2	1.6
	大剧院—2号竖井右线	14.9	4.2	6.5
	1号竖井—科学馆站左线	37.9	3.3	2.3
	2号竖井—科学馆站右线	19.9	6.9	6.2
6	科学馆站—区间竖井左线	26.6	5.1	16.4
	科学馆站—区间竖井右线	21.9	17.5	16.4
	区间竖井—华强路站左线	11.7	11.9	16.6
	区间竖井—华强路站右线	11.7	11.9	14.8

199

续上表

标段	贯通区段	横向贯通误差	纵向贯通误差	高程贯通误差
7	华强路站—中间井左线	22.2	15.9	2.0
	华强路站—中间井右线	11.4	26.1	2.2
	中间井—岗厦站左线	30.1	20.6	9.4
	中间井—岗厦站右线	29.5	23.4	2.5
2A	购香区间左线	46.2	34.1	5.5
	购香区间右线	46.2	35.8	5.2
11	香蜜湖站—香车区间1号竖井左线	9.1	9.3	4.2
	香蜜湖站—香车区间2号竖井合线	10.6	10.0	6.8
	1号竖井—2号竖井左线	7.3	2.7	3.4
	1号竖井—2号竖井右线	11.3	14.7	5.0
	2号竖井—3号竖井左线	11.5	3.2	2.0
	2号竖井—3号竖井右线	8.6	2.2	1.7
	3号竖井—车公庙站左线	10.8	7.6	3.6
	3号竖井—车公庙站右线	0.8	17.6	0.2
12	车公庙站—车竹区间1号竖井左线	16.5	7.4	5.8
	车公庙站—车竹区间1号竖井右线	6.3	7.4	6.9
	1号竖井—2号竖井（左线）	17.5	4.0	12.2
	1号竖井—2号竖井（右线）	12.4	14.5	14.6
	3号竖井—竹子林站（左线）	8.5	1.1	3.5
	3号竖井—竹子林站（右线）	7.5	0.4	2.6
13	新增竖井—1号竖井左线	15.3	4.3	1.7
	新增竖井—1号竖井右线	7.3	3.1	1.7
	1号竖井—2号竖井左线	11.3	4.2	9.7
	1号竖井—2号竖井右线	8.5	3.5	11.7
	2号竖井—侨城东左线	5.5	5.7	6.2
	2号竖井—侨城东右线	6.8	33.2	7.2
18	两北联络线竖井—明挖段	4.1	9.5	1.2
	两北联络线竖井—会购区间	6.5	11.4	6.9
	会市区间竖井—明挖段	10.7	10.7	1.8
	会市区间竖井—市民中心站	9.9	0.2	5.9
	会展中心站—明挖段	37.2	3.4	2.2
20	市民中心站—区间竖井	15.2	7.1	2.5
	区间竖井—少年宫站	18.0	6.2	3.1
	少年宫站—车档隧道	15.1	0.1	8.0
2B	皇福区间左线	17.9	23.3	2.4
	皇福区间右线	19.9	3.9	7.0
	福会区间左线	8.5	4.2	12.3
	福会区间右线	2.39	18.7	4.3

二、横向贯通误差影响值的精度估算实例

某城市轨道交通区间隧道长度约 2km，从两端掘进在中央贯通。地面控制网分二级布设，一等为 GPS 网，二等为附合导线，如图 12-1 所示。现通过精度估算确定出导线观测精度。

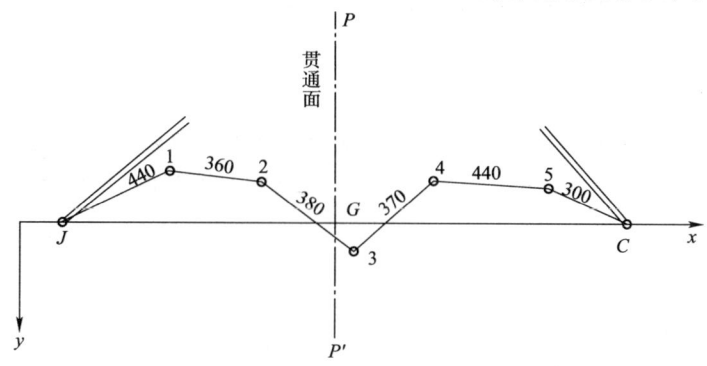

图 12-1 横向贯通误差影响值估算

为此应先在 1:10000 图上绘出点位布置图，然后在图上量取 R_x 和 d_y 值并列表计算出 $\sum R_x^2$ 和 $\sum d_y^2$，计算过程见表 12-2。

R_x 和 d_y 值计算表 表 12-2

导线点至贯通面的垂直距离			导线边在贯通面上的投影长度		
点号	R_x(m)	R_x^2	边号	d_y(m)	d_y^2
J	1000	1000000			
1	600	360000	J-1	200	40000
2	240	57600	1-2	60	3600
3	60	3600	2-3	240	57600
4	320	102400	3-4	260	67600
5	720	518400	4-5	60	3600
C	1000	1000000	5-C	100	10000
Σ		3042000	Σ		182400

设 $(m_g)_q = \pm 10\text{mm}$，将 $m_\beta = \pm 2.0''$，$m_l/l = 1/60000$ 代入导线测量误差引起的横向贯通中误差估算公式得：

$$(m_t)_q = \pm \sqrt{\left(\frac{2.0''}{\rho''}\right)^2 \times 302400 + \left(\frac{1}{60000}\right)^2 \times 182400} = \pm 18.3\text{mm}$$

代入横向贯通误差影响值的估算公式，得 $m_Q = \pm \sqrt{10^2 + 18.3^2} = \pm 20.9\text{mm} \leqslant 25\text{mm}$。显然，估计的 m_Q 偏小，精度储备太多，可调整 $m_\beta = \pm 2.5''$，再代入计算得：$(m_t)_q = \pm 22.3\text{mm}$。则：

$$m_Q = \pm \sqrt{10^2 + 22.3^2} = \pm 24.4\text{mm} \leqslant 25\text{mm}$$

第二次计算的接近于 ±25mm，又不过小，可以作为优化结果采用，即导线的测量精度为：$m_\beta = \pm 2.5''$，$m_l/l = 1/60000$。

第二节 城市轨道交通工程控制测量实例

一 GPS控制网布设方案及优化设计实例

1. 沈阳市地铁1号线一等GPS控制网

如图12-2所示,沈阳地铁1号线工程线路大致呈拉伸式的"～"形,线路全长22.048km,大致呈东西走向。为满足工程建设需要,地铁1号线平面控制网分级布设,首级控制网采取GPS测量。

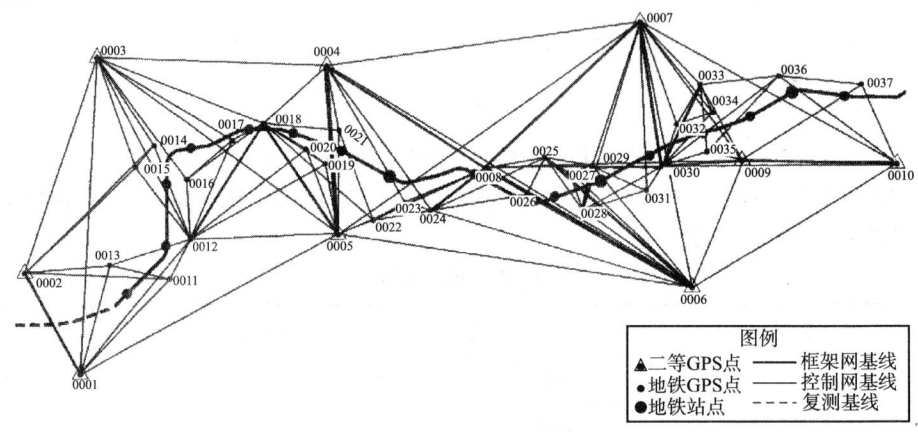

图12-2 沈阳市地铁1号线一等GPS控制网示意图

沈阳市地铁1号线一等GPS控制网选取靠近线路附近的ZST、NGT、JDXX、HGQNL、JDXY、NTFZ、ZLYY、LYSS、XZXY等9个城市二等GPS点(1999年建立)与新选28个控制点构成,见图12-2。采用5台接收机同步观测,考虑到GPS网的图形强度,先由9个城市二等GPS点与一个新选埋石点构成3个时段骨架网,整网采用边连式布设成GPS网锁。地铁GPS网的主要设计指标见表12-3。

地铁GPS网的主要设计指标 表12-3

总点数	37个	必要基线数	36条
接收机数量	5个	多余基线数	24条
观测时段数	15个	复测基线数	13条
总基线数	137条	总体可靠性指标	0.4
独立基线数	60条	平均设站率	2.0

2. 南京地铁一期工程GPS控制网

南京地铁一期工程优化的构网图形见图12-3,该网联测周围6个城市二等点(DT22、DT27、DT28、DT29、DT30、DT31),待定点20个,以同步三角形和边连式沿南北线路方向扩展成GPS网。将待定点直接与已知点连接并构成三角形以提高精度和可靠性,全网最大边长8.3km,最短边长0.8km,平均边长3.5km。GPS控制网优选后,对网形做进一步的精度估算,估算结果列在表12-4中。

南京地铁一期工程 GPS 控制网精度估算(mm)

表 12-4

点名	M_x	M_y	M_p	点名	M_x	M_y	M_p
DT01	6.41	4.23	7.68	DT11	5.10	4.08	6.53
DT02	6.08	3.38	6.95	DT12	5.45	6.39	8.39
DT03	6.82	3.42	7.62	DT13	4.55	5.49	7.13
DT04	5.31	4.29	6.83	DT15	4.11	5.93	7.21
DT05	4.07	3.39	5.29	DT16	4.34	5.97	7.38
DT06	4.53	6.30	7.76	DT17	4.16	3.64	5.53
DT07	5.86	4.62	7.46	DT18	4.47	8.43	9.55
DT08	5.97	5.05	7.82	DT21	3.39	3.62	4.96
DT09	5.91	4.72	7.56	DT23	3.50	4.52	5.72
DT10	5.06	3.68	6.26	DT25	3.17	3.48	4.71

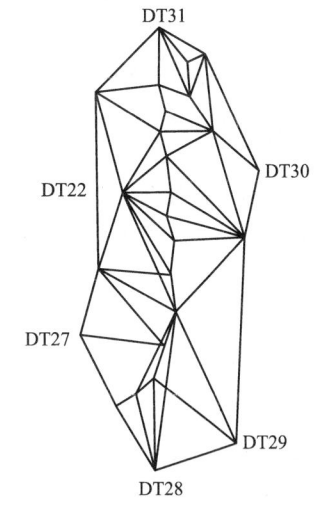

图 12-3 南京地铁一期工程 GPS 控制网示意图

二 GPS 控制网观测

GPS 控制网观测主要包括制定观测计划、接收机的检验以及外业观测等。

(一)制定观测计划

外业观测,又称数据采集。由于涉及多台接收机同步观测,所以在观测工作实施前,依据以 GPS 网的布设方案、投入观测的接收机数量、可见性预报情况、观测时段长度、交通运输和通信条件,选择最佳的观测时段、进行科学调度,对顺利完成观测任务,进而提高效率是十分必要的。

1. GPS 卫星的可见性预报

GPS 卫星的空间几何分布对定位精度具有重要影响,所以在选择最佳观测时段、制定观测计划时,一般需根据测区的概略坐标、观测日期,查看当日的 GPS 卫星数以及相应的 PDOP 值的变化情况。尽管当前 GPS 工作卫星星座已经部署完毕,确保任何地区全天任何时间均能至少观测到 5 颗卫星,但最佳观测时段还是选择在 PDOP 小于 6 的时间范围内。

2. 作业调度表

根据最优化的原则,应综合考虑 GPS 网的布设方案、卫星的可见性预报、网的连接方式、各时段观测时间和交通情况,合理调配各接收机,进行科学调度。作业调度表包括观测时段号、测站名称和接收机号等内容。

(二)接收设备的检验

用于数据采集的 GPS 接收机一定要按照《全球定位系统(GPS)测量型接收机检定规程》(CH 8016—1995)的规定进行检定,合格后方可使用。但在控制测量作业前,还需对 GPS 接收机和天线等设备进行全面检验。接收机在一般检视和通电检验后,还应进行 GPS 接收机内部噪声水平的测试、接收机天线平均相位中心稳定性检验和 GPS 接收机不同测程精度指标的测试,详见《全球定位系统(GPS)测量规范》(GB/T 18314—2009)及《全球定位系统(GPS)测量型接收机检定规程》(CH 8016—1995)的规定。

由于埋设的标石大都没有强制对中装置。因此,为了提高对中精度,还需检验基座圆水准器和光学对中器是否准确。

(三)接收机参数设置

同步观测的接收机,相应的参数设置要保持一致。其参数主要包括数据采样率和卫星高度角,通常在观测前,将各接收机统一进行参数设置,即数据采样率为10s,卫星高度角15°。

(四)外业观测

1. 架设天线

在GPS点位或墩标上架设天线,保证天线严格对中与整平。并把天线定向标志指向北方,每时段观测前、后量取天线高各一次,两次互差小于3mm时,应取两次平均值作为最后结果,同时详细记录天线高的量取方式。

2. 开机观测

天线架设完成后,经检查接收机与电源、接收机与天线间的连接情况无误后,按作业调度表规定的时间开机作业,并逐项填写外业观测手簿。

具体操作步骤和方法依接收机的类型而异,但观测期间,操作员应注意以下几方面:

(1)必须在接收机有关指示灯与仪表正常时,进行测站、时段信息输入。

(2)注意查看接收卫星数、卫星号、相位测量残差、实时定位结果及其变化、存储介质以及电源情况等。

(3)不得随意关机并重新启动,不准改动卫星高度角的限值,不准改变数据采样间隔和仪器高等信息。

3. GPS外业测量手簿

测量手簿应全面记录测站的相关信息,应该现场填写,并有可追溯性,以便内业计算时使用。手簿中应记录测站名称(测站号)、观测时段号、观测日期、观测者、测站类别(新选点、原等级控制点或水准点)、观测起止时间、接收机编号、对应天线号以及天线高三次量取值和量取方式等。

4. 数据存储

每日观测结束后,应及时将存储介质上的数据进行传输、拷贝,并及时将外业观测记录结果录入计算机,利用随机软件进行基线解算。

三 城市轨道交通工程地面平面控制测量实例

(一)沈阳地铁1号线GPS控制网测量实例

沈阳市城市GPS控制网建成于1999年,布网方案先进,精度高。沈阳地铁1号线GPS控制网在城市GPS网框架下布设,线路沿线有ZST、NGT、JDXX、HGQNL、JDXY、NTFZ、ZLYY、LY-SS、XZXY9个点,可作为城市轨道交通工程施工控制网的起算数据。该9个点均位于基础坚实的高楼层房顶部,满足GPS信号接收的要求。同时新选控制点28个,与9个城市二等GPS控制点构成沈阳地铁1号线GPS控制网,见图12-2。

沈阳地铁 1 号线 GPS 控制网由 5 台接收机同步观测,考虑 GPS 网的图形强度,先由 9 个城市二等 GPS 点与一个新选埋石点构成 3 个时段骨架网,整网采用边连式布设成 GPS 网锁。

沈阳地铁 1 号线首级 GPS 平面控制网采用 HGQNL(沈阳市二等 GPS 点)已知的 WGS—84 坐标作为控制点进行三维无约束平差,各项指标统计见表 12-5、表 12-6。

基线向量改正数统计　　　　　　　　　　　　　　　　表 12-5

改 正 数	$V_{\Delta x}$	$V_{\Delta y}$	$V_{\Delta z}$
最大(cm)	1.0	1.1	2.0
限差(cm)	5.1	5.4	4.6
对应基线	000 - 0004	0006 - 0004	0007 - 0010
对应边长(m)	9146.04	10171.25	7425.75

边长相对精度统计　　　　　　　　　　　　　　　　表 12-6

最 弱 边	边长(m)	相 对 精 度
0032 - 0034	572.81	1/570000

地铁 GPS 控制网布设在城市控制网框架下,二维约束平差采用分布均匀且兼容性好的 ZST、HGQNL、LYSS 三个城市 GPS 控制点为起算点进行平差。二维约束平差统计结果见表 12-7 ~ 表 12-10。

平面坐标分量改正数　　　　　　　　　　　　　　　　表 12-7

基　线	对应边长(m)	改　正　数	最大(cm)	限差(cm)
004 - 003	5458.65	$V_{\Delta x}$	1.8	2.7
005 - 003	6362033	$V_{\Delta y}$	1.0	2.8

最弱边长相对精度统计　　　　　　　　　　　　　　　　表 12-8

最 弱 边	边长(m)	相对精度	限　差
0032 - 0034	572.81	1/570000	1/90000

点位精度分析　　　　　　　　　　　　　　　　表 12-9

最弱点点位中误差(cm)	限差(cm)
0.28	±1.2

新测坐标与原有控制点坐标对比分析(6 个)　　　　　　　　　　表 12-10

点　号	点　名		原有控制点坐标(m)	新测坐标(m)	坐标较差绝对值(cm)	限差(cm)
0001	NGT	X	＊＊＊＊＊＊.727	＊＊＊＊＊＊.732	1.12	
		Y	＊＊＊＊＊＊.197	＊＊＊＊＊＊.207		
0003	JDXX	X	＊＊＊＊＊＊.531	＊＊＊＊＊＊.519	2.00	
		Y	＊＊＊＊＊＊.300	＊＊＊＊＊＊.316		
0005	JDXY	X	＊＊＊＊＊＊.868	＊＊＊＊＊＊.867	0.91	5.0
		Y	＊＊＊＊＊＊.040	＊＊＊＊＊＊.019		
0006	NTFZ	X	＊＊＊＊＊＊.430	＊＊＊＊＊＊.437	0.81	
		Y	＊＊＊＊＊＊.469	＊＊＊＊＊＊.473		
0007	XZXY	X	＊＊＊＊＊＊.242	＊＊＊＊＊＊.231	1.10	
		Y	＊＊＊＊＊＊.595	＊＊＊＊＊＊.596		
0009	ZLYY	X	＊＊＊＊＊＊.386	＊＊＊＊＊＊.391	0.71	
		Y	＊＊＊＊＊＊.755	＊＊＊＊＊＊.750		

相邻点相对点位中误差:最大值为3mm,满足±10mm以内的要求。

(二)广州城市轨道交通 GPS 控制网测量实例

广州城市轨道交通 GPS 控制网覆盖广州市区,如图 12-4 所示。

1. 精度要求

广州市轨道交通地铁网平面控制测量具体精度要求如下:

最弱点点位中误差为 ±12mm;

相邻点的相对点位中误差为 ±10mm;

最弱边相对中误差不大于 1/90000;

与原有城市控制点的坐标较差在 ±50mm 以内。

2. 作业情况

(1)仪器设备

采用6台泰雷兹公司的 Z-MAX 型双频接收机进行野外观测,该接收机的标称精度为 $5mm + 1 \times 10^{-6}D$。

(2)主要技术指标

采用静态 GPS 测量模式,基本技术要求应符合表 12-11 的规定。

基本技术要求　　　　　　　　　　　　　　　表 12-11

项　目	要　求	项　目	要　求
接收机类型	双频	有效观测时段长度(min)	短边≥60,长边≥90
观测量	载波相位	数据采样间隔(s)	10
接收机表称精度	$5mm + 1 \times 10^{-6}D$	点位几何图形强度因子(PDOP)	≤6
卫星高度角	≥15°	同步观测接收机数	≥3
有效观测卫星数	≥4		

(3)利用已有控制点情况

通过对已有点的实地踏勘和设计网形的需要,利用已有广州市四等点8个,地铁1号线、2号线、3号线和广佛线控制点26个,新选点25个,埋设楼顶点21个、地面点2个,埋设小钢标19个。

3. 数据处理

(1)基线解算

基线解算采用基线处理软件 Pinnacle 来完成,按照技术设计规定原则,每一条基线都要求双差固定解。根据设计网形,共解算独立基线向量146条,其中最长边(13-75)11086.890m,最短边(16-72)1080.048m,平均边长4054.848m。

(2)重复基线闭合差

有2条重复观测基线,它们为 17-7 和 63-65,重复误差均为 1.9×10^{-6},达到要求。

(3)异步环闭合差

在146条基线向量中,除2条重复观测向量外,共组成闭合环70个,包括三角形32个,四边形27个,五边形10个,六边形1个。其坐标分量、环闭合差全部满足《城市轨道交通工程测量规范》(GB 50308—2008)要求。其中最大环闭合差为 7.2×10^{-6}(限差要求为 12.7×10^{-6}),异步环闭合差值分布情况见表12-12。

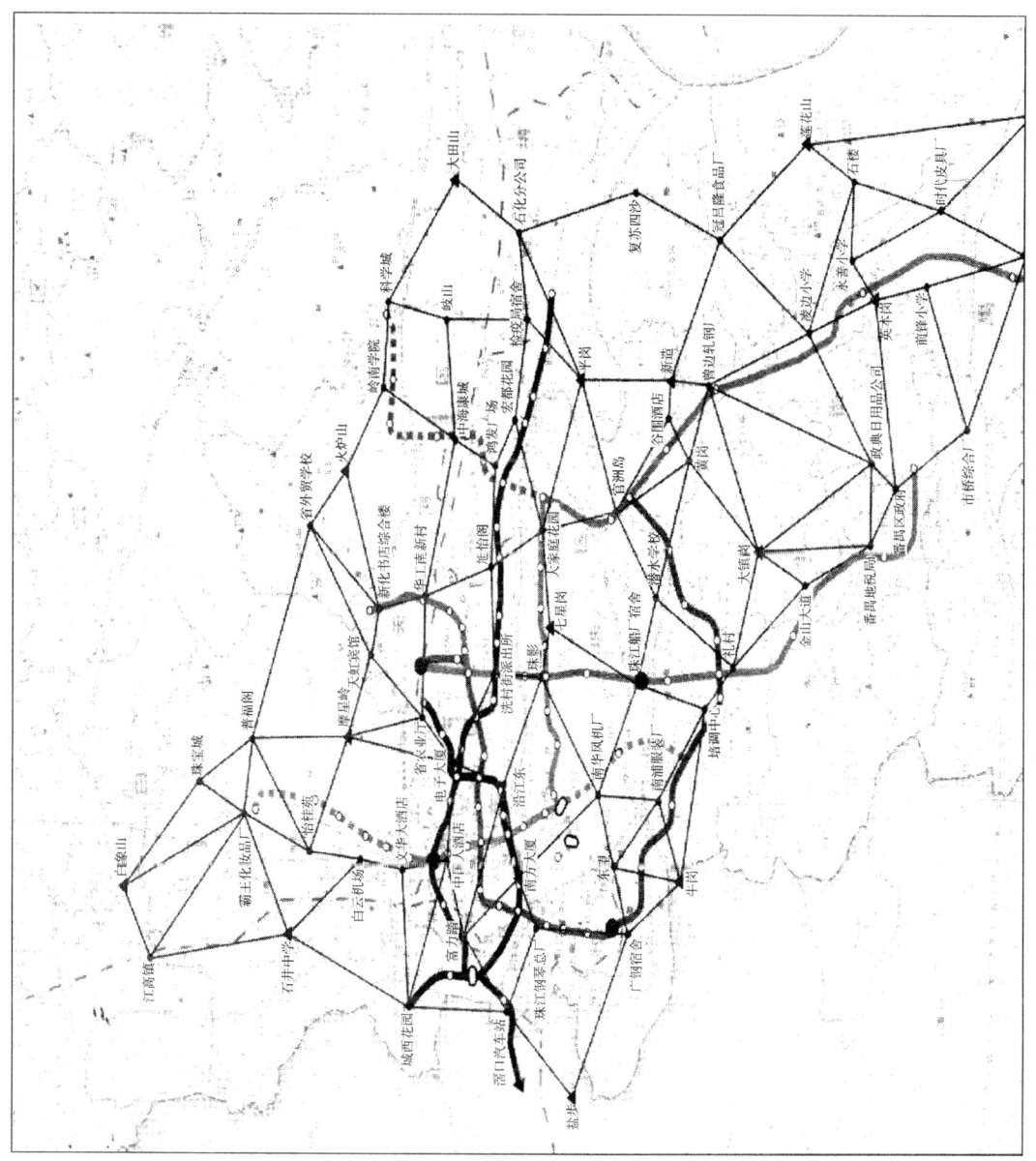

图12-4 广州城市轨道交通GPS控制网

异步环闭合差值分布情况 表12-12

环闭合差($\times 10^{-6}$)	0~2	2~4	4~6	6~8
环个数	45	19	5	1

环平均闭合差为 1.83×10^{-6},可见本控制网 GPS 观测基线质量较好,内复核精度较高。

(4)平差计算

本网的平差计算采用后处理软件 TGPPSW ForWIN32 完成。

无约束平差以 65 号点作为固定点,以其绝对定位的 WGS-84 坐标为起算数据,平差后,基线向量的改正值分布情况见表12-13。根据无约束平差结果可见,该网点内符合精度很高。

无约束平差基线向量的改正值分布情况 表12-13

改正数区间(cm)	0.0~1.0	1.0~2.0	2.0~3.1	最 大 值
$V_{\Delta x}$(个数)	129	13	4	2.3
$V_{\Delta y}$(个数)	124	16	6	3.1
$V_{\Delta z}$(个数)	130	14	2	2.7

本网在广州坐标系下进行约束平差,采用 16 个 2000 年新广州二等网点作为起算点,经检核,起算点间具有很好的兼容性。约束平差后,基线向量的改正数与同名基线无约束平差相应改正数的较差符合规范要求,分布情况见表12-14。

基线向量的改正数与同名基线无约束平差相应改正数的较差 表12-14

较差区间(cm)	0.0~1.0	1.0~2.0	2.0~3.1	最 大 值
$dV_{\Delta x}$(个数)	115	27	4	3.1
$dV_{\Delta y}$(个数)	133	12	1	2.5
$dV_{\Delta z}$(个数)	130	11	5	2.9

约束平差后,最弱点(77,58)点位中误差为 1.17cm,满足 1.2cm 的要求;最弱边(57-58)边长相对中误差为 6.05×10^{-6}(1/165000),满足 1/90000 的设计要求。

根据《城市轨道交通工程测量规范》(GB 50308—2008)的条文说明,相邻点的相对点位中误差可用下式进行估算:

$$(M_G)_{ij} = \pm \frac{M_G}{\sqrt{2}} \tag{12-1}$$

式中:M_G——GPS 网中最弱点的点位中误差(mm);

$(M_G)_{ij}$——GPS 网中相邻点的相对中误差(mm)。

按本网最弱点点位中误差 $M_G = \pm 11.7$mm 代入式(12-1),计算得 $(M_G)_{ij} = \pm 8.3$mm,符合相邻点位中误差小于 10mm 的要求。

与旧点坐标比较,本控制网有 34 点利用旧有控制点,平差后坐标与原有坐标较差见表12-15。

从表 12-15 可以看出,点位较差都小于 5cm,满足规范技术要求。

4. 控制网检核测量

为了检核本控制网的可靠性,对该平面控制网进行了外业检测,运用 SOKKIA SET210 型全站仪,共检测了 3 条边和 4 个角度。检测结果见表12-16、表12-17。

平差后坐标与原有坐标较差(mm) 表12-15

点号	点名	广佛地铁		地铁1号线		地铁2号线		地铁3号线		广州四等点	
		ΔX	ΔY	ΔX	ΔY	ΔX	ΔY	ΔX	ΔY	ΔX	ΔY
19	江高镇									1.1	3.8
23	白云机场					0.8	-2.7				
24	天虹宾馆					0.0	0.0	-0.9	2.4		
27	文华大酒店					1.7	-2.0				
28	省农业厅							-2.2	-0.4		
29	新华书店综合楼							-2.7	4.0		
33	中国大酒店					0.5	-0.9				
35	华工南新村							-2.4	2.7		
39	沿江东					-0.2	0.7				
40	冼村派出所							1.9	0.9		
46	珠江钢琴总厂	-0.6	0.1	0.3	1.4						
47	珠影	1.2	-0.2			1.1	1.2	2.3	-0.2		
48	大家庭花园	0.0	0.0			-0.9	2.3				
49	广钢宿舍	-2.0	0.1								
50	南华风机长	0.4	1.2			4.1	-0.9				
51	东塱	-0.4	0.1	-0.2	-0.2						
52	南浦服装厂									2.1	-2.0
53	珠江船厂宿舍	-0.2	0.7					-1.1	0.0		
54	官洲岛					-0.8	1.9				
55	培训中心									1.8	-1.0
56	潜水学校							-0.6	0.1	2.3	2.4
57	黄岗									-0.7	2.3
58	谷围酒店					0.4	1.1				
59	礼村							2.9	-1.1		
60	曾边轧钢厂					-0.1	1.3				
61	金山大道							-0.2	0.9		
62	冠昌隆食品厂									2.5	-3.3
64	番禺地税局							0.1	-0.4		
65	政典日用品厂							0.1	0.5		
66	番禺区政府							-0.6	0.1		
68	石楼									1.1	-0.5
69	前锋小学									2.6	1.7
70	市桥综合厂									-0.4	-1.0
73	鱼窝头二中									2.1	0.0

边 长 检 测　　　　　　　　　　　　　　　　　　　　　表 12-16

测　边	实际长度(m)	检测长度(m)	较差(mm)	限差(mm)
永善小学－英本岗	1786.280	1786.286	6	±19
永善小学－石楼	2830.013	2830.023	10	±31
新造－曾边轧钢厂	1821.319	1821.324	5	±20

角 度 检 测　　　　　　　　　　　　　　　　　　　　　表 12-17

测　角		实　际	检　测	差　值	限　差
新造	曾边轧钢厂	87°09′19″	87°09′15″	－4″	±5″
	小谷围				
永善小学	英本岗	81°10′27″	81°10′26″	－1″	±5″
	凌边小学				
	英本岗	219°35′27″	219°35′27″	0″	±5″
	石楼				
	英本岗	289°45′55″	289°45′55″	0″	±5″
	时代皮具厂				

边长检测限差按所检边长相对精度达到 1/90000 计算得到。

角度检测限差按 $2\sqrt{2}m_{中}$ 计算，$m_{中}$ 取三等网测角中误差 1.8″，则检测限差为 ±5″。

5. 技术结论

（1）经过平差计算，地铁平面控制测量最大点位中误差 11.7mm，相邻点最弱相对中误差为 ±9.1mm，最弱边相对中误差 1/220000，满足《城市轨道交通工程测量规范》（GB 50308—2008）的要求，可提供地铁建设使用。

（2）由于此次地铁网控制面积大，地铁建设周期较长，建议定期对该网进行必要检测。

6. 成果提供

GPS 控制网测量工作结束后，需要提交下列资料：

（1）地铁网控制测量方案；

（2）地铁网控制测量技术设计书；

（3）地铁网控制测量网图；

（4）地铁网控制测量技术总结；

（5）地铁网 GPS 点点之记；

（6）地铁网控制成果表；

（7）地铁网 GPS 平差计算资料及精度统计表；

（8）仪器鉴定报告；

（9）检查验收报告及质量评定报告。

四 城市轨道交通工程二等精密导线网的布设实例

本节以沈阳市城市轨道交通 2 号线二等精密导线网为例，简单介绍一些城市轨道交通工程二等精密导线网的布设方法。

沈阳市城市轨道交通2号线是与1号线十字相交的另一条城市交通走廊,全长19.245km,全部为地下线路。全线共设17个车站,全部为地下车站,在青年大街站与城市轨道交通1号线的联络线接轨。在布设地面GPS网的同时,布设了二等精密导线。全线由3段附合导线和1个附合导线网组成,共包括一等GPS点在内的25个控制点,其中含2个城市轨道交通1号线二等精密导线点。

1. 导线点选择与埋设

由于城市轨道交通线路穿越城市主要功能区域,市内交通繁华,车流、客流、人流流量大,对控制点的保存和使用不利。所以二等精密导线点的选择与一等GPS点的选择同步进行,并满足二等精密导线点的位置选在城市轨道交通车站口附近的楼顶,且便于施工使用的地方;导线点相邻边长不宜相差过大,最短边长不宜短于100m;相邻点间的视线距障碍物的距离应避免旁折光的影响;保证每个二等精密导线点至少有2个通视方向(可以与一等GPS控制点通视)等几方面要求。

楼顶二等精密导线点点位埋设与GPS点相同,地面导线点埋设按照二等水准点埋设标准进行。

2. 导线(网)的布设

由于城市轨道交通线路狭长,且沿线先期布设了一等GPS网,所以二等精密导线(网)通常都分段布设成附合导线、结点导线网的形式。图12-5为沈阳市城市轨道交通2号线中某段导线网,图中GPS206、GPS207、GPS208、GPS209、GPS027、GPS029为一等GPS点,D70、D71为1号线二等精密导线点。

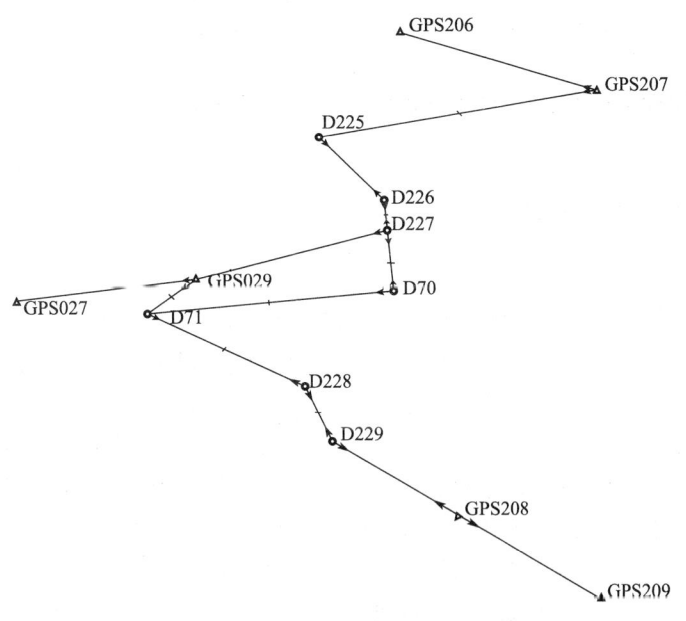

图12-5　沈阳市城市轨道交通2号线某段二等精密导线网

3. 导线观测

采用鉴定合格并在有效期内的徕卡TCA1800型全站仪(标称精度为$1''$,$1mm + 2 \times 10^{-6}D$)及配套设备进行观测。只有2个照准方向的,按左、右角方法进行观测,角度观测4个测回,距离观测2个测回;3个及3个以上照准方向的,按方向观测法进行观测,角度观测4个测回,距离观测2个测回。

观测水平角时,半测回归零差小于6″,一测回内2C(C为方向照准差、仪器加常数)较差小于9″,同一方向值各测回较差小于6″。当左、右角法观测时,左、右角平均值之和与360°的较差应小于4″。观测距离时,一测回三次读数的较差应小于3mm,测回间平均值的较差应小于3mm,往返平均值的较差应小于5mm。

仪器及反光镜必须严格对中、整平,对中误差小于1mm。气压计、干湿温度计放置仪器附近一段时间后,在进行距离测量时,输入气压、温度、湿度。

4. 平差计算

首先对实测边长进行仪器加常数、乘常数改正,并进行高程归化和投影改化。计算并保证附合导线闭合差全线相对闭合差在$\pm 5\sqrt{n}$以内(n为测站数)。

平差采用清华山维NAESW95软件,选取该软件的平面边角网平差功能,运用"周江文法"进行5次迭代平差,原有一等GPS点作为起算点。

5. 精度分析

测角中误差:$M_\beta = \pm 0.74″$;

方位角闭合差:$-2.33″$;

全长相对闭合差:1/138000;

最弱点点位中误差:± 10.8mm;

相邻点相对点位中误差:± 7.9mm;

与1号线二等精密导线公共点(D70、D71)较差分别为:4mm和11mm;

通过计算,可以看出以上各项指标均达到并优于设计指标。

五 城市轨道交通工程地面高程控制测量实例

(一)北京地铁9号线水准网测量简介

1. 工程概况

北京地铁9号线位于北京市西部,线路总体为南北走向,主要分布在丰台区和海淀区的城市交通干道下。线路全长约16.5km,均为地下线。全线共设车站13座,与建成的地铁1号线、4号线相交,并与规划中的3号线、6号线、7号线、11号线、14号线相交。线路走向见图12-6。

北京地铁9号线横穿永定河冲洪积扇的中上部,属于平原地貌。沿线地形基本平坦,无明显起伏现象,全线地势北高南低。沿线地表水主要有马草河、莲花河、玉渊潭东湖,属于永定河水系。马草河在线路经过处已被填埋。莲花河位于西客站已建成地段。玉渊潭东湖与西湖以人工堤相隔,水体相通,地铁线路穿越处水面宽度300m左右。

经踏勘现场有北京市一等水准点Ⅰ京良6、Ⅰ京良7、玉渊潭东参考点和两个原地铁4号线水准点BM[9]28、BM[9]29,均保存完好。北京市一等水准点可以作为起算依据,原地铁4号线水准点可纳入水准路线中,作为4号和9号线的共用检核点。

2. 水准点选点和埋石

根据现场情况,水准点均选择在远离施工场地变形影响区外的稳固的永久性建筑物上,并设立墙上水准标志。墙上水准点按《城市轨道交通工程测量规范》(GB 50308—2008)规定的

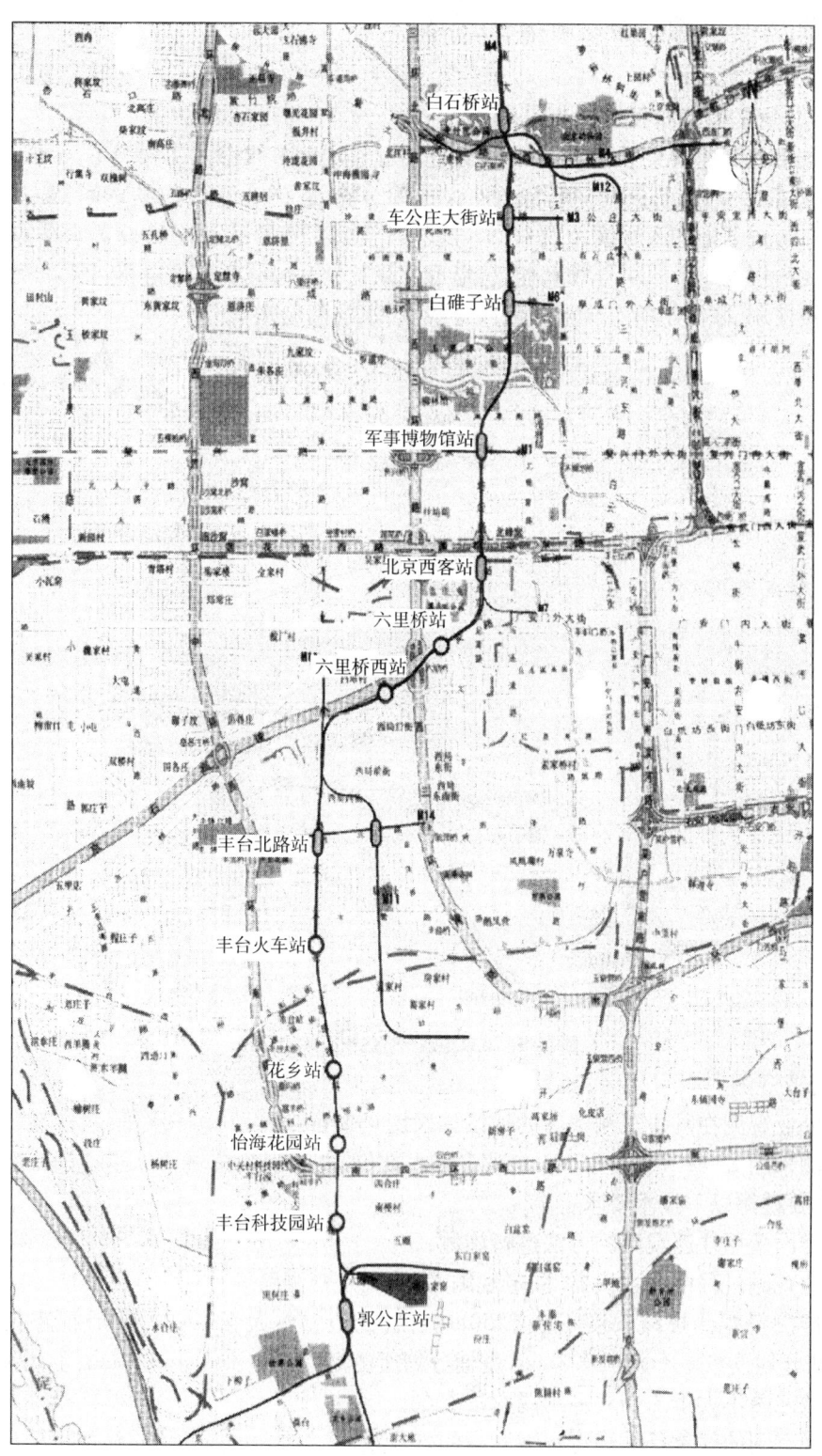

图12-6 北京地铁9号线线路示意图

形式和规格埋设,水准点名统一编号:BM[9]××(其中:BM 表示水准点,[9]表示地铁 9 号线),沿里程方向顺序编号,并绘制点之记略图。

3. 水准网测量

(1) 水准网的网形布设

水准点沿北京地铁 9 号线线路布设,在已有北京市一等水准点Ⅰ京良 6、一等水准点Ⅰ京良 7、玉渊潭东参考点间,依据现场特点布设成附合路线、闭合路线或结点网,重点在车站、竖井附近及在与规划中的 3 号线、6 号线、7 号线、11 号线、14 号线相交处设置水准点,并联测与地铁 4 号线衔接处 2 个原 4 号线水准点,形成北京地铁 9 号线整体水准网。水准测量中,为方便施工测量使用,联测了所有 9 号线地面导线点,水准网见图 12-7。

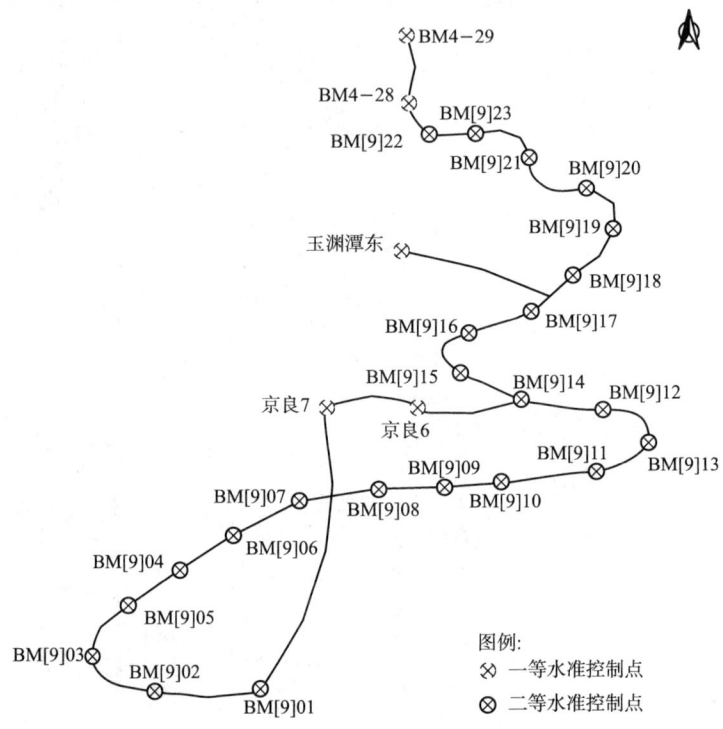

图 12-7　北京地铁 9 号线水准网示意图

(2) 外业观测

水准外业观测在具备观测条件的地段均采用 TrimbleDIM12 电子水准仪,少数通视困难地段外业观测采用 Leica NA2＋GPM3 自动安平水准仪,外业观测按城市轨道交通一等水准的方法施测,主要遵循以下技术要求:

①水准网采用往返观测的方法进行施测;

②外业观测过程中固定仪器、固定观测人员、固定观测路线;

③水准测量观测视线长度不大于 50m,前后视距差不大于 1.0m,前后视距累计差大于 3.0m,基辅分划读数差不大于 0.3mm,基辅分划所测高差之差不大于 0.5mm,上丝读数平均值与中丝读数之差不大于 3.0m,采用偶数站上点;

④选择有利的气象条件进行水准测量的外业观测,由往测转向返测时,两根标尺换位置。

(3) 内业数据处理

内业数据处理前,首先对外业观测数据进行 100% 复核,并统计各段线路闭合差,确认外业观测数据无误,起算控制点稳固、可靠后,采用清华山维平差软件进行严密平差后最大高程中误差为±1.2mm,最大高差中误差为±0.8mm,满足规范要求。各段路闭合差精度见水准分段闭合差统计表(表12-18)。

水准分段闭合差统计表　　　　　　　　　　表12-18

测段	范　　围	线路长度(km)	闭合差(mm)	限差(mm)
1	BM[4]28~BM[9]20~玉渊潭东参考点	10.20	6.3	12.8
2	玉渊潭东参考点~BM[9]16~I京良	6.66	5.1	10.3
3	I京良6~I京良7	1.69	1.8	5.2
4	I京良7~BM[9]01~京良7	29.75	6.8	21.8

4. 提交的主要资料

(1) 水准控制网起算点成果表。

(2) 水准点控制网成果表。

(3) 水准网示意图。

(4) 水准点点之记。

(二)广州市轨道交通工程高程控制网简介

1. 概述

根据《广州市快速轨道交通线网规划(2010年线网实施目标)》的要求,到2010年广州市城市轨道开通地铁1号至7号线,合计181.9km,为满足城市快速轨道交通发展要求,广州市地下铁道总公司委托广州市城市规划勘测设计研究院,完成广州市轨道交通工程2010年建设线路城市二等水准控制测量工程(即城市轨道交通工程一等水准网),简称水准网。2010年轨道交通线网规划范围基本上覆盖整个广州市城区,相应的高程水准网测量也覆盖广州市区。

2. 已有资料利用情况

由于地铁必须建立统一的高精度高程控制系统,且与广州地铁1号线、2号线及广佛线相衔接。因此,本工程高程控制网的高程系统采用与地铁1号线、2号线、3号线及广佛线一样的高程系统:广州市高程系统。

经查阅资料和实地踏勘,广州市二等水准点白云宾馆主点(基岩)、瘦狗岭土点(基岩)、黄花岗土点(基岩)、基1(基岩)、II537(基岩)、II587(基岩)、II597(基岩)、地32(基岩)、II市108、II西左01、II133、II575、II598、II600、II607、II696共16点保存完好,经过测段检测,检测成果与原资料的较差均在规范限差范围内,检测成果表明这些点稳定、可靠,可作为本次工程的起算数据。

3. 水准网的布设

广州市轨道交通工程2010年建设线路覆盖面大,北至嘉禾,南至番禺黄阁,东至黄浦经济开发区、西至芳村滘口。本工程水准网顾及了地铁的远期规划,如南部的南沙岛环线轨道交通、北部的新机场、东部的科学城,留有了拓展延伸的余地。每条地铁线路基本是一条水准线路的走向。本工程水准网由16个广州市二等水准点、已有的24个地铁水准点(1号线、2号线、3号线、4号线、广佛线)和132个新埋设的水准点构成。

根据二等水准网应布设成闭合环线的原则,新设的水准路线的起、终点均与广州市二等高程基准网的水准点连接。本工程水准网共177个水准点,组成10个水准闭合环,过河水准23处,水准网布设见图12-8。

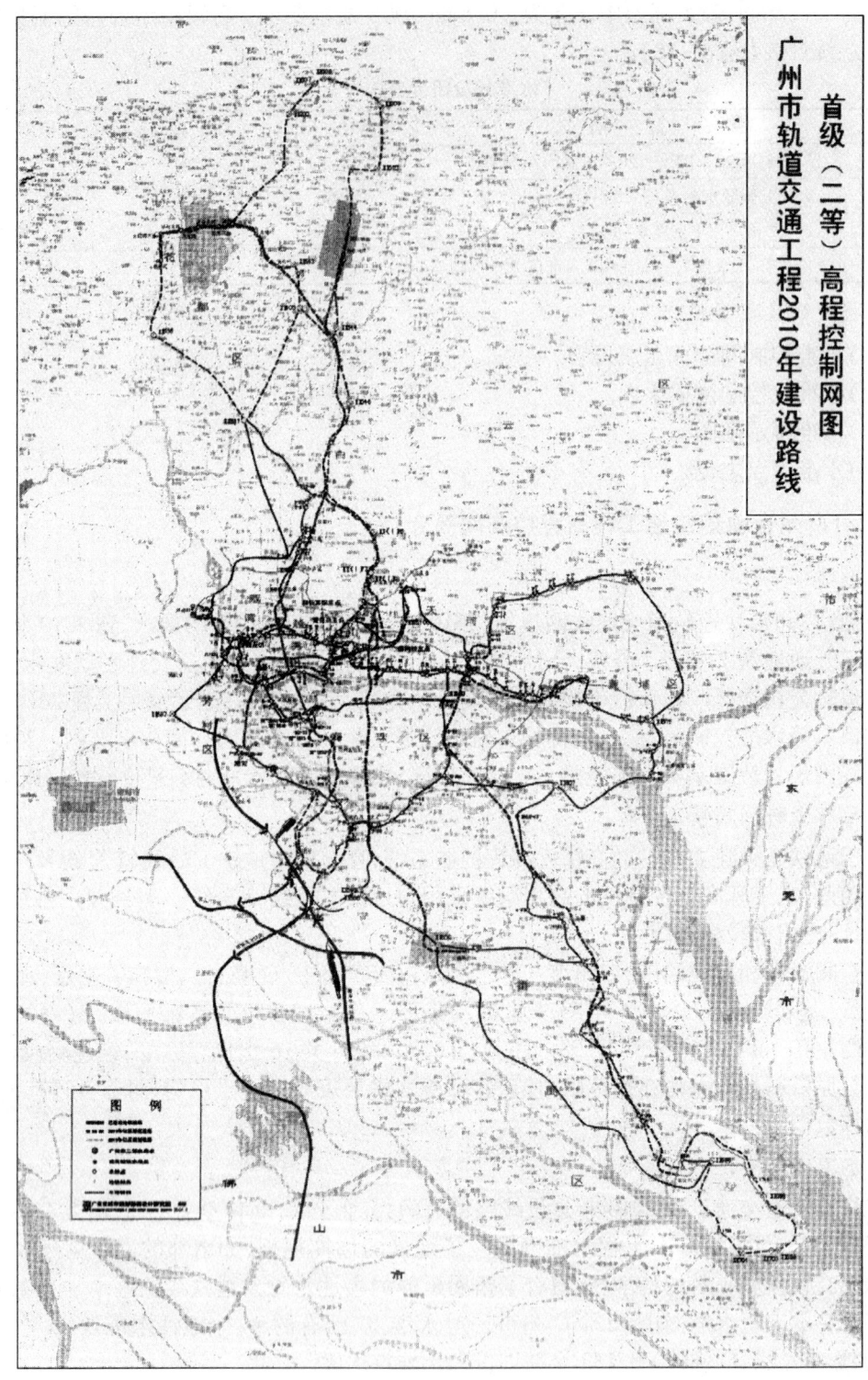

图12-8 广州市轨道交通工程水准网布设图示意图

4. 仪器设备

为了确保水准观测精度,本工程二等水准线路观测使用蔡司 DINi11 电子数字水准仪及与之相配套的铟钢条码水准尺;跨河水准观测采用威特 N_3、T_3 及线条式铟瓦合金水准尺。

蔡司电子数字水准仪 DINi 和威特 N_3、T_3 仪器都按要求送质验部门进行检定,取得合格证书。观测期间(观测前、观测中、观测后)按《国家一、二等水准测量规范》(GB 12897—2006)的要求进行检测,检测结果均符合规定要求。

5. 选点与埋石

(1) 选点

水准点选择在地基坚实稳定、安全僻静,并利于长期保存与观测的地方。例如选择在路线附近的机关、学校、公园内等,满足地铁的走向及站口位置、拆迁改建范围、地铁远期规划建设用地等要求。

(2) 埋石

根据《城市轨道交通工程测量规范》(GB 50308—2008)要求,每个车站均埋设 2 个基岩式水准点,共埋设 132 个水准点。

基岩点的埋设:采用钻探的方式,打钻孔到岩层并进入岩层 0.5m,钻孔直径不小于 108mm,放入直径与钻孔相同的金属套管直至岩层,将铜质标志焊在金属套管的盖上,埋设时将此盖套在金属管上,并现场浇灌混凝土。地面敷设水泥护圈和金属护盖。

墙上水准点的埋设:使用冲击钻在永久性建筑物的柱子上钻孔,安装膨胀螺栓并将不锈钢标志头固定在膨胀螺栓上。

6. 水准观测

(1) 观测线路

水准观测路线基本沿坡度较小的、铺装材料为混凝土的公路、大路进行,避开了土质松软的地段,避开了行人、车辆来往繁多的街道等。土质松软的地段,采用打钢钎代替尺垫进行施测;行人、车辆来往繁多的街道等地段,选取行人、车辆较少的时段进行施测,保证了观测精度。

(2) 观测方式

采用单路线往返观测,一条路线的往返测必须使用同一类型的仪器和转点尺承,沿同一路线进行。在每一区段内,先连续进行所有测段的往测(或返测),随后再连续进行该区段的返测(或往测)。同一测段的往测(或返测)或返测(或往测)分别在上午与下午进行。

(3) 观测方法

每个测站观测顺序按表 12-19 要求进行。

每个测站观测顺序　　　　　　　　　　　　表 12-19

往测时	奇数站:后—前—前—后 偶数站:前—后—后—前	返测时	奇数站:前—后—后—前 偶数站:后—前—前—后

7. 外业计算及精度统计

外业观测记录手簿按各项限差和要求进行认真细致的检查后,根据观测成果编制外业高差与概略高程表,进行正常水准面不平行的改正、计算每千米水准测量偶然中误差、计算环线闭合差,并进行外业观测精度评定。

(1) 正常水准面不平行的改正

水准测量所经路线不同,测得的高差结果也不相同,从而引起地面点高程的多值性。为把观测高程化为唯一确定的高程,就必须在观测高差中加入水准面不平行的改正。每个测段均按下面公式进行了正常水准面不平行的改正:

$$\varepsilon = -AH\Delta\phi \tag{12-2}$$

式中:A——常系数,$A = 1537.1 \times 10^{-9}\sin2\phi$;

H——测段始、末点近似高程的平均值;

$\Delta\phi$——测段始、末点纬度差。

(2)环线闭合差

本水准网共177个水准点,组成10个闭合环。将各测段高差加入正常水准面不平行的改正数,再计算各环线闭合差。各环线闭合差见表12-20。

各环线闭合差统计表　　　　　　　　　　表12-20

序号	闭合环路线	闭合环长度（km）	闭合差（mm）	允许值（mm）
1	Ⅱ537—Ⅱ地2-54—Ⅱ地2-1—Ⅱ537	35.096	3.7	±23.7
2	Ⅱ地2-1—Ⅱ地2-54—Ⅱ地2-7—Ⅱ地6-4—Ⅱ地2-1	39.529	-6.2	±25.1
3	Ⅱ地2-7—Ⅱ地5-23—Ⅱ地6-7—Ⅱ地5-7—Ⅱ地2-7	37.494	2.0	±24.5
4	黄花岗—Ⅱ地4-15—Ⅲ地1501—Ⅱ地5-23—黄花岗	40.534	-11.1	±25.5
5	Ⅱ575—Ⅲ1501—Ⅱ地4-15—Ⅱ575	51.977	4.9	±28.8
6	Ⅱ587—Ⅱ地7-7—Ⅱ地5-4—Ⅱ587	59.888	-7.8	±31.0
7	Ⅱ地6-7—Ⅱ地5-23—Ⅱ地7-15—Ⅱ地7-7—Ⅱ地6-7	75.726	4.6	±34.8
8	Ⅱ607—Ⅱ575—Ⅱ地5-31—Ⅱ地7-15—Ⅱ607	60.832	13.2	±31.2
9	Ⅱ600—Ⅱ地4-22—Ⅱ607—Ⅱ地7-15—Ⅱ597—Ⅱ600	72.628	9.6	±34.1
10	Ⅱ600—Ⅱ696—Ⅱ地4-22—Ⅱ600	72.090	-0.6	±34.0

(3)水准测量的精度评定

水准测量作业结束后,利用每条水准路线测段往返测高差不符值计算每千米水准测量高差中数的偶然中误差,计算公式见式(12-2)。

水准网共有186个测段,按式(12-2)计算整网的m_Δ为±0.39mm。《国家一、二等水准测量规范》(GB 12897—2006)要求每千米水准测量高差中数的偶然中误差在±1mm以内,m_Δ小于限差要求,可见水准观测精度较高。

8. 跨河水准测量

水准网观测线路跨河水准测量23处,河宽在100~200m有10处,200~300m有5处,300~500m有7处,1000m以上的有1处。河宽在500m以下的采用光学测微法进行观测,河宽在500m以上采用经纬仪倾角法进行观测。

跨河水准测量严格按《国家一、二等水准测量规范》(GB 12897—2006)和《技术设计书》要求选定与布设场地,使仪器及标尺点构成平行四边形。作业方法、视线距水面的高度、时间段数、测回数、组数及仪器检查等按GB 12897—2006执行,保证了观测质量。跨河水准各路线的观测精度统计见表12-21。

表12-21中二等跨河水准观测高差中误差最大为3.71mm,最小为0.14mm,高差中误差最大为1.07mm,最小为0.06mm,跨河水准测量精度较高。

跨河水准各路线的观测精度统计表　　　　　　　　　　　　　　　　表12-21

序号	跨河流域	跨河视线长度（m）	测回数	每测回高差中误差（m）	高差中数中误差（m）
1	Ⅱ地2-1←→Ⅱ地6-1①	104	4	±0.14	±0.07
2	Ⅱ地2-31←→Ⅱ地6-38	106	4	±0.32	±0.16
3	Ⅱ地5-7←→Ⅱ地6-4	116	4	±0.12	±0.06
4	Ⅱ地7-8←→Ⅱ地7-9	138	4	±0.44	±0.22
5	Ⅱ地6-7←→Ⅱ地8-1	151	4	±0.83	±0.42
6	Ⅱ地537←→Ⅱ地2-1	152	5	±0.66	±0.29
7	Ⅱ地2-41←→Ⅱ地7-15	154	4	±0.87	±0.44
8	Ⅱ地2-59←→Ⅱ地7-7	156	4	±0.10	±0.05
9	Ⅱ地537←→Ⅱ地2-48	158	4	±0.74	±0.37
10	Ⅱ地4-24←→Ⅱ地4-25①	190	4	±1.00	±0.50
11	Ⅱ地5-2←→Ⅱ地5-3	203	4	±1.25	±0.62
12	Ⅱ地2-38←→Ⅱ地2-40	226	4	±0.14	±0.07
13	Ⅱ地2-1←→Ⅱ地6-1	288	4	±0.65	±0.32
14	Ⅱ地7-4←→Ⅱ地7-5	290	4	±1.64	±0.82
15	Ⅱ地7-12←→Ⅱ地7-13	292	4	±0.78	±0.39
16	Ⅱ地6-2←→Ⅱ地6-3	312	4	±1.16	±0.58
17	Ⅱ地7-14←→Ⅱ地7-15	336	5	±1.88	±0.84
18	Ⅱ地600←→Ⅱ696	350	4	±0.86	±0.43
19	Ⅱ地8-3←→Ⅱ地2-58	406	5	±1.69	±0.76
20	Ⅱ地2-45←→Ⅱ1648	434	6	±1.81	±0.74
21	Ⅱ地4-24←→Ⅱ地4-25②	443	6	±2.03	±0.83
22	Ⅱ133←→Ⅱ地5-31	492	6	±1.25	±0.51
23	Ⅱ地5-50←→Ⅱ地607	1105	12	±3.71	±1.07

9. 水准网平差及平差方案

广州地处珠江三角洲前沿的河网地带，有不少冲积平原。原有的广州市二等水准点多采用普通标石埋设，经过多年来的地壳变化或受水准点附近施工工地的影响或多或少发生沉降，鉴于此因素，本高程控制网采用经检测且符合检测要求的16个广州市二等水准点作为本工程的起算点进行平差计算。平差后得出每千米高差中误差1.18mm；高程中误差最大值2.5mm，最小值0.2mm，平均值1.6mm。

平差后将地铁1号线、2号线、3号线及广佛线已有水准点原有高程与新高程比较，比较结果见表12-22。

从表12-22中看出，Ⅲ1404、Ⅲ1501、Ⅲ1648、谷Ⅲ6、Ⅲ695、Ⅱ地3-6、Ⅱ地3-7、Ⅱ地3-35、Ⅱ地2-31原高程与新测高程较差较大，这些点中包括原有地铁水准点。

地铁1号线、2号线、3号线及广佛线已有水准点
原有高程与新高程比较表　　　　　　　　　　　表 12-22

点　名	标石类型	较差(mm)	点　名	标石类型	较差(mm)
Ⅱ地2-1	普通	+0.2	Ⅱ地2-7	基岩	-1.1
Ⅱ地2-2	基岩	-1.7	Ⅱ地2-12	基岩	-4.0
Ⅱ地2-3	普通	-2.2	Ⅱ地2-38	普通	-0.7
Ⅱ地2-4	普通	-3.5	Ⅱ地2-40	基岩	+3.2
Ⅱ地2-41	基岩	+3.2	Ⅱ广佛-40	基岩	-0.5
Ⅱ地2-45	基岩	+2.3	Ⅱ广佛-49	基岩	+0.1
Ⅱ地2-47	基岩	0	Ⅱ广佛-50	基岩	+0.2
Ⅱ地3-1	基岩	-4.1	Ⅱ地3-35	普通	-3.7
Ⅱ地3-6	普通	-19.6	Ⅱ地2-31	普通	-225.5
Ⅱ地3-7	普通	-21.6	Ⅱ695	普通	-30.9
Ⅱ地3-8	基岩	-3.7	Ⅲ1404	普通	-19.5
Ⅱ地3-15	普通	-3.9	Ⅲ1501	普通	+1.2
Ⅱ地3-16	普通	-4.0	Ⅲ1648	普通	-30.8
Ⅱ地3-28	基岩	+3.5	谷Ⅲ6	普通	-4.5
Ⅱ地3-29	普通	-1.2			

为使地铁高程控制网统一，根据水准网形及原有水准点的分布情况，将符合两期水准点高程较差要求的水准点 16 个作为起算点，重新对水准网进行平差。平差后得出每千米高差中误差 1.26mm；高程中误差最大值 2.7mm，最小值 0.2mm，平均 1.7mm。成果满足《国家一、二等水准测量规范》(GB 12897—2006)和《城市轨道交通工程测量规范》(GB 50308—2008)要求，并以此作为广州市轨道交通工程 2010 年建设线路二等水准网的最终成果。

(三) 天津地铁 1 号线水准网检测简介

1. 工程概况

天津地铁 1 号线北起北辰区刘园，西站南至津南区双林，总长度为 26.188km。其中天津西站至新华路段为既有线，长 7.4km，既有线以北新建路段长 7.5km，以南新建路段长 11.4km。全线共设 22 座车站，其中高架站有 8 座，地下站有 13 座，地面车站有 1 座北段线路设有 6 座车站，其中刘园、西横堤、果酒厂、本溪路四站为高架站，勤俭道、洪湖里为地下站。中段线路设有 7 座车站，西站、西北角、西南角、二纬路、海光寺、鞍山道、营口道站全部为地下站。南段线路设有 9 座车站，其中小白楼、下瓦房、南楼、土城四站为地下站，陈塘庄、复兴门、华山里、财经学院四站为高架站，双林为地面站。车站中有 4 个是岛式站台，其余为侧式站台。站间距离最小为 0.784km，最大为 1.624km，平均为 1.225km。线路走向见图 12-9。

2. 天津地铁 1 号线水准网概况

天津地铁 1 号线水准点沿 1 号线线路布设，依据现场特点，高程控制网布设成城市轨道交通一等水准附合路线，水准网(图 12-10)于 2002 年 1 月首次施测，采用大沽高程系 2000 年高程。

天津市是我国地面沉降严重城市之一，多年来由于过量开采地下流体资源的结果，宝坻断

裂和蓟运河断裂以南均有不同程度的沉降现象。其中形成市区、塘沽、汉沽、大港和海河下游区为中心的五个沉降漏斗。多年的沉降资料显示，天津市区平均每年沉降20mm左右。

地铁1号线贯穿整个天津市区，处于沉降区内，因此对1号线的水准网进行定期检测，以便为地铁施工提供可靠的高程控制是非常必要的。根据天津市的沉降情况，最终确定天津地铁1号线水准网检测频率为每半年检测一次。

图12-9 天津地铁1号线线路示意图

3. 天津地铁1号线水准网检测方法

（1）检测原则

天津地铁1号线水准网的检测以同等精度仪器、同等方法施测为原则，采用城市轨道交通一等水准测量的观测方法及限差要求，附合路线闭合差限差$4\sqrt{L}$mm（L为路线长度，单位为km）。

（2）外业观测

外业观测严格按照城市轨道交通一等水准测量的方法及测站限差要求执行。在开始观测前及结束观测时测定水准仪i角误差，同时观测严格按照城市轨道交通一等水准测量作业对时间、视线高度、视距差、视距累计差及测站限差的要求执行。

(3)内业数据处理

首先对外业观测数据进行100%复核,并统计各段线路闭合差。由于天津市地面沉降比较严重,作为起算点的国家二等水准点也在沉降。因此,在计算线路闭合差时控制点的高程值应采用与观测时间最接近的年代的数值。

在确认外业观测数据无误后,采用威远图公司WELTOP软件进行严密平差计算。平差计算时已知点的高程统一采用设计单位提供的数值,进行强制附合平差。由于天津市地面沉降比较严重。所以,最终高程较差可能不能满足规范要求。因此,综合考虑沉降因素比较测段高差的较差,根据高差较差的情况确定水准点的稳定情况。

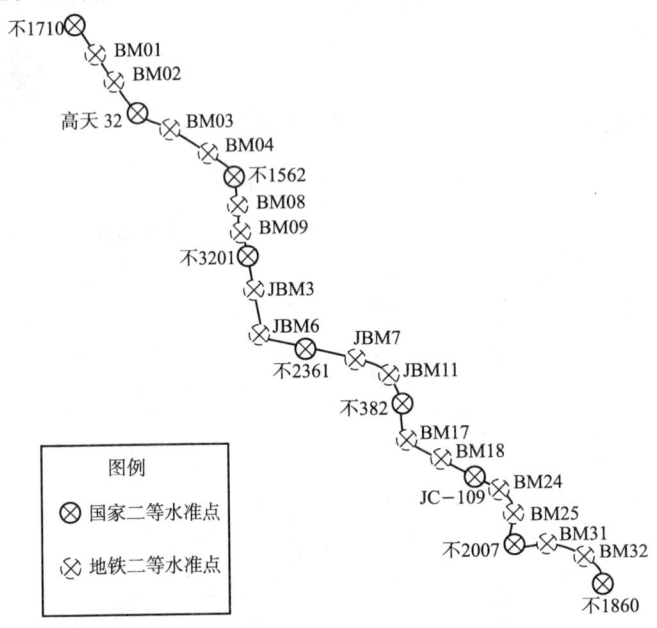

图 12-10 天津地铁 1 号线水准网示意图

4. 天津地铁 1 号线水准网第三期检测概况

天津市地下铁道 1 号线工程全线水准网的第三次外业检测工作于 2003 年 7 月完成。检测采用 NI007 水准仪一台及配套铟瓦钢尺一副,仪器标称精度为:1mm/km。外业观测严格按照城市轨道交通一等水准测量的方法及测站限差执行,所有外业检测资料均经 100% 内业检查,往返测等各项限差均满足要求。

(1)外业观测数据可靠性及已知点相对稳定性分析

天津地铁 1 号线的水准起算点不同年代的已知高程值见表 12-23,表中已知水准点 2002 年高程值为 2002 年 11 月天津市地面沉降监测整体平差结果,从表 12-23 中可以看出,不 2007 与不 1860 两水准点间不均匀沉降值最大为 24mm。

(2)数据处理

平差计算采用威远图公司 WELTOP 软件进行解算。

首先采用 2002 年高程进行整体平差计算,结果表明:成果精度满足规范要求,外业观测成果正确可靠。

然后再采用 2000 年高程进行强制约束整体平差计算,其中各项精度指标为:每千米高差中误差为 ±0.472mm;平差后最弱点高程中误差为 ±9.92mm;相邻点的相对高差中误差为 ±7.33mm。

地铁 1 号线水准网起算点 2000 年、2002 年高程值比较　　　表 12-23

序 号	点 名	2000 年高程值(m)	2002 年高程值(m)	2000—2002 年沉降值(mm)
1	不 1710	3.812	3.7785	33.5
2	高天 32	3.27	3.2438	26.2
3	不 1562	4.296	4.2806	15.4
4	不 320A	2.698	2.669	29
5	不 2361	3.803	3.7747	28.3
6	不 382	2.774	2.7607	13.3
7	JC-109	1.928	1.8956	32.4
8	不 2007	3.774	3.7557	18.3
9	不 1860	3.651	3.6087	42.3

(3) 检测结果分析

通过与最近一次检测(2003 年 1 月第二次检测)的测段高差进行比较,对检测点稳定性进行分析,两期检测测段高差的较差见表 12-24。

天津地铁 1 号线水准网两期检测高差比较　　　表 12-24

起 点	终 点	2003 年 1 月检测高差(m)	2003 年 7 月检测高差(m)	较差(mm)
不 1710	BM01	0.9171	0.9188	-1.7
BM01	BM02	0.0162	0.0059	10.3
BM02	高天 32	-1.6983	-1.6859	-12.4
高天 32	BM03	1.1831	1.1827	0.4
BM03	BM04	0.2216	0.2231	-1.5
BM04	不 1562	-0.1416	-0.1399	-1.7
不 1562	BM08	0.2504	0.2480	2.4
BM08	BM09	-0.4794	-0.4790	-0.4
BM09	不 320A	-1.0678	-1.0649	-2.9
不 320A	JBM3	0.6642	0.6665	-2.3
JBM3	JBM6	-2.1674	-2.1660	-1.4
JBM6	不 2361	0.5651	0.5649	0.2
不 2361	JBM7	-0.7832	-0.7854	2.2
JBM7	JBM11	0.8045	0.8010	3.5
JBM11	不 382	-1.5230	-1.5209	-2.1
不 382	BM17	-1.4595	-1.4602	0.7
BM17	BM18	0.2472	0.2466	0.6
BM18	JC109	-0.1864	-0.1848	-1.6
JC-109	BM24	1.2024	1.2018	0.6
BM24	BM25	-0.5254	-0.5289	3.5
BM25	不 2007	0.0350	0.0348	0.2
不 2007	BM31	-0.0801	-0.0784	-1.7
BM31	BM32	0.4368	0.4341	2.7
BM32	不 1860	-0.3202	-0.3215	1.3

从表 12-24 中可以看出,由于水准点 BM01 与 BM02 之间两期观测高差的较差为 10.3mm,出现异常,水准点 BM02 与已知点高天 32 之间两期观测高差的较差为 -12.4mm,出现异常,可以推断出水准点 BM02 发生了沉降异常。

(4) 检测结论

从两期检测结果的比较分析中可以得出水准点 BM02 发生了沉降异常,其他水准点相对沉降正常,因此建议在施工过程中 BM02 水准点的高程应采用检测结果。

六　数字水准测量简介

(一) 概述

数字水准仪是在自动安平水准仪的基础上发展起来的。1990 年由 Leica 公司率先推出的世界上第一台数字水准仪 NA2000,标志着水准测量技术的一个巨大的突破。它采用线阵 CCD 取代观测员的肉眼来读取标尺编码,并首次采用了数字图像处理技术处理标尺影像来获取高程和距离信息。进入 21 世纪,数字水准仪在中、高精度水准测量方面已获得了长足的发展,其测量精度已达到 0.3~0.5mm/km。目前占据数字水准仪市场的主要是瑞士 Leica 公司、德国 Zeiss 公司以及日本 Topcon 公司生产的几种型号的产品。国内各大厂家虽然也在积极进行数字水准仪方面的研究工作,但是由于数字水准仪本身是一种集光学、微电子技术、计算机图像处理技术等于一体的高科技产品,与数字水准仪配套的数字编码水准尺也是一种高精度的水准标尺,其编码规则、刻画工艺、读数原理等一些关键性的技术难点没有解决,所以目前还没有相关国产产品上市。

(二) 数字水准测量的工作原理

数字水准仪测量系统主要是由编码标尺、光学望远镜、补偿器、CCD 传感器以及微处理控制器和相关的图像处理软件等组成,如图 12-11 所示。

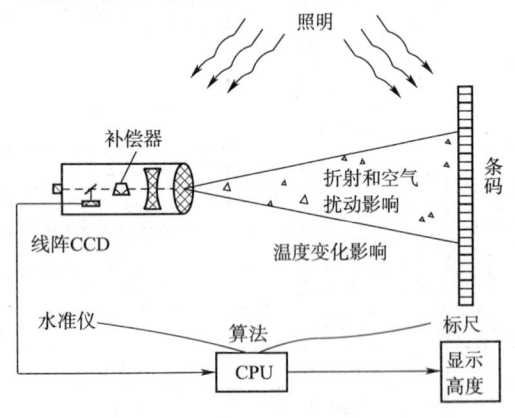

图 12-11　数字水准仪测量系统组成原理图

虽然各厂家生产的数字水准仪采用的结构不完全相同,但是其基本工作原理相似,即标尺上的条码图案经过光反射,一部分光束直接成像在望远镜分划板上,供目视观测,另一部分光束通过分光镜被转折到线阵 CCD 传感器的像平面上;经光电转换、整形后再经过模数转换,输出的数字信号被送到微处理器进行处理和存储,并将其与仪器内存的标准码(参考信号)按一定方式进行比较,即可获得高精度读数。在数字水准测量系统中,作为高程标准其使用的数字水准标尺的编码方式、读数原理对系统测量精度的影响是显而易见的。

(三) 数字水准仪的特点

数字水准仪是以自动安平水准仪为基础,在望远镜光路中增加了分光镜和探测(CCD),并采用条码标尺和图像处理电子系统构成的光机电一体化的高科技测量仪器。数字水准仪与传统光学仪器相比有以下特点：

(1)读数客观。不存在误读、误记问题,没有人为读数误差。

(2)精度高。视线高和视距读数都是采用大量条码分划图像经处理后得出来的。

(3)容易掌握。由于采用自动安平和电子读数,不熟练的作业人员也能进行高精度的水准测量。

(4)速度快。自动读数和记录省去了报数、听记、现场计算等人工环节,减少了人为出错的几率,大大减少了因为人为出错而造成的重测,提高了整体的观测速度。

(5)效率高。只需照准、调焦和按键就可以自动读数,减轻了劳动强度。

(6)受调焦和折光差影响较大。当调焦不清晰或标尺光线昏暗或分划部分被遮挡时,会延迟读数时间甚至停止工作。

(四)几种常见的数字水准仪

1. DNA03 数字水准仪

DNA03 数字水准仪为徕卡公司研制的新型数字水准仪±0.3mm。DNA03 外观见图12-12。

DNA03 数字水准仪的读数采用相关法。它的标尺一面是伪随机条形码,供电子测量用,另一面为区格式划分,供光学测量用。标尺条码采用的是一种非周期性的伪随机习制代码,在全长为3037.5mm的标尺上分布有1500个宽度为2.025mm的码元。标尺片见图12-13。水准尺的伪随机条形码图像已经事先被存储在数字水准仪中。测量时,由望远镜截取的某段条码被CCD传感器转换成测量信号后,与水准仪内存的参考信号作二维离散相关,相关函数值最大的地方其坐标值即为所求的高度读数;根据所成像的放大倍率可以求出视距的大小。

图12-12 DNA03 数字水准仪

图12-13 DNA03 标尺片段

在一个高度为0~3m、距离为1.8~100m的测量范围内,高度或距离上毫米级的微小变化都将导致微处理器做几万次的相关系数计算。为减少次数,提高测量速度,读数过程被分为三步。第一步首先通过调焦透镜的位置算出一个粗略的视距;第二步是作粗相关,即根据精度要求在第一步所确定的大致距离的基础上以一定的步距改变仪器内存参考信号的宽窄与测量信号进行比较来探求近似值;最后一步是在粗相关结果的基础上进行精相关,找到其最佳相关位置,高精度地确定标尺条码相对于行阵探测器的位置以及标尺条码的比例,最终高精度地获取视距和高度的值。

2. DINi12 数字水准仪

DINi12 数字水准仪为蔡司公司研制的数字水准仪,每千米水准测量的偶然中误差为±0.3mm。DINi12 数字水准仪外观见图12-14。

DINi12 数字水准仪的读数采用几何法。其标尺采用双相位码,标尺每2cm 划分为一个测量间距,由多个码条构成一个码词,每个测量间距的边界由黑白过渡线构成。标尺片段见图

图 12-14　DINi12 数字水准仪

12-15。其下边界到标尺底部的高度,可由该测量间距中的码词判读出来。测量间距与该间距在 CCD 上的成像形成相似三角形,根据三角形相似定理可以求出测量间距与该间距在 CCD 上的成像之比,根据物像比可以计算视距等读数。它在 1.5~100m 范围内用一个仅为 30cm 的最小视场就足以确定高程和视距的大小。标尺上的码元只被用来作粗测,精测则是通过探测码元间边界的明暗过渡来进行的。

图 12-15　DINi12 标尺片段

3. DL-101C 数字水准仪

DL-101C 数字水准仪为拓普康公司研制的数字水准仪,每千米水准测量的偶然中误差为 ±0.4cm。DL-101C 数字水准仪外观见图 12-16。

图 12-16　DL-101C 数字水准仪

图 12-17　DL-101C 数字水准仪标尺片段

DL-101C 数字水准仪的读数采用相位法。标尺片段见图 12-17,其标尺采用 RAB 编码,共有 3 种不同的码条。R 表示参考码,每隔 30mm 就有 1 组 R 码重复出现。在每组参考码 R 的左边 10mm 处有一道 B 码条,在每组参考码 R 的右边 10mm 处有一道 A 码条。A、B 码条的宽度按正弦规律变化,A 码条的周期为 600mm,B 码条的周期为 570mm。根据 A、B 码在标尺某处的相位差可计算出该处到标尺底部的高度。

(五)数字水准仪的误差源及检定项目

1. 数字水准仪的误差来源

数字水准仪的误差源可分为与主机有关的误差、与条码尺有关的误差、与光电读数有关的误差三类。

(1)与主机有关的误差

与主机有关的误差包括圆水准器位置不正确误差、补偿器误差、视准轴误差和分划板一致性误差。

①圆水准器位置不正确误差

一般数字水准仪上安装有灵敏度为8′/2mm的圆水准器,如果其位置安装不正确导致水准仪的竖轴倾斜,同补偿器的补偿误差联合形成"水平面倾斜"误差,当然对某一测站,该项误差可能很小,但对于精密水准测量,该项误差会形成系统误差,从而影响测量结果的精度。

②补偿器误差

当圆水准气泡整置在圆圈内,具有8′补偿范围的吊丝重力摆补偿器将起到补偿作用。但仍存在着补偿器安置误差、补偿器滞后误差、补偿器补偿剩余误差及磁滞误差。补偿器的安置误差反映补偿器建立水平视线的重复精度,即视线的安平精度,它不能通过观测方法来改善,但代表整个系统的质量。这是出厂的重要指标,要求DSZ_{05}级数字水准仪补偿器的安平精度高于0.3″,DSZ_1高于0.35″,DSZ_3高于0.5″。补偿器滞后误差指其平衡位置与静止位置之差,反映了在时间上的延迟。在进行水准测量过程中,无论是整平仪器后或由后视转到前视时,如果没有足够时间等待补偿器充分稳定,由于补偿器重力摆居中力的影响,致使测量结果产生系统误差。因此置平仪器后或转向后不可立即测量,要有1~2s的延迟时间。

补偿器性能不完善导致仪器视准轴倾斜,会对前后视观测带来"水平面倾斜"误差。圆气泡倾斜1′的补偿剩余误差为:

$$\Delta\varepsilon = \frac{\Delta L\rho}{S\beta} \tag{12-3}$$

式中:ΔL——仪器倾斜与气泡居中的标尺读数差(mm);

S——检定时仪器至标尺的距离(m);

β——仪器倾斜补偿极限角(″)。

自动安平水准仪处于磁场中补偿器将受到磁场的影响,从而影响视准线位置,造成读数误差。由于数字水准仪采用非磁性材料制造,在地球均匀磁场中影响小,但在交变磁场中仍有较大影响。因此,布设水准仪测量线路时,应避开大的发电厂、高压输电线、电气化铁路等强磁环境。

③视准轴i角误差

数字水准仪具有光、电两个视准轴,光视准轴与常规仪器相同,电视准轴是由CCD传感器中点附近的一个参考像素和望远镜中心构成。因此数字水准仪有两个i角,由于外界环境温度变化、振动、调焦及磁场都会引起i角的变化。光学视准轴用于条码尺的照准、调焦和光学读数,电子视准轴用于电子读数,电子读数是以CCD传感器上认定的中点附近参考像素为基准读数的。水准测量除i角绝对值有限制外,i角的变化也不应太大。

④十字丝竖丝与CCD焦线的一致性

数字水准仪有两个分划板,除传统的十字丝分划板外,还有一个线阵CCD传感器的光敏面,它是由无数个竖向排列的像素构成的一条电竖丝,用于电子读数。要求两竖丝应铅直并都位于望远镜物镜系统的焦平面上,这个条件称为光电两分划板的一致性。如果二者不一致将导致光学调焦清晰后,在CCD光敏面上的条码成像模糊,会引起读数误差或延长读数时间。如果电竖丝偏高或与光竖丝有交角,将会引起较大的测量误差,甚至会出现读不出数的情况。

(2)与条码尺有关的误差

目前,精密数字水准仪配备的编码铟瓦尺多由德国蔡司公司制造,平均温度膨胀系数很小,约为$0.75 \times 10^{-6}/℃$,尺身由铝合金制成,故不受温度影响,但是还存在以下缺陷和误差。

①尺底面缺陷。标尺底面应当是标尺分划的零位置,若不为零,其差值称零点差,两标尺零点差不会相等,其零点差的差值称为一对标尺的零点不等差。它对观测高差会带来误差,必须预先进行检验,在观测时应考虑到这种影响。在一测段内设偶数站且标尺交替前进,其影响在翻段高差中得到清除。另外,尺底面不平和标尺底面垂直性误差,会对测量结果带来系统误差,也应加以检定,若超出0.1mm应采用尺圈作业。

②水准尺缺陷。主要有水准尺的圆水准器不正确,钢瓦钢尺拉力不正确、水准尺比例误差及变化、温度膨胀系数、尺面弯曲和扭曲等影响。其中圆水准器不正确使尺子倾斜会导致较大的系统误差。

③水准尺分划误差。包括标尺条码线的条码分划误差和有缺陷条码线引起的分划误差。通过对标尺的条码进行检定,然后与该种编码方法的条码理论宽度进行对比,求出条码的分划误差。是否改正要了解厂家的数据软件是否加入了此项改正。

(3)与条码尺光电读数有关的误差

主要有最小读数的进位误差和读数误差等。数字水准仪上的最小显示位数为0.1mm或0.01mm,这将导致原始测量值的进位误差,最大可达最小显示位数之半。由于望远镜视场中部分条码被遮挡,测量过程中断及续测,对水准测量结果影响可达0.2~0.4mm。标尺照度不均匀或亮度不合适会产生读数误差或无法读数。

此外,视线位于尺子顶部或底部导致视场内有效条码个数减少、调焦位置不正确及测量信号分析和图像处理误差等内在因素影响,也会引起数字水准仪的读数误差。

2. 数字水准仪的检定项目

数字水准仪的检定方法可分为两类:分项检定和整体系统精度检定。

(1)分项检定

数字水准仪分项检定项目中,有一部分与光学自动安平水准仪相同,另一部分为数字水准仪的特殊检定项目,则需要设计专门的检定装置。表12-25为数字水准仪的分项检定。

数字水准仪的分项检定项目 表12-25

序号	被检部分	检定项目	所需检定设备
1	数字水准仪主机	通电检验	
2		圆水准器的检校	
3		调焦透镜运行误差	专用平行光管或检定场
4		视线观测精度(安平精度)	专用平行光管或条码尺+两维倾台
5		视准轴误差(光学i角和电子i角)	专用平行光管或条码尺
6		望远镜分划板横丝与竖丝的垂直度	
7		补偿误差的检定	专用平行光管或条码尺
8		磁致误差	磁致误差检定装置
9		测站单次高差的标准差	专用平行光管或条码尺
10		每千米往返测高差标准差	专用平行光管、条码尺或专用检定场
11		鉴别率	条码尺或专用平行光管
12		CCD传感器位置正确性检定	条码尺+长度标准器
13		条码尺不清晰对测量结果的影响	条码尺或专用平行光管
14		条码尺亮度对测量结果的影响	条码尺或专用平行光管
15		视距测量精度的检定	专用检定场

续上表

序　号	被检部分	检定项目	所需检定设备
16	条码尺	标尺的检验	
17		圆水准器的检校	两台经纬仪
18		标尺条码面弯曲差的测定	钢直尺
19		条码尺米真长及其条码分划	长度标准器具
20		标尺温度膨胀系数	高低温实验室
21		标尺零点差及一副标尺的零点不等差	专用检定设备或数字水准仪
22		标尺中轴线与标尺底面垂直性检定	数字水准仪

(2) 系统精度检定

数字水准仪系统精度检定是指将数字水准仪视线高度的测量结果与已知值进行比较，求其视线高改正数、尺度改正数、是否存在视差及视线高测量精度等参数的过程。数字水准仪系统精度检定方法分为野外检定法和室内检定法。野外检定法就是在野外建立一组高程不等的标志点，其已知高程值由其他仪器测定。再用数字水准仪测量这些标志点并与已知值比较而得到系统精度。室内检定法是以双频激光干涉仪作为长度标准，用数字水准仪和双频激光干涉仪同时对条码尺的位移量进行测量，获得系统的尺长改正因子和视线高测量精度。室内检定的设备和装置由几大部分构成：数字水准仪支撑系统、比长器架及标尺支撑系统、双频激光干涉仪系统、标尺照明系统和数据处理软件。图 12-18 为室内检定装置原理图。

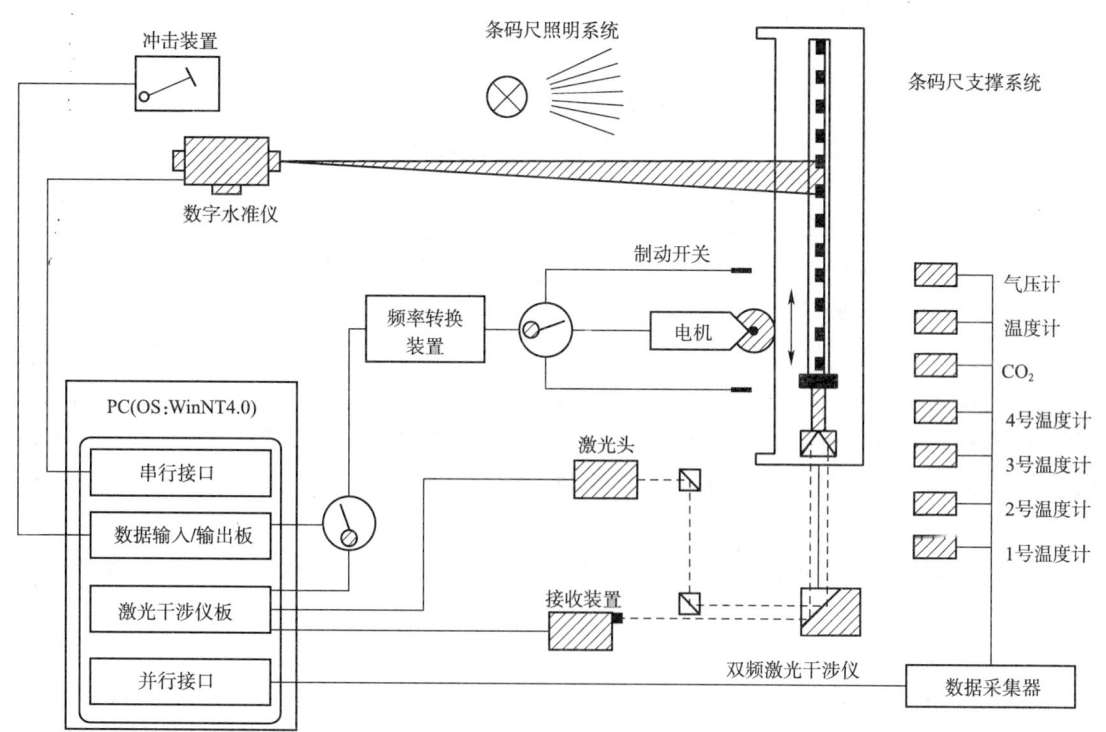

图 12-18　数字水准仪检定装置原理图

第三节 城市轨道交通工程专项调查实例

 城市轨道交通地下管线调查与测绘实例

(一)概述

某市地铁工程线路穿越城市主干道,线路全长23.106km,设车站15个,其中地下站8座。

依据要求,需查明测区范围内地下管线的种类、平面位置、埋深、高程、管缆孔数、根数、材质、权属单位等要素,将探测成果绘制成1:500地下综合管线探测成果图,并提交电子文档。探测范围宽度为线路两侧各50m;车站探测范围长度为站中心两侧各150m,宽度为线路两侧各70m;道路交叉口探测至路缘线切线外侧50m。

测区地下埋设有给水(输水)、电力、电信和燃气等金属管线以及雨水、污水等非金属管道。路面以下为第四系素填土、块石、黏土、淤泥、中粗砂、砾砂、粉质黏土、砂质及砾质黏性土,下伏燕山期花岗岩、加里东期混合花岗岩及震旦系花岗片麻岩。地下管线的电磁性质与周围介质有明显的电性差异,存在开展地球物理探测的前提条件,采用综合物探方法探测能取得良好效果。

(二)地下管线探测工作方法

1. 地下金属管线探测方法

(1)探测工作的基本方法

①全方位有源扫描,初步发现并标定地下金属管线的平面位置。

②依据探测信号由强到弱的顺序,逐条管线追踪,精确定位、定深,并探测其相邻信号电流较弱的平行管线。

③有条件时尽可能采用充电法或夹钳法对目标管线进行追踪定位、定深。

④本次探测工作的管线定深主要采用下述办法:对于埋深大于0.5m的地下金属管线用70%法测定管线中心埋深,当管线埋深小于0.5m时用直读法测定。

对于集束敷设的电话、通信电缆、电力电缆等,探测深度往往大于管线实际埋深,而对于管径较大,埋深大于1.5m的管线往往探测深度小于实际埋深。本次工作中为解决上述问题采用实地调查,打开区内所有管线检查井、闸门井、阀门井,直接量取管线顶部埋深与仪器探测值比较,求得修正系数(经验系数),用以确定隐蔽管线的探测深度。

(2)管线探测仪观测参数选取

二次场水平分量的垂直梯度(ΔH_x);管顶埋深值(H);二次场垂直分量的垂直梯度(ΔH_z)。

(3)仪器设备选用

选用英国雷迪公司生产的RD4000系列精密地下管线探测仪及美国生产SUBSITE系列地下管线探测仪。英国RD4000系列地下管线仪具有性能稳定、发射功率大、分辨率高等优点,本次工作选定的工作频率为32.8kHz和8.19kHz;美国产SUBSITE75地下管线仪具有探测深度大,追踪距离远,可分别观测 ΔH_x 和 ΔH_z 异常,POWER 档灵敏度高的特点,本次工作选定的工作频率为 29kHz 和 8kHz。

本次项目所投入生产施工的地下管线仪器均通过国际标准协会(ISO)标准认证,是目前国内外同行首选使用的仪器。

(4)探测点标志设定和记录

现场以钢钉或喷漆标定探测点位并编号,详细记录管线探测点的位置、埋深、类型、管径、材质等,并绘制管线点位置示意图,以便测量。

2. 地下非金属管道探测

非金属管道的探测采用实地调查与探地雷达探测相结合的方法,探测的主要内容包括给水、雨水、污水等地下非金属管道的走向、管道的管径、管顶埋深以及各管道之间的连接关系等。

选用了一台加拿大生产的 Pulse EKKO100 型探地雷达,配备 IBM-PⅢ便携式微机现场采集数据。根据电磁波理论,雷达的垂向分辨率约等于电磁波长的 1/4,亦即当地层厚度大于电磁波长 1/4 时,就能为雷达图像识别。而水平分辨率则取决于测量时的点距,雷达探测深度则取决于地层对电磁波的吸收大小。所以鉴于精度及深度的要求,通过现场试验,选用中心频率为 100MHz 的天线,点距为 0.2~0.5m,采样 128 次垂向叠加平均,天线间距为 0.6m。

3. 管线测量

管线探测点测量使用经鉴定的 TOPCON GTS—6 型、GTS—710 型和 LeicaTC905 型全站仪,采用极坐标法和解析法测量管线探测点的三维坐标。

(三)管线成果图的编绘

1. 成图要求

依据"某市地铁工程地下综合管线探测"物探方案管线探测执行标准,制定成果图编绘要求。

(1)以总体组提供的数字化地形图为底图绘制成果图,最终提交 1:500 地下综合探测成果图及电子文档。

(2)数字化地下综合管线探测成果图格式要求:

①不同类型的管线按管线代码及分层表(表12-26)分别设层,并拥有特定的颜色。

管线代码及分层表 表12-26

管线类型	代码	层名	色别	色号
燃气	RQ	RQ	粉红色	6
给水	JS	JS	蓝色	5
雨水	YS	YW	褐色	16
污水	WS	YW	青色	4
电信	DX	DX	绿色	3
电力	DL	DL	红色	1
路灯	LD	DL	红色	1
工业管道	GY	GY	黑色	7
不明管线	BM	BM	黄色	2

②与管线相关的标注和说明,其属性与对应管线相同。

③管线标注文字的字形为 hztxt,标注杆文字高度为 3.5mm,管线标注文字高度为 3.0mm。

④图中线路位置、线路里程及车站范围颜色为黄色,其余地形颜色全部变为淡灰色,以达到突出管线的目的。

⑤测区内探测点进行统一编号,探测点编号由管线代码和后缀阿拉伯数字组成,如 JS123 表示给水 123 号点。

2. 成图方法

(1)以委托方提供的 1:500 数字化地形图为底图,采用 AutoCAD 为平台,依照管线探测成图要求绘制综合管线探测成果图。

(2)管线探测成果图中,探测点编号绘在探测点位附近,尽量避免压制管线线迹。

(3)为标明管线属性,沿管线线迹在适当位置加有标注,遇道路交叉口或管线复杂密集处加注标注杆。标注顺序为:管线类型、管径(或管块尺寸)、电缆根数(或孔数)、管顶埋深、材质和权属单位。其中管径单位为 mm,管顶埋深(或高程)单位为 m。

(4)管顶埋深指地下管线的管顶到地面的垂直距离;高程为绝对高程。

(四)探测成果说明

经过详细探测,测区内共分布有给水(原水)、电力、电信、路灯、燃气、雨水、污水管线,分别埋设在地面下 0~10.0m 范围内。

探测成果绘制成 1:500 彩色成果图,成果图按线路里程由小到大依次编号。管线埋设情况详见成果图。

(五)地下管线探测工作质量

1. 地下管线探查工作质量

根据规范要求,在不同的时间,由不同操作员对测区内的管线探测点,随机抽取了探测点进行重复探测。依重复探测结果根据定位、定深中误差公式计算:

定位中误差

$$m_{ts} = \pm \sqrt{\frac{\sum \Delta S_{ti}^2}{2n}} \tag{12-4}$$

定深中误差

$$m_{th} = \pm \sqrt{\frac{\sum \Delta h_{ti}^2}{2n}} \tag{12-5}$$

式中:ΔS_{ti}、Δh_{ti}——管线探测点的水平位置偏差和埋深偏差(cm);

n——重复探测点数。

地下管线水平位置限差

$$\delta_{ts} = \frac{0.10}{n} \sum \Delta h_i \tag{12-6}$$

地下管线中心埋深限差

$$\delta_{th} = \frac{0.15}{n} \sum \Delta h_i \tag{12-7}$$

根据探测结果算得水平位置限差 δ_{ts} 和中心埋深限差 δ_{th}。

检查结果均能满足规范 $m_{ts} \leq \frac{1}{2}\delta_{ts}$ 和 $m_{th} \leq \frac{1}{2}\delta_{th}$ 的要求。

2. 地下管线测量工作质量

依据《城市地下管线探测技术规程》(CJJ 61—2003)，地下管线测量工作检查定位、高程中误差按以下公式计算：

定位中误差

$$m_{cs} = \pm\sqrt{\frac{\sum \Delta S_{ci}^2}{2n_c}} \tag{12-8}$$

高程中误差

$$m_{ch} = \pm\sqrt{\frac{\sum \Delta h_{ci}^2}{2n_c}} \tag{12-9}$$

式中：ΔS_{ci}、Δh_{ci}——重复测量的点位平面位置较差和高程较差；
　　　n_c——重复测量的点数。

本次随机抽取了探测点进行重复观测，将检查点的检查结果进行统计，按上述公式计算测量点位中误差 m_{cs} 和高程中误差 m_{ch}。

检查结果满足《城市地下管线探测技术规程》(CJJ 61—2003)有关管线点测量的质量要求，测量工作质量可靠。

二 房屋拆迁测量实例——某城市房屋拆迁测量报告

1. 报告封面

报告封面样式：

某市房屋拆迁查丈报告

宗 地 号：_____

项目名称：＿＿宝岗南路拆迁工程＿＿

拆迁单位：＿中华人民共和国笋岗出入境检验检疫局＿

地址门牌：＿＿罗湖区宝岗南路东＿＿

××市规划与国土资源局××分局

2003年3月18日

2. 房屋拆迁测量说明

房屋拆迁测量说明如下：

项目名称：××拆迁工程

项目说明：本次查丈的拟拆迁房屋位于<u>南路东</u>(详见《房屋平面位置略图》)，为<u>房屋拆迁补偿</u>提供依据。

执行规范：房屋建筑面积计算执行《房产测量规范》(GB/T 17986—2000)、《深圳市房屋建筑面积测绘技术规程》(2006)。

作业方法：在房屋位置略图上，给每栋房屋以编号，以便查阅；每栋房屋附查丈时实地拍摄的现状照片;房屋边长数据用经检测的钢尺实地丈量。

成果情况:经查丈核实,拟拆迁房屋建筑面积按结构分类统计见表12-27。

拟拆迁房屋建筑面积按结构分类统计 表12-27

总栋数(栋)	总建筑面积(m^2)	其中不同建筑结构分类面积(m^2)				基地面积(m^2)
		混合	铁皮房	砖墙铁皮顶	铁棚	
20	5922.26	4997.02	30.20	877.65	17.39	3157.01

特别申明:本报告"总建筑面积"依据实地调查,不作为房屋产权争议的依据。

测量单位:(盖章)　　　　　　　审核单位:(盖章)

项目负责:　　　　　　　　　　项目审核:

2003年　月　日　　　　　　　2003年　月　日

3. 房屋拆迁查丈表

房屋拆迁查丈表选取两幅,见表12-28 ~ 表12-30。

房屋拆迁查丈表(面积单位:m^2)　　　　表12-28

权利人			图上编号	14号
房屋名称			宗地号	
地址门牌	罗湖区宝岗南路东		房屋用途	
房屋层数	2		基底面积	140.15
总建筑面积	312.74		名称	丈量数据
其中不同结构分类面积	混合	312.74	不计建筑面积部分	围墙	9.76m×0.20m×3.00m
				铁门	4.00m×2.50m
查丈说明			实地钢尺丈量	
查丈	李红卫 2003年3月16日		检查	2003年 月 日
审核		2003年 月 日		
房屋现状照片				

234

房屋拆迁查丈表(面积单位:m²)　　　　　　　　　　　　　表12-29

权利人			图上编号	17号
房屋名称			宗地号	
地址门牌	罗湖区宝岗南路东		房屋用途	综合楼
房屋层数	2		基底面积	692.50
总建筑面积	2216.70		名称	丈量数据
其中不同结构分类面积	混合	2216.70	不计建筑面积部分	
查丈说明			实地钢尺丈量	
查丈	李红卫　2003年3月16日		检查	2003年　月　日
审核		2003年　月　日		
房屋现状照片				

房屋拆迁查丈成果汇总表　　　　　　　　　　　　　　　表12-30

项目名称:宝岗南路拆迁工程

图上编号	栋号或门牌号	权利人	房屋层数	基底面积(m²)	总建筑面积(m²)	其中不同建筑结构分类面积(m²)				不计建筑面积部分		备注
						混合	铁皮房	砖墙铁皮房	铁棚	名称	丈量数据(m)	
……			……	……	……	……	……	……	……	……	……	……
14号			2	140.15	312.74	312.74				围墙	9.76×0.20×3.00	
										铁门	4.00×2.50	
15号			1	39.81	39.81							
16号			1	17.39	17.39				17.39			
17号			4	692.50	2216.70	2216.70						

续上表

图上编号	栋号或门牌号	权利人	房屋层数	基底面积（m²）	总建筑面积（m²）	其中不同建筑结构分类面积(m²)				不计建筑面积部分		备注
						混合	铁皮房	砖墙铁皮房	铁棚	名称	丈量数据(m)	
18号			1	9.39	9.39	9.39						
19号			1	9.75	9.75	9.75						
20号			1	112.53	112.53	112.53						
合计				3157.01	5922.26	4997.02	30.20	877.65	17.39			

第四节 城市轨道交通工程联系测量实例

一 近井点测量实例

地面导线点尽管沿线路布设,但因为怕受施工影响而使点位发生变化,必须距适当距离,同时施工现场非常复杂,千变万化,因此布设近井点和进行近井点测量要适应现场情况,选择适宜的测量方法和路线。

北京地铁4号线某盾构施工段,在测区附近有4号线二等导线点DS134、DS135、DS128、BSQ等控制点,可作为近井点测量平面起算依据。根据现场条件以DS134—DS135为起算边,在竖井口附近测设两个近井点,连接成双导线形式,并与DS128、BSQ形成附合导线。近井导线布设形式见图12-19。

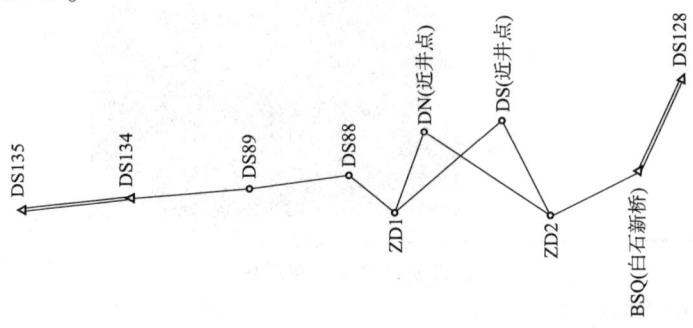

图12-19 近井导线布设形式

近井导线测量按照二等导线测量技术要求进行。经平差计算,地面导线全长相对闭合差1/59000,最大点位中误差±4.1mm,最大点间中误差±2.8mm,精度满足《城市轨道交通工程测量规范》(GB 50308—2008)的要求。

本施工段近井水准点和近井导线点共用同一近井点,近井水准点采用二等水准测量方法施测,测量精度同样满足《城市轨道交通工程测量规范》(GB 50308—2008)相关技术要求。

二 陀螺经纬仪的介绍

(一) 陀螺仪的基本特性

凡是绕自身轴高速旋转的任意刚体都可以看作是一个陀螺,自由陀螺仪有两个基本特性:

定轴性和进动性。

根据动力学原理,对于一个转子的动量矩矢量来说,有如下关系:

$$\vec{H} = \vec{\omega} \int r^2 \mathrm{d}m = wJ \tag{12-10}$$

式中:$\vec{H}$——转子的动量矩矢量;

$\vec{\omega}$——转子的角速度;

J——转子的转动惯量。

式(12-10)表明:转子的动量矩矢量的方向与角速度矢量的方向一致,且与角速度及转动惯量成正比。

另外,根据动量矩定理:动量矩矢量对时间的导数等于外力矩。即

$$\vec{u} = \frac{\mathrm{d}\vec{H}}{\mathrm{d}t} = \vec{M} \tag{12-11}$$

式中:$\vec{u}$——转子的动量矩矢量 $\vec{H}$ 末端的线速度;

$\vec{M}$——外力矩矢量。

从式(12-11)可以得出以下两个结论:

(1)当外力矩为零时,陀螺仪保持其动量矩的大小和方向不变,这种特性称为陀螺的定轴性。

(2)对于匀速自转的陀螺,如果在陀螺自转轴上施加一个力矩,这时陀螺的动量矩矢量的端点将沿力矩方向运动,这称为陀螺仪的进动性。

如图12-20所示,如果转子以角速度 $\vec{\omega}$ 高速旋转,其动量矩与二轴重合,这时在旋转轴两端施加上下方向的力,在此力矩的作用下 $\vec{H}$ 矢量的端点将沿力矩方向运动,即在 xy 平面内向 y 轴方向转去,此时的转子绕 z 轴逆时针转动,这就是陀螺仪的进动性。正是由于陀螺仪具有进动性,人们才能够利用陀螺仪测定过某点的真子午线位置。

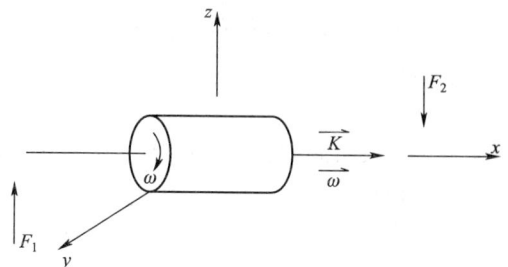

图12-20 陀螺仪的进动性示意图

(二)陀螺经纬仪的定向原理

陀螺仪能够测定真北方向,与地球自转对陀螺仪的作用有关。我们知道,地球以南北两极的连线为自转轴,一刻不停地自西向东旋转,其自转角速度 $\omega = 360°/24h = 7.25 \times 10^{-5} \mathrm{rad/s}$,如果在宇宙空间面向地球的北极看去,地球旋转角速度矢量 ω 沿自转轴指向北端(图12-21),对于纬度为 φ 的地面点 P 而言,地球自转角速度矢量和当地的水平角成 φ 角,且位于过当地的子午面内。地球自转角速度可以分解为水平分量 ω_1(沿子午线方向)和垂直分量 ω_2(沿铅垂方向),即:

$$\omega_1 = \omega \cdot \cos\varphi \tag{12-12}$$
$$\omega_2 = \omega \cdot \sin\varphi \tag{12-13}$$

水平分量 ω_1 表示地平面在空间绕子午线旋转的角速度,地平面的东半面降落,西半面升起。

垂直分量 ω_2 表示子午面在空间绕铅垂线旋转的角速度，表示子午线的北端向西移动，对地面观测者而言，好像太阳和其他星体的方位在变化。

为了说明悬挂式陀螺仪受地球自转角速度的影响，作如图 12-22 辅助天球在地平面上的半球来示意，O 点为天球的中心，陀螺仪位于 O 点上，陀螺仪主轴位于水平面上，其正端偏向真子午面以东，与真子午线夹角为 α。图中 NP_NZ_NS 为观测点真子午面；NWSE 为真地平面；OP_N 为地球旋转轴；OZ_N 为铅垂线；NS 为子午线方向；φ 为纬度。

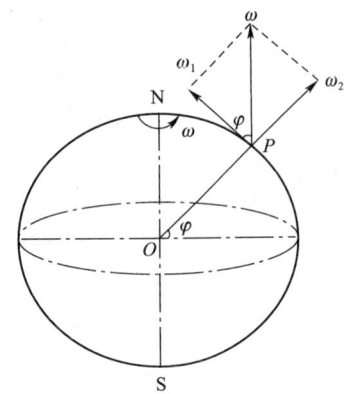

图 12-21　地球自转角速度的分量

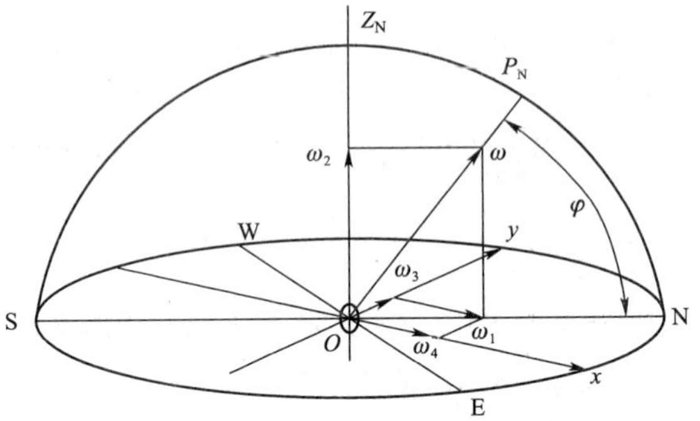

图 12-22　地球自转角速度分量相对陀螺仪主轴的变化

在图 12-22 中我们把地球旋转的水平分量再分解成为两个互相垂直的分量。分量 ω_4 表示地平面绕陀螺仪主轴旋转的角速度，其大小为：

$$\omega_4 = \omega\cos\varphi\cos\alpha \tag{12-14}$$

此分量对陀螺仪轴的空间方位没有影响，所以不加考虑。分量 ω_3 表示地平面绕 y 轴旋转的角速度，其大小为：

$$\omega_3 = \omega\cos\varphi\sin\alpha \tag{12-15}$$

分量 ω_3 对陀螺仪轴 x 的进动有影响，称为地球有效分量，该分量使陀螺轴空间方位发生变化；使陀螺轴向东的一端相对地平面升起，向西的一端相对地平面下降，见图 12-23。

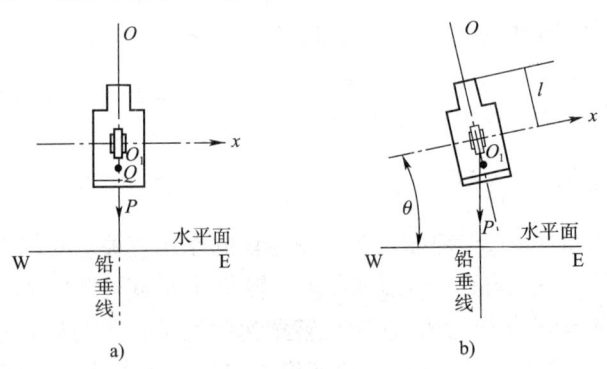

图 12-23　地球旋转的水平分量对陀螺仪轴的影响

当陀螺仪的主轴倾斜时，陀螺转子的重心与吊点将不在同一铅垂线上。此时陀螺转子将产生一个力矩，这个力矩将使陀螺向子午面方向进动。此力矩的大小为：

$$M_B = Pl\sin\theta \tag{12-16}$$

式中：P——陀螺转子的重量；
　　　l——陀螺转子重心到吊点的距离；

θ——陀螺仪轴与地平面的夹角。

由式(12-16),陀螺仪转子进动的角速度为:

$$\omega_P = \frac{Pl}{H}\sin\theta \tag{12-17}$$

悬挂陀螺仪在地球有效分量 ω_3 和重力矩 M_B 的共同作用下,使陀螺主轴总是向子午面方向进动,造成这种进动效应的力矩我们称为指向力矩,其大小为:

$$M_H = H\omega_3 = H\omega\cos\varphi\sin\alpha \tag{12-18}$$

悬挂式陀螺仪的进动如图 12-24 所示,A 为陀螺仪的初始位置,陀螺转子在高速旋转,由于没有外力矩作用,陀螺轴在空间的方位保持不变,由于地球自转而使陀螺仪位置移动至 B 处,此时地平面将和陀螺轴形成一个夹角口,由于陀螺转子偏离铅垂位置,形成了重力矩 M_B。M_B 与陀螺动量矩 H 的共同作用使陀螺转子产生进动,陀螺轴向子午面靠拢。当陀螺轴与子午面重合时,即处于 C 位置时,重力矩为零,陀螺的主轴指向真北。

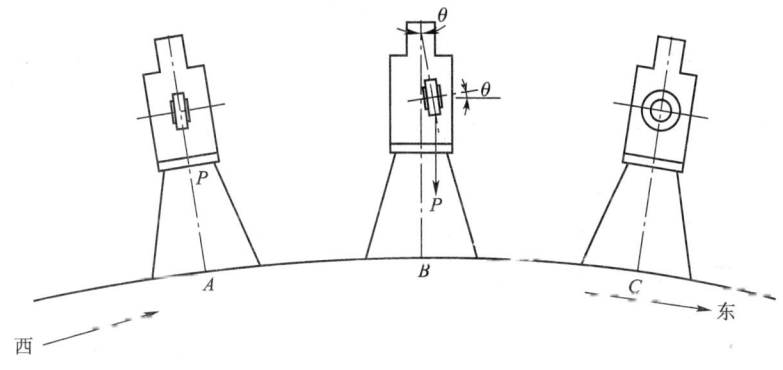

图 12-24 悬挂式陀螺仪的进动

指向力矩 M_B 表示将陀螺轴转至子午面的力矩大小。在赤道上 $\varphi=0$,M_H 最大,在北极 $\varphi=90°$,$M_H=0$。因此在两极和 $\varphi>75°$ 的高纬度地区,不能使用陀螺仪进行定向。

陀螺仪的运动方程推导较复杂,但是可以证明:指向子午面的进动力矩与动量矩 $\vec{H}$ 的方向角 α 的正弦 $\sin\alpha$ 成正比。随着陀螺轴靠近子午面,α 越来越小,进动力矩越来越小。当陀螺轴与子午面重合时,力矩为零。但此时陀螺轴进动的角速度达到最大值,由于惯性的作用,陀螺轴继续摆动偏离子午面,指向力矩会阻止陀螺的进一步摆动,直到陀螺轴达到最大摆幅后反方向转动。如此不断往复。如果没有其他因素影响,陀螺轴将以子午面为对称中心做角简谐运动。其运动周期与陀螺的动量矩、重量、吊点到重心的距离以及地理纬度有关。但实际上由于空气阻力、轴承摩擦阻力等因素的影响,陀螺轴作摆幅逐步衰减的阻尼运动。

三 AGT-1 自动陀螺经纬仪的定向方法

AGT-1 高精度自动陀螺经纬仪是中南大学和长沙莱塞光电子技术研究所合作研制并由后者生产的高型高精度自动陀螺经纬仪,一次定向标准偏差小于 5″。自动寻北时间 8min,一测回约需 20min。该仪器的陀螺仪部分是一台加装了光电读数设置的 GAK-1 陀螺经纬仪,整个系统在掌上电脑的控制下,按中文菜单的指引完成所有已知数据的输入;测前、测后自动零位测量;自动寻北;自动检核;测量误差计算与数据处理;全部测量过程和测量结果的自动存储、显示、仪器常数计算、子午线收敛角与坐标方位角计算以及其他后续测量工作数据的提供等。

ATG-1 仪器从通电就开始工作，不需要预热时间，在通常遇到的风流和振动环境下能可靠工作，正常操作下极少返工，操作简便，总质量轻。它与今年国内外定向精度较高或快速陀螺经纬仪比较有十分明显的特点和优势。

AGT-1 陀螺经纬仪定向测量的程序如下：

打开掌上电脑的电源开关后，点击屏幕底部的"开始"按钮，打开开始菜单后，再点击陀螺定向项目，陀螺定向程序将开始执行。

1. 设置仪器数据

当主电池和后备电池同时断电，用户信息和陀螺定向程序会丢失。重新将陀螺定向程序安装在掌上电脑中时，必须再次设置仪器数据，该程序才能正常工作。

用户在初次使用仪器前，应将仪器的分划格数、分划格值两项指标以及跟踪周期等参数抄记下来并保存好。这些项指标设置不正确的话，仪器不能计算出正确的测量结果。

为避免这些参数被随意改动，改动参数时需要输入密码。

在程序启动后，点击"测量"菜单，然后再点击"设置仪器数据"菜单项打开"陀螺仪数据设置"对话框。在该对话框中输入仪器的型号、仪器出厂编号、仪器分划格数、仪器分划格值，并选择配套经纬仪或全站仪的测角精度及用户名和设置数据口令。

2. 求在现行定向地区该陀螺仪的跟踪周期

在不同经纬度地区陀螺仪具有不同的跟踪周期，当你到一个新的地区定向前，你必须求出该仪器在该地区的跟踪周期（仪器的陀螺部分检修以后也必须重新求得新的跟踪周期）。跟踪周期的求法：在程序启动后，点击"测量"菜单，然后再点击"求跟踪周期"菜单项，打开"求跟踪周期"对话框，如图 12-25a) 所示。当陀螺完全启动后，用眼睛跟踪陀螺光标，当光标达到逆转点时，点击对话框中的"开始计时"按钮[点击对话框中的开始计时按钮后，对话框变成如图 12-25b) 的样子]，继续跟踪，当你跟踪到下一个逆转点时就表示你已经跟踪了半周期，当你跟踪到第 $N+1$ 个逆转点时，点击"停止计时"按钮。然后在"半个周期个数"输入框中，输入实际跟踪的半个周期的数目，再点击"重算"按钮，这时在"计算结果"框中就显示出求得的跟踪周期，请记下并保存好。

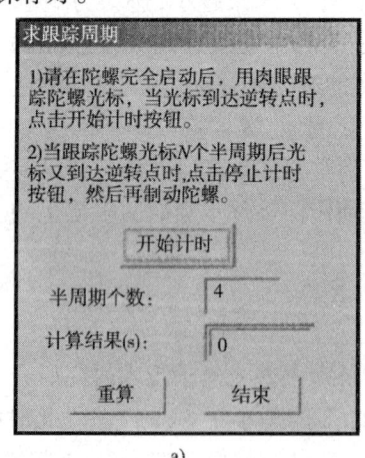
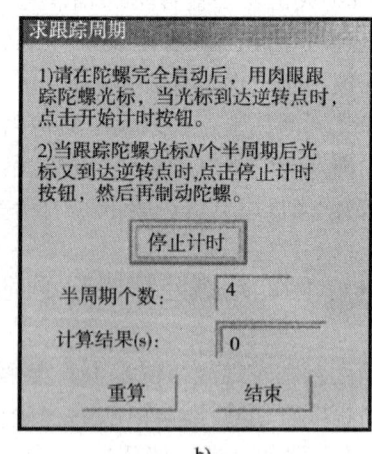

图 12-25 "求跟踪周期"对话框

3. 用陀螺仪测量待定向边的陀螺方位角

无论是测量仪器常数或待定方位角的边进行定向，都必须测量某一条边的陀螺方位角。

陀螺方位角的测量方法：先在测站点安置好陀螺仪，然后启动该程序。在程序启动后，点击"测量"菜单，然后再点击"测陀螺方位角"菜单项，打开"测陀螺方位角"对话框，如图12-26a)所示，图中从上到下排列的命令按钮也就是测量陀螺方位角的过程，在整个测量过程中只完成前一步操作后，才能进入下一步操作，但是已经完成的过程可以重做。

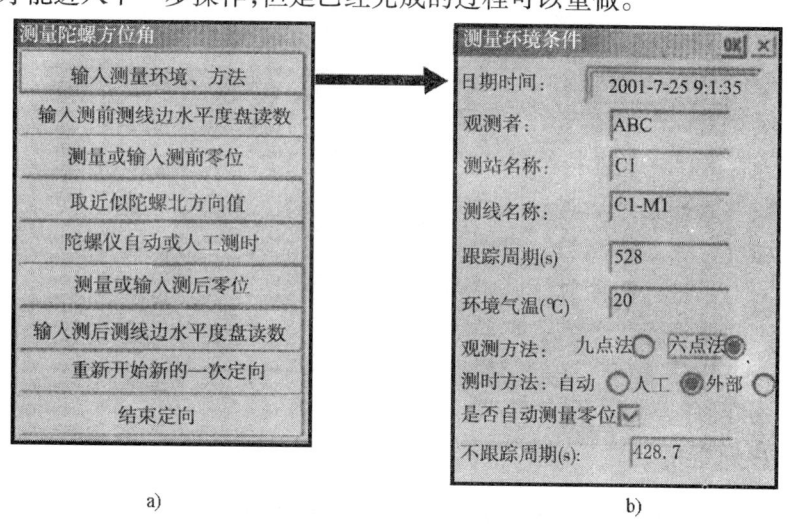

图12-26 "测陀螺方位角"—"测量环境条件"对话框

第一步：输入测量环境，测量方法等数据。

点击"输入测量环境、方法"按钮，对话框"测量环境条件"显示出来[图12-26b)]。在对话框里输入观测者姓名、测站名称、测线名称、跟踪周期、环境气温，并选择观测方法、测时方法、是否自动测量零位等。通常，选择九点法（点击九点法后面的圆圈）。此法，完成一次自动找北需要经历大约1个多不跟踪周期的时间，约7~9min。测量可取得光标通过9个点时对应的精确时间，计算出[对称测时法]、[时差法]、[中天法]测得的三组陀螺北方位角。该三组结果的互差不能超过一定的值，否则会报警，要求重测。九点法测量方位角的精度高，时间较长，而且测得的成果有检核。

如果某项测量任务要求测量时间更短（约4min），精度允许稍差（如15″左右），这时可选择测时方法为六点法。由于有效测量时间少于一个周期，你必须输入该仪器在该地区测量时的"不跟踪周期"。

采用九点法和六点法都是自动测时，测时方法应选择"自动"。

万一自动测时系统跟踪不正常，可选择"人工"，采用人工测时，当允许光标中心线与+3, 0, -3这三个刻画线重合时，立即点击PDA屏幕计时。这样，在测量完9个点或6个点后会进入第二步。（注意，测量前，要用密码修改仪器参数——将分划格数由2.85改为3.0格。光标移动的方向要像自动测时一样，选择左或右。）

当然，不能自动测时时，完全可以用普通的逆转点法或中天法测量。这也是本仪器设计的一个优点——即使不能自动，在现场也可以测出成果。

如果已经用其他方法获得了测时数据，或需要核算测量结果，则可以选择"外部"。待正确输入9(6)个点测时数据后，点击对话框右上角的"OK"键确认输入数据，并自动进入第二步；若点击了对话框右上角的"×"键则输入无效（保持以前的数据不变）。

第二步：观测并输入测量陀螺方位角前（测前）测线边方位在经纬仪水平度盘上的读数。点击"输入测前测线边水平度盘读数"[图12-27a)]按钮，使对话框"测线边水平度盘读数"

[图12-27b)]显示出来,分别用经纬仪正镜、到镜精确瞄准待测量陀螺方位角的那条边上的观测目标,从经纬仪分别读出相应的正镜、到镜时水平度盘的读数并输入到对话框中对应的栏目中,全部输入正确后点击对话框下部的"继续"按钮,确认输入数据,并自动进入第三步;点击对话框右上角的"OK"键确认输入数据,并自动进入第二步;若点击了对话框右上角的"✕"键则输入无效(保持以前的数据不变)。

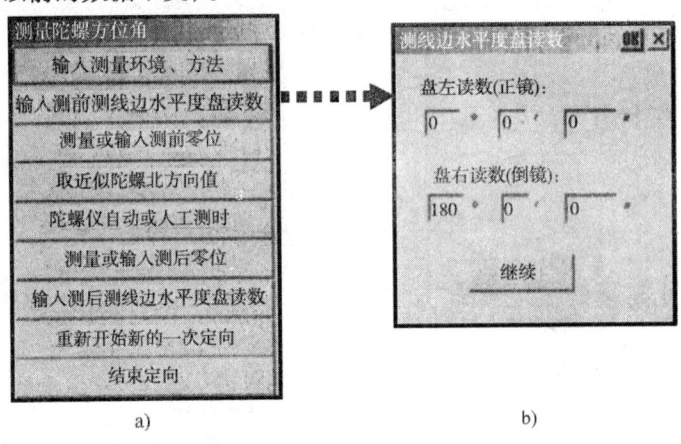

图12-27 "测陀螺方位角"—"测线边水平度盘读数"对话框

第三步:测前零位测量。

目的是测定陀螺光标自由摆动时的中心位置在分划板上的读数,以便对定向结果进行零位改正。

点击"测量或输入测前零位"[图12-28a)]按钮,对话框"自动零位测时"[图12-28b)]就会显示出来,这时应下放陀螺电机(不启动电机),让它自由摆动。摆幅必须大于5格,最好在8~15格范围内。

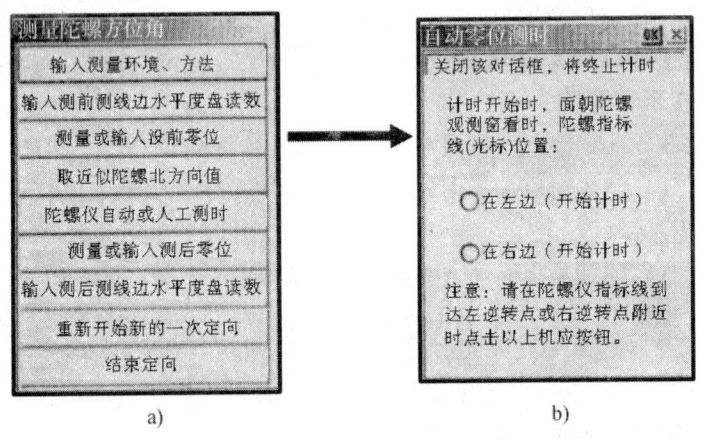

图12-28 "测陀螺方位角"—"自动零位测时"对话框

摆幅太大会使陀螺转子撞外壳,损坏仪器;小于5格则不能测量。可以用抬起陀螺和适当速度下放陀螺来调节摆幅。

作自动零位观测时,先用眼睛观测陀螺指标线,当陀螺指标线到达左逆转点附近时,开始自动零位测量。测量结果合格时自动进入下一步。

若采用人工零位观测时,显示"人工零位观测值输入"对话框。用眼睛观测陀螺指标线,当陀螺指标线正好达到某一个逆转点时,记下陀螺指标线在陀螺仪分划板上对应的格数(估读到0.1),左边读数为"+",右边为"-"。

连续观测三个逆转点,并将观测结果输入到"人工零位观测值输入"对话框中,例如-10.0,+10.1,全部输入正确后,点击对话框下部的"继续"按钮,确认输入数据,自动进入第四步。

点击对话框右上角的"OK"键确认输入数据,并自动进入第二步;若点击了对话框右上角的"✕"键则输入无效(保持以前的数据不变)。

第四步:将经纬仪(或全站仪)的望远镜视准轴(即将陀螺摆动中心线)置于近似陀螺北方向上。

要求近似陀螺北与精确的陀螺北方向之差不大于10′,这样光标在陀螺高速转动时,将以分划板0为中心,对称摆动。测量的精度能得到保证。

当已知近似陀螺北方向时可以将经纬仪设置在该方向上,直接输入相应的水平度盘读数。点击"取近似陀螺北方向值"按钮[图12-29a)]使对话框"近似陀螺北方向读数输入"[图12-29b)]显示出来,输入即可。近似陀螺北方向也可以测定,测定方法如下:

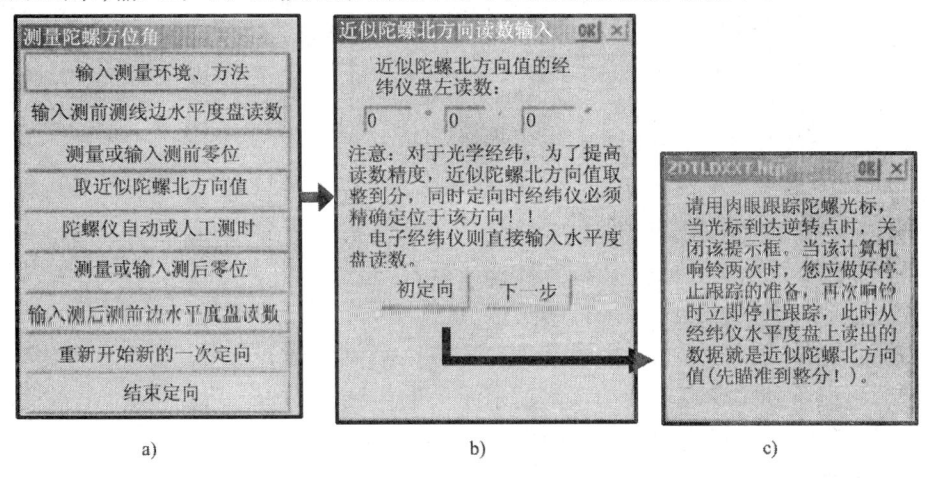

图12-29 "测陀螺方位角"—"近似陀螺北方向读数输入"对话框

(1)当仅在已知边 AB 上测定仪器常数时,或在已知边上复测时,近似陀螺北方向可由式(12-19)算出:

$$\text{近似陀螺北方向} = AB \text{ 的坐标方位角} + \text{子午线收敛角} \qquad (12-19)$$

其中,A 点的子午线收敛角可由 A 点的坐标算出。

先照准 B 点,度盘设置在坐标方位角上,再转动望远镜至计算出的陀螺北方向读数上,输入该值。

(2)在室外强制对中点上检测陀螺仪时,可以在近似陀螺北方向上设置固定的目标或测量标志,瞄准即可。

(3)当近似陀螺北方向不知道时,必须进行"初定向"。如在未知点上测定近似陀螺北方向时,先用仪器配套的磁罗盘引导望远镜指到磁北方向(并考虑当地的磁偏角影响);然后再用1/4周期法或逆转点法测定。

用1/4周期法进行初定向时,点击"近似陀螺北方向读数输入"对话框中的"初定向"按钮[图12-29b)],将显示一个新的提示信息对话框[图12-29c)],按照提示完成初定向。

无论用上述何种方法,当在"近似陀螺北方向读数输入"对话框中输入近似陀螺北方向值之后,点击对话框下部的"下一步"按钮,确认输入数据,并自动进入以下的第五步;点击对话框右上角的"OK"键确认输入数据;若点击了对话框右上角的"✕"键则输入无效(保持以前的数据不变)。

第五步:精确测量(或采用已有的测时数据计算)陀螺北方向值。

点击"陀螺仪自动或人工测时"按钮[图12-30a)],使对话框"自动定向测时"[图12-30b)]显示出来,但是如果你在以上第一步输入测量环境、测量方法等数据中选择的测时方法为"人工"时,对话框显示为"人工按键测时定向"[图12-30c)];选择的测时方法为"外部"时,对话框显示为"输入外部测时数据定向"。

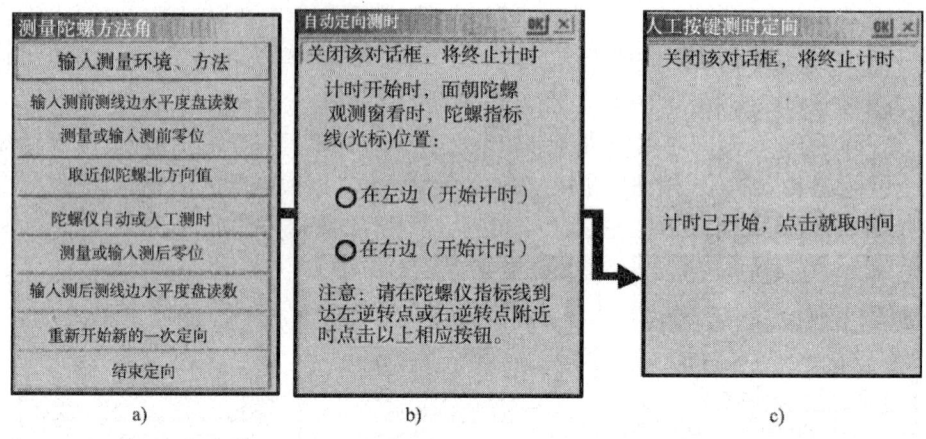

图12-30 "测陀螺方位角"—"自动定向测时"—"人工按键测时定向"对话框

(1)抬起陀螺:如果在第一步中选择测时方法为"自动"或"人工"测时定向时,要启动陀螺。而启动或制动陀螺时,首先必须抬起陀螺,否则陀螺的悬挂带或导流丝将损坏。

(2)"抬起陀螺"后,将面板开关顺转到"START(启动陀螺)"挡,启动指示盘由白变成红白相间,同时可以听到陀螺电机转动频率越来越高的声音;约1min后,启动指示盘变成白色,再等待半分钟,待陀螺电机完全起动平稳后,下放陀螺电机。

(3)下放陀螺,使摆幅在8~15格之间。

如果陀螺摆幅小于5格或大于15格,请重新轻轻抬起陀螺电机至半下放状态,然后再次下放陀螺电机。

(4)自动测时。在目镜视场中观察,当陀螺指标线到达某一逆转点附近时,按照PDA对话框中的提示,点击"在左边"或"在右边"按钮[图12-30b)],开始自动测时找北。当光标经过测量点时,PDA会发出轻微的Di声,并在PDA屏幕上显示记录的时刻。数分钟后,自动测时全部完成(测时过程中PDA不可断电)。

(5)人工测时。如果在第一步中选择测时方法为"人工"时,点击"在左边"或"在右边"按钮[图12-30b)]后,对话框将如图12-30c)所示。这时,PDA将作为计时器和数据处理器使用。

采用人工观察,当陀螺指标线与+3,0,-3三条分划线重合时,点击对话框中的大按钮或按"回车"按钮,直到测时结束。+3,-3分划线对应于你在"设置仪器数据"时设置的分划格数3。作人工测时时,分划格值应该事先选定。只有在自动测时有故障时才采用人工测时。

(6)外部测时。如果想验算测时数据,可以在第一步中选择测时方法为"外部"。可用已经获得的测时数据计算陀螺北方向值,不必启动陀螺电机。点击如图12-30b)所示"在左边"或"在右边"按钮后,将显示一个新的对话框,在该新对话框中输入以前的测时数据,然后点击该新对话框右上角的"OK"(不能按"✕"键)完成计算。

第六步:测后零位观测。

在测量过程中,陀螺仪的零位可能由于温度或陀螺自身的原因、仪器整平的变化等而变动。故需要测定测后零位。

(1)抬起陀螺。

(2)制动陀螺。主控制开关顺时针转一挡到制动陀螺。制动指示盘由白转成红白相间,约1min后,指示盘转为全白,制动完成。

(3)断开电源。将主控制开关下方的电源开关逆时针转到 off 位置,接着将主控制开关转到 off 位置,再将电源开关顺时针转到恢复供电位置(内电源或外接电源)。

(4)下放陀螺并作自动零位观测。方法同第三步(自动测量或由人工观测测后零位)。

(5)抬起陀螺。测完后,立即抬起陀螺。

第七步:观测并输入测后测线边方位在经纬仪水平度盘上的读数:方法同以上第二步。

以上七步便完成了一测回定向的全部外业工作。在 PDA 上显示观测边陀螺方位角、定向误差、零位观测误差、检核结果等观测数据,可按提示保存结果。

第八步:再测一个测回。按规定的时间休息后,再重复定向一次,即以上第一步至第七步。

4. 测量结果的计算与显示

一般的自动陀螺仪只提供观测边的陀螺方位角,而实际使用的是观测边的坐标方位角。AGT-1 提供简便快捷的计算功能,将烦琐的查表计算在测量现场解决,迅速完成定向工作,实时指导施工或快速救援工作。

(1)子午线收敛角计算

该程序可以计算已知坐标点上的子午线收敛角。

在程序启动后,点击"计算"菜单,然后再点击"子午线收敛角"菜单项,打开"请输入坐标"对话框,如图 12-31 所示,在该输入框中输入待计算点的坐标,然后点击该新对话框右上角的"OK"按钮完成计算,按"✕"键输入无效。

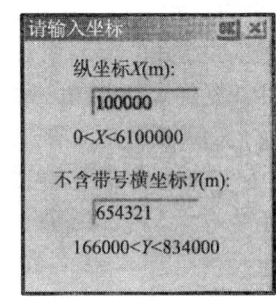

图 12-31 "请输入坐标"对话框

(2)仪器常数计算

在已知边上测定陀螺方位角,计算出子午线收敛角与坐标方位角,将计算出的坐标方位角与已知的坐标方位角比较,就得到仪器常数。以后,在未知边上测得陀螺方位角,计算出子午线收敛角,加上仪器常数,就得到未知边的正确的坐标方位角了。

(3)输入陀螺方位角

在程序启动后,点击"计算"菜单,然后再点击"求仪器常数"菜单项,打开"输入陀螺方位角"对话框,如图 12-32a)所示,在该对话框中,输入在测量常数的已知边上测得的陀螺方位角。测量了几次就输入几个数据。每个数据输入到秒位,在"有效数据个数"[图 12-32a)]框内,会自动统计有效数据个数;也可在"有效数据个数"输入框中,输入你已经输入的有效陀螺方位角的个数。然后点击该对话框右上角的"OK"按钮(按"✕"键输入数据无效)。

(4)输入已知边的坐标方位角

将显示"输入坐标方位角"对话框,如图 12-32b)所示,在"输入坐标方位角"对话框中输入常数测量边的坐标方位角,输入后点击该对话框右上角的"OK"按钮(按"✕"键输入数据无效),接着将显示"请输入坐标"对话框,如图 12-32c)所示。

(5)输入仪器站点已知坐标

在"请输入坐标"对话框中输入常数测量边测量点的坐标(用来计算子午线收敛角),之后再点击对话框右上角的"OK"按钮(按"✕"键输入数据无效)完成计算。

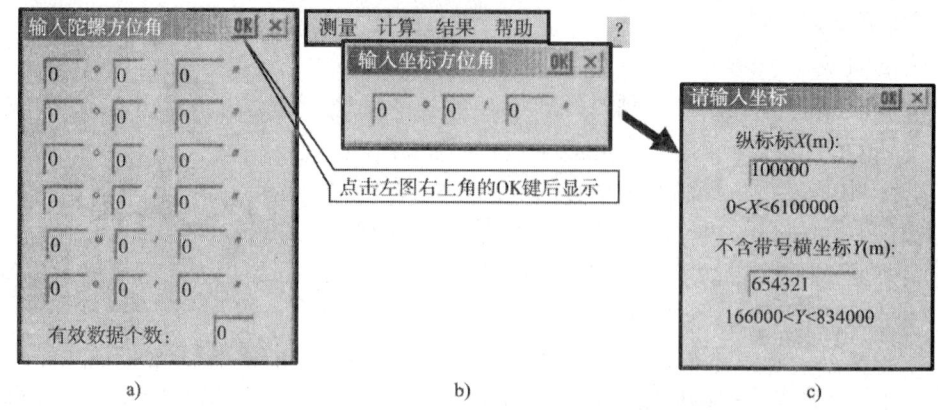

图 12-32 "测陀螺方位角"—"请输入坐标"对话框

(6)坐标方位角计算

本程序用于计算未知边的坐标方位角(要求输入陀螺方位角、仪器站点坐标计算子午线收敛角)和仪器常数。

在程序启动后,点击"计算"菜单,然后再点击"求坐标方位角"菜单项打开"输入陀螺方位角"对话框,如图 12-33a)所示。在该对话框中输入在未知测量边上测得的陀螺方位角,测量了几次就输入几个数据,并在"有效数据个数"输入框中输入你已经输入的有效陀螺方位角的个数。然后点击该对话框右上角的"OK"按钮(按"✕"键输入数据无效),将显示"输入仪器常数、收敛角"对话框,如图 12-33b)所示,在"输入仪器常数、收敛角"对话框中输入子午线收敛角、仪器常数、仪器常数测量精度(由仪器常数计算时算出来的),输入后点击该对话框右上角的"OK"按钮(按"✕"键输入数据无效)完成计算。

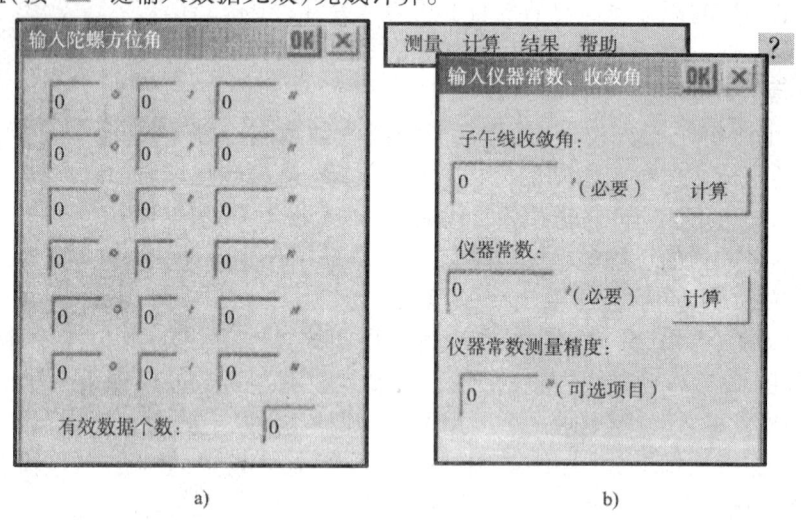

图 12-33 "测陀螺方位角"—"输入仪器常数、收敛角"对话框

如果子午线收敛角或仪器常数还不知道,可分别点击对应的"计算"按钮先行计算。

(7)查看定向结果

在程序启动后,点击"结果"菜单,即可以看到已经保存了的计算或测量结果。如果你觉得某一条数据记录已不需要再保存,可以在"删除记录"输入框中输入该记录的编号,然后点击"删除记录"按钮,删除该记录。

(8)打印定向结果

当需要用打印机打印陀螺定向结果时,请先用串行通信电缆把安装有"Windows CEServices3.2"、打印机及对应的驱动程序和"陀螺定向结果打印"程序的桌面计算机与保存有待打印结果的掌上电脑连接起来(为了不损坏电脑,连接前请先关闭两电脑的电源!)。然后桌面计算机启动 Windows 系统,打开掌上电脑电源,如果打开掌上电脑电源以后,它与桌面计算机自动连接,就等待连接完成。如果它不能与桌面计算机自动连接或自动连接不成功,请人工连接。连接方法参看掌上电脑使用说明。

连接后,在桌面计算机启动"陀螺定向结果打印"程序,该程序用于打开对应于掌上电脑根目录中的"定向数据.TLY"文件,即可用该程序打印定向结果。为了便于在不联机的情况下进行打印或备份数据,可先把对应于掌上电脑根目录中的"定向数据.TLY"文件备份到桌面计算机的硬盘上,然后用"陀螺定向成果打印"程序打开硬盘上的这个文件进行读写。对于某些计算机,如果打开的"定向数据.TLY"显示乱码,可用鼠标点击编辑、全选、格式、字体、宋体、确定、文本即可变得可读。

可用将 PDA 中的陀螺定向结果全部保存在台式机的某个文件夹中,以便以后查询,为了不使以后存入的数据因为同一文件名而顶替前面保存的数据,每次存入数据时,最好将保存的文件名中加入保存的时间,如陀螺"定向数据 0506.TLY"。

5. 陀螺经纬仪定向时的注意事项

陀螺经纬仪是以动力学理论为基础的光、机、电一体化的精密仪器。定向时,陀螺灵敏部具有较大的惯性,必须注意合理使用,妥善保管,才能保持仪器的精度,延长使用寿命。在使用时必须注意以下事项:

(1)必须在熟悉陀螺经纬仪性能的基础上,由具有一定操作经验的人员使用仪器。

(2)在启动陀螺电机达到额定转速之前和制动陀螺电机过程中,陀螺灵敏部必须处于锁紧状态,防止导流丝、悬挂带损伤。

(3)在陀螺灵敏部处于锁紧状态,电机又在高速旋转时,严禁搬动和水平旋转仪器,否则将产生很大的力,压迫轴承,以致毁坏仪器。

(4)在使用陀螺电源逆变器时,要注意接线的正确性,使用外接电源时,应注意电压、机性是否正确,没有负载时,不得开启逆变器。

(5)陀螺仪存放时,要装入仪器箱内,放入干燥剂,仪器要正确放置,不要倒置或躺卧。

(6)仪器应存放在干燥、清洁、通风良好处,切忌置于热源附近,环境温度以 10~30℃为宜。

(7)仪器运输时,要使用专用防振包装箱。

(8)在野外观测时,仪器要避免太阳光直接照射。

(9)目镜或其他光学零件受污时,先用软毛刷轻轻拭去灰尘,然后用软绒布揩拭,以免损伤光洁度和表面涂层。

四 陀螺经纬仪定向测量实例

(一)地面投点、地下测陀螺边定向测量方法

在城市轨道交通建设中,利用全站仪、1/200000 垂准仪和陀螺经纬仪进行竖井定向测量,

使竖井定向测量工作摆脱了传统作业方法。不仅克服了受城市地铁施工场地狭窄制约、测量图形强度不易提高、占用井筒时间过长等缺点,而且也提高了测量精度,缩短了测量时间,为城市轨道交通的地下施工提供了新的定向测量方法。

1. 竖井定向方法

根据城市轨道交通测量的精度要求和测量仪器现状,在实际工作中我们利用全站仪、垂准仪和GAK-1陀螺经纬仪组合成竖井定向系统,竖井定向作业方法见图12-34。

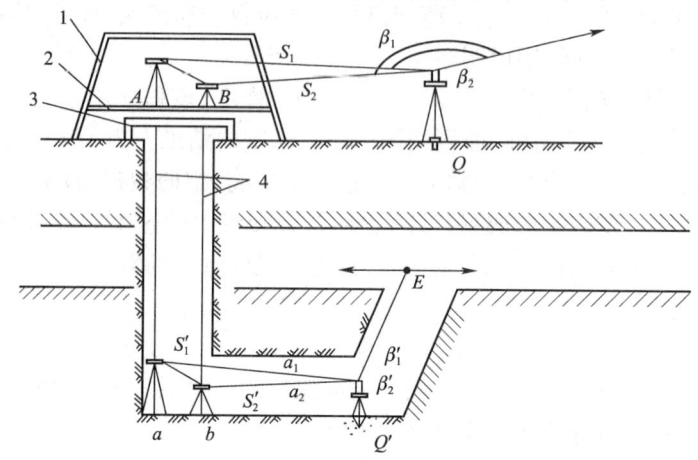

图12-34 全站仪、垂准仪和陀螺经纬仪组合定向示意图
1-井架;2-仪器台;3-井台;4-垂准视线

图12-34中:

Q、Q'——地面、地下近井点;

A、B——垂准仪位置;

a、b——井下待测量点;

β_1、β_2 和 β_1'、β_2'——地面、地下观测角度;

S_1、S_2 和 S_1'、S_2'——地面、地下测量距离;

$Q'E$——地下方位角起算边。

2. 竖井定向基本步骤

全站仪、垂准仪和GAK-1陀螺经纬仪组合的竖井定向系统作业步骤如下:

(1)将1/200000垂准仪架设在地面竖井的盖板或架子上,向井下投点,即记以井底 a、b 的代传递坐标点对中。

(2)将全站仪置于竖井近井点 Q 上,测定1/200000垂准仪竖轴中心的坐标。由于1/200000垂准仪是以井下待测点对中的,因此两个垂准仪竖轴中心的坐标即为井下待测点 a、b 坐标。

(3)在井下 Q' 点架设陀螺经纬仪测定 aQ'、bQ' 的陀螺方位角。

(4)在井下 Q' 点安置全站仪测点 $\angle aQ'E$ 和 $\angle bQ'E$,利用 a、b、Q 和 E 间的几何关系,将坐标传算至 Q' 点,将方位角传算至 $Q'E$ 边,并以它们作为井下测量的起算点和起算方向。

该定向系统采用双投点、双定向的方法,既增加了测量检核条件,又提高了定向精度。

3. 竖井定向精度

为简单起见,用单投点、单定向的方法所构成的单一支导线形式见图12-35,简化原竖定向方案,并以这种路线形式推算井下待定点 Q' 的坐标和待定边 $Q'E$ 的方位角精度。

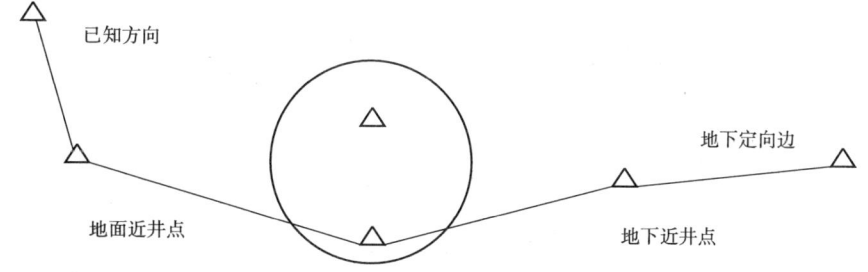

图 12-35 单投点、单定向测量示意图

(1)陀螺经纬仪定向误差

在城市轨道交通测量工作中所使用的 GAK-1 陀螺经纬仪标称精度为一次定向中误差 $\pm 20''$,实际作业时待测边的陀螺方位角一般独立定向三次,陀螺方位角改正常数同样使用仪器测前、测后各测定三次。如果不考虑测定改正常数时所测边已知方位角的误差,只考虑陀螺方位角和其改正数测定误差 m_1 和 m_2,则陀螺方位角测定误差 $m_{陀}$ 为:

$$m_{陀}^2 = m_1^2 + m_2^2 = (20/\sqrt{3})^2 + (20/\sqrt{6})^2$$
$$m_{陀} = \pm 14.1''$$

(2)垂准仪投点误差

虽然 NL 垂准仪标称精度为 1/200000,但由于仪器自身竖轴偏心等误差和实际对点误差的影响,城市轨道交通竖井投点实践证明该仪器在 20m 深竖井井筒的投点误差在 ± 2 mm 以内。

由于采用双投点、双定向方法,上述误差应减少 $1/\sqrt{2}$,即 $m_{陀} = \pm 20''$,投点误差为 ± 1.4 mm。根据此两项精度指标不难求出井下坐标起算点 Q' 和 $Q'E$ 边起算方位角的精度,在此不再赘述。

4. 陀螺定向效果

利用全站仪,1/200000 垂准仪和陀螺经纬仪进行竖井定向测量在北京、广州等城市得到广泛应用,经过多年的实践证实其定向精度稳定、可靠,为一种可靠和实用的竖井定向方法。利用该方法进行定向的隧道贯通测量精度都比较高,一般小于贯通误差 1/3 的占 80%,贯通误差在 1/3 ~ 2/3 之间的占 28%,个别段接近贯通误差。

(二)地面、地下同测陀螺边定向测量方法

陀螺定向法是采用光学垂准仪(或锤线)投出井上、井下在同一铅锤线上的点位,根据井上、井下陀螺定向成果,求算投点在空间的平面夹角,使得井上、井下的导线连成一体,从而把井上导线坐标、方位传递到井下导线。

定向作业方法和步骤如下。

1. 竖井投点

井上、井下导线布置情况如图 12-36 所示,供电局、J_{54}、A 为井上已知导线点,Z_1、Z_2、Z_3 为井下待求导线点。在井口选定 T_1、T_2 两个点位,在井盖上相应位置预留有可遮盖的小孔,将垂准仪置于小孔上方,垂准仪在井上及井下投下界 T_1 和 T_1'、T_2 和 T_2'。T_1' 在空间上为 2 个点,但投影到同一垂直面时就成为 1 个点;T_2 和 T_2' 情况相同。井上、井下导线通过投点连成一闭合导线。

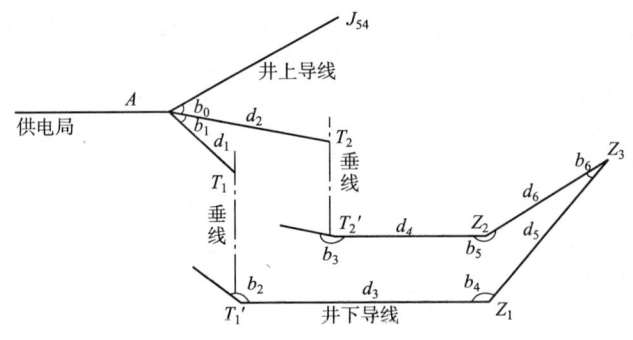

图 12-36 竖井投点示意图

2. 陀螺经纬仪定向测量

定向时采用逆转点法进行。对一条边定向时,完成一端定向为半测回,完成两端定向为一测回。由于井筒上下不宜安置陀螺经纬仪,故井上选择 AJ_{54}。井下选择 Z_1Z_3 为定向边,进行陀螺定向观测。并测出陀螺仪的定向常数,对其进行改正。通过对 AJ_{54} 边陀螺定向测量,即可以计算出 AT_1、$T_1'Z_1$ 在空间上的夹角 b_2 和 AT_2、$T_2'Z_2$ 在空间上的夹角 b_3。

对井上、井下投点连成的闭合导线进行测量,测出角度 b_0、b_1、b_2、b_4、b_5、b_6 和边长 d_1、d_2、d_3、d_4、d_5、d_6。

根据以上陀螺定向和导线测量成果,进行导线平差计算。坐标、方位便从井上导线点传递到井下导线点 Z_1、Z_2、Z_3 上。作为井下起算数据指导施工。

(三) 联系三角形法

联系三角形法是一种传统的竖井联系测量方法,其测量示意见图 12-37。

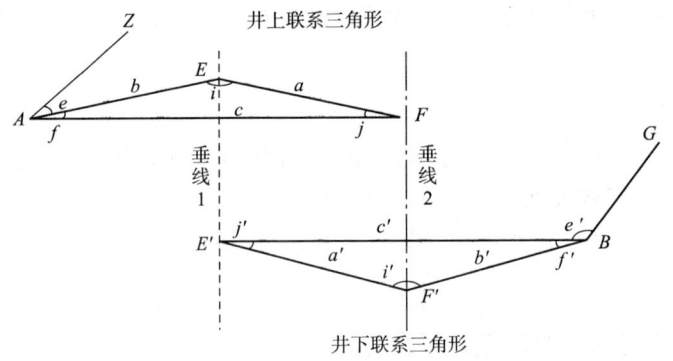

图 12-37 联系三角形法测量示意图

1. 仪器设备

TC1800 全站仪;10kg 重锤 2 个;φ0.5 高强钢丝 60m;小绞车、导向滑轮及经过比长的钢卷尺等。

2. 作业实施

(1) 导线布设

导线布设情况见图 12-37。垂线1、垂线2 是通过竖井绞车及导向滑轮悬挂并吊有垂锤的高强钢丝。Z、A 为已知的地面导线点,B、G 为待求的井下导线点,井下、井上三角形布设时应满足下列要求:

①垂线边距 a、a' 应尽量布置长些;
②e、f、e'、f' 角度应尽量小,最大不应大于 1°;
③b/a、b'/a' 之比值应尽量小,最大值不应大于 15。

（2）三角形测量
①测 e、f、e'、f' 角度;
②量 a、b、c、a'、b'、c' 边长。

（3）三角形平差计算
①根据 a、b、c、f 求 j,即 $\sin j = b\sin\dfrac{f}{a}$;
②c 的计算值: $c_{算} = b\cos f + a\sin j$;
③c 的不符值: $h = c_{算} - c$;
④a 边改正值: $\Delta_a = -h/4$;
⑤b 边改正值: $\Delta_b = -h/4$;
⑥c 边改正值: $\Delta_c = h/2$。

以改正后的边长 a、b、c 为平差值,按正弦定理计算出 i、j,即为平差后的角值。f 改正很小,仍采用原测角值。采用上述方法可计算出井下三角形平差后的边角 a'、b'、c'、i'、j'。f' 改正很小,仍采用原测角值。

（4）坐标和方位传递计算
已知 A 点坐标为 X_A、Y_A,AZ 方位角为 Z_0。根据平差后的三角形边角进行计算。
①BG 方位角 Z_0':
AF 方位角为 $Z_1 = Z_0 + e$,FE 方位角为 $Z_2 = Z_1 + 180° + j$,$E'B$ 方位角为 $Z_3 = Z_2 + 180° - j'$,由此得到 BC 方位角 $Z_0' = Z_3 + 180° - e'$。
②B 点坐标:
$$X_B = X_A + c\cos Z_1 + a\cos Z_2 + c'\cos Z_3$$
$$Y_B = Y_A + c\sin Z_1 + a\sin Z_2 + c'\sin Z_3$$

（5）重复观测

进行联系三角形测量时,为保证精度,要重复观测三组数据。每组只将两垂线位置稍加移动,测量方法完全相同。由各组推算井下同一导线点的坐标和同一导线边的坐标方位角。各组数值互差满足限差规定时,取各组的平均值作为该次测量的最后成果。

联系三角形法是一种传统的竖井几何联系测量方法,该方法与其他方法相比具有设备笨重、工序繁多、工作时间长、劳动强度大等缺点,在不具备其他方法作业条件的情况下,此法也是竖井联系测量主要方法之一。

五 投点传递测量实例

广州地铁某区间使用 TC1610 全站仪和 NL 垂准仪,利用施工竖井和钻孔,采用投点传递测量方法进行联系测量,投点传递测量示意见图 12-38。

1. 作业实施

根据现场情况,本次联系测量利用已建成的施工竖井和钻孔,采用投点传递测量方法进行。按图 12-38 所示测量步骤如下:

(1)对保存良好的已知导线点 SGK_{24}、SCK_{25}、DY_2、DY_1 进行检测,认定其点位稳定、可靠作为已知数据。

(2)在竖井井盖和隧道上方钻孔上分别选择点 T_1 和 T_2 为投点位置,并安置 NL 垂准仪,NL 垂准仪以井下点 T'_1、T'_2 对中。井下点 T'_1、T'_2 要预先埋设固定标志。

(3)利用已知导线点 SGK_{24} 和 DY_1 分别测量 T_1 和 T_2 点上安置的 NL 垂准仪。由于井下点 T'_1、T'_2 分别位于同一根垂线上,所以 T'_1、T'_2 坐标分别等于 T_1、T_2 坐标,并用于指导隧道施工。

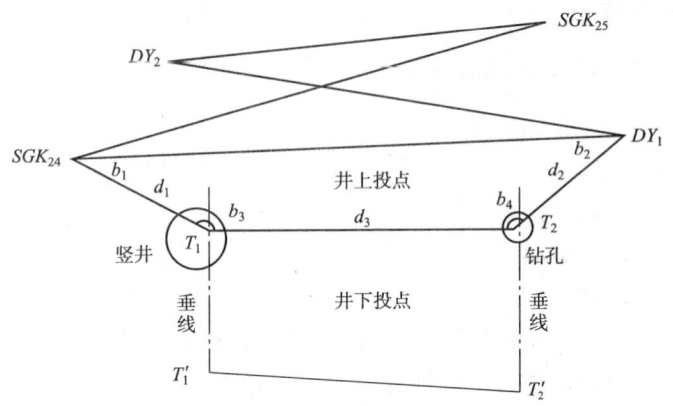

图 12-38　利用施工竖井和钻孔投点传递测量示意图

2. 投点传递测量注意的问题

(1)钻孔投点法适合于浅埋(埋深小于 30m)工程,当具有钻孔条件时应优先考虑采用此法进行联系测量。

(2)钻孔点距离以大于 150m 为宜,以减少投点误差对坐标方位的影响。

第五节　城市轨道交通工程控制测量实例

一　地下平面控制测量实例

某地铁线路两车站间在进行盾构掘进。地下控制点为埋设在隧道结构两侧的强制对中标志,强制归心仪器台交叉两侧布设,如图 12-39 所示。

图 12-39　埋设在隧道结构两侧的强制对中标

施工时,平面控制导线测量多次进行延伸测量,先列出三次从地面控制点引测至地下导线控制点成果供参考,见表 12-31 ~ 表 12-33。

第一次平面控制导线测量计算

表 12-31

点 号	角度(° ′ ″)	距离(m)	X(m)	Y(m)
地面控制点 A			24603.519	18462.901
地面控制点 B		99.2478	25060.415	19950.138
近井点 X1	325 25 25.1	36.1834	24982.577	19888.564
过渡点 X2	116 09 33.6	15.352	24949.917	19904.138
隧道控制点 DX3	318 04 52.7	169.476	24955.814	19889.963
隧道控制点 DX4	162 10 37.8	146.5679	24969.888	19721.073
隧道控制点 DX5	166 54 23.2		24948.655	19576.051

第二次延伸到 DX6 平面控制导线测量计算表

表 12-32

点 号	角度(° ′ ″)	距离(m)	X(m)	Y(m)
地面控制点 A			24603.519	18462.901
地面控制点 B		99.2466	25060.415	19950.138
近井点 X1	325 25 23.0	36.1811	24982.577	19888.565
过渡点 X2	116 09 21.7	15.3521	24949.921	19904.141
隧道控制点 DX3	318 06 02.8	169.4769	24955.821	19889.968
隧道控制点 DX4	162 09 41.0	146.5674	24969.895	19721.076
隧道控制点 DX5	166 54 30.5	269.3428	24948.667	19576.054
隧道控制点 DX6	170 27 19.6		24866.012	19319.726

第三次延伸到 DX7 平面控制导线测量计算表

表 12-33

点 号	角度(° ′ ″)	距离(m)	X(m)	Y(m)
地面控制点 A			24603.519	18462.901
地面控制点 B		99.2469	25060.415	19950.138
近井点 X1	325 25 23.8	36.1823	24982.577	19888.565
过渡点 X2	116 09 14.6	15.3526	24949.920	19904.142
隧道控制点 DX3	318 06 14.7	169.4766	24955.821	19889.968
隧道控制点 DX4	162 09 48.0	146.5655	24969.906	19721.078
隧道控制点 DX5	166 54 26.8	269.3246	24948.684	19576.057
隧道控制点 DX6	170 27 19.6	328.9112	24866.040	19319.726
隧道控制点 DX7	192 53 47.1		24837.525	18992.053

二、高程控制测量实例

某一地铁工程两车站间正在进行盾构掘进,为满足隧道施工测量要求,进行地下高程控制测量。

地下高程控制测量采用水准测量方法,在隧道内平均每150m设一地下施工水准点,各水准点连接成单一水准线路,并按二等水准测量相关技术要求往返测定各水准点高程。

隧道贯通前共进行三次水准测量,测量成果见表12-34。

三次水准测量成果　　　　　　　　　　　　　　表12-34

点　号	第一次高程(m)	第二次高程(m)	第三次高程(m)
S2	−9.583	−9.583	−9.582
S4	−10.105	−10.104	−10.101
S5	−11.724	−11.723	−11.725
S6	−13.377	−13.375	−13.376
S7	−14.878	−14.879	−14.881
S8		−16.308	−16.310
S9		−17.918	−17.922
S10		−19.460	−19.461
S11		−20.288	−20.288
S12		−19.097	−19.097
S13			−19.639
S14			−19.302

第六节　城市轨道交通工程隧道施工测量实例

一、盾构掘进隧道施工测量实例

(一)德国VMT公司制造的盾构掘进姿态测量方法

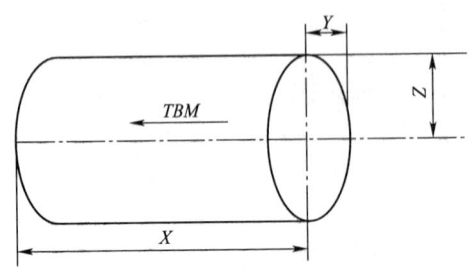

图12-40　盾构机轴线坐标系示意图

1. 盾构机轴线坐标系及其已有的测量标志点

德国VMT公司制造的盾构机,在盾构主机横向截面上有18个由螺母构成的测量标志点,这些点在盾构机构建之时就已经定好位,每个点相对于盾构机的轴线有一定的几何关系,并在由盾构机轴线构成的坐标系中有坐标数据。测点坐标见图12-40和表12-35。

观 测 点 坐 标(m)　　　　表 12-35

点　号	Y	X	Z
1	-2.3692	-3.9519	1.1136
2	-2.2857	-3.9590	1.4371
3	-1.9917	-3.9567	1.6565
4	-1.6701	-3.9553	1.2943
5	-1.6992	-3.9537	0.9055
6	-1.5253	-3.9619	2.2475
7	-0.5065	-3.9662	2.6598
8	-0.3638	-3.9701	2.8150
9	0.3992	-3.9631	2.7112
10	0.5947	-3.9643	2.6543
11	1.4023	-3.9599	2.4068
12	1.5591	-3.9580	2.2341
13	1.9421	-3.9562	1.7753
14	2.1588	-3.9604	1.6007
15	2.3056	-3.9560	1.1695
16	1.8846	-3.9568	1.3641
17	1.8146	-3.9580	1.0731
18	-2.8549	-3.9605	0.5644

2. 标志点测量

对于德国 VMT 公司制造的盾构机上共有 18 个点,但只要测出其中的任意三个点(最左、中、右三个点)的实际三维坐标,就可以计算盾构机的姿态。在进行测量时,先将特制的棱镜安装到螺母上,只要测量这些棱镜,就可以计算出盾构机的姿态和位置参数等。例如从图 12-40 中可以看出,在以盾构机轴线构成的坐标系中,当盾首中心为坐标原点,则其三维坐标为(0,0,0),盾尾与盾首距离 4.34m,盾尾中心三维坐标为(-4.34,0,0)。同样在该坐标系中,从表 12-34 中可以查出 3、8、15 三个点的三维坐标分别为(X_1,Y_1,Z_1)、(X_2,Y_2,Z_2)、(X_3,Y_3,Z_3)。由此可以列出利用该三个点计算盾首中心的三维坐标$(X_首,Y_首,Z_首)$和盾尾中心三维坐标$(X_尾,Y_尾,Z_尾)$的两组三元二次方程组的数学表达式。

计算盾首中心三维坐标数学方程组为:

$(X_1-X_首)^2+(Y_1-Y_首)^2+(Z_1-Z_首)^2=(-3.9567)^2+(-1.9917)^2+(1.6565)^2$
$(X_2-X_首)^2+(Y_2-Y_首)^2+(Z_2-Z_首)^2=(-3.9701)^2+(-0.3628)^2+(2.8150)^2$
$(X_3-X_首)^2+(Y_3-Y_首)^2+(Z_3-Z_首)^2=(-3.9560)^2+(2.3056)^2+(1.1695)^2$

计算盾尾中心三维坐标数学方程组为:

$(X_1-X_尾)^2+(Y_1-Y_尾)^2+(Z_1-Z_尾)^2=(-3.9567+4.34)^2+(-1.9917)^2+(1.6565)^2$
$(X_2-X_尾)^2+(Y_2-Y_尾)^2+(Z_2-Z_尾)^2=(-3.9701+4.34)^2+(-0.3628)^2+(2.8150)^2$
$(X_3-X_尾)^2+(Y_3-Y_尾)^2+(Z_3-Z_尾)^2=(-3.9560+4.34)^2+(2.3056)^2+(1.1695)^2$

上述 3、8、15 三个点是在以盾构机轴线构成的坐标系中,盾首中心为坐标原点(0,0),盾尾为(-4.34,0,0)的条件下的三维坐标。当在盾构掘进过程中实测出该三个点某一里程的

大地三维坐标分别为:

$$X_1 = 45336.775, X_2 = 45336.610, X_3 = 45336.461,$$
$$Y_1 = 29534.236, Y_2 = 29535.846, Y_3 = 29538.525,$$
$$Z_1 = -1.434, Z_2 = -0.263, Z_3 = -1.885$$

把以上数据代入第一组方程组,可解算出盾首中心在某一里程的大地三维坐标:

$$X_首 = 45340.608, Y_首 = 29536.538, Z_首 = -2.975$$

在该里程上盾首中心的设计大地三维坐标为:

$$X_首 = 45340.610, Y_首 = 29536.520, Z_首 = -2.945$$

由此得到三维坐标较差:

$$\Delta X = -2\text{mm}, \Delta Y = 18\text{mm}, \Delta Z = -30\text{mm}$$

则可计算出盾首中心左右偏差和上下偏差,其分别为:

$$\sqrt{(-2)^2 + 18^2} \approx +18\text{mm}(正号表示偏右), -30\text{mm}(负号表示偏下)$$

把以上数据代入第二组方程组,可解算出盾尾中心在某一里程的大地三维坐标:

$$X_尾 = 45336.280, Y_尾 = 29536.209, Z_尾 = -3.083$$

在该里程上盾尾中心的设计大地三维坐标为:

$$X_尾 = 45336.282, Y_尾 = 29536.192, Z_尾 = -3.055$$

同样,由此得到三维坐标较差:

$$\Delta X = -2\text{mm}, \Delta Y = 17\text{mm}, \Delta Z = -28\text{mm}$$

则可计算出盾尾中心左右偏差和上下偏差,其分别为:

$$\sqrt{(-2)^2 + 17^2} \approx +17\text{mm}(正号表示偏右), -28\text{mm}(负号表示偏下)$$

同时,可计算出盾构机的坡度:$[(-2.975)-(-3.083)]/4 = +25‰$

从以上数据可以得知,在与对应里程上盾首中心和盾尾中心设计的三维坐标比较后,就可以得出盾构机轴线与设计轴线的左右偏差值和上下偏差值,以及盾构机的坡度,这就是盾构机的姿态。

当然,如果盾构机没有预先设置的标志,可自行设计观测点标志,通过测量和计算这些点与盾构机几何结构的关系后,便可依照上述方法,根据测量数据计算出任意时刻和任意里程处的盾构机姿态。

(二) 盾构掘进姿态传统测量方法

盾构掘进姿态传统测量方法主要利用坡度板测量盾构的纵坡和滚转角,利用激光经纬仪测量前后靶坐标,从而计算出盾构切口与盾尾的高程、举重臂位置的偏差,经与设计轴线比较,计算出切口与盾尾的高程偏差及管片相对盾构轴线的偏差。测量方法和步骤如下。

1. 盾构始发前初始数据的测定

在盾构安装完毕尚未推进前,可用水准仪测定盾构的首尾高差 Δh_1,用钢尺丈量首尾两点间的水平距离 D,则可计算出盾构的坡度 i:

$$i = \frac{\Delta h_1}{D} \times 100\% \tag{12-20}$$

用水准仪测定盾构首尾处左右相对应的两千斤间的高差 Δh_2,用钢尺丈量两千斤顶间的水平距离 D_3,则可算出盾构滚转角 θ:

$$\theta = 2\arctan\frac{\Delta h_2}{D_3} \tag{12-21}$$

2. 盾构测量标志的设置

(1) 安装坡度板

在盾壳上设置锤线,并对准锤线,沿盾构纵向和横向安装自制的坡度板。根据锤线在坡度板上标示的刻度,即可直接读出盾构的即时坡度和滚转角。

(2) 安装盾构测量标志

在盾构机上设置前、后两个测量标志,测量标志要安装在盾构顶部,并位于盾构中心轴线的垂直中心上。量取测量标志间和测量标志与切口、盾尾的距离 D_0、D_1 和 D_2,以及测量标志距盾构机中心轴线的距离 L_1、L_2(图 12-41)。通过测量前后标志中心的坐标和距离,计算出盾构切口的中心和盾尾坐标,并与测定的盾构初始数据相比较,即可确定盾构的准确位置。为提高其精度,要求前后测量标志之间的距离尽量长。

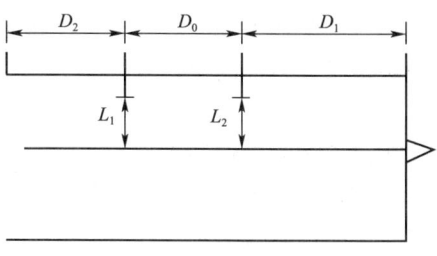

图 12-41 盾构机上测量标志示意图

3. 盾构姿态测量

(1) 水平偏差的测定

利用安置在隧道顶部测量台上的测量仪器,测出前后测量标志的坐标,然后加上盾构的滚转角改正值,可计算出前后测量标志对应盾构中心的坐标;再反算出盾构切口与盾尾的坐标;与设计轴线相比较,即可算出盾构的水平偏差。即盾构平面姿态。

盾构滚转角是盾构在施工掘进中围绕盾构轴线旋转的角度。滚转角见图 12-42。

由图 12-43 所示,滚转角改正值为:

$$\Delta l = l \cdot \cos\alpha \tag{12-22}$$

式中:l——L_1、L_2 的平均值;

α——盾构滚转角。

右转为"-",左转为"+"。

用激光经纬仪与设计轴方法和步骤。

(2) 垂直偏差的测定

利用安置在隧道顶部测量台上的测量仪器,测出前后测量标志的高程,根据坡度板读出坡度,计算盾构切口与盾尾的高程,经盾构滚转角改正,再与设计轴线相比较,算出切口与盾尾的高程偏差,即为盾构的垂直偏差,即盾构高程姿态。

由于盾构的滚转对高程偏离值影响较大,对切口与盾尾高程偏离值应进行滚转角影响改正,滚转角影响见图 12-43。

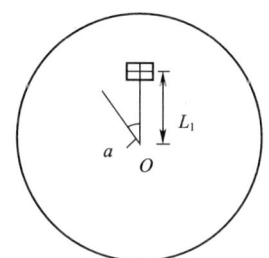 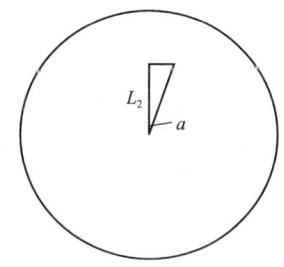

图 12-42 滚转角示意图   图 12-43 滚转角影响示意图

滚转角影响改正值可按式(12-23)计算：
$$\Delta l = L_2(1-\cos\alpha) \tag{12-23}$$

式中：α——盾构滚转角；

L_2——测量标志距盾构机中心轴线的距离。

4. 管片位置测量

可采用相关隧道成环管片测量方法，也可通过测量举重臂位置及偏差，并结合盾构姿态测量数据计算管片的位置及偏差。

当采用后者进行管片位置测量时，先要计算盾构轴线上管片拼装位置的偏差，然后计算管片相对盾构轴线的偏差。

(1) 盾构轴线上管片拼装位置的偏差

平面计算偏差：
$$\Delta_\text{平} = \frac{L-S}{L}b_\text{平} + \frac{S}{L}a_\text{平} \tag{12-24}$$

式中：L——盾构总长；

S——管片前端到盾尾距离；

$a_\text{平}$——盾构切口水平偏差；

$b_\text{平}$——盾尾水平偏差。

(2) 管片相对盾构轴线的偏差

计算管片相对盾构轴线的偏差，首先分别量出管片与盾壳的平面间距 $L_\text{左}$、$L_\text{右}$ 及高程间距 $L_\text{上}$、$L_\text{下}$，如果 $L_\text{上} \neq L_\text{下}$，则存在偏差，平面偏差值用式(12-25)计算：
$$\delta_\text{平} = \frac{L_\text{左} - L_\text{右}}{2} \tag{12-25}$$

式中：$\delta_\text{平}$——正值表示管片中心在盾构轴线右边，负值表示管片中心在盾构轴线左边。

高程偏差值用式(12-26)计算：
$$\delta_\text{高} = \frac{L_\text{下} - L_\text{上}}{2} \tag{12-26}$$

式中：$\delta_\text{高}$——正值表示管片中心高于盾构轴线，负值表示管片中心低于盾构轴线。

5. 管片的位置偏差

管片的位置偏差，即管片姿态为盾构轴线上管片拼装位置的偏差与管片相对盾构轴线的偏差之和。

曲线隧道中线标定实例

1. 曲线隧道中线标定

图 12-44 为一地铁线路曲线隧道，曲线起点 ZH 里程为 A、终点 HZ 里程为 B、半径为 R、切线长为 T、缓和曲线长为 L_0、曲线全长为 M、转折角为 α。按图 12-44 将曲线分为 5 段用弦线来代替曲线中心线，其中缓曲线两段、圆曲线三段。标定数据计算的方法如下。

如图 12-44，则有缓和曲线所对圆心角：
$$m_0 = \frac{L_0}{2R} \times \frac{180}{\pi} \tag{12-27}$$

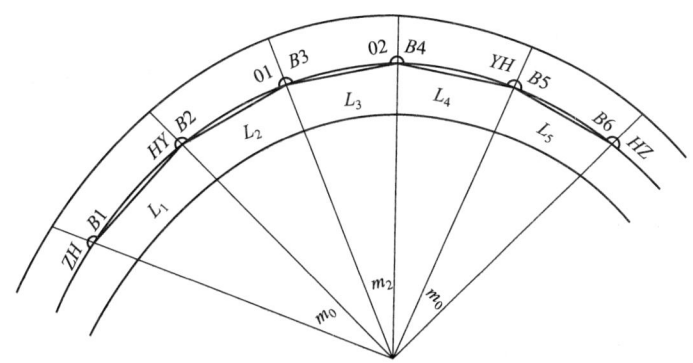

图 12-44 曲线隧道中线标定示意图

根据图 12-44,设将圆曲线 $n=3$ 等分(亦可非等分圆弧),则有圆曲线长:

$$S = M - 2L_0 \tag{12-28}$$

每弦所对圆心角为:

$$m_1 = m_2 = m_3 = \frac{S}{3R} \times \frac{180}{\pi} \tag{12-29}$$

弦长为:

$$L_2 = L_3 = L_4 = 2R \cdot \sin\frac{m_2}{2} \tag{12-30}$$

由图 12-44 中可以看出,曲线起点 ZH、终点 HZ 处的转折角为:

$$B_1 = B_6 = 180° + \frac{m_0}{3} \tag{12-31}$$

曲线缓圆点 HY 和圆缓点 YH 等两点处的转折角为:

$$B_2 = B_5 = 180° + \frac{2m_0}{3} + \frac{m_2}{2} \tag{12-32}$$

中间其他各弦交点 01、02 处的转折角为:

$$B_3 = B_4 = 180° + m_2 \tag{12-33}$$

图 12-45 所示为凸曲线,转折角大于 180°;反之,若为凹曲线,则上述转折角计算公式中的"+"相应改为"-"即可。如:

$$B_2 = B_5 = 180° - \frac{2m_0}{3} - \frac{m_2}{2} \tag{12-34}$$

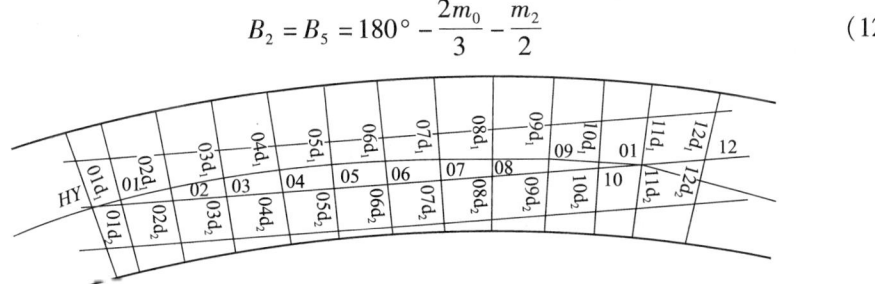

图 12-45 HY—01 及其两条平行线(辅助中线)

缓和曲线段弦长 $L_1 = L_2$ 的计算比较复杂,但很多书籍都有论述和公式,请参考相关的线路设计或测量书籍,在此不再赘述。

2. 曲线隧道中线的应用

在施工现场标定好中线及其辅助中线后,如图 12-45 所示,根据 HY—01 隧道中线及其两条平行线(辅助中线),以初衬支护格栅大小为步长,计算隧道开挖时,初衬每架格栅两帮距中线的径向距离,如图 12-45 中的 01d_1、01d_2、……、12d_1、12d_2 等与隧道两帮的距离。圆曲线段两帮距离可按下式计算:

$$D_内 = d - \frac{dD}{2R}, D_外 = d + \frac{dD}{2R} \tag{12-35}$$

式中:d——设计两架格栅之间在中心线上的间距;
D——隧道宽度;
R——曲线半径。

缓和曲线段的两帮距离可用下式计算:

$$D_内 = d - \frac{dD}{R}, D_外 = d + \frac{dD}{R} \tag{12-36}$$

式中各符号的含义同式(12-36)。

施工中对照中线按每架格栅两帮距中线的径向距离,完成隧道开挖工程。

第七节 城市轨道交通工程铺轨基标测量实例

一 控制点检测

(一)工程概况

以北京地铁 5 号线某区间右线结构隧道已贯通为例,按照施工工序要求进行地铁线路铺轨基标测量阶段。在区间附近有检测过的控制点和右线中线点 K12 +000、K12 +100 以及右线控制基标 K12 +604.064、K12 +700,见图 12-46。同时,区间内有指导施工的右线中线点 YHK12 +539.064、QZK12 +477718、HYK12 +416.371、隔断门 K12 +358.955 和导线点 Y_1、Y_2 等。

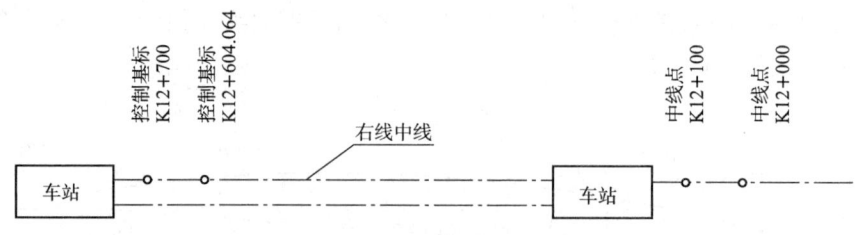

图 12-46 已有控制点和右线中线点位置示意图

(二)起算控制点的选择与测量技术要求

1. 起点控制点的选择

铺轨基标测量前,中线点检测所选取的起算控制点除给铺轨基标测量提供正确的起算依据外,还应重点考虑选用的点位稳定可靠、精度高、便于附合导线的布设等因素。通过对隧道内留有的经过贯通检测的地下各类控制导线点、线路中线点的踏勘,现存的右线中线点 K12 +000、K12 +100 和右线控制基标 K12 +604.064、K12 +700 等点具有与前期工程衔接且点位稳定等特征,并经查阅前期检测资料,各点的精度较高,可作为此区间右线中线点检测的起算控制点。

2.铺轨基标中线点检测技术要求

铺轨基标中线点检测,执行《城市轨道交通工程测量规范》(GB 50308—2008)制定如下技术要求:

(1)线路中线点进行联测时,联测的附合导线长度不应大于1500m,起算控制点宜选用车站或区间竖井投测的施工控制点,直线段中线点的间距平均宜为120m;曲线段除曲线要素外,中线点的间距不应小于60m。

(2)对中线点组成的附合导线,应使用不低于Ⅱ级全站仪测量。水平角的左、右角各观测两测回,左、右角平均值之和与360°较差应小于6″;导线边长测量往返测各两测回,测回间较差应小于5mm,往返测平均值较差应小于4mm。

(3)数据处理应采用严密平差,相邻中线点间纵、横向误差应满足下列要求:

直线段,纵向误差应在±10mm以内,横向误差应在±5mm以内;

曲线段,纵向误差应在±5mm以内,横向误差应根据曲线上中线点间距大小区别对待,曲线边长小于60m时,其横向误差应在±3mm以内;曲线边长大于60m时,其横向误差应在±5mm以内。

(4)平差后的线路中线应依据设计坐标进行归化改正。对归化改正后的线路中线点的几何关系应重新检测,检测结果与设计值之差应满足下列要求:

直线段,实测水平角值与180°之差不应大于8″;

曲线段,实测水平角值与设计值之差应根据曲线段线路中线点的间距大小区别对待,当间距小于60m时,其角值之差不应大于20″;当间距大于60m时,其角值之差不应大于15″。

(三)中线点检测及数据处理

1.中线点检测

中线点检测以区间右线控制基标 K12+604.064、K12+700 及区间右线中线点 K12+000、K12+100 为起算点,将右线中线点 YHK12+539.064、QZK12+477.718、HYK12+416.371、隔断门 K12+358.955 和 K12+269.557、K12+203.430 等布设成一条附合导线,对右线线路中线点进行检测。检测时,外业测量水平角四测回,其中左、右角各观测两测回;导线边长测量往返测各两测回。中线点检测布置见图 12-47。

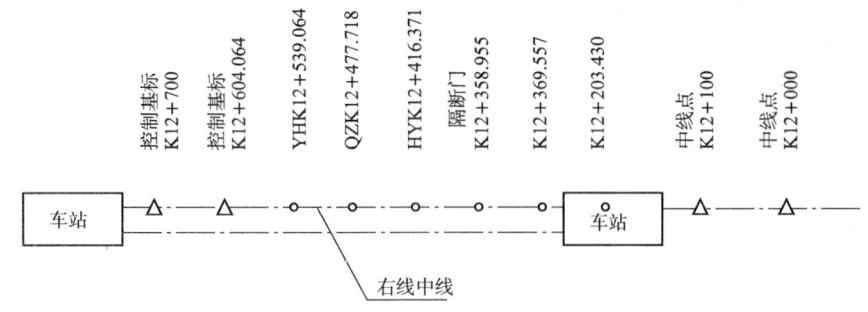

图 12-47 中线点检测布置示意图

2.测量结果与数据处理

(1)水平角观测结果

共观测水平角8站,观测的左或右角间两测回间互差最大为4.6″、最小为1.3″、平均为

2.7″。水平角左、右角平均值之和与360°较差均小于4.2″。

（2）距离观测结果

共观测水平距离9条,导线边长测回间较差最大3.1mm、最小为0.3mm、平均为1.6mm,往返测平均值较差均小于2.5mm。

（3）数据处理

内业采用了华星测量控制网平差软件,对观测数据进行了平差。经过平差计算,各点中误差为3.6mm;点间相对误差最低为1/35000、最高为1/61000。

经检测,该区间右线线路中线点的坐标成果与设计值比较差值为:$\Delta X = -5\text{mm}$,$\Delta Y = 10\text{mm}$。满足施工要求。平面最大点位中误差为±6mm,最大点间中误差±4mm,满足精度要求。

二 控制基标测量

（一）控制基标坐标计算及检核

控制基标测设前,对设计人员已经提供的控制基标数据成果应进行检核,对未提供的基标数据应进行计算,确保数据准确。控制基标计算和检核的数据内容见表12-36。

控制基标计算和检核数据内容　　　　　表12-36

点　名	里　程	线路长度(m)	方　位　角	纵坐标 X(m)	横坐标 Y(m)	曲线要素及断链
	K12+200.000			30956.127	505077.292	
		119.500	357°27′18″			
连坡点	K12+319.500			309075.508	505071.986	
		31.871	357°27′18″			
ZH	K12+351.371			309107.349	505070.571	
		65.00				
HY	K12+416.371			309172.320	505069.444	$Ay-357°27′18″$
		61.347				
QZ	K12+477.718			309233.212	505076.386	$R-400.000\text{m}$, $l-65.000\text{m}$
		61.346				
YH	K12+539.064			309292.328	505092.549	$T_s-128.205\text{m}$, $L_s-252.693\text{m}$
		65.000				
HZ	K12+604.064			309352.237	505117.718	
		95.936	24°20′24″			
	K12+700.000			309439.646	505157.258	
		100.000	24°20′24″			

（二）控制基标放样数据计算

利用检测过的中线点（包括已有控制基标、控制点等）12+700、12+604、12+539、12+416、GDM、12+269、12+203、12+100、12+000等,对放样的控制基标进行放样数据的计算。

控制基标放样数据最小时可使用计算器等工具进行计算,对于放样数据量较大时,可用软件批量计算。本例是采用自行编制的计算软件,将控制点坐标以文本文件导入到"测站点"区域,将待放样控制基标坐标导入到"照准点"区域,通过选取不同的照准点,即可计算出各待放样控制基标的放样数据。放样数据计算界面见图 12-48。

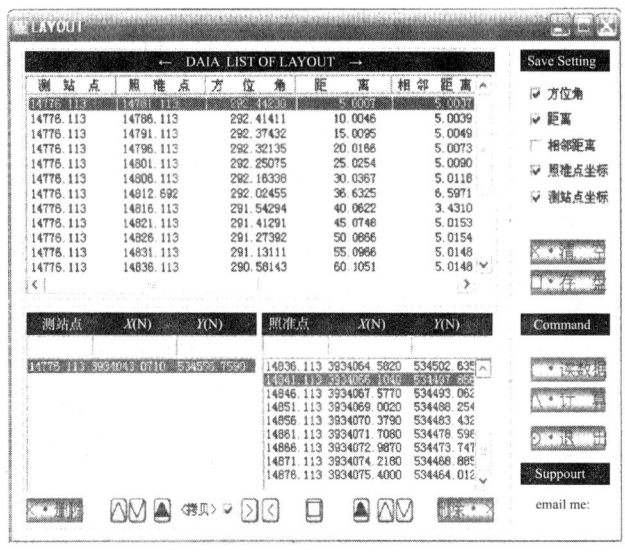

图 12-48 控制基标放样数据计算界面

(三)控制基标初测

1. 确定平面位置和基标高度

摆放仪器和觇板于中线点上,根据放样数据,采用极坐标法确定控制基标的平面位置。然后利用水准测量方法测量控制基标位置的底板高程,并计算底板位置与基标设计位置的高差,从而确定基标基座堆放混凝土的高度。如变坡点基标 K12+319.500,可在 GDM 或 K12+269 点上进行放样,方位角和放样边长分别为(177°27′32.5″,39.469m)、(357°26′45.6″,49.943m)。水准测量得到结构底板高程为 24.297m,与基标设计位置高程 24.535m 相比低 0.238m,由此确定控制基标的平面位置、高程和与底板的相对高差。

2. 底板清理

对控制基标位置的底板进行凿毛、清洗等处理。对底板黏结性不好或在边墙上的设置位置应埋设固定螺栓,如在马蹄形或圆形隧道结构边墙上埋设基标时,应按照马蹄形或圆形隧道铺轨基标标志的相关图纸要求进行基标底座初步固定。

3. 平面位置精确测定

底板处理后,堆放混凝土,埋设控制基标标志,并进行高程初测和平面位置精确测定。测定时通过全站仪精确测放基标标志,同时,通过水准测量将基标标志初步调整到设计高程位置并进行固定。平面位置精确测定和高程初测的精度要求如下:

(1)基标高程初测,实测高程与设计高程不符值在 ±5mm 以内。

(2)高程初测后,通过基标平面点位的测量,在混凝土凝固前精确调整其平面位置,使控制基标的平面位置满足:点位与设计的横向偏差在 ±2mm 以内;距离(或纵向)与设计的偏差小于 1/12000。

4. 高程精确测定

埋设控制基标的混凝土凝固后,采用精密水准测量方法,利用埋设控制的微调功能,将控制基标的高度精确调整到设计高程位置。高程调整时,每个控制基标的高程与设计值的不符值在±0.5mm以内。高程精确测定满足要求后,对控制基标进行固定。

(四) 控制基标穿线测量和调线测量

1. 平面穿线测量

为保证控制基标间的线性关系和与设计位置的吻合,控制基标放样完成后进行穿线测量。控制基标穿线测量时,水平角观测左、右角各测两测回,左、右角平均值之和与360°较差小于6″;控制基标间的距离观测采用往返观测各一测回,测回间较差及往返距离较差小于5mm。

穿线测量后进行严密平差,平差结果作为调线测量依据。

2. 高程穿线测量

控制基标高程测量起算于高程控制点,按二等水准测量技术要求施测,水准线路闭合差小于 $8\sqrt{L}$ mm(L 为线路长度,以 km 计),观测数据整理后进行平差计算并以平差后各控制基标高程作为高程调整依据。

3. 控制基标调线测量

(1) 平面调整

控制基标平面穿线测量后的调线可以通过坐标或边角关系的调整进行调线。

当采用坐标法图解法进行调线时,首先将计算后的坐标成果与设计值进行比较,见表12-37,然后绘制每个控制基标的坐标调线图,按照控制基标测量的调线测量的要求进行实地控制基标点位调整,以满足平面线路要求。

控制基标实测值与设计值的偏差   表12-37

点 名	X 坐标 (m) 设计值 检测值	差值 (mm)	Y 坐标 (m) 设计值 检测值	差值 (mm)	备 注
左线 K24+132.275	320674.369 320674.366	-3	504752.161 504752.143	-18	ZH
左线 K24+196.975	320731.893 320731.885	-8	504781.734 504781.712	-22	HY
左线 K24+227.026	320807.765 320807.757	-8	504806.834 504806.811	-23	QZ
左线 K24+132.124	320672.505 320672.496	-9	504755.245 504755.236	-9	ZH
左线 K24+197.124	320730.293 320730.283	-10	504784.962 504784.946	-16	HY
左线 K24+278.047	320806.984 320806.974	-10	504810.348 504810.326	-22	QZ

当采用角度、距离分别计算法或严密计算法计算出归化改正值后,首先绘制控制基标调线

示意图,如图 12-49 所示,图上将角度、距离的实测值、设计值与归化改正值分别对应标出。然后在实地进行点位调整,使其满足线路几何关系。

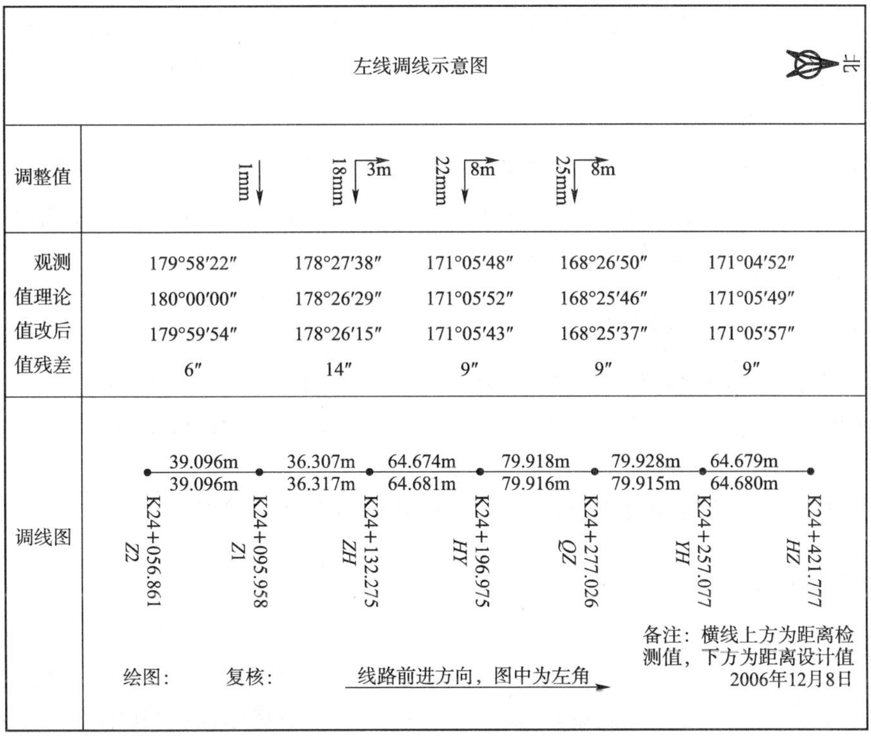

			左线调线示意图			北
调整值	1mm↓	18mm↓ 3m	22mm↓ 8m	25mm↓ 8m		
观测值 理论值 改后值 残差	179°58′22″ 180°00′00″ 179°59′54″ 6″	178°27′38″ 178°26′29″ 178°26′15″ 14″	171°05′48″ 171°05′52″ 171°05′43″ 9″	168°26′50″ 168°25′46″ 168°25′37″ 9″	171°04′52″ 171°05′49″ 171°05′57″ 9″	
调线图	39.096m 39.096m K24+056.861 ZZ	36.307m 36.317m K24+095.958 Z1	64.674m 64.681m K24+132.275 ZH	79.918m 79.916m K24+196.975 HY	79.928m 79.915m K24+277.026 QZ	64.679m 64.680m K24+257.077 YH	K24+421.777 HZ
绘图: 复核:			线路前进方向,图中为左角→			备注:横线上方为距离检测值,下方为距离设计值 2006年12月8日	

图 12-49 控制基标调线图

(2)高程调整

控制基标高程调整,首先通过二等水准测量方法,将控制基标组成附合水准线路,与高程控制点或已检测过的基标进行联测和平差,计算出各控制基标高程并与设计值进行比较,对超过限差的各控制基标高程进行调整。

高程调整时,既要考虑各控制基标对绝对高程的误差要求,同时也要兼顾相邻基标间高差误差要求。

三 加密基标测量

加密基标分为直线段和曲线段加密基标测量。加密基标测量是以两侧的控制基标为依据进行测设。由于加密基标为铺轨时的临时基标,不需要长久保留,因此要求等距不等高。加密基标平面位置测设后,测定其高程,并计算出与设计轨顶面高差后提交给铺轨使用。

(一)直线段加密基标测设

1. 直线段加密基标平面测量

以直线段控制基标 K12+200.000 至 K12+319.500 测设加密基标为例,将全站仪或经纬仪摆放在 K12+200.000(或 K12+319.500)控制点上,后视 K12+319.500(或 K12+200.000),用两个控制基标之间的方向线控制方向,根据加密基标里程或距离(间距),每间隔 6m 对 K12+206.000、K12+212.000、…、K12+314.000 等加密基标逐一进行测设。

加密基标间距离测量时,相邻基标间距离控制在6m±5mm之内。实际工作中,为有效控制里程上的误差,采取由两个控制基标分别向中间埋设加密基标的方法,以减少误差累计。

为加强方向控制,测量中要经常对后视进行方向校正。两控制基标间的加密基标全部埋设完成后,重新对仪器和觇板进行对中和整平,并对加密基标进行检核。

2. 直线段加密基标高程测量

加密基标埋设的混凝土凝固后,对基标的高程进行测量。加密基标高程测量,按二等水准测量技术要求施测,水准线路闭合差小于$8\sqrt{L}$mm(L为线路长度,以km计)。外业完成后,对数据进行平差计算,并编制基标成果表。

(二)曲线段加密基标测设

曲线段加密基标测设同样利用各控制基标坐标,采用极坐标法放样。放样时根据计算控制基标至各加密基标的方位角和距离以及相邻加密基标间的距离,将仪器安置在控制基标上,逐一测设曲线线路段上的加密基标。

曲线段加密基标的高程测量,与直线段加密基标高程测量相同。

四 道岔铺轨基标测设

由于道岔是一组设备,其各部分几何尺寸和相对位置精度要求较高,为了满足道岔几何形位的要求,在道岔部位设置道岔控制基标,测量时利用正线控制基标,然后利用道岔控制基标测设道岔加密基标。道岔控制基标测量是利用正线控制基标、线路中线点,采用极坐标法进行测设。

道岔控制基标按等高等距设置,其与线路其他控制基标测量相同,同样分为初测平面位置、测定结构底板高程、结构底板凿毛、基标底部设置与固定、平面与高程调整等。道岔加密基标测量也与线路其他加密基标设置和测量方法相同。

以下结合不同类型的道岔分别介绍道岔基标设置位置和测量要点。

(一)单开道岔基标测设

以9号单开道岔为例,如图12-50所示的两组单开道岔,道岔间由两个反向圆曲线连接。其直股轨道基标设置4个,其中岔中点、岔头和岔尾点为控制基标,曲股设置1个基标,即岔尾点处为控制基标。道岔基标放置在直股与曲股外侧的1.5m处。

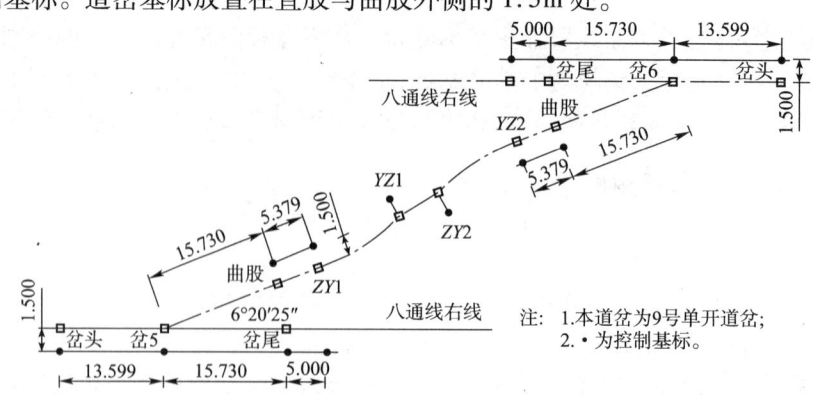

图12-50 岔5、岔6单开道岔基标布置示意图(单位:m)

利用中线调整后的岔 5、岔 6 以及正线上的中线点，分别测设岔 5、曲股、ZY1 以及岔 6、曲股、YZ2 对应的控制基标，经平面和高程调整后使其固定。

利用道岔基标间的线路关系，对每组单开道岔的岔头和岔尾点等进行测设，测设后对基标间相应关系进行检核与调整。

由于岔 5、岔 6 两组单开道岔间夹有圆曲线，因此在线路两侧等距的位置测设曲线要素点的基标，如 YZ1、YZ2 点。

（二）交叉渡线基标测设

交叉渡线道岔是由两组对称的反向单开道岔组成，道岔基标位于岔中、岔头，当同一线路两个岔心距离超过 2 倍至岔尾距离时，应在中间位置加设基标。道岔基标设置在线路外侧。

如图 12-51 所示，该道岔基标是一组碎石道床 9 号道岔，两条正线间距离为 5m，岔区长度 72.198m。根据场地条件，基标放置在线路外侧 3m 的位置上，基标皆为控制基标，长久保留。

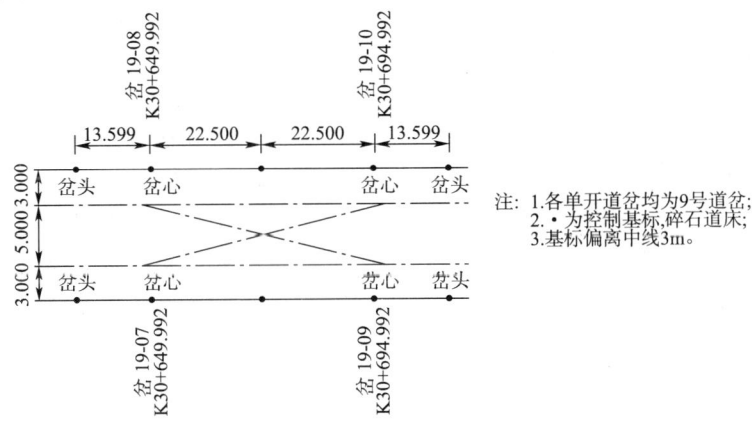

图 12-51　交叉渡线道岔基标布置示意图（单位：m）

（三）复式交分道岔基标测设

复式交分道岔由两组或多组交叉渡线组成，道岔基标与交叉渡线基标设置相同，基标设置在岔中、岔头和岔心位置。基标设置在线路外侧并为控制基标。

复式交分道岔铺轨基标布置如图 12-52 所示。道岔基标共设置 5 组，分别位于岔头、岔尾、岔心及交点处。

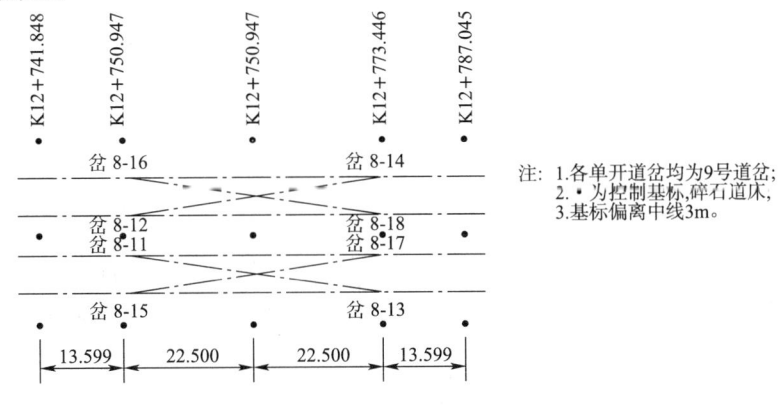

图 12-52　复式交分道岔铺轨基标布置图（单位：m）

(四)道岔铺轨基标检查

测设后应对道岔控制基标间及其线路中线几何关系进行检测,并分别满足道岔控制基标间距离与设计值较差小于2mm;道岔控制基标高程与设计值较差小于2mm,相邻基标间的高差与设计值较差小于1mm;岔心相对于线路中线的里程(距离)与设计值较差小于10mm;道岔控制基标与线路中线的距离与设计值较差小于2mm;正线与辅助线交角的实测值与设计值较差:单开道岔不大于20″,复式交分道岔、交叉渡线不大于10″。

第八节 城市轨道交通工程变形监测实例

概述

随着我国城市化进程的加快,许多大城市都竞相发展以城市轨道交通为主的快速轨道交通系统,并相继开展大规模的城市轨道交通建设。由于城市轨道交通工程为城市环境中的长距离地下隧道、桥梁工程以及地下或深基础工程,在工程建设和运营阶段工程结构变形、受施工及运营影响工程环境的变形,对工程和环境安全以及社会公共秩序会产生很大影响,严重时还会危及城市轨道交通工程和工程环境的安全,造成人民生命财产的巨大损失。当然,这种变形在一定的限度之内,可以认为是正常的现象,也不会对工程和工程环境造成大的影响,但如果这种变形超过了一定的限度,就必须引起足够的重视,并应采取适当措施,防止对工程造成不必破坏和损失。

城市轨道交通工程建设对工程、环境、安全影响的控制问题是关系到城市建设安全的一个重要课题。根据国际隧协(ITA)的调查结果,城市轨道交通工程建设和地下空间的利用不久将达到高潮,而我国的预定目标和现在的发展状况也预示即将进入大规模开发地下空间资源的时代。在一些大城市正在发展以城市轨道交通为主的多结构、多层次的交通运输网。为此,基于确保城市轨道交通工程建设和运营安全以及由于工程建设引起环境安全而进行的变形监测问题,已成为城市现代化建设中不可缺少的重要工作。

因此,各级轨道交通建设工程管理者,对城市轨道交通建设工程变形监测非常重视,变形监测工作也在城市轨道交通工程建设中得到普遍开展。城市轨道交通工程建设过程的变形监测工作的意义主要有:

(1)运用信息技术来指导施工,提供可靠连续的监测资料,以科学的数据、严谨的分析来指导预防工程破坏事故和环境事故的发生。

(2)及时整理监测信息,通过数据处理确立信息反馈资料,将现场测量结果与预测值相比较,以判别前一步施工工艺和施工参数是否符合预期要求,以便确定和优化下一步施工参数,从而指导现场施工,做到信息化施工。

(3)通过监控与信息化反馈优化设计,使设计达到优质安全、经济合理、施工快捷,另外还可将现场监测结果与理论预测值相比较,用反分析法导出更接近实际的理论公式用于指导其他工程。

(4)为因不可抗力造成的工程事故或其他意外,以及由此产生的纠纷、诉讼、索赔、反索赔时提供可靠依据。

二 无锡地铁2号线土建工程监控量测、施工测量实例

(一)车站施工监测

1. 车站工程监控的编制

(1)车站工程监控编制原则

在地铁车站施工过程中尤其在围护结构施工、基坑开挖、结构施工过程中,与周围建(构)筑物、地面沉降、土体位移、水位等各种变化存在一定的相关性。在施工作用下产生了土体水平方向位移、地下水位的变化,导致地面构筑物、地表沉降。

加强监测工作可以可靠而合理地利用土体自身在车站施工过程中控制土体位移的潜力而达到保护环境的目的,在整个施工过程中是具有现实意义的。根据本工程监测技术要求和现场施工具体情况,从时空效应的理论出发,本监测方案按以下原则进行编制:

①以车站施工土体变形影响范围内的地面建(构)筑物、地下管线为对象。

②设置的监测内容及监测点必须满足本工程设计图纸及有关规范的要求,并能全面反映工程施工过程中周围环境的变化情况。

③监测过程中,采用的方法、监测仪器及监测频率应符合设计图纸和规范要求,能及时、准确地提供数据,满足信息化施工的要求。

(2)监测内容的设置及监测等级

为了确保施工的安全顺利进行,根据本工程施工的特点,结合现场的周边环境情况及设计单位提出的监测技术要求,本工程监测等级确定为:基坑变形控制保护等级为一级,沉降监测二级、水平位移监测二级。《建筑变形测量规范》(JGJ 8—2007)二级定级,相当于《工程测量规范》(GB 50026—2007)二等。

车站施工期间监测主要设置如下内容:

①地下连续墙的水平位移、桩体内力;

②地下连续墙及周围土体的变形监测(倾斜);

③地表和地下管线的水平位移及沉降监测;

④支撑轴力监测;

⑤地下水位监测;

⑥周围建(构)筑物沉降、倾斜监测;

⑦孔隙水压力监测;

⑧围护结构侧土压力监测;

⑨支撑立柱沉降和双向水平位移监测;

⑩桩体内力。

2. 车站施工监测组织与流程

(1)确定监测人员、组织及相关职责

监测人员、组织由项目经理部施工技术部为主成立专业监测小组,项目总工程师为直接领导。监测小组人员组织及主要职责见表12-38。

(2)施工监测小组主要职责

①负责监测方案和监测计划制定。

监测小组人员组织及主要职责　　　　　表 12-38

序 号	人 员	职 务	主 要 职 责
1	张某某	总工程师	全面负责监测工作
2	李某某	技术部长	负责监测管理工作
3	徐某某	测量负责	负责监测方案实施、管理
4	王某某	技术人员	监测方案实施、资料整理
5	赵某某	技术人员	监测方案实施、资料整理
6	何某某	技术人员	监测方案实施、资料整理

②监测仪器的选择和调试仪器保养、维修工作。

③负责量测计划的安排与实施,包括量测断面选择、测点埋设、日常量测、资料管理工作等。

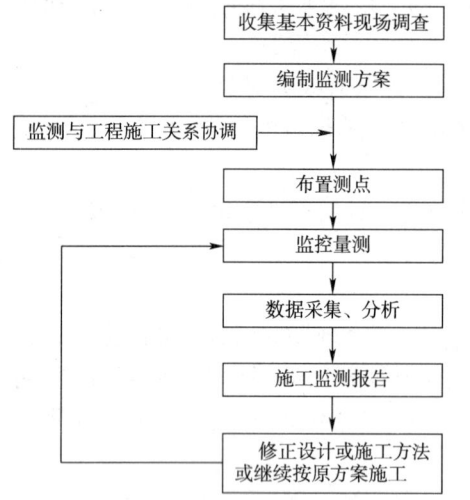

图 12-53　信息化施工工艺流程图

④监测数据收集、整理和分析。

⑤每次量测结束后,及时进行数据计算和分析,当天将监测结果和可能出现的问题通知主管工程师,并协助主管工程师制定相应措施。

⑥现场监控量测,按监测方案认真组织实施,并与其他环节紧密配合不得中断。

⑦及时向监理工程师报告监测成果。

(3) 信息化施工工艺流程

施工监测小组制定信息化施工工艺流程,见图 12-53。

3. 施工监测仪器及主要项目

结合车站实际情况,并依据相关设计图纸要求及有关规定,本站监测由基坑内部监测和周围环境监测两部分组成,其主要目的是掌握基坑及周围环境在车站施工期间的变形,以便及时反馈,确保本工程的安全。

(1) 施工监测主要测量仪器

施工监测主要测量仪器,见表 12-39。

施工监测仪器汇总表　　　　　表 12-39

序号	设备、仪器名称	单位	数量	序号	设备、仪器名称	单位	数量
1	全站仪	台	1	8	频率接收仪	台	1
2	反射棱镜	套	3	9	测斜仪	台	1
3	精密水准仪	台	1	10	轴力计	个	60
4	铟钢尺	把	4	11	弦振式钢筋应力计	个	26
5	水准塔尺	把	1	12	测斜管	根	44
6	计算机	台	1	13	水位计	台	1
7	收敛计	台	2				

(2) 梁溪大桥站、五爱广场站施工监测项目汇总表

监测项目汇总,见表12-40、表12-41。

监测项目及频率表　　　　　　　　　　　表12-40

序号	监测内容	监测周期	监测频率
1	基坑内外观察	从开挖至主回填完毕	随时进行
2	围护结构测斜	从开挖至主体结构完毕	开挖过程2次/日; 主体施工1次/日
3	围护结构顶部沉降	从开挖至主体结构完毕	开挖过程2次/日; 主体施工1次/日
4	围护结构顶部水平位移	从开挖至主体结构完毕	开挖过程2次/日; 主体施工1次/日
5	支撑轴力	从安装至拆除	开挖过程1次/日; 稳定后1次/周
6	坑外地下水位	降水全过程	围护结构施工1次/(2~3日); 土方开挖1次/日; 主体施工1次/(2~3日)
7	周边地表沉降	从开挖至土方回填完毕	围护结构施工1次/日; 土方开挖2次/日; 主体施工1~2次/周
8	周边建筑物变形	从开挖至土方回填完毕	围护结构施工1次/日; 土方开挖2次/日; 主体施工1~2次/周
9	地下管线变形	从开挖至土方回填完毕	围护结构施工1次/日; 土方开挖2次/日; 主体施工1~2次/周
10	差异沉降	钢支撑从安装至拆除	1次/天
11	基坑回弹	从开挖至底板浇筑完毕	1次/天
12	临时立柱隆沉量	从开挖至底板浇筑完毕	1次/天

各监控量测项目预警值　　　　　　　　　　　表12-41

序号	监测内容	变化速率	累计变化量报警(mm)
1	地面沉降	2mm/12h	端头井18mm、标准段20mm
2	墙顶位移	±2mm/12h	最大20mm
3	墙体测斜	±2mm/12h	最大20mm
4	支撑轴力	—	大于设计值80%或小于设计值50%
5	坑外水位	下降500mm/24h	下降1000mm
6	管线沉降	±2mm/24h	±10mm
7	立柱隆沉	±2mm/24h	±10mm

4.测点布置与埋设

(1)地面监测点埋设

在车站周边H(基坑开挖深度)范围,内沿车站纵向15m一个断面,在所设的断面上沿监测断面方向第一个距连续墙外边 40cm 处设一个,再每 4m 进行布设 4 个点位,每个点位埋设一根 0.4m 长 $\phi12$ 的圆钢筋,埋设时在地面挖一直径 10cm 深 0.7m 的柱状孔,钢筋头低于地表面 10cm。并在点位旁用红色油漆标注点号,点号与平面布置图中点号一一对应,见图 12-54。

(2)建筑物沉降及测斜监测点布设

对于建筑物,根据建筑物规模、形状在建筑物的四角、墙柱大转角处沿外墙 10~15m 或每隔 2~3 根柱基上埋设监测点。此监测点布设时用 $\phi14$ 的钻头在底层屋角处钻一向下约 45°的斜孔。灌砂浆,插入 $\phi12$ 的螺纹钢,螺纹钢顶部磨成球状并刻十字丝。

(3)地下水位监测点埋设

地下水位监测沿车站纵向布设,共布设 8 处。水位管选用直径 50mm 左右、长 20mPVC 管,管底加盖密封,下部留出 0.5~1m 的沉降段,用来沉积滤水段带入的少量泥沙,中部管壁周围钻出 6~8 列直径为 6mm 左右的滤水孔,纵向孔距 50~100mm。相邻两列的孔交错排列,呈梅花状布置。管壁中部包扎过滤层,上部再留出 0.5~1m 作为口段,以保证封口质量。

(4)桩体测斜管埋设

测斜管按孔间距 15~20m 进行埋设,并确保每一个开挖段(约 15~20m)有一组墙体测斜孔。桩体测斜管如图 12-55 所示。对于基坑中部,特别是基坑宽度较大、开挖较深、受力集中区域,予以加密,测斜孔深度一般与围护深度一致。总共有 34 个。在连续墙内埋设测斜管方法如下:在连续墙钢筋笼内绑扎 PVC 测斜管,管深与钢筋笼深度一致。测斜管外径为 75mm,管体与桩体钢筋笼迎土面钢筋绑扎牢;管内有十字滑槽(用于下放测斜仪探头滑轮),有一对槽必须与基坑边线垂直;上、下端管口用专用盖子封好,接头部位用胶带密封;钢筋笼吊装完后,立即注入清水,防止泥浆浸入,并做好测点保护。桩体测斜管及其埋设如图 12-56 所示。

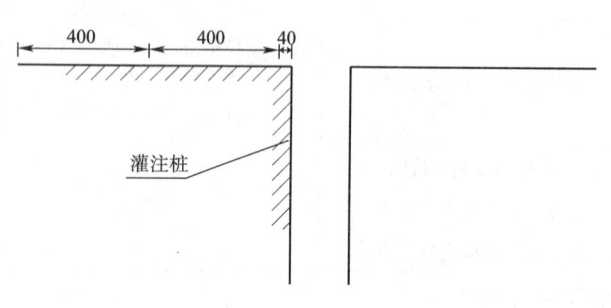

图 12-54 地面点布设图(单位:cm)

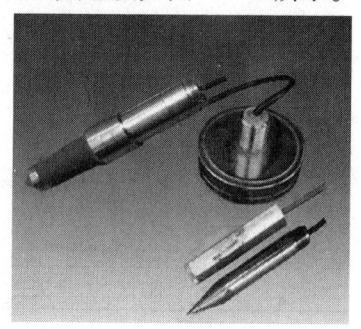

图 12-55 桩体测斜管

(5)土体测斜管埋设

为了解地下连续墙外侧土体的实际位移情况,并检核连续墙测斜监测效果,拟在基坑连续墙外侧约 2m 处,与墙体测斜孔位置相对应处,布设土体测斜孔,每侧 15 个,两端头有 2 个。

土体测斜孔采用钻孔方式埋设,用 100 型钻机钻孔,钻好孔后放入测斜管,测斜管的十字滑槽有一对槽必须与基坑边线垂直。然后在孔内间隙处回填黏土,至测斜管稳定后才可进行监测测量。

(6)连续墙钢筋应力测点埋设

连续墙钢筋应力计竖向设置在外侧的主筋上共 2 个,当钢筋笼绑扎完毕后,再将钢筋应力计串联焊接到受力主筋的预留位置上,并将导线编号牢固绑扎在钢筋笼上导出地面,从元件引出的测量导线应留有足够的长度,中间不宜有接头,钢筋笼下沉前应对所有的钢筋计全数测定,核查焊接位置及编号无误后方可施工。

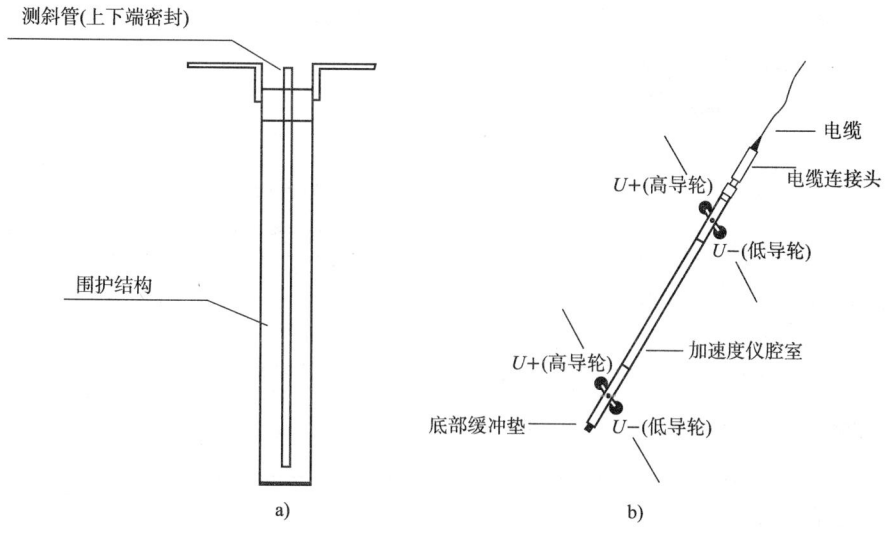

图 12-56 桩体测斜管埋设示意图

(7) 钢支撑轴力测点的埋设

在斜支撑及每一开挖段典型断面的支撑端部设测点。如图 12-57 所示。

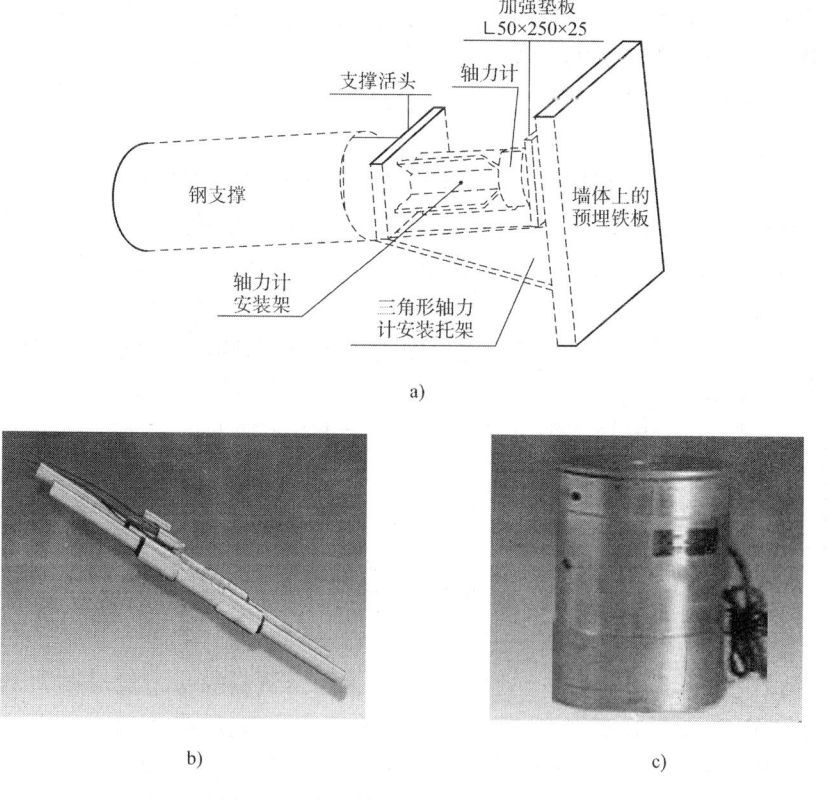

图 12-57 钢支撑轴力测点的埋设示意图

(8) 墙顶水平位移及沉降监测测点布设

在车站冠梁上做混凝土方墩,在方墩面上埋上钢筋做点。方墩内筋为施作冠梁时预埋钢筋。这样方墩与冠梁结为整体,可随冠梁变化而变化。在冠梁上间距 10~15m 布置 1 处。

(9) 临时立柱沉降监测及双向水平位移监测测点布设

临时立柱桩的监测为在立柱上用红油漆十字标示出点位。

(10)制订监测信息汇总表

施工监测小组制订监测信息汇总表,见表12-42。

监测信息汇总表　　　　　　　　　表12-42

序号	监测内容	测点数量	测点构成	埋设方法
1	围护结构外地下水位	24孔	每孔深20m	钻孔
2	周边地表沉降	137点	—	—
3	支撑轴力	60点	支撑端部	—
4	钢筋应力	26组	混凝土支撑上下各一个	—
5	临时立柱桩沉降及双向水平监测	27点	桩顶面	—

5. 施工主要监测方法

(1)沉降测量

采用相对高程系统,在车站周边H(基坑开挖深度)范围之外设2点参照点,建立水准测量监测网,参照Ⅱ等水准测量规范要求用水准仪引测。历次沉降变形监测是通过高程基准点间联测一条闭合或附合水准线路,由线路的工作点来测量各监测点的高程。各监测点高程初始值在施工前测定(至少测量2次取平均值)。某监测点本次高程减前次高程的差值为本次沉降量,本次高程减初始高程的差值为累计沉降量。

(2)水平位移量测

基坑水平位移监测采用轴线法也即视准线法。采用视准线法测量时,需沿欲测量的基坑边线设置一条视准线,如图12-58所示,在该线的两端设置工作基点A、B。测量基点A、B设置在基坑一定距离的稳定地段,对于有支撑的围护结构,基坑角点的水平位移通常较小,这时可将基坑角点设为临时基点C、D,在每个工况可以用临时基点监测,变换工况时用基点A、B测量临时基点C、D的侧向水平位移,再用此结果对各测点的侧向水平位移值作校正。

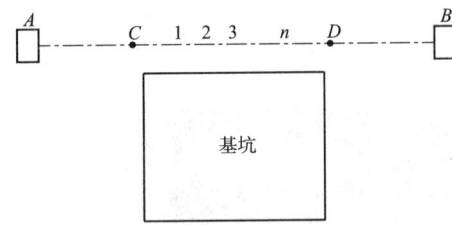

图12-58 水平位移量测

具体量测方法如下:

沿基坑的每一直线边建一轴线,并在直线边上布设水平位移点,轴线上不需测距,也不需测角,只需将轴线用全站仪投射到位移点旁边,即可量取位移点离轴线的偏距,通过两次偏距的比较来发现水平位移量。

(3)深部测斜

测斜管管顶位移使用全站仪布网进行测量。管内由测斜探头滑轮沿测斜套管内壁导槽(与基坑边线垂直)渐渐下放至管底,配以伺服加速度式测斜仪,自下而上每1m(或0.5m)测定该点偏角值,然后将探头旋转180°,在同一导槽内再测量一次,合起来为一测回,由此通过叠加推算各点的位置值。每个测斜管每测点的初始值,为测斜管埋设稳定后并在开挖前取两测回观测的平均值。施工过程中的日常监测值与初始值的差为其累计水平位移量,本次值与前次值的差值为本次位移量。量测位移量变化见图12-59。

(4)地下水位量测

水位管管口高程可用水准仪测得。管口顶部至管内水位的高差由钢尺水位计测出,由此计算水位与自然地面相对高程。各孔水位高程的初始值在观测管理设稳定后并在围护桩施工前作两次测定,取平均值为其初始值。日常监测值与初始值的差值为其累计变化量,本次与前次测得之值的差值为本次变化量。

（5）支撑轴力量测

振弦式轴力计安装前,在空载状态下连接频率接收仪与振弦式轴力计,测定初始稳定的频率。然后在钢支撑的一端通过安装架安装轴力计。钢支撑施加预应力前测读出它的初始频率,当在钢支撑上施加的预应力达到设计标准值后,开始正常测量。

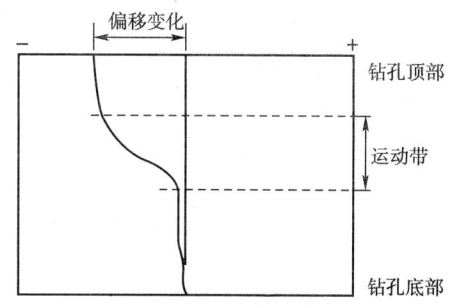

图 12-59 量测位移量变化示意图

通过两次测得频率的差值,用式(12-37)计算得到轴力值。并绘制轴力随基坑开挖变化曲线。

$$P = K\Delta F + b\Delta T + B \tag{12-37}$$

式中：K——轴力计的标定系数（kN/F）；

B——轴力计的温度修正系数（kN/℃）；

b——轴力计的计算修正系数（kN）；

ΔF——轴力计输出频率模数时测量值相对于基准值的变化量（注：频率模数 $F = f \times 10^{-3}$）；

ΔT——轴力计的温度实时测量值相对基准值的变化量（℃）。

（6）钢筋应力量测

振弦式钢筋测力用振弦频率读数仪完成。记录传感器的频率值（或频率模数值）、温度值、仪器编号、设计编号和测量时间,计算关系为：

$$P = K\Delta F + b\Delta T + B \tag{12-38}$$

式中：P——被测钢筋的荷载（kN）；

K——钢筋计的标定系数（kN/F）；

ΔF——钢筋计输出频率模数实时测量值相对于基准值的变化量（F）,频率模数：$F = f^2 \times 10^{-3}$；

b——钢筋计的温度修正系数（kN/℃）；

ΔT——钢筋计的温度实时测量值相对于基准值的变化量（℃）；

B——钢筋计的计算修正值（kN）。

6. 监测控制标准和预警值

施工监测小组监测建立和健全了控制标准和预警值,见表 12-43。

监测控制标准和预警值　　　　表 12-43

序 号	量测项目	控制标准	预警值
1	地面沉降	二层处：+10mm、-24mm	8mm、-19mm
		三层处：+10mm、-30mm	8mm、-24mm
2	围护结构水平位移	30mm	24mm
3	管线沉降	+10mm、-40mm	8mm、-32mm
4	地面建筑物沉降	15mm	10mm
5	地面建筑物倾斜	1/2000	1/2500
6	地下水位	500mm	200mm/天

在车站施工过程中,可能出现一些异常情况,应采取相应的应急措施:

(1)按方案设计的频率进行监控量测,当地面构筑物、地面管线等变化速率较大时,增加监控量测频率;当超过警戒值时,采取调整施工参数,加固地面构筑物。

(2)当地面有裂缝时,加强对裂缝处沉降监测,并进行安全监测和巡视。

(3)当监测数据持续报警,加强监测频率,出现异常及时通知相关单位。

具体可以参看梁溪大桥站基坑监测布置图和五爱广场站基坑监测布置图。

(二)区间隧道施工监测

1. 区间隧道施工监测工作流程

施工监测小组制定区间隧道施工监测工作流程,如图12-60所示。

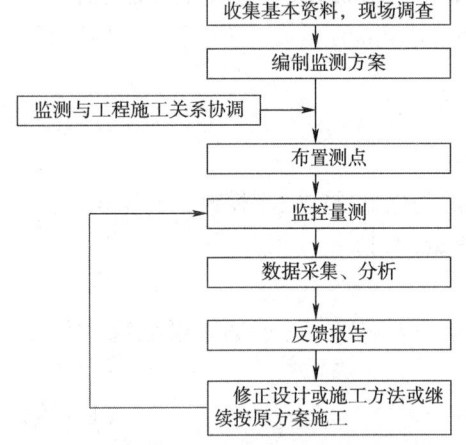

图12-60 区间隧道施工监测工作流程图

2. 建筑物、构造物、管线和其他项目的调查

(1)临近建(构)筑物的调查

①对施工影响范围内(区间隧道中心线15m内)各建(构)筑物的有关材料、状况和既有的损坏、变形等作详细的记录,填写调查表,并由建筑物业主签字认可。

②对影响范围内建筑物的内外构件,包括表面修整、维修保养情况进行调查,摄影资料应包括各种缺陷和裂缝、湿斑、抹面脱落和其他损坏。

③对影响范围内建筑物主要结构的裂缝、开裂和磨损的混凝土、外露和锈蚀的钢筋等,应进行重点拍摄,并显示其位置。

(2)管线调查(探测)

对地下管线的调查要求全面地反映地下管线情况,包括从地下到地面,并按要求进行测绘。对施工影响范围内(区间隧道中心线15m内)所有管线进行探测。

(3)其他调查

①降雨量。从有关部门收集有关资料,总结该区域每年、每季度降雨量的分布情况。

②温度。测量施工区域内地下温度、地表温度、监测点附近的温度调查,并进行统计。

③人流量、车流量。调查高峰期及不同时段道路上车流量和行人数量。

在调查期间,同时对所有项目的资料进行收集、测量、统计,并综合存入监测管理系统,以便给后续监测、施工提供可靠的资料。

3. 测点的布置

(1)测点的布置原则

①按照监测方案在现场布设测点,当实际地形不允许时,可在靠近设计测点位置设置测点,以能达到监测目的为原则。

②为验证设计参数而设的测点,应布置在设计最不利位置和断面;为指导施工而设的测点,应布置在相同工况下最先施工部位,其目的是为了及时反馈信息,以修改设计和指导施工。

③地表变形测点的位置,应既要考虑反映对象的变形特征,又便于采用仪器进行观测,还要有利于测点的保护。

④深埋测点(结构变形测点等)不能影响和妨碍结构的正常受力,不能削弱结构的刚度和强度。

⑤各类监测测点的布置,应在时间和空间上有机结合,力求同一监测部位能同时反映不同的物理变化量,以便找出其内在的联系和变化规律。

⑥测点的埋设,应提前一定的时间,并及早进行初始状态的量测。

⑦测点在施工过程中一旦破坏,应尽快在原来位置或尽量靠近原来位置补设测点,以保证该测点观测数据的连续性。

(2)盾构区间测点布置

在盾构推进前60天提交详细的盾构施工监测方案,得到业主和监理工程师批准后5天内布置测点。

①地面沉降(隆起)监测点布置。一般地段30~50m设一断面,结构边距高层楼边不大于10m者设1~2断面。

②地面建筑物沉降、倾斜和水平位移。沉降点的数量不少于4点,规模较大的建筑物根据需要增加测点数量。

③隧道隆陷。每5~10m设一断面。

④周边净空收敛位移测量。每10~20m设一断面。

⑤管线沉降。在隧道影响范围内的地下管线沿长度每5m设一监测点。

⑥地面建筑物及管片裂缝。根据建筑物情况及重要程度,在每栋建筑物上面至少每个角设置一个观测点。

⑦土层压应力。每一代表性地段设一断面。

⑧衬砌环内力及变形。每50~100m设一断面。

⑨土体水平位移及分层沉降。在典型断面布置测斜仪进行测量,如图12-61所示。

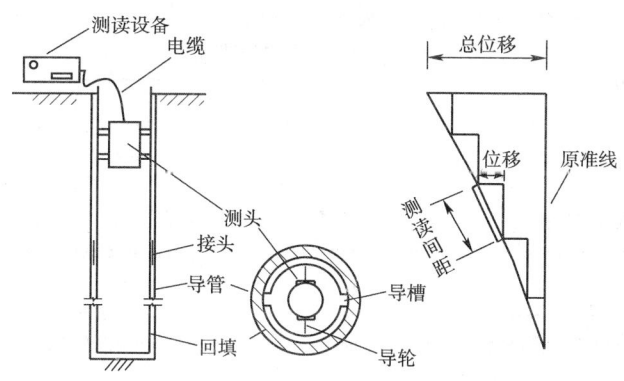

图12-61 测斜仪布置示意图

4.监测控制标准

(1)区间隧道监测控制标准

根据以往地铁施工经验,结合本工程的特点、设计要求及有关规范规定,对车站、盾构隧道开挖引起的拱顶隆沉、周边收敛位移等,建立了相应的控制值和预警值。具体见表12-44。

①对于隧道地表变形限值的要求。一般情况为-30mm~+10mm,特殊情况另定。

②建筑物沉降控制值。根据经验,桩基础建筑物允许最大沉降值不大于10mm,天然地基建筑物允许最大沉降值不大于30mm。各类建筑物允许倾斜或沉降值见表12-45。

施工监测控制标准与预警值 表12-44

序 号	监测项目	控制标准	预 警 值
1	地面沉降	−30mm ~ +10mm	−20mm
2	管线沉降	−30mm ~ +10mm	据实际要求
3	地面建筑物沉降	30mm	20mm
4	拱顶下沉	30mm	20mm
5	周边收敛位移	$0.003B$	$0.002B$

各类建筑物允许倾斜或沉降值 表12-45

建筑物结构类型	地基土类型		备 注
	中低压缩性土	高压缩性土	
砌体承重结构基础的局部倾斜	0.002	0.003	(1)L指相邻桩基的中心距离。 (2)H指自室外地面算起的建筑物高度。 (3)倾斜是指基础倾斜方向两端点的沉降差与其距离的比值。 (4)如有关部门对建筑物的沉降有特殊要求时,以其要求为准。 (5)以上控制标准采用《建筑地基基础设计规范》(GB 50007—2011)基准值
工业与民用建筑物相邻接桩基的沉降差			
砖石墙填充边排桩	$0.007L$	$0.001L$	
框架结构	$0.002L$	$0.003L$	
不均匀沉降时不产生附加力的结构多层、高层	$0.005L$	$0.005L$	
高层或多层建筑物的基础倾斜			
$H<24$m	$0.004L$	$0.004L$	
$24\text{m}\leqslant H<60\text{m}$	$0.003L$	$0.003L$	
$60\text{m}\leqslant H<100\text{m}$	$0.002L$	$0.002L$	
$H\geqslant100$m	$0.0015L$	$0.0015L$	

③管线的不均匀沉降和沉降控制值,见表12-46。

各类管线不均匀沉降值 表12-46

管线类型	允许不均匀沉降值	备 注
煤气管(承插式、机械式插头)	$1‰L$	(1)L为管线的分节长度; (2)各种管线的沉降值应根据管线的连接形式结合盾构施工的沉降槽曲线特征通过计算确定。 (3)如有关部门对管线沉降有特殊要求时,以其要求为准
上水管(承插式、机械式插头)	$1‰L$	
下水管(承插式、机械式插头)	$1‰L$	

④地下水位的监测控制标准。从车站施工开始至最后坚持做好施工降水,严格控制地下水位下降在结构底板以下1m以外。

(2)区间地表沉降规律与力学分析

盾构施工引起的地表变形主要可分为五种类型,各种类型沉降产生的原因与机理见表12-47。

地层受扰动而引起应力变化是产生位移的主要原因。对于本标段盾构区间,由于区间隧道穿越的主要为沙砾、卵石及黏性土地层,并且隧道埋深相对较浅,因此大部分地层变形以盾构通过时的沉降和盾尾空隙沉降为主,且由于隧道埋深浅,地层较软弱,地层变形相对会较大,表中五种沉降类型都会产生。

5. 所需监测项目、监测仪器、监测方法、监测频率

(1)所需监测项目汇总

区间隧道监测项目、方法、监测频率,见表12-48。

盾构施工引起变形的原因与机理　　　　　　　　　　　　　　表12-47

沉降类型	主要原因	应力扰动	变形机理
先期沉降	地下水位降低	孔隙水压力减少,围岩有效应力增加	压缩和压密、下沉
盾构开挖面沉降或隆起	工作面处施加压:过大隆起,过小沉降	围岩应力释放、扰动负荷土压力	弹塑性变形
盾构通过时沉降	施工扰动,盾构与围岩(土体)间剪切错动,出渣	扰动	压缩
盾尾空隙引起的沉降	围岩(土体)失去支撑,管片背后注浆不及时	应力释放	弹塑性变形
后续沉降	结构变形、地层扰动、空隙水压下降等	土体固结	压缩和蠕变下沉

区间隧道监测汇总表　　　　　　　　　　　　　　　　　　表12-48

类别	序号	监测项目	监测仪器和工具	测点布置	监测频率
应测项目	1	地表沉降和隆起	精密水准仪 铟钢水准尺	一般地段30~50m布一断面,结构边距高层楼边不大于10m若设1~2断面	掘进面距量测面前后<2B时,1次/天 掘进面距量测面前后<5B时,1次/天 掘进面距量测面前后>5B时,1次/周
	2	地面建筑物沉降、倾斜和水平位移	精密水准仪 铟钢水准尺	建筑物沉降点的数量不少于4点,规模较大的建筑物根据需要增加测点数量	距掘进面<20m时,1次/天 距掘进面<50m时,1次/2天 距掘进面>50m时,1次/周
	3	拱顶下沉	精密水准仪 铟钢水准尺 收敛仪	每5~50m一个断面,每断面1~3个测点	掘进面距量测面前后<2B时,1次/天 掘进面距量测面前后<5B时,1次/天 掘进面距量测面前后>5B时,1次/周
	4	隧底隆起			
	5	隧道收敛	收敛仪	每5~50m设一断面,每断面2~3个测点	
	6	隧道沉陷	水准仪 铟钢尺	每10~20m设一断面	
	7	地面建筑物及管片裂缝	观察、目测	—	随时观察
	8	管片实际位置监测	水准仪	10环	每10环一测

(2)监测仪器

所需监测仪器,见表12-49。

监测仪器汇总表　　　　　　　　　　　　　　　　　　　　表12-49

设备、仪器名称	单位	数量	设备、仪器名称	单位	数量
全站仪	台	1	铟钢尺	把	2
精密水准仪	台	1	计算机	台	1

6. 区间隧道监测的实施办法

(1) 区间盾构隧道监测的工艺流程

区间盾构隧道监测的工艺流程如图 12-62 所示。

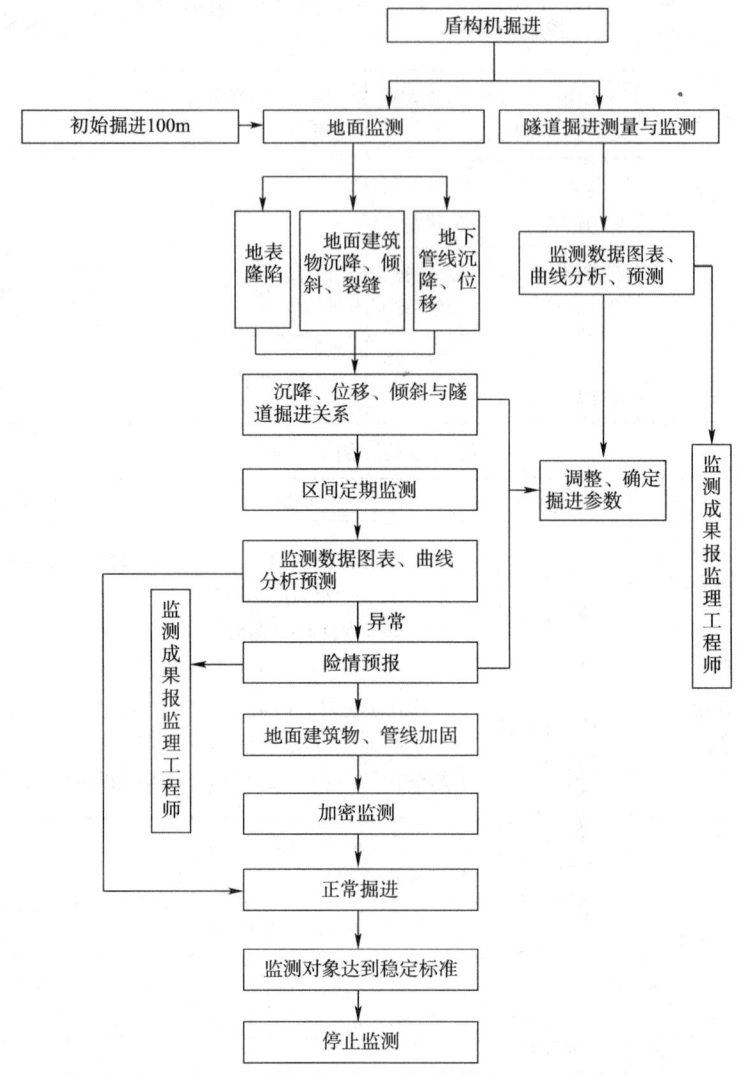

图 12-62　区间盾构隧道监测工艺流程图

(2) 区间隧道监测具体实施方法

①地面隆陷。

a. 监测方法:用精密水准仪进行测量。

b. 监测要点:监测时严格按照《国家一、二等水准测量规范》(GB/T 12879—2006)执行,沉降点复测周期按照现行《城市测量规范》(CJJ/T 8—2011)执行。

c. 数据处理:地表沉降监测随施工进度进行,并将各沉降点沉降值存入计算机监测管理系统汇总成沉降变化曲线、沉降速度变化曲线统一管理,绘制报表。

②地面建筑物沉降监测。

a. 监测方法:用精密水准仪测量。

b. 监测要点：监测时严格按照《国家一、二等水准测量规范》(GB/T 12879—2006)执行，沉降点复测周期按照现行《城市测量规范》(CJJ/T 8—2011)执行。

c. 数据处理：建筑物沉降监测随施工进度进行，并将各沉降点沉降值存入计算机监测管理管理系统汇总成沉降变化曲线、沉降速度变化曲线统一管理，绘制报表。

③拱顶下沉、隧底隆起和周边净空收敛位移监测。

a. 监测方法：用收敛仪测量。

b. 测量精度：±1mm。

c. 数据处理：监测值存入计算机监测管理系统汇总成位移变化曲线、位移速度变化曲线统一管理。

④管线沉降监测。

a. 监测方法：用精密水准仪测量。

b. 监测要点：管线保护按照业主、管理单位的要求及国家相关规范执行。

c. 数据处理：根据施工进度进行，将各沉降点沉降值存入计算机监测管理系统，绘成管线变形曲线图，统一管理，绘制报表。

⑤地面建筑物及管片裂缝。

a. 监测方法：观察、目测。

b. 监测要点：发现裂缝后，立即用裂缝观测器实测裂缝宽度并统一编号，用黑色墨汁写在裂缝旁。

c. 数据处理：将裂缝编号后宽度值存入计算机监测管理系统，统一管理。

⑥管片实际位置监测。

a. 监测方法：采用全站仪。

b. 数据处理：根据变化规律及时调整注浆配合比、注入量等。

7. 监测的数据分析与信息反馈

监测数据在 24 小时内报送监理工程师及项目工程师审阅。各项监测数据及时整理、绘制位移—时间、应力—应变等随施工作业面的推进时间变化规律曲线。对初期时态曲线及时进行回归分析以预测可能出现的最大变形值、应力值，回归函数可在下列函数中选用：

$$U = a + \frac{b}{\lg(1+t)} \tag{12-39}$$

$$U = a(1 - e - bt) \tag{12-40}$$

$$U = a\left[1 - \left(\frac{1}{1+bt}\right)^2\right] \tag{12-41}$$

$$U = \frac{t}{a+bt} \tag{12-42}$$

$$U = a\left[\left(1 + \frac{1}{1+bt_0}\right)^2 - \left(\frac{1}{1+bt}\right)^2\right] \tag{12-43}$$

式中：U——变形值；

a、b——回归系数；

t——测点埋设后时间；

e——应力值。

根据时态曲线回归结果，结合监控量测管理等级，见表 12-50，进行位移、速率综合分析判断,指导施工,反馈设计。

监控量测管理等级　　　　　　表12-50

管理等级	管理位移	施工状态	管理等级	管理位移	施工状态
Ⅲ	$U < U_0/3$	正常施工	Ⅰ	$U > 2U_0/3$	采取特殊措施
Ⅱ	$U_0/3 \leq U \leq 2U_0/3$	加强观察支护			

注:U为实测变形量;U_0为允许变形量。

8.监控测量的质量控制

(1)初期控制

在施工前,根据总的施工设计方案,通过现场勘察,确定测试仪器、布置位置、数量及深度。根据总的施工顺序和进度计划,初步确定测点布置顺序。

(2)施工控制

在仪器安装埋设的全过程中,必须对仪器、传感器和设备等进行连续的检验,以确保它们的质量稳定性,并作好如下记录:

①仪器的种类、型号、编号和说明;

②测试元件布置的位置及编号;

③测试点布置日期;

④测试时的气候状况;

⑤安装和测试时周围施工状况或掘进里程;

⑥安装期间的调试及多次测试取初始数据。

凡委托第三方所做的监测项目,监测记录由技术主管和监理工程师签字认定;项目部所做的自测项目由技术主管签字认可。

(3)监测控制

监测阶段,作好数据采集记录和信息反馈,仪器的维护和标定。根据规定的采集频率,满足系统在时间上的连续性的要求,以仪器的精度和准确度为标准检验或判断数据的偏差是否正常。所有监测工作均应考虑和施工穿插进行。观测时间应尽量避开白天客流量、车流量大的时间(必须和施工同时进行的除外)。

(4)数据分析处理控制

全部采用计算机处理,自动图表处理数据。

(三)工程施工测量

1.梁溪大桥站、五爱广场站施工测量

(1)建立测量控制网

先对交桩控制网进行复测,将复测结果报请业主和监理批准。

根据工程特点,首先建立地面控制网,其中包括平面和高程控制网,随后通过明挖部分将地面坐标传递到地下,在基坑内建立控制导线。在整个施工过程中,定期对地面控制网、导线点及车站测量基准网进行检验复核。

(2)施工测量

根据车站地形特点,结合甲方、设计部门提供的建筑红线、高程水准点和导线网,在主体基坑周边布设临时水准点和导线点,与设计部门提供的导线和水准点形成一个闭合的导线网,以此来控制线路中心线、方向及基坑的开挖尺寸、深度和混凝土框构施工。

施工测量流程为：交桩→复核→高程及导线的引进和传递→建筑定位→主轴线的测设、复核→开挖及结构施工测量→沉降观测。

主要测量工作包括：

①管线准确位置复核测量。

②与邻近建筑物距离测量。

③基坑开挖及结构施工中测量。主要包括围护桩施工、主体基坑开挖、结构主体施工的控制导线测量、水准控制测量、开挖定位测量、中线测量、细部结构定位测量等，在施工过程中及时发现并调整各项误差。

④工程竣工测量。主要进行车站主体结构净空测量、主体结构尺寸测量、线路中线贯通测量等。

⑤沉降观测有关测量。

（3）施工测量标准

以 GPS 控制网为基础建立二级地面精密导线，平均边长 150m，埋设在主体结构附近，并避开变形区。

施测采用三维坐标法进行测量，净空断面尺寸采用解析法测量。

施工中平面测量控制：用极坐标定位法、铅垂线控制法、中心线十字校核法，对车站进行平面定位和校核。

水准点规格按现行《城市测量规范》（GJJ/T 8—2011）有关要求确定。

向地下传递高程与坐标传递同步进行，高程传递和高程测量按二等水准测量方法和仪器施测，采用铟钢尺水准测量、悬挂钢尺水准测量和三角高程间接法控制高程。

加强测量复核管理，坚持资料复核制、桩橛复核制、仪器检核制、测量人员持证上岗制、测量方法复核制。

测量成果坚持检查验收制，并报请批准。

（4）施工测量仪器

为实施车站测量工作，配备全站仪 2 台、精密水准仪 3 台，并配备相关的计算软件及测量仪器配件。施工中加强仪器保养，并按规定时间进行鉴定，见表 12-51。

测量仪器表　　　　表 12-51

仪器名称	型号规格	精度等级	数量	产地	备注
全站仪	索佳 SET22D	±2″	2 台	日本	配反射棱镜
精密水准仪	苏光 DSZ2	±0.5mm/km	2 台	苏州	铟钢尺
	徕卡 NA2	±0.4mm/km	1 台	瑞士	铟钢尺
计算机	联想 P4	—	1 台	北京	—
测量平差软件	—	—	1 套	广州	—
电子手簿	PC-E500S	—	1 台	日本	—
卡西欧计算器	FX-4800P	—	1 台	马来西亚	—
弯管目镜	索佳 DE-21A	—	1 个	日本	—
空盒气压表	DYM3	—	1 台	长春	—
钢卷尺	5m	—	6 个	哈尔滨	—
反射镜片	—	—	100 片		

2.盾构区间施工测量

(1)建立测量控制网

区间全线高级控制点(GPS 点)由业主提供,在开工前 1 个月项目部将对其进行检测,并提交检测报告。在放线测量前,将有关施工测量方案报送监理工程师审批。据施工布置情况,项目部拟分别进行盾构区间的加密测量,并构成全线地面施工控制网,其中平面控制网为导线网,用Ⅰ级全站仪测量,测角 6 测回,测边往返观测各两测回,每测回数据进行严密平差。其中各测量参数满足:$m_s \leq \pm 6mm$,测距相对中误差 $\leq \pm 1/60000$,$m_\beta \leq \pm 2.5''$,$m_\omega \leq \pm 5''$,全长点位相对中误差 $\leq \pm 1/35000$,相临点点位中误差 $\leq \pm 8mm$。地面高程控制网点的布设满足既方便施工测量,又牢固稳定的条件,不受施工过程或其他外界条件的影响而导致沉降变化。水准网的测量(加密)均采用三等精密水准测量方法,各项精度指标均应符合三等精密水准测量的技术要求。

通过联系测量,将地面施工控制点经盾构工作井引入始发井底板上,为隧道施工提供井下测量基准网。随着盾构机的掘进,将在洞内陆续建立其他测量控制点。

高程控制网布置见图 12-63;平面控制网布置见图 12-64。

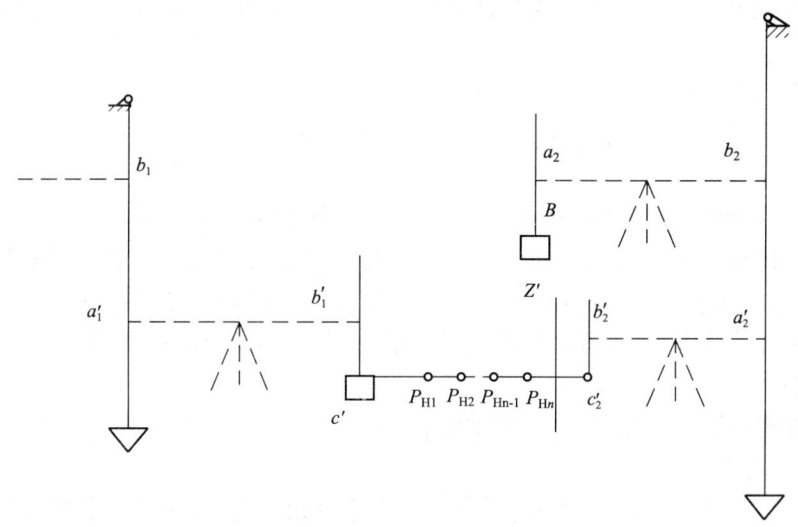

图 12-63 高程控制网(导线网)示意图

注:B 为两井口地面三等水准点;a_1、a_2、b_1'、b_2' 为水准尺读数;b_1、b_2、a_1'、a_2' 为钢尺读数。

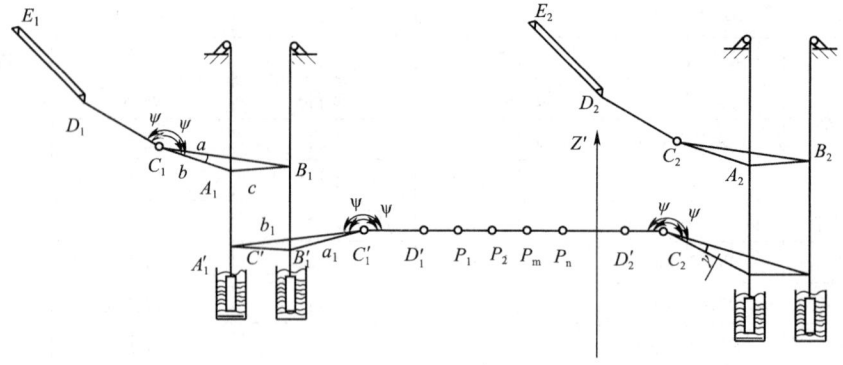

图 12-64 平面控制网(导线网)示意图

注:E_1、D_1、E_2、D_2 为地面 GPS 点或加密控制;$C_1 C_1' C_2 C_2'$ 为连接点;$C_1'-D_1'$、C_2-D_2' 为两车站基线边(定向边);P_i 为隧道内控制点;K 为贯通点。

(2)施工测量仪器汇总表

施工测量仪器汇总见表12-50。

(3)盾构法施工测量

①掘进施工测量。由项目部组织工程技术人员编写盾构法施工测量技术方案,并报监理审批。

复核线路设计三维坐标:复核区间施工设计图上的所有三维坐标,项目总工、测量技术负责人签名,若有问题及时上报待审批后方可施工。

隧道内主控测量:按贯通测量预计方案的隧道控制测量的要求实行。

隧道内施工控制测量:以主控点为依据,用二级全站仪测量,测角两测回(左右角各一测回,均值之和与360°的较差小于6″),测边往返各测两测回。

控制点的延伸原则:先施工控制,后主控控制,先检测后延伸;盾构机及反力架的安装测量,方法:矩形控制法。

精度:轴线方位角误差≤1′30″,机头平面、高程的偏离值≤±5mm;掘进过程中盾构机姿态测量。提供瞬时盾构机与线路中线的平面、高程的偏离值,与自动导向系统所测值相比较更有利指导掘进。

测量方法:拟合法。用全站仪测量"间接点"三维坐标,用小钢卷尺和水平尺测量盾构机的旋转、打折、俯仰角的计算参数,可求得盾构机的旋转角、打折角、俯仰角,用拟合法的计算程序将"间接点"三维坐标转换为盾构机机头中心的三维坐标及其与线路中心的设计坐标在线路法线面上的水平偏差和竖直偏差。

精度:偏离值中误差≤±15mm。掘进前50m每天测量一次,以后每隔40环测量一次,贯通前50m每天测量一次。其结果及时与ELS的测量结果进行比较,检查ELS是否正常;掘进过程中环片姿态测量:按周期对环片进行检测,提供环片姿态信息有利于盾构机操作手操作,保证环片成型后的质量。

方法:极坐标法。用全站仪直接测量环片的中心坐标和高程,同隧道中心设计三维坐标值比较,其差即为该环管片的平面和高程偏差值。

精度:偏离值中误差≤±15mm。掘进前50m和贯通前50m每天测量一次,中间每20~30环测量一次,两次测量将重复5坏。及时提供信息以便指导掘进和注浆,确保隧道施工质量。

ELS的检核测量:施工中对自动导向系统的检核测量是保证环片和盾构机姿态的质量可靠手段。

全站仪(TCA)托架三维坐标的检核与延伸:与施工控制测量相一致;修改ELS的测站(station)测量参数,定向(oritation)完成后,再进行掘进测量(advance)和方向检测(direction);掘进过程中随时进行方向检测,若发现问题及时校正。

自动导向系统(SLS-T)的测量(基本原理):通过人工测量的方法将TCA(智能型全站仪)中心位置的三维坐标以及与后视棱镜的坐标方位角输入控制电脑"station"窗口文件保存。TCA定向完成后,再在电脑上启动"advance",TCA将照准激光标靶,并被其接受。根据激光束的照射位置可以确定激光标靶水平位置和竖直位置,根据激光标靶的双轴测斜传感器可以确定激光标靶的俯仰角和滚动角,TCA可以测得其与激光靶的距离,以上数据随推进千斤顶和中折千斤顶的伸长值及盾尾与管片的净空值(盾尾间隙值)一起经由专用掘进软件的计算和整理,盾构机的位置就以数据和图表的形式显示在控制室的屏幕上。通过对盾构机当前位置与设计位置的综合比较,盾构机操作手就可以采取相应的操作方法尽快且平缓地逼近设计线路。使之与设计线路偏差保持在工程质量容许值之内,保证隧道按设计施工。理论与实践证明 SLS-T 的测量精度≤±15mm。

②贯通测量。贯通前 50m 将增加各项施工测量工作的次数,并进行主控测量复测,保证隧道贯通。贯通后,应进行贯通误差测量,以及导线、水准闭和差的测量,严密平差后的成果作为后续测量工作的依据。

(4)竣工测量

①线路中线测量。以施工控制点为依据,利用区间时施工控制中线点组成附合导线。直线上点间距平均为 150m,曲线上为 60m。按主控测量的方法要求进行,技术指标同主控测量。

②隧道净空断面测量。以测定的线路中线点为依据,直线段每 6m,曲线上包括曲线要素点每 4.5m 测设一个结构横断面,结构横断面可采用全站仪测量,测定端面里程误差允许为 ±50mm,断面测量精度为 ±50mm。

(5)盾构始发井施工测量

①施工测量要求。

a. 采用三维坐标法进行测量。

b. 因各标段施工时间和施工方法不同,为避免差错,工作中不仅要做好本标段的施工测量,还要按照监理工程师要求与邻近标段进行贯通联测,做好测量的相互衔接。

c. 布设足够的控制点,并精心做好标志,加强对控制点的保护和检查。为保证测量精度,配备先进的测量仪器,使用先进的测量技术。

d. 负责保护好本合同段内全部的三角网点、水准网点和自己布设的控制点,特别是引进隧道的导线点,防止移动和损坏,一旦发生损坏,及时报告监理,并协商补救措施,及时处理。

e. 全部的测量数据和放样,经监理工程师检查合格后,才开展后序工作。

f. 严格按照技术规范要求进行测量工作,并做好测量资料的管理。

②高程控制测量。

以Ⅱ等水准网为基准设Ⅱ等加密水准网,并且贯通联测到相邻标段所用的水准控制点一个以上。将水准网在Ⅱ等水准点之间布成附合环线,往返校差、附合环线闭合差≤±8$\sqrt{L}$mm(L 为附合线的路线长度,以 km 计算),使用仪器、标尺及操作方法精度指标均按Ⅱ等水准测量标准。

高程控制测量采用Ⅱ等水准网,遵循设两个以上高程水准点的原则,以满足控制精度要求。并通过工作竖井传递高程,将井上水准点的高程传递到井下水准点,高程传递两次或独立进行三组较差。

精密水准点埋设混凝土普通水准标石或采用平面控制网点,其规格按现行《城市测量规范》(GJJ/T 8—2011)有关要求确定。

③接口的测量。为保证施工的顺利连接和接口几何尺寸的准确,施工前与对方的控制网进行复核测量,施工中对这些位置轴线、高程复核,并与有关部门进行确认,如发现误差超过容许的范围,及时与监理工程师联系,会同监理工程师制订处理措施,保证接口正确连接。

④施工放线测量。

a. 测量仪器使用全站仪,使用前请计量专业部门标定,并有标定证书。

b. 每次测量作业之前进行检验,检验按照有关规范的要求全面细致地进行。

c. 水平角观测过程中,气泡中心位置偏离不宜超过 1 格,四等以上导线点的水平角观测,当观测方向的垂直角超过 ±3°的范围时,宜在测回间重新整置气泡位置。

d. 四等以上导线点的水平角观测,在总测回中以奇数测回和偶数测回分别观测导线前进方向的左、右角。左右平均值之和应等于360°,其误差值不大于2倍测角中误差。

e. 水平角方向观测的技术要求:对四等以上导线测量时满足光学测微器两次重合读数之差≤3″,半测回归零差≤8″,一测回中2倍照准差变动范围≤13″;同方向值各测回较差≤9″。

f. 测距要求:测边在成像清晰和气象稳定时进行,雨天和大风天气不应作业,不顺光、逆光测量,当测距过程中受不良影响出现粗误差,重新该测回的测量。

g. 四等导线使用Ⅱ等测距仪测距时,要符合下列规定:观测次数往返各一次,总测回数4~8测回;一测回读数较差≤10mm,单程各测回读数较差≤15mm。

h. 测量标志用不锈钢或铸铁件制作,在软土中,钢钉嵌入大小合适的混凝土块中,并保证永久固定,铭文持久且清楚。埋设在地下的测量标志用混凝土管或框架加以保护,并加盖以防止被泥土和雨水弄脏。次一级的测量标志,经监理工程师批准后,用钢管或木桩标志。每一个新设的固定点与该点的原始数据之间的误差彻底进行核对。

(6)主要技术要求及保证措施

①测量人员和仪器,必须有绝对的保证和相对的稳定。所有参加测量的人员,都必须持证上岗,并且建立岗位负责制。测量仪器,必须定期校核和控制在使用有效期内,同时加强对测量仪器的管理。

②必须坚持复核制,利用已知点进行引测、加点和施工放样前,必须坚持先检测后利用的原则,确定已知点检测无误时才可使用。凡接桩复测、施工放线放样、竣工测量等每次都必须进行双检复核;无论从测量监理接桩、精测队交接桩还是施工放样及施工过程测量交接桩,都必须办理书面记录、双方签字,重要桩点需有图示说明。

③所有结构施工放样测量数据资料,必须事先在专用本上计算、复核完毕,并画出放样示意图,标注尺寸、高程和拟采用的控制桩位置、里程、坐标等必要全部数据。用于测量的图纸、资料,应认真研究核对,确认无误无疑后方可使用。

④原始记录,必须在现场同步做出,严禁事后补记补绘,测量资料不允许涂改,不合格时进行补测或重测。

⑤测量过程必须有可追溯的详细文字记录,内容包括测量仪器编号及名称、人员分工、测量读数、计算公式、过程、结果,控制桩使用情况,气候、日期、主测人、复核人等。

 **思考题**

1. 城市轨道交通工程 GPS 控制网布设外业观测主要工作有哪些?
2. 水准外业观测按城市轨道交通一等水准的方法施测,主要的技术要求有哪些?内业数据处理后提交的主要资料有哪些?
3. 为了确保水准观测精度,城市轨道交通一等水准测量对于选点与埋石有哪些要求?
4. 数字水准仪是以自动安平水准仪为基础,数字水准仪与传统光学仪器相比有哪些特点?
5. 城市轨道交通工程对于地下管线调查与测绘成图方法有哪些?
6. AGT-1 陀螺经纬仪定向测量的程序有哪些?
7. 盾构掘进姿态传统测量方法主要利用坡度板测量盾构的纵坡和滚转角,利用激光经纬仪测量前后靶坐标,从而计算出盾构切口与盾尾的高程、举重臂位置的偏差,经与设计轴线比较,计算出切口与盾尾的高程偏差及管片相对盾构轴线的偏差。主要测量方法和步骤有哪些?
8. 城市轨道交通工程控制基标穿线测量和调线测量方法有哪些?

第十三章 城市轨道交通工程测量项目管理与质量控制

一 城市轨道交通工程测量项目管理与质量控制基本要求

城市轨道交通建设工程中的施工测量是基础性工作,建设工程质量直接关系工程安全、经济社会发展和人民群众的切身利益,而施工测量质量是工程质量的基本保障。为加强城市轨道交通工程测量成果质量的控制,保障建设工程的质量与安全,提高测量成果质量水平,在建设工程中必须要加强测量项目管理与质量控制。

(一)测量项目管理基本要求

城市轨道交通工程建设项目管理,大都采用间接方式,工程项目涉及各个领域和多个专业,业主由于自身时间、精力和专业等方面的限制,通过各种委托协议和合同,把工程项目的各项任务和管理职责以及各项风险分解到有关单位,项目业主进行总体协调和控制,保证建成后的工程项目功能与质量达到设计标准,实现项目预期投资目标。

在城市轨道交通工程建设诸多项目中,项目管理的组织管理方式受到建设单位的组织结构的影响,不同建设单位的项目组织结构和组织方式,在项目管理上都有不同的特点。就组织系统而言,一般采用职能划分方式,每一职能部门对应一种专业分工,其责任随着项目的开始而开始,随着项目的结束而结束。

针对工程建设中的施工测量工作特点,在测量项目管理中,必须建立项目管理组织,为实现建设项目的测量目标进行筹划、制订实施计划,工程中进行组织、协调和控制等。具体工作内容包括:确定项目目标和工作内容,进行组织结构设计,确定工作岗位与工作职责,配置人员,设计工作流程与信息流程以及制定考核标准等。

1. 确定合理的项目目标

城市轨道交通建设工程的测量工作是为设计、施工服务的,主要是保证结构和线路位置满足设计要求,并在工程建设中及时提供安全监测信息。为满足上述要求,要制订测量项目总目标,同时在不同的工程建设阶段,所涉及的项目目标也不完全相同,因此还要制订相应阶段的项目目标。

2. 确定工作内容

围绕实现项目目标,工作内容包括设计阶段、施工阶段的全部测量工作。这些工作包括控制测量、地形测量、定线测量、管线测量和调查、施工测量、变形监测和竣工测量等。

3. 组织结构设计

测量项目组织形式,要适合测量工作的开展与管理,因此应根据测量项目特点设计组织结构,具体工作包括测量项目的组织形式、组织层次、各层次的组织单元以及相互关系框架等。

4. 工作岗位与工作职责确定

工作岗位的确定要能满足项目目标实现的要求,要以事定位。工作岗位确定后,要确定各个工作岗位的工作职责,并使之满足项目工作的要求。

5. 配置人员

要根据工作岗位和工作内容,配置相应人员,要以事定岗,以岗定人。

6. 工作流程与信息流程

组织形式确定后,大的工作流程就基本明确了,但具体的工作流程与相互之间的信息流程则需要在工作岗位与工作职责明确后再确定,并形成书面文件。

7. 制订考核标准

为了保证项目目标的实现与工作内容的完成,必须对组织内各岗位制订考核标准。考核标准包括考核内容、考核时间和考核形式等。

(二)测量项目质量控制基本要求

1. 质量控制概念

(1) 质量的定义

按照《质量管理体系基础和术语》(GB/T 19001—2008)中的定义,质量是"产品、过程或服务满足规定或潜在要求(或需要)的特征和特性总和"。产品质量应包括满足对产品功能、寿命、可靠性要求的适用性质量和制造质量。

在 ISO 9000:2000 标准中,质量就是一组固有特性满足要求的程度。一般以满足要求的程度来衡量质量的好坏,如果满足了要求,质量就被评价为比较好;如果不满足要求,则称质量比较差。

(2) 质量控制

工程质量有一个产生、形成和实现的过程,为进行和完成质量控制,一般分为三个步骤:第一步对影响质量的各种技术和活动确定控制计划和标准;第二步按计划实施,并在实施过程中进行连续检验和评定;第三步对不符合计划和程序的情况进行处理,并及时采取纠正措施等。

2. 测量质量控制方法

测量质量控制方法有很多,必须根据需要,有针对性地选用。对于测量工作质量控制方法可分为技术方法、组织方法和管理方法几种。

(1) 质量控制的技术方法

质量控制的技术方法,包括编制测量方案、测量方案的审批、测量技术交底、测量方案的实施和过程中的质量检查、测绘产品的质量验收和质量评定、技术创新等。

(2) 质量控制的组织方法

质量控制的组织方法,主要是建立测量质量体系、推行质量责任制、实施质量审核制度等。

(3) 质量控制的管理方法

质量控制的管理方法,包括开展测量质量管理活动、进行质量监理与监督、制订质量奖惩制度并进行质量奖惩、加强合同管理等。

3. 测量质量控制程序

在测量质量控制中,测量质量管理的内容、管理规律以及项目质量形成的过程都有一定的规律,一般以质量目标为起点,依次经过质量计划、质量实施控制、质量检查监督、质量验收、质量评定、质量分析总结、质量信息反馈等八个步骤完成一个循环过程的质量控制。在城市轨道交通工程建设中,对于众多测量项目中的每个项目质量控制循环过程都需要逐步完成,同时,对众多测量项目质量控制需要同时或分期进行成群和系统运转,最终实现项目总目标。

4.建立质量体系

(1)建立质量体系的目的

建立质量体系的目的是确立质量方针,提出质量目标,对影响工程质量主导因素的技术、管理和人员进行有效控制,预防、减少和消除质量隐患,使交付的工程建设项目满足质量检验和施工验收标准(规范),满足使用单位对工程质量的要求和期望等,为城市轨道工程建设和管理提供及时和准确的测绘保障服务。

(2)质量体系的要素

质量体系包括六个方面的要素:领导的职责、质量体系结构、各阶段质量控制、质量信息系统、质量管理活动和质量体系审核。

(3)质量体系的结构构成

质量体系的结构构成,应由组织机构、质量职责、工作程序、过程和资源构成,且是具有一定活动规律的一个有机整体。当一个单位或组织只要实施运作,其管理体系就应客观存在。

5.质量控制内容

(1)设计阶段控制内容

为满足不同设计阶段对测绘资料的需要,提供合格测绘产品。设计阶段控制内容包括对测量技术设计、测量过程、产品成果质量的控制等。

(2)施工阶段控制内容

①施工阶段为结构施工所进行的地面控制测量、联系测量、地下控制测量、贯通测量以及变形监测的质量控制,内容包括技术设计、测量过程、产品成果质量控制等,保证结构贯通测量中误差:横向为±50mm,竖向为±25mm;为防止重大安全事故发生及时提供施工中建筑结构和建筑环境的变形信息。

②铺轨和设备安装阶段的质量控制,内容包括:测量技术设计、测量过程、产品成果质量的控制等,确保全线铺轨和设备安装按设计准确就位,并满足相关规范要求。

6.工序控制及质量控制点控制措施

(1)工序控制

工序是施工测量过程中质量特性发生变化的单元。工序控制是利用各种手段控制测量过程的人、仪器设备、材料、方法、环境要素,保证质量稳定。

为了做好工序控制要进行工序分析,找出并确定影响工程质量的主要因素,进行重点控制。工序分析分三个步骤进行:第一步,采用因果分析图法进行分析,找出支配性要素;第二步,实施对策和计划;第三步,制订标准,控制工序支配性要素。

(2)质量控制点控制措施

质量控制点是根据测量重要的质量特征控制要求而选择的测量质量控制重点部位、重点工序和重点因素。

选择了测量质量控制点,就要对每个控制点进行控制措施设计和控制实施。控制实施中要进行技术交底,作业人员按设计要求认真操作,质量控制人员重点指导、检查、验收,保证质量控制点验收合格。

城市轨道交通工程施工测量项目管理简介

(一) 城市轨道交通工程施工测量项目管理的必要性

城市轨道交通工程建设内容繁杂,建设周期长、线路长、工点多,而各工点的条件和技术要求不一样,开工和建成的时间也不尽相同,一般被划分为若干个标段,分期分批、逐段实施建设。因此,参与施工的单位多,各单位施工经验、习惯、技术水平、仪器设备均不一样,这些都对城市轨道交通工程建设的施工测量管理带来很多困难。

城市轨道交通线路设计有严格的标准,因受现场条件如复杂地形、地质、障碍物、管线等的限制,有时会采用极限条件,因此线路调整余地非常小,不允许因测量错误或施工误差过大再做设计变更。因为线路一经变更就会使直线变曲线或单曲线变复曲线,长坡段变短坡段,竖曲线被迫采用超规范的小半径,有时逼迫对结构采取补充措施,例如凿除侧墙或底板,以容纳轨道结构,凿除顶板以安装接触网等,这些无一不是以牺牲地铁的设计标准和内在质量为代价,而且还要影响工期和投资。

综上所述,为了确保工程建设质量,必须加强施工测量管理,其中建立完善的科学管理体制是至关重要的。

(二) 施工测量内容、管理目标和质量控制

城市轨道交通工程建设中的施工测量,包括设计和施工阶段的测量工作。施工测量主要内容、管理目标和质量控制见表13-1。

施工测量主要内容和管理目标 表13-1

工程建设阶段	测量内容	管理目标	质量控制
设计阶段 (包括可行性研究阶段、初步设计阶段、施工图设计阶段)	中、小比例尺地形图测量、地面控制测量(首级GPS控制测量、精密导线测量、高程控制测量)、1:500地形图测量、管线测量和调查、纵横断面测量、线路中线测量、线路红线和拆迁红线测量、零星测量[毗邻或横跨线路的高压线及建(构)筑物测量,河、湖水下测量等]等	为满足不同设计阶段对测绘资料的需要,提供合格测绘产品	组织专家对测绘成果进行验收
施工阶段:土建结构施工阶段	加密施工控制测量、定线测量、施工测量、限界测量、变形测量[包括地铁线路、建筑结构自身和沿线重要建(构)筑物变形测量]等	线路结构贯通测量中误差:横向为±50mm,竖向为±25mm,结构不侵入建筑限界	施工阶段测量工作可委托专业测量队进行第三方监理测量
轨道铺设和设备安装阶段竣工测量	铺轨基标测量、线路设备安装测量、全线线路(1:500)现状综合图测量(主要内容有:线路轨道、三轨、基标、各种管线、线路附属设施如信号标志位置等,还有线路结构位置如桥、涵等以及沿线地形地貌)、线路纵断面图测量、综合管线图和专业图测量等	(1) 铺轨和设备安装位置误差满足相关规范要求,设备不侵入设备限界。 (2) 通过变形监测,防止重大安全事故发生及时提供施工中建筑结构和建筑环境的变形信息	竣工测量成果可组织专家进行验收

(三)目前施工测量管理组织结构

在城市轨道交通工程建设中,各地的工程建设管理单位都根据自身的实际情况,设立了符合自身要求的施工测量管理方式和管理体系。从目前情况看,全国城市轨道交通工程测量管理方式大概有业主集中统一管理、业主委托集中统一管理和业主委托分散管理三种。

1. 业主集中统一管理

当业主设置测量技术管理岗位,并由测量主管主抓测量工作时,在这种情况下一般采用集中统一管理模式。该管理模式分四个层次:第一层是业主测量管理部门,负责全线测量工作组织、协调、下达任务、制订技术文件、招标、成果发布、指导专业测量队工作等;第二层是专业测量队,在业主测量管理部门指导下,负责全线工程的施工控制测量和控制网的维护,对施工过程的施工控制测量、隧道结构断面、铺轨控制基标等进行检测工作;第三层是驻地监理的测量组,负责所监理工程的全部施工测量作业监管;第四层是承包商测量组,负责所承包工程的全部施工测量作业。管理层次见图13-1。

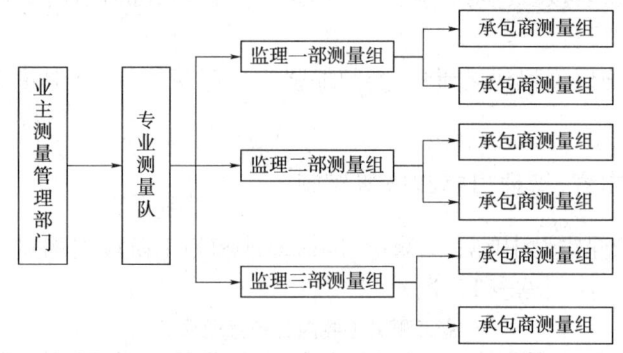

图13-1 管理层次示意图

2. 业主委托集中统一管理

当业主不设置测量技术管理岗位时,一般业主通过招标,采用委托专业测量单位进行集中统一管理模式。该管理模式相当于把第一种管理模式中的第一、二层合并,弱化业主在具体事务中的职能。这种管理模式分专业测量队、驻地监理测量组、承包商测量组三个层次。

3. 业主委托分散管理

业主委托分散管理模式是业主同样不设置测量技术管理岗位,但采用分散管理方法,把专业测量工作分解到每一个工点,并作为单体工程的一部分工作内容,其质量、进度等由驻地监理进行监管,因此第一层为驻地监理测量组,第二层为进行测量实施的专业测量队与承包商测量组。

上述三种管理方式,各有千秋,从线路的施工质量控制来看宜采用集中统一管理模式,从具体工点的质量、进度、投资控制来看可采用分散管理模式,建设管理单位可根据自身实际需求建立合理的管理体系。

(四)对参与测量管理的测量队伍的选择

如前面所述,测量管理需要测量专业人员和测量队伍参与,因此,选择合适的专业测量人员和队伍,对于控制测量质量、提升管理力度非常重要。

在城市轨道交通工程建设不同阶段,测量内容不同,对测量单位资质水平要求也不一样,所以,应根据测量内容特点有针对性地选择测量队伍。如在设计阶段所需的基础测量资料都应选择委托甲级测绘单位完成,这些单位一般都通过了质量体系认证,建立有一套质量保证体系,其测绘成果质量一般比较可靠。因此,对于这些单位提供的测量成果通过组织专家进行测绘成果验收,便可达到质量控制目的。而在施工阶段的测量工作,一般都是由施工单位自己进行的,由于施工单位技术重点在土建施工上,测量为辅助专业,相对技术力量、仪器设备比较薄弱,施工测量质量保证体系也不严密,有时很难保证测绘成果质量。因此,为加强测绘工作管理,保证测绘成果质量,在施工阶段的测绘工作除由施工单位承担起日常施工测量以外,还应委托专业测量队进行第三方监理测量,对与线路密切相关的一些重点部位进行检测,达到测量质量控制目的。

受委托的专业测量队,应是具有甲级测绘资质的专业测绘队伍,这个队伍应具有地铁施工测量、施工测量监理经验和实践,具有满足地铁测量精度要求的测量仪器、测量专用设备以及良好的社会信誉和长期履约与承担风险的能力。这些条件非常重要,就地铁测量工作本身所涉及的基本测绘技术和测绘原理,一般测绘单位都应该掌握,但是由于缺乏地铁工程经验,对地铁测量的特点不了解,因此很难做好这一工作。往往工作做了很多,但在工作内容、测量精度、控制点密度、控制点位置等诸方面仍不能满足施工需要,甚至造成工程的延误和损失,这方面许多地铁建设业主有很多教训。因此,在选择测量队伍时务必强调工程经验。选择了一支好的测量队伍,将在长达数年的地铁施工中受益,否则将会在工作中遇到数不清的麻烦和问题,难免构成测量质量隐患。

(五)工作岗位与工作职责

1. 建立测量管理岗位

在业主、专业测量队、监理单位或施工单位的管理机构中,应该建立测量管理岗位,设专人负责对日常测量工作进行管理。

2. 测量工作职责

国家质量管理条例规定,测绘单位对其所提供的测绘产品承担产品质量责任;测绘产品必须执行国家标准、行业标准;用户有特定需求的,必须在测绘合同中补充规定,并按约定的标准执行;所使用的测绘计量器具,必须按照有关计量法律、法规、规章的规定进行检定或者校准;测绘产品必须经过检查验收,质量合格的方能提供使用。

根据上述测量质量要求,测量管理人员在日常工作中的职责就是针对测绘单位和测绘产品质量,组织制定测量管理制度,对测绘单位资质、技术标准的执行、测量仪器的使用进行审查,并对测量方案进行审核,对测量成果进行评价、验收,协调日常测量工作,总结推广测量经验,分析解决测量工作中的问题等,保证测绘产品质量合格。

(六)建立、健全规章制度

为使施工测量工作成为建设工程的有力保障,必须提升施工测量管理水平,实行施工测量工作标准化、规范化、制度化。要针对工程特点建立起一整套施工测量保障制度,使工程建设中的各级施工测量工作有章可循,使每一个测量环节有测绘、有检核,增强施工测量的最大追溯性、可靠性和协调性。归纳起来应制订如下内容:

(1)施工测量管理规定;

(2)施工测量技术管理规定;

(3)各级施工测量职责和工作内容;

(4)测量仪器管理规定;

(5)测量人员管理规定;

(6)测量控制点交接、保护、补测规定;

(7)测量成果复核及检验规定;

(8)测量资料管理规定;

(9)编制统一测量表格。

(七)日常施工测量技术管理

建立起施工测量机构和管理制度后,关键要加强日常督促、检查、落实和总结、提高工作,才能使施工测量有效地开展起来,为施工建设提供有力保障。因此,要从以下诸方面开展工作。

1. 围绕施工测量质量目标积极开展工作

施工测量的目的是确保城市轨道交通工程的全部建筑物、构筑物、线路、设备和管线等按设计要求准确就位,达到既定质量目标要求,防止因测量工作的粗差而导致施工设计方案的修改,从而造成经济损失。为达到这一目的,要将这一质量目标详细分解到施工测量每道工序,使施工测量每个环节的工作始终在总目标监控之下,有条不紊地开展工作。

2. 严格施工测量生产过程管理

(1)制订完整可行的工序管理流程表,明确工序质量责任,保证工序产品质量。上道工序产品不合格不准流入下道工序。

(2)强化作业现场管理,在关键工序点、重点工序设置必要的质量控制点,实施现场检查。作业时严格执行操作规程,做好质量记录。

(3)执行质量负责人制度,质量负责人对作业全过程实施质量监督,对测绘产品质量负全责,并有权行使"质量否决权"。

(4)坚持三级管理中的"三级检查、二级验收"制度,严格过程检查和最终检查。对验收中不合格产品坚决返工,并及时对质量进行跟踪,做出质量记录,产品返工完成后要进行二次验收。

3. 加强测绘产品质量验收和评定

按照各个阶段完成的测绘产品特点,及时进行质量验收和质量评定。对测绘项目的最终成果要有质量部门的质量验收和评定合格结论,对实行第三方监理测量的中间检测成果要有明确质量结论,不合格的要有技术改进措施。

4. 技术总结和交流

定期召开施工测量技术会议,结合现场情况进行技术总结和交流。经常开展测量先进经验、先进方法的推广活动,使测绘生产不断发展,测量质量不断提高。

三 城市轨道交通工程施工测量项目监理简介

城市轨道交通高质量的线路不单是依赖设备选型的合理,更主要取决于线路结构施工和设备安装精度,而结构施工和设备安装精度的高低,测量工作是关键环节。因此,对这样一个投资大、质量要求高、工艺复杂的建设工程实行测量监理是非常必要的。

(一)城市轨道交通工程建设监理测量的质量目标

城市轨道交通工程建设监理测量的质量目标与管理目标一致,同样满足保证建成后的工程项目功能与质量达到设计标准,实现项目预期投资目标。具体如下:

(1)线路结构贯通测量中误差,横向为±50mm,竖向为±25mm,结构不侵入建筑限界。

(2)铺轨和设备安装位置误差满足相关规范要求,设备不侵入设备限界。

(3)通过变形监测,为防止重大安全事故发生及时提供施工中建筑结构和建筑环境的变形信息。

(二)测量监理的组织形式和人员构成

1. 测量监理的组织形式

城市轨道交通工程建设的测量监理,主要是对测量质量进行控制,其管理层次分二级,第一级由监理总部测量总监理组成,第二级由驻地测量监理工程师组成,对施工承包商施工测量组的测绘工作进行监理。测量监理采用集中统一管理模式,两个层次测量监理各负其责、互相配合对测量工作进行质量控制。

2. 测量监理的人员构成

(1)监理总部测量总监理构成

由具有工程测量经验的高级工程师出任测量总监理,并组织具有甲级测绘资质、地铁施工测量监理经验和实践的专业测绘队伍组成专业监理测量队,在测量总监理领导下进行工作。

(2)驻地测量监理构成

驻地测量监理应由有工程测量经验的高级工程师或工程师出任测量监理,测量监理应有熟悉测量工作的技术人员或技师等配合其进行工作。

上述各个管理层次的监理人员和使用的主要仪器、设备均要有保证和相对稳定,以便持续做好测量监理工作。

(三)各级测量监理的任务和责任

1. 监理总部测量总监理的任务和责任

监理总部测量部工程测量总监理,代表业主承担测量监理方面的工作,负责日常统一组织,制定全线测量作业标准,对各级测量技术人员、仪器设备、作业方法、工序协调进行管理等。

2. 监理总部监理测量队的任务和责任

(1)监理总部监理测量队的任务

①及时掌握全线地面、地下控制测量现状和需求情况,各施工段使用控制点的范围,各施工单位地下隧道的掘进进度和控制点的布设情况,及时提出指导性测量意见,并对首级CPS控制网、精密导线网、水准控制网的完好和稳定进行维护、检查。

②向各承包商提供基准点或中线桩,代表业主进行交接桩。

③及时对承包商的加密控制测量点、联系测量、隧道内控制点等进行检测,并根据检测结果对承包商申报的测量成果进行评价,对不符合要求的成果要提出改正建议。

④为保证区间与相邻车站线路中线的衔接和平顺,对全线施工控制点和各分段工程衔接处的测量公共控制点进行检测。

⑤结构限界断面检测。
⑥控制基标检测。
⑦变形监测检测等。
(2)监理总部监理测量队的责任

监理测量队阶段性地对地下主控制网的复核,目的在于控制全线分段工程的准确衔接和考核全线测量控制网的完整性,但要明确界定监理测量队不分担承包商施工测量的责任。但是,若发生有全线各工点使用的主控制系统不一致现象,或出现各工段系统性的衔接误差,即总控制测量性质的问题,责任在总部监理测量队。

3. 驻地监理的任务和责任
(1)驻地监理的任务
①编写所监理工程的施工测量监理细则,并报总监审批。
②对承包商测量组的技术人员构成和仪器设备装备进行控制。
③指令承包商在开工前做出完整的施工测量设计,审定批准施工测量设计,报总监审定及备案。
④对测量作业进行日常监督。
⑤协调专业监理测量队与承包商测量组的业务关系,做好所监理工程的检测。
⑥对相邻工点承包商的测量衔接问题进行协调。
⑦工程完工后组织承包商向业主移交施工控制点。
(2)驻地监理的责任

驻地监理工程师的工作,是督促承包商必须按有关规范及细则的要求认真执行,对承包商的测量成果进行验收,重要部位应单独进行复测。既检查控制测量性质的测量结果,也检查细部放样测量结果。承包商出现重大施工测量问题,反映出驻地监理对工程形位质量控制不力,对业主委托监管的项目管理失职,驻地监理应负失控的责任。

(四)承包商施工测量组的任务和责任

1. 承包商施工测量组的任务
(1)向驻地监理上报材料,包括人员构成和仪器设备情况、负责施工段已有测量控制点的情况和现场测量标志保护措施等。
(2)编制本工程的测量设计方案,并经驻地监理审查后上报相关部门批准后执行。
(3)按批准的测量设计方案,进行施工测量。
(4)对需要由监理总部专业监理测量队进行检测的项目,上报申请检测。
(5)与相邻工点施工测量组进行测量衔接协调和方案设计。
(6)编制施工测量总结。

2. 承包商施工测量组的责任

承包商测量组对所承包的工程项目测量质量负全责,完成所承包工程项目需要的一切加密施工控制测量和细部放样,按监理总部专业监理测量队提供的部分地面控制网点或导线控制点和驻地监理工程师提供的本工程设计图纸组织完成本段工程的全部施工测量作业。

承包商测量组在进行测量放样时,应注意与相邻工程的衔接,后施工的工点必须与其相邻先行施工的工程进行联测,以保证相对位置的准确。对于各单位施工地段造成的地上、地下控制测量与给定首级控制网不一致,未按设计坐标完成细部放样,特别是未能保证行车隧道的轨道位置和限界要求等,即工程的具体测量责任在承包商测量组。

一般在工程施工承包合同中,按照国际惯例规定监理是否复测和核准均不减轻或免除承包商测量组对工程质量的责任。驻地监理的核准手续是为了避免操作上的疏忽或者成果上的"粗差"存在,监理总部专业监理测量队阶段性地对控制网的复核,目的在于控制全线分段工程的准确衔接和考核全线测量控制网的完整性。驻地监理和监理总部专业监理测量队都不分担承包商施工测量的责任,因为他们的工作往往是滞后的。

(五)质量控制技术管理方法

监理对施工测量质量进行控制必须了解施工单位的技术体系,监督其主要技术工作,检查技术资料的正确性和完整性。质量控制,应采用下述常用技术管理方法,对施工测量质量进行控制。

1. 图纸会审方法

图纸会审是承包商熟悉设计图纸、了解工程特点、设计意图和关键部位质量要求的手段。监理和施工测量人员应参加图纸会审,以便了解对测量的要求,制订适宜的施工测量方案,满足设计、施工需要。

2. 施工测量规划和设计

监理和施工测量人员要了解施工组织设计和施工规划,以便根据施工要求,规划测量工作,编制施工段的总体施工测量方案或局部施工测量方案。

3. 技术交底

测量技术交底是由监理总部专业监理测量队对全线测量控制网的布设形状、控制点位置、精度和特点,施工测量采用的测量技术标准、质量要求及质量评定标准等进行交底。

4. 检查与验收

根据测量技术标准和质量要求,由监理总部专业监理测量队和驻地监理采用仪器检测、旁站监督、指令承包商复测以及对施工单位的测量方案、测量计算资料和成果的复核等监理方法进行检查,对重要项目组织专家对测量成果进行质量验收。

参 考 文 献

[1] 中华人民共和国行业标准.TB 10101—2009 铁路工程测量规范[S].北京:中国铁道出版社,2009.

[2] 中华人民共和国行业标准.GB 50308—2008 城市轨道交通工程测量规范[S].北京:中国建筑工业出版社,2008.

[3] 中华人民共和国行业标准.GB/T 12897—2006 国家一、二等水准测量规范[S].北京:中国标准出版社,2006.

[4] 中华人民共和国行业标准.GB/T 12898—2009 国家三、四等水准测量规范[S].北京:中国标准出版社,2009.

[5] 中华人民共和国行业标准.TB 10050—2010 铁路工程摄影测量规范[S].北京:中国铁道出版社,2010.

[6] 中华人民共和国行业标准.GB/T 16818—2008 中、短程光电测距规范[S].北京:中国标准出版社,2008.

[7] 中华人民共和国行业标准.TB 10054—2010 铁路工程卫星定位测量规范[S].北京:中国铁道出版社,2010.

[8] 中华人民共和国行业标准.TB 10017—99 铁路工程水文勘测设计规范[S].北京:中国铁道出版社,1999.

[9] 中华人民共和国行业标准.CH/T 2008—2005 全球导航卫星系统连续运行参考站网建设规范[S].北京:测绘出版社,2006.

[10] 中华人民共和国行业标准.GB/T 18314—2009 全球定位系统 GPS 测量规范[S].北京:中国标准出版社,2009.

[11] 中华人民共和国建设部.城市房屋拆迁估价指导意见[S].北京:中国建筑工业出版社,2004.

[12] 施仲衡.地下铁道设计与施工[M].陕西科学技术出版社,1997.

[13] 乔仰文,赵长胜.GPS 卫星定位原理及其在测绘中的应用[M].北京:教育科学出版社,2003.

[14] 中华人民共和国行业标准.GB/T 17986.1—2000 房屋测量规范[S].北京:中国建筑工业出版社,2000.

[15] 吕永江.房产测量规范与房地产测绘技术——房产测量规范有关技术说明[M].北京:中国标准工业出版社,2001.

[16] 詹长根.地籍测量学[M].武汉:武汉大学出版社,2005.

[17] 叶晓明,凌模.全站仪原理误差[M].武汉:武汉大学出版社,2003.

[18] 区福邦.城市地下管线普查技术研究与应用[M].南京:东南大学出版社,1998.

[19] 北京市测绘研究院.CJJ 61—2003 城市地下管线探测技术规程[S].北京:中国建筑工业出版社,2003.

[20] 中华人民共和国行业标准.JTS 131—2012 水运工程测量规范[S].北京:人民交通出版社,2012.

[21] 中华人民共和国行业标准.TB 10082—2005 铁路轨道设计规范[S].北京:中国铁道出版社,2005.
[22] 姚德新.土木工程测量学教程(下)[M].北京:中国铁道出版社,2003.
[23] 周丰年,田淳.利用 GPS 在无验潮模式下进行江河水下地形测量技术[J].测绘通报,2001,5.
[24] 陈秀方.轨道工程[M].北京:中国建筑工业出版社,2004.
[25] 韩峰.铁路线路工程施工[M].北京:中国铁道出版社,2008.
[26] 钱治国.关于新疆首府乌鲁木齐市修建城市轨道交通的可行性分析与方案设计[J].甘肃科技纵横,2009,3.
[27] 夏才初,潘国荣.土木工程监测技术[M].北京:中国建筑工业出版社,2001.
[28] 潘国荣,王穗辉.地铁盾构施工中的若干测量手段及方法[J].测绘通报,2001,1.
[29] 潘国荣,王穗辉.上海地铁 2 号线隧道贯通的定向技术及精度控制[J].同济大学学报,2000,1.
[30] 赵吉先,吴良才,周世健.地下工程测量[M].北京:测绘出版社,2005.
[31] 刘招远,赵运臣.城市地下工程施工监测与信息反馈技术[M].北京:科学出版社,2006.
[32] 杨志法.岩土工程监测技术及监测系统问题[M].北京:海洋出版社,2004.
[33] 注册咨询工程师考试教材编写委员会.工程项目组织与管理.北京:中国计划出版社,2003.
[34] 谭复兴,高伟君,等.城市轨道交通系统概论[M].北京:中国水利水电出版社,2007.
[35] 王钰.城市轨道交通概论[M].北京:中国铁道出版社,2008.
[36] 彭辉.城市轨道交通系统[M].北京:人民交通出版社,2008.
[37] 住房和城乡建设部标准定额研究所.城市轨道交通标准汇编[M].北京:中国计划出版社,2009.